·高等学校旅游管理专业课程教材 ·陕西省一流培育专业资助出版

中国旅游文化

朱晓晴 编著

西北大学出版社

图书在版编目（CIP）数据

中国旅游文化/朱晓晴编著．—西安：西北大学出版社，2019.9
ISBN 978-7-5604-4418-5

Ⅰ.①中… Ⅱ.①朱… Ⅲ.①旅游文化—中国—高等学校—教材 Ⅳ.①F592

中国版本图书馆 CIP 数据核字（2019）第 200461 号

中国旅游文化

编　　著	朱晓晴
出版发行	西北大学出版社
地　　址	西安市太白北路 229 号
邮　　编	710069
电　　话	029-88303059
经　　销	全国新华书店
印　　装	陕西博文印务有限责任公司
开　　本	787 毫米×1092 毫米　1/16
印　　张	18.75
字　　数	367 千字
版　　次	2019 年 8 月第 1 版　2019 年 8 月第 1 次印刷
书　　号	ISBN 978-7-5604-4418-5
定　　价	58.00 元

本版图书如有印装质量问题，请拨打电话 029-88302966 予以调换。

前　言

"文化"一词起源于拉丁文的动词"cultura"和"colere",是耕作土地的意思,后引申为培养一个人的兴趣、精神和智能。文化的概念是英国人类学家爱德华·泰勒在1871年提出的,泰勒将文化定义为:包括知识、信仰、艺术、法律、道德、风俗以及作为一个社会成员所获得的能力与习惯的复杂整体。

据世界旅游组织的预测,2020年中国将成为世界第一大旅游目的地国,并成为世界第四大旅游客源国。在我国旅游业迅速发展的过程中,需要大量优秀的专业人才。旅游业是我国"十三五"期间发展的重点领域之一,据国家旅游局2017统计数据显示,全国共有高等旅游院校及开设旅游系(专业)的普通高等院校1690所,比上年末增加172所,在校生44.04万人;中等职业学校924所,比上年末增加135所,在校学生23.2万人。两项合计,旅游院校总数2614所,在校学生为67.24万人。

教材建设是旅游人才培养的基础。随着我国旅游教育层次与结构的完整与多元化,高等教育对旅游专业人才的培养目标更为明确,也急需一套与我国旅游教育发展相匹配并符合高等院校旅游教育现状的专业教材。

旅游文化是文化的一个分支,这一名词是近年来才明确提出来的。旅游者将旅游当作一次文化享受,为了在旅游活动中传播正确的旅游文化知识,我们编写了这本《中国旅游文化》。为适应旅游专业高等院校教学的需要,在编写过程中注重理论与实际的结合,力求体现理论的系统性、知识的综合性。既可以作为高等院校旅游管理专业的教材,也可以作为旅游从业人员的培训和参考用书。

古今文化博大精深,因此本书的编写有一定的难度,难免挂一漏万。书中不足之处,恳请各位同行和读者批评指正。

目 录
contents

第一章 旅游历史文化 /1
 第一节 历史、文化概述 /2
 第二节 中国历史文化的发展 /4
 第三节 中外文化交流 /9
 第四节 中国传统科技文化 /11
 第五节 中国古代制度文化 /15

第二章 中国的宗教文化 /19
 第一节 中国佛教文化 /20
 第二节 中国道教文化 /35
 第三节 基督教文化 /45
 第四节 伊斯兰教文化 /50

第三章 古代建筑文化 /57
 第一节 古代建筑名词及建筑文化中的等级观念 /58
 第二节 中国古代建筑工程艺术欣赏 /61
 第三节 建筑的特征和艺术风格 /85

第四章 旅游民俗文化 /89
 第一节 旅游民俗文化概述 /90
 第二节 我国少数民族的服饰、婚姻和民居民俗 /93
 第三节 我国的传统节庆习俗 /102
 第四节 中国旅游业主要客源国的民俗与禁忌 /110

第五章　园林文化　/117

　　第一节　园林类旅游资源的概述　/119

　　第二节　中国古典园林的分类　/121

　　第三节　中国园林的空间布局　/125

　　第四节　中国园林的特点　/129

　　第五节　中国园林的文化传统　/137

　　第六节　中西方园林文化比较　/139

第六章　中国饮食文化　/145

　　第一节　中国饮食文化的产生和发展　/146

　　第二节　中国饮食文化的主要理念　/148

　　第三节　中国饮食文化的基本特征　/151

　　第四节　中国饮食文化的主要种类　/153

第七章　戏曲歌舞文化　/183

　　第一节　流派纷呈的戏剧　/184

　　第二节　说透人情的曲艺　/190

　　第三节　清丽典雅的音乐歌舞　/192

　　第四节　中西方戏曲表演艺术比较　/197

第八章　旅游艺术产品　/201

　　第一节　陶瓷艺术　/202

　　第二节　书法艺术　/205

　　第三节　绘画艺术　/210

　　第四节　剪纸艺术　/215

　　第五节　传统织绣　/217

第九章　山水文化　/221

　　第一节　中国旅游客体文化概述　/223

　　第二节　山水文化及其内涵　/224

　　第三节　山水文化的形态和结构　/227

　　第四节　山水景观与人文景观的交融　/233

第五节　古代中国的山水审美意识　/238
第六节　山水景观的审美过程　/240

第十章　旅游文学　/247
第一节　文学与旅游的最初结合　/249
第二节　文人雅士竞相歌咏山水名胜　/251
第三节　旅游文学的类别　/256
第四节　旅游文学的特点　/264

附录　/268
附录A　中国历史文化名城　/268
附录B　中国之最　/279

主要参考文献　/289

第一章

旅游历史文化

学习目标
1. 理解历史、文化的概念、内涵和文化的本质；
2. 熟悉中国文化发展的基本脉络；
3. 了解中国文化中蕴藏的丰富旅游资源。

> **案例导入**
>
> "历史"的英文写作"history",实际上是"his"和"story"两词的合体,从英文的字面上看,"历史"就是"他的故事"。这说明什么呢?
>
> 案例分析:"history"这一单词的构成说明西方先贤们很早就意识到,历史就是"人类的故事",有明确的时间界限。所谓"历史",就是"人类过去的故事"。

第一节 历史、文化概述

一、历史的由来

学习旅游历史文化,首先要了解什么是"历史",什么是"文化"。古今中外有关"历史"的解释很多,但都极其理论化,不太符合旅游这一实践性相当强的学科的要求。我们认为旅游从业人员可以从英语语言构成的角度来理解"历史"这一概念的内涵。

"历史"的英文写作"history",它实际上是"his"和"story"两词的合体,由于"his"的尾音和"story"的首音皆是"s",故而省略了一个"s",成为我们现在耳熟能详的"history"。也就是说,"历史"从英文的字面上看,就是"他的故事"。"history"中的"his"大体是人类整体(human. being)的代称。西方先贤们很早就意识到,历史就是"人类的故事",清楚地标明了"历史"的时间界限。所谓"历史",就是"人类过去的故事"。

一首广为人知的歌谣中有这样的词句:"我们坐在高高的谷堆旁边,听妈妈讲那过去的事情。"歌中所唱"过去的事情"是否就是我们所说的"历史"呢? 答案是否定的。"历史"是过去实实在在发生的、不以人的意志为转移的事实,而"听妈妈讲"的"那过去的事情"是留存在现代人心中的"历史形象",我们通常也称作"历史记忆",这样的"历史记忆"是对历史事实的主观诠释,它可能与"历史"相符,但在绝大多数情况下,是与"历史"或多或少有出入的。

在日常生活中,"历史"与"历史记忆"随处可见。老照片、纪录电影、电视的"实况录像"、未经加工的会议记录、档案表格等原始资料,大体都可说是"历史"。而名人访谈、回忆录、日记、人物传记等,则是"历史记忆"。对于旅游业而言,特色历史文化是旅游资源的重要组成部分,引入"特色历史文化"这一概念的根本目的是为了最大限度地激发旅游者的旅游动机,增强当地旅游业的吸引力,而不是去研究"历史",故我们认为,旅游历史文化更多是指"历史记忆"或"历史形象"。

二、文化的本质及内部结构

"文化"是比"历史"更受关注的词汇。据不完全统计,迄今为止,古今中外有关"文化"的定义已近300种。特别是从20世纪90年代初以来,"文化热"在中国社会长盛不衰,几乎所有的社会热点皆被称作"××文化"。那么,是不是任何事物都可称作"××文化"?某事物的"文化"与该事物本身有何区别,又有何联系呢?

我们认为,"文化"的本质和核心是"人化",所有与人类有关的事物,皆有其独特的文化属性。现代人的触角几乎已延伸到地球的每一个角落,因此"文化"指称的范围是极为广泛的。不过需要指出的是,任何与人发生关联的事物皆只是"文化"的载体,我们所说的某一事物的文化,是指该事物与人相关的层面,而不是泛指该事物本身。如我们说大熊猫是四川乃至整个中国旅游业发展的重要资源和品牌,即是指其可被旅游业所利用、增强旅游业吸引力的文化层面,而大熊猫作为动物物种,其生物本能属性是与人类无关、且不以人类意志为转移的层面,当然不是"文化"。

由于"文化"一词指称的范围太广泛,人们通常将"文化"分为四个层次:

1. 物质文化层

物质文化层包含了所有经过人类加工的物质,这是"文化"概念中与自然界联系最直接、最根本的层面。物质文化层是人类社会生活的基石,这在旅游业中体现得尤为突出。我们知道,"吃、住、行、游、购、娱"是旅游服务业的六要素,其中"吃、住、行、游、购"五要素皆以物质文化为对象和载体,而娱乐是指精神层面的享受,也要借助于一定的物质文化才能实现。

2. 制度文化层

人们建立的各种行为规范,构成了"文化"的第二个层面——制度文化层。法律法规是人类社会最为重要的制度文化,也是与旅游业联系最为密切的制度文化。法是国家特定机关制定并认可的、依靠国家强制力保证实施的、规定人们权利和义务关系的行为规范的总称。任何国家的旅游从业人员都必须在该国法律法规许可的范围内开展旅游经营活动。包括中国在内的世界各国皆将法律法规视作调控、规范、指导旅游业发展的重要杠杆和手段。当前无论是全国还是各省的导游人员资格考试皆将"政策与法规"单列为一门主要的考试科目,即彰显出党和国家在发展旅游业时对法律法规的重视。

3. 行为文化层

民风民俗构成了"文化"的第三个层面——"行为文化层"。它是某一人类群体约定俗成并得到该群体内部各成员广泛认同的行为习惯和模式，具有鲜明的地域特征和民族（或族群）特点。我们都知道"十里不同风、百里不同俗"的谚语，各地独特的民风民俗是当地深度挖掘旅游业发展潜力、增加旅游区位优势的"文化宝藏"，相关情形将在第二章详细介绍。

4. 精神文化层

人类的精神文化又称心态文化，构成了"文化"最核心的一层。它以价值观念、审美情趣、思维方式为主要表现形式，又细分为社会心理和社会意识。社会心理是指人们在日常生活中真真切切的精神面貌、思维方式和心态感受；大众的社会心理经过文学艺术家的整理归纳、艺术加工后，通过各种艺术表现形式展现并流传后世，即成为社会意识。

人类社会最重要的社会心理是道德观念。道德是社会大众普遍认可的观念和行为规范。与法律不同，道德存在于普通大众的观念中，是构成人类精神文化的重要内容。道德观念人人有，法律只能国家定；道德是一种软性的精神规范，法律由国家强制执行，即是二者间最本质的区别。我国政府十分重视道德对规范和引导旅游业发展方向的重要作用。1996年11月，国家旅游局颁发《关于加强旅游行业精神文明建设的意见》，明确倡导旅游从业人员应具备"爱国爱企、自尊自强、遵纪守法、敬业爱岗、公私分明、诚实善良、克勤克俭、宾客至上、热情友好、清洁端庄、一视同仁、不卑不亢、耐心细致、文明体谅、团结协作、大局不忘、钻研业务、好学向上"的职业道德规范。

从行业性质看，旅游业是服务于游客的行业，带给旅游者美妙的心理享受、满足旅游者内心愉悦的需求，是旅游从业人员工作的最高境界。

第二节

中国历史文化的发展

中华五千年文明源远流长，与旅游业发展息息相关。作为一个旅游从业人员，熟悉中国文化发展的主线，是最基本的素质要求。有关中国历史文化发展的进程和分期众说纷纭，我们在综合比较各方观点的同时，结合当前旅游业发展的实际需要，将中国文化的发展历程分为史前文明的孕育期、先秦的奠基期、秦汉的形成期、魏晋南北朝的融合期、隋唐的成长期、宋元的成熟期、明清的巅峰和衰落期、近现代的转型期八个阶段,各时期皆为今日发展旅游业留下了丰富的文化资源。

一、史前文明:中国文化的孕育期

从人种上看,中华民族属于黄色人种,具有颧骨高而突起、铲形门齿等体形体貌特征。云南元谋发现的距今170万年的猿人化石,是目前所知我国最早的人类活动遗迹。值得注意的是,由猿到人漫长进化历程的每个环节都在中华大地上找到了较为典型的文化遗存依据。这些文化遗存也为当代旅游业的发展提供了较为丰富的资源,尤其值得注意的是,举世闻名的周口店北京人遗址在1987年底被联合国教科文组织列入"世界文化遗产"清单。

除考古发现外,中华民族还世代流传着黄帝在涿鹿打败蚩尤、神农尝百草等远古传说,黄帝和炎帝被认为是华夏民族的人文初祖。这些传说为我们发展旅游业提供了极宝贵的资源,其中更不乏近些年来十分兴盛的时尚旅游热点。如陕西黄陵修建的中华第一陵——"黄帝陵",每年清明节都要举行盛大的公祭活动,成为当地发展旅游业的重要品牌和平台,此外,还有黄帝祠、蚩尤三寨、蚩尤坟等。

二、先秦:中国文化的奠基期

中华文明从公元前21世纪到秦始皇统一中国以前的时期,称为先秦时期,包括夏、商、周三代,其中周又分为西周与东周两段,东周又细分为春秋、战国两个时期。一般认为先秦时期是中国文化的奠基期。

大约创始于公元前21世纪的夏王朝是中国古代的第一个朝代,相传是禹的孙子所建,但人们对夏王朝是否存在尚有争议。有不少考古学家认为传说中的夏朝初期,属原始文明的新石器时代晚期。我们认为,夏代基本上是石器时代到奴隶社会的过渡阶段。公元前16世纪,商汤推翻夏朝末代君王桀,建立了商朝。敬仰鬼神是商文化的重要特点,明显带有原始文明的痕迹。

至公元前11世纪,周武王打败商朝末代暴君纣王,建立周朝,史称"汤武革命"。与商代不同,以人为本是周文化的重要特点。周代杰出的政治家周公(周武王之弟)订立了许多重要的典礼制度,尤其是以嫡长子继承制为核心的宗法制,奠定了中国古代数千年世俗化君主统治的根基。公元前722年,周平王迁都洛邑,中国历史由西周进入东周时期,即著名的"春秋""战国"时期。

中央王朝衰弱、地方诸侯争霸是春秋战国时代的重要特征。与之相适应,出现了诸多大学者开宗立派、创制并传布各自思想的局面,出现儒、法、道、墨、阴阳等学派。"诸子百家争鸣"成就了中国传统文化的第一次思想大碰撞,对中国文化后来的嬗变有深远的影响,也为我们留下了丰富的旅游资源。如山东曲阜的孔府、孔庙、孔林,河南安阳的殷墟遗址更在2006年底被列入《世界遗产名录》。殷墟出土的"甲骨文",不仅是学者们研究中国先秦历史的重要资料,也成为当地发展旅游业的特色品牌和标志。此外,伟大爱国诗人屈原的故乡湖北秭归以及湖南溆浦(屈原流放地)、岳阳(屈原投江地)三地,近年来通过举办"屈原文化节"等形式,联手打造"屈原旅游文化圈",成为发挥区位优势、开展旅游开发合作的典范。

三、秦汉:中国文化的形成期

公元前221年,秦王嬴政统一中国,史称"秦始皇"。中国历史上第一个君主集权的统一帝国——秦王朝由此而诞生。秦朝统治阶层极为残暴,不久即被农民起义推翻。取而代之的是刘邦建立的汉王朝。虽然汉王朝因王莽改制而分为西汉、东汉,但不可否认,在延续400年左右的秦汉时期,统一是永恒不变的主题。文化的发展无疑也凸显出这一主题。

秦汉时期是中国文化发展进程中当之无愧的统一和形成期。毫不夸张地说,文化的统一几乎贯穿秦汉社会演进的整个过程。秦始皇不仅用秦小篆统一了中国文字,而且统一了车轨和度量衡,进而统一了各地的教育教化模式,使中华文明第一次出现"书同文、车同轨、度同制、行同伦"的局面。此外,秦始皇的"焚书坑儒"、汉武帝采纳董仲舒的建议"罢黜百家、独尊儒术",皆是文化专制主义举措,但统一思想的目的也极为明确。

整体上看,正是在秦汉时期,中华文明开始作为一个范围明确而统一的文化体屹立于世界的东方。英文的"CHINA"即与"秦"有着千丝万缕的联系。"汉文明"也成为中华文明的代称之一。至今国际上仍将研究中国文化的学科称为"汉学",将研究中国文化的学者称为"汉学家"。秦汉的统一和兴盛也为我们今日发展旅游业留下了不少宝贵的财富。陕西有举世闻名的秦始皇兵马俑;汉代的"马踏飞燕"更成为整个中国旅游的标志;长沙马王堆出土的金缕玉衣、内蒙古呼和浩特市郊的昭君墓等,也都分别是当地极具品牌价值的旅游资源。

四、三国两晋南北朝:中国文化的融合期

秦汉王朝后,中国进入三国两晋南北朝时期,分裂和割据是这个时期的主要特点。政治上长期的分裂和割据为这一时期文化的多元发展创造了条件,秦汉时期形成的全方位统一局面被打破。在思想文化方面,道教、佛教的兴起并和儒学、玄学的竞争与整合,是这一时期思想文化发展的主线,自先秦的"诸子百家"之后,中国文化在时隔数百年后又进入了另一个思想争鸣的多元时代,对中国传统文化的拓展和升华有极为深

远的影响。

与此同时,中原汉族农耕文明与北方少数民族游牧文明长时间的碰撞和融合也是这一时期极为鲜明的文化特征,对中国文化发展的进程有决定性的影响。所谓"五胡乱华",正是这一时期北方少数民族入主中原的写照。由于北方长期的战乱,致使原居此地的汉族南迁到南方的汉族政权控制区,形成了中国历史上第一次大规模的人口迁徙,对于江南地区的开发起到了至关重要的作用。

三国两晋南北朝时期中国传统文化的拓展和融合进程,体现出相当明显的多元和开放特征,为我们今天发展旅游业提供了相当丰厚的资源。以成都为中心的"三国蜀文化旅游圈"是当地长盛不衰的旅游热点,湖北赤壁市近年来举办的"三国赤壁文化旅游节"、浙江绍兴的"王羲之与兰亭"、云冈石窟、河南巩义市的北魏石窟寺等,都是闻名遐迩的特色旅游品牌。

五、隋唐:中国文化的成长期

隋唐时,中国文化的发展进入了成长期。隋朝虽是中国历史上最短命的封建统一王朝之一,但在文化发展上,却是科举制和大运河两大标志性文化事件的起点。大运河的开凿虽然是隋炀帝贪图享乐而不顾民生的劳民伤财之举,也是最终导致隋朝迅速灭亡的重要因素之一,但从长期的历史发展看,大运河成为沟通中国南北的水运大动脉,对南北经济、文教的发展有重大的推动作用。

李唐王朝虽是汉族政权,却有西北少数民族的血统,再加上有较开明的君主统治和强盛的国力为保障,使中国文化在这一时期出现了大气磅礴、兼容并包之势。开放与包容成为隋唐时期中国文化发展的主题。佛教、道教文化与儒家文化长期并行和兼容,中华文明与域外文明的交流互动,"以肥为美"的审美观,对儒家传统婚姻伦理观念的突破等,皆是隋唐文化开放性和包容性的体现。在文学艺术方面,唐代的诗词和书法更是炎黄子孙引以为豪且津津乐道的文化标志。

大气磅礴、兼容并包的隋唐文化对中国传统文化演进历程的深远影响至今仍随处可见。今日国际上仍将海外中国人聚居的地区称为"唐人街",即是隋唐文化留下的不可磨灭的印迹。隋唐文化更为我们发展旅游业留下了丰富多样的宝贵资源。诸多的唐代大诗人成为相关地区发展旅游业的支柱品牌,如成都的杜甫草堂、薛涛井,江油的李白故里等。不仅如此,韩愈、柳宗元等唐代大文豪描绘的景致也日益成为重要的旅游资源。尤其是柳宗元的千古名文《捕蛇者说》《永州八记》对于今日永州旅游业的发展起到了至关重要的作用,当地建有柳子庙,每年清明节都要举行公祭活动,柳宗元更被称作"永州文化之概"。此外,"唐代华清宫御汤遗址博物馆"是闻名世界的陕西华清池景区的特色招牌,也是唐文化旅游资源开发的典范模式。

六、宋元：中国文化的成熟期

宋元时期，是中国文化的成熟期。两宋政权在与金、西夏、辽等少数民族政权的对峙中始终处于弱势，但在经济、科技、文教等方面却达到了一个新的高度。

如果说唐文化是以开放和包容著称，那么两宋文化则相对内向而趋于沉稳。以程颐、程颢、朱熹为代表的理学注重纲常伦理道德和自我修身养性，成为宋代主流的标志性思想倾向。精致细腻的精英文化与繁华平易的市井文化齐头并进，是两宋文化的特色。文人及上层社会的诗、词、画、书法皆以雅为特色，宋徽宗本人即是著名的画家。北宋都城汴梁是当时世界上最大的都市，在画家张择端的举世闻名的《清明上河图》中，我们可以看到宋代都市平民的普通生活百态。市井文化中流行的民间曲艺和地方戏，是不可忽视的文化现象。

中国传统文化在两宋时代的成熟和精致期同样为我们今天的旅游业发展储备了多种多样的资源。欧阳修、苏东坡、范仲淹等宋代大文豪皆蕴藏着丰厚的旅游价值内涵，如四川眉山的三苏祠，因范仲淹名文《岳阳楼记》而名垂千古的岳阳楼等。

七、明清：中国文化的巅峰和衰落期

明清是中国文化的巅峰和衰落期。人口明显增长和生产力水平大幅提高是明清社会的显著特征。尤其是在清代康熙、雍正、乾隆三代君主的开明统治下，中国社会出现盛世局面，史称康乾盛世，其GDP已占到全球的近1/3，清帝国当之无愧地成为当时世界上的"超级大国"，傲然屹立于世界东方。在文化方面，对中国传统文化数千年发展历程进行系统的大规模总结是明清两朝最大的文化成就。明成祖朱棣下令编纂的《永乐大典》，搜集了大量的传统文献典籍，是世界上最早的一部大型百科全书，清朝统治者不仅组织编纂了著名的《康熙字典》，更是动用了大量的人力物力，耗费数十年时间，编纂了《四库全书》，至今仍是学者研究中国传统文化的重要资源。

明清文化的另一特点是官方统治者走向极端的文化专制政治。科举考试的"八股文"、不时兴起的"文字狱"都是明清统治者实行文化专制政策的体现，理学被推上了神坛，读书人在"文字狱"横行的清代乾隆、嘉庆两朝，大多埋头于与政治关联甚少的文献整理和考据中，形成了独树一帜的"乾嘉朴学"。

另一方面，随着生产力的发展、人口的膨胀，资本主义生产方式开始在中国民间社会（尤其是江南一带）萌芽。与之相适应，市民文学尤其是长篇小说的空前繁荣与精英文化的专制和沉闷形成了鲜明的对照，也为我们今日留下了一笔丰富的文化遗产。

明清两朝距今较近，今日与明清两朝密切相关的旅游资源举不胜举。最为著名且有典型代表性的是明清两朝的皇宫——故宫，不仅有丰富的皇家文物收藏，其皇家园林和建筑也代表了中国封建文化的最高水准,已是中华文明的一大标志。此外,北京十三陵、颐和园,沈阳故宫以及大部分苏州园林皆是明清文化留给我们的宝贵财富。

八、近现代:中国文化的转型期

1840年的鸦片战争成为中国近代历程的起点,中国文化随之进入转型期。

西方列强的坚船利炮在肆虐中国领土时,也在冲击并震撼着中国人的心灵。中国文化在与西方文化的竞争中大败,开始了艰难困苦的转型。学习西方成为近代中国文化的主题。概括地讲,近代中国学习西方文明经历了由物质到制度再到精神的演进历程:起初魏源、林则徐等人学习西方先进科学技术,到后来清朝政府仿效西方(包括日本),创制一整套西式学堂教育体制,再到精英读书人学习包括马列主义在内的西方社会科学理论和文化精神。这一过程正符合文化由低到高、由浅入深的四层级结构,这一过程至今仍在进行,而如何将学习西方与保存和传承中国传统文化的精髓相结合,则是摆在我们面前的一道重大的历史课题。

近现代文化与当代中国联系得更为紧密。曲折而艰辛的文化转型历程为我们今日开展旅游业提供了具有爱国主义教育价值的资源,如广州虎门炮台、英法联军火烧圆明园遗址、武昌起义纪念馆、南京中山陵等。近些年来,以中国共产党领导中国革命为主线的"红色旅游"在党和政府的大力提倡和扶持下,成为日渐升温的旅游主题,如"延安革命圣地游""井冈山红色旅游圈"、八一南昌起义纪念馆、广安邓小平纪念馆等,不仅可以带动革命老区的经济发展,而且成为弘扬革命先烈精神、传承优良革命传统的最佳教育基地。

第三节
中外文化交流

博大包容是中国文化的典型特征之一。正因博大,中华文明才能在面对外来文明冲击时,保持旺盛而坚韧的生命力,成为四大文明古国中唯一没有完全中断过、一直延续至今的文化系统;正因包容,中华文明才能在数千年演进历程中以极大的胸怀吸纳域外文明的精华,将其融入自身的血液中,并进而开放性地走向世界,使整个世界文明的演进历程深受其益。中外文明在互动交流过程中,激荡出许多璀璨夺目的火花,也为我们今日发展旅游业留下了极为丰厚的财富。

一、汉—唐：中外文化的第一次交流期

中华文明与外来文明的第一次大规模交流发端于汉代。汉王朝与匈奴的关系是贯穿整个汉代政治与文化的主题，其中最有代表性的事件即是张骞出使西域。众所周知，汉武帝派遣其随身侍从张骞两次出使西域，主要是出于政治和军事上的考虑，意在制约匈奴。但两次出使的政治意图都没有实现，反而在文化交流上取得了相当丰硕的成果，第一次沟通了中原与西亚，开辟了举世闻名的"丝绸之路"。今天陕西省城固县兴建的张骞纪念馆正是当地重要的旅游资源。

佛教的传入是汉唐时期中外文化交流史上具有标志意义的主线。中华文明以其博大的胸怀开放性地吸收佛教文化资源，从此以后，佛教文明的中国化进程一直推动着中国文化的进步。不仅如此，中华文明在创造性吸纳佛教文明的同时，还将中国化的佛教弘扬开来，为佛教文明的世界化、全球化进程添砖加瓦。从玄奘西游到鉴真东渡，正是这一"吸收—弘扬"进程的缩影。前者在唐初到天竺（古印度）研习佛学，归国时带回梵本佛经600余部，一生致力于翻译梵文佛典。中国高僧鉴真东渡日本，将中国化的佛教以及先进的中国文化传入日本，至今仍被日本人顶礼膜拜，被尊为"日本佛学之祖"。

这一时期的中外文化交流也为我们今日发展旅游业留下了财富。2002年，玄奘部分顶骨从南京灵谷寺运回西安，成为中外佛教僧众和信徒顶礼膜拜的圣物，更加推动了古都西安旅游业的发展。

二、宋—清：中外文化的第二次交流期

自宋代直至清代前期，中外文化交流有了全新的面貌。如果说由汉到唐，中华文明在与外来文明的交流中基本掌握主动权，那么由宋至清，中外文化交流进程明显出现"权势转移"，主动权逐渐由中方转移到西方手里。

宋代是中外文化交流"权势转移"的过渡。中国"四大发明"中的火药、指南针、印刷术三项皆是在宋代出现了飞跃式的重大发展：北宋时火药被首次运用到战争中；南宋时出现了罗盘，是指南针技术专门运用于航海的标志性事件；北宋的毕昇发明了泥活字印刷技术，大大节约了印刷的人力物力成本，缩短了书籍印刷周期，使书籍真正从权贵阶层走向普通大众。

明清时期，西方传教士大批来华，是西方文明在中外文化交流中正式掌握主动权的开端。与此前汉唐时期外国人为仰慕和观摩中华文明而来华不同，传教士来华是为了"传教布道"，也就是向中国人传播西方宗教文明。为了引发中国人对西方宗教文明的兴趣，明清时期来华的传教士们普遍将当时已占据优势地位的西方科学技术作为

吸引中国人（尤其是权贵阶层）的手段。这样的中西文化交流至清康熙时期达到极盛。康熙皇帝本人即对传教士带来的西方先进科学技术表现出浓厚的兴趣，不仅给予南怀仁等传教士极高的礼遇，而且公开招徕擅长天文学、光学、力学的耶稣会士来华，甚至一度想将基督教列为国教。

但与汉唐时期佛教的传入和中国化不同，明清传教士们带来的科技成果仅仅是出于传教的需要，故而并没有如同佛教那样真正融入中国文化中，这为中华民族在近现代的中西竞争中处于完全被动的地位埋下了伏笔。

三、近现代：中外文化的第三次交流期

自鸦片战争开始，中国沦为半殖民地半封建社会，中外文化交流也史无前例地进入到西学处于绝对强势而中国步步退守、最终无路可退的时期。随之中国在与西学的竞争中也毫无悬念地溃败，国人出于对危亡时局和国家民族前途命运的焦虑，掀起了尊西趋新的大潮，从洋务运动到戊戌变法，从辛亥革命到五四新文化运动，尊西趋新的社会风气愈演愈烈，最终西学在近现代的中西文化交流进程中占据了绝对的"霸权"地位，而中国传统文化则处于存亡绝续的边缘。

中国社会尊西趋新的激进思潮最终走向了极致，五四新文化运动由此而爆发，以吴虞等人为首的知识分子开始猛烈而激进地抨击中国传统，反对三纲五常的封建旧伦理、旧道德，提倡民主和科学以及白话文，这些举动的确符合世界文明的发展潮流和趋势，也有助于我们反思中国数千年封建社会的积弊，但如此激进地完全否定中国传统文化是否得当？在中西文化交流中，中国传统文化究竟应该扮演怎样的角色？这些都是我们今天尚在探索的课题。

第四节

中国传统科技文化

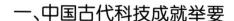

一、中国古代科技成就举要

中华民族在几千年的历史进程中，在许多领域皆创造了令人瞩目的科技成就，以天文历法和数学领域最为突出。

1. 天文历法

中华文明在天象记录方面走在了世界前列。目前世界公认中国是最早观察并记录太阳黑子现象的国家。此外,中国人早在公元前 613 年即有关于哈雷彗星的记录,比欧洲早 670 余年。

中国对日食、月食的观察和记载也是世界上最早最丰富的。据古文献《尚书》所记,早在中国历史上第一个王朝——夏代初期(约公元前 1970 年),当时掌管天文的官员因酗酒失职而没有预测出当年发生的日食,受到夏王的严惩,被夺去了封地,这是世界上最早的日食记录。我们在小说中经常可以见到拟人化的"二十八宿"描写。所谓"二十八宿",实际是中国远古先贤对恒星星区"主恒星"的称呼,对恒星星区如此细致的观测,在世界上是遥遥领先的,许多年后,这一科技成果才传入印度、阿拉伯等地。

在历法方面,中国早在殷商时期即有"殷历",将一年的时间精确到 365.25 天的程度,直到 1 000 多年后,西方才出现与"殷历"大体相似的历法。中国历法史上集大成者是元代郭守敬在 1280 年编制的《授时历》,其中对一年时间的精确计算与地球绕太阳公转的实际时间仅相差不到半分钟。而西方世界直到 300 多年后才出现与《授时历》大体同一水准的历法——格里历。

2. 数学

中国古代文明在数学方面有极其辉煌的成就,其中对世界历史进程产生重大影响的是十进位制的发明。《尚书》和目前发现的殷墟甲骨文中都有关于十进位制的明确记载,说明至少在距今 3 000 多年前,中国人已在使用十进位的记数方式,较之古巴比伦的六十进位、美洲玛雅文明的二十进位要方便许多。多数人认为,中国的十进位制后来传播至印度,进而成为世界通行的计数方式,西方著名学者李约瑟对此给予了高度的评价。除此之外,中国人对于圆周率的研究也长期处于世界前列。最为著名的是魏晋南北朝数学家刘徽和祖冲之。刘徽将圆周率推算到小数点后四位,而祖冲之更将圆周率精确到小数点后七位,这不仅在当时的数学界处于遥遥领先的地位,而且这样的领先地位一直持续了 1 000 多年。

二、四大发明的文化内涵

中华民族一直引以为自豪的四大发明背后,隐藏着易被忽视的文化内涵,可以彰显出中西文化在思维方式上的重大区别。

火药的起源与道家炼丹术密切相关,是出自一种实际的社会需要,而不是诞生在实验室中。道家为了炼丹的需要而配制火药的尝试,可以说也是一种"实验",但他们只关注"实验"的效果是否能达到炼丹的目的,一旦成功,也只是记录下配方和制作流程而已,不会去更多探究配方和制作流程背后的理论原因。与此不同,西方科学家在实验室里所做的科学探索,虽然仍是以效果来判定实验的成败,但无论成败,探究其背后隐藏的科学理论依据,却是每一个西方科学家的职责所在。正因如此,火药虽然由中国人首先发明,却反而成为西方人用以征服世界(包括侵略中国)的工具。

指南针对于交通运输和航海事业的发展有重要的推动作用。早在距今2 000多年前的先秦时期,中国人即用天然磁石制造出了世界上最早的指南针——司南。据史料记载,司南是统治者用来"端朝夕"的,也即确定南北方位,在中国数千年的古代文明演进史中,确定南北方位有着极为重要的文化内涵。城市的布局、宫殿的修造、庙宇的兴建一般都取南北走向,尤其是帝王宫殿更是要"坐北朝南",正是这样的观念产生了必须准确进行南北定位的现实需要,我们勤劳智慧的先民们才利用天然磁石的性能,发明了指南针。

造纸术往往和"蔡伦"的名字联结在一起。实际上,东汉宦官蔡伦只是中国传统造纸工艺的重大革新者。目前可以确知中国人使用纸张的最早记录可以追溯至西汉时期,新疆和陕西发现的西汉麻纸,是世界上最早的植物纤维纸。因此,将蔡伦视作"纸的发明者"是不妥当的。但蔡伦纸对造纸术的革新,对世界文明的进程确实有重大而深远的影响。在蔡伦的造纸术经阿拉伯人传入欧洲之前,欧洲人是用羊皮书写《圣经》的,一部《圣经》需要花费300多张羊皮,成本既高,且不易保存。正是中国造纸术的传入,才使得传抄纸质书籍成为可能。

但手抄的纸质书籍毕竟数量有限,完全不能满足人们对于知识的渴望。印刷术成为中国人对于世界文明进程的另一重大贡献。早在距今1 000多年前的隋朝,中国人即掌握了雕版印刷技术。藏于甘肃敦煌千佛洞的《金刚经》,成书于唐代后期,是世界上现存最早的印刷物。宋代平民毕昇在雕版印刷工艺基础上发明了活字印刷术,大大节约了印刷的人力物力成本,缩短了书籍印刷周期,使书籍真正从权贵阶层走向普通大众成为可能。

中国古代科技文明不仅在世界文明演进历程上写下了一页又一页的辉煌篇章,而且为我们今日旅游业的发展留下了丰厚而宝贵的资源。如近些年来嵩山正在打造"天文游"主题,就充分利用了周公测景台、元代观星台以及著名古天文学家僧一行的修行地会善寺等资源;四大发明更是成为相关地区标志性的旅游品牌,如湖南衡阳的蔡伦纪念馆,四川夹江的造纸博物馆等。

三、中国古代科技的特点与近代科技停滞的原因

1. 中国古代科技的特点

与西方科学技术发展的历程相比,我们认为中国古代科技在数千年的发展进程中彰显出中国传统文化别具一格的思维定式和精神特质,与西方文化迥然不同,归纳起

来有以下两个方面的特点。

（1）有"科技"无"科学"。我们都知道，在西方，科学是一门严谨的学科，具有一整套思维方法和研究方式，而不仅仅表现为"发明"或"创造"。但在中国古代，并没有与西方文化的"科学"（Science）类似的专门"学问"，有的只是一项项发明创造。这样的发明创造在其创造之初闪耀着极其璀璨夺目的光芒，但令人遗憾的是，中国古代社会一直没有一整套的"科学"理论、"科学"方法体系作为各项"发明"的支撑，这使得包括造纸术、火药、指南针、印刷术四大发明在内的各项发明创造皆只是单一的"科技成果"，处于无源之水、无本之木的状态。

（2）强调实用，注重整体。我国著名文化学者李泽厚先生认为中国文化的一大特点即是注重实用，所谓"无事不登三宝殿"，正是中国人实用观的典型体现。这一特点在中国古代科学技术的发展史上也留下了深刻的烙印。中国古人的科技发明和创造都带有极强的目的性，都是为了满足现实的需要，为了解决实实在在的问题。与之形成鲜明对照的是，西方人偏好理论思维、擅长纯粹理论性基础研究的倾向极为突出。牛顿看到苹果从树上掉下，会去"遐想"苹果为什么会掉下来，这样的理论性追思最终使他发现了万有引力定律，成为近代物理学的奠基人，也为西方科学技术的飞跃发展打下了坚实的物理学基础。

此外，在整体与局部的关系上，中国人相对更注重整体，而西方人则更擅长将整体细分为若干部分进行微观研究。这在中西医诊疗思路的根本差异上体现得尤为明显。西医注重将人体的各个器官从整体上分离出来进行更为细致微观的研究和诊疗，故解剖学是西医中一个相当重要的基础分支学科。从某种意义上讲，"头痛医头，脚痛医脚"正是西医常规诊疗模式的写照；而中医则注重各器官的内在联系，故"头痛医头，脚痛医脚"是中国传统文化尤其是中医文化中明显带有贬义色彩的词汇。

2. 中国近代科技停滞的原因

通过归纳中国传统科技发展的特点，我们可以理性而客观地认真总结出中国近代科技发展停滞的原因，对于今日仍有相当大的启示。正是由于长期注重实用而相对轻视理论研究，使中国古代科学技术发展历程中的绝大多数璀璨发明在昙花一现后，很难有持续推进的理论基础和后劲。

此外，中国封建传统观念的长期束缚和扼制也是制约中国古代科技发展向近现代科学转型的重要因素。我们知道，"学而优则仕"是在中国古代社会中占有绝对统治地位的儒家传统观念，《论语》中倡导"君子不器""形而上者为之道，形而下者为之器"，明显轻视器物以及器物背后蕴含的科技文化，这种倾向对封建社会绝大多数读书人的人生理想有深远而决定性的影响，"玩物丧志"至今仍是我们常常听到的警句。推崇政治、轻视技艺成为整个社会长期弥漫的风尚。

历代统治者极少奉行促进科技发展的政策,反而多持扼制的态度。士、农、工、商的四民社会是中国传统的金字塔形社会结构。其中士处于金字塔的塔尖,而工匠与商人则地位低下,共同组成了中国传统社会的底层。直至晚清,西方先进的科学技术在传入中国之初,仍被视作"奇技淫巧",这应该引发我们的思考。

第五节
中国古代制度文化

中国文化源远流长。纵观近5 000年的中华文明史,中华民族在政治、经济、文教、军事等各方面皆创造了丰富多彩的制度文化。其中不少制度文化自创建之初,即是重大的变革,后又几经嬗变,深深地扎根于中华民族的心灵深处,其影响至今余波未息。以下重点介绍最有典型代表性且与现代旅游业发展密切相关的两大制度文化——宗法制、科举制。

一、宗法制:中国传统社会政治结构的特色和标志

宗法制由西周时期著名政治家周公确立,是一种以父系血缘关系为纽带,以血缘亲疏为标准确定个人与家庭、社会、国家关系的制度法则。中国西周以后数千年的封建王朝一直沿袭并尊崇着这一法则,宗法观念也随着这一制度法则的延续而深入人心,成为中西文化差异的重要标志,直至今日仍可见到其为中华民族打下的深刻烙印。

周公所建宗法制度的核心内容是"嫡长子继承制",这对后世中国数千年封建社会的影响也极为深刻。在中国古代男权社会的一夫多妻制下,有"嫡""庶"之分,正妻所生为"嫡",偏房所生为"庶","嫡系"儿孙有优先继承权;同时无论"嫡""庶",皆以长子为大,长子在"嫡""庶"各支系内又有优先继承权,这样无论是家族还是世袭爵位乃至王位、帝位,皆以嫡系长子为第一顺位继承人,这样的制度法则即是"嫡长子继承制"。今日中华文化圈中的不少"家族企业"仍采用类似"嫡长子继承制"的做法。

我们都知道,"修身、齐家、治国、平天下"是古人的人生抱负和理想,而将个人与家庭、国家联系到一起的正是血缘,封建社会的国家和家庭都是按照血缘关系的亲疏远近建构起来的,我们称其为"家国同构"。这样的宗法体制和观念明显有别于西方文明相对更注重法制的倾向。举一个简单的例子,在中国传统文化中,"姐夫""妹夫""弟妹""嫂子""小叔子""小姨子"都是界定宗族或家族内亲缘关系的词汇,但在英文

中,"姐夫""妹夫""小叔子"都是一个词:"brother-in-law",而"弟妹""嫂子""小姨子"也是一个词:"sister-in-law"。两个英文单词的共同之处在于:都是从"法理"的角度去界定亲属中的"兄弟姐妹"性质的非血缘关系,这里体现出的对"法理"的重视,显然与中国文化的宗法观念迥异其趣。

宗法制是我国封建专制政治结构的核心。宗法观念的深入人心使中国传统文化出现注重血缘纽带、"社会关系"的倾向。我们耳熟能详的"四海之内皆兄弟"一语即是以"兄弟"间的血缘关系纽带来比拟社会朋友关系的典型例证。此外,宗法制在中国社会的长期存续,又使中华民族有了注重宗族(家族)亲情和崇尚认祖归宗的传统,这已成为当前不少地方发展旅游业的重要资源。各地的宗庙、祠堂,如山东曲阜的孔府宗庙、山西的晋祠、安徽徽州的古祠堂群落等,皆是名扬海外的旅游热点。

二、科举制:影响深远的选官选才制度

科举制产生于隋朝,一直延续至清末,前后长达1 000多年时间,是我国古代影响最深远的选官制度。在中国古代的文教事业发展历程中,在传统文化的保存与传承的历程中,打下了深刻的历史烙印。虽然科举制废除已100余年,但其历史烙印仍清晰可见,有一些更是我们发展旅游业不可多得的重要资源。

1. 从九品中正制到科举制:中国古代吏治选官的重大发展

隋朝兴起的科举制,替代了魏晋南北朝盛行的"九品中正制"。所谓"九品中正制",是中央政府在各地设置名为"中正官"的职位,专门负责向中央政府举荐人才。"中正官"将人才分为九个等级,"九品中正"的名称便是由此而来。

九品中正制虽然比先秦的"世卿制"、两汉的"察举制"更为严密,但其实质仍是举荐制度,官员的选拔和等级的确定权完全掌握在"中正官"一人手中,没有相应的制约机制,极易滋生腐败和流弊。九品中正制的最大弊端是社会各阶层并不能在举荐进程中享受到较平等、公正的待遇。在魏晋南北朝,"中正官"一职往往由世家大族把持,"上品无寒门,下品无庶族"的现象极为普遍,九品中正制几乎完全成为世家大族等权贵阶层入仕为官的"专用通道",堵塞了庶族及平民谋求为官的道路,加剧了社会矛盾。

与"九品中正制"不同,隋代兴起的科举制是以考试选拔人才的制度。以考试代替推荐,是科举制的最大特点,也是中国古代官员选拔体制的重大变革。在科举制下,普通平民尤其是贫寒子弟,可以凭借自己的能力获得入仕为官的机会。自隋代兴起后,科举制历经近1 500年的嬗变,历朝历代统治者对科举制的考试形式、考试科目、考试内容多有调整和变革,但大体都保证了普通平民平等参与科举考试的权利。

科举制的另一特点是教育和考试成本低廉。读书人只需要准备经学、诗词方面的

两三本书即可应考,纸、笔、墨等学习用品相当廉价,更可用其他更简易的方式替代。这使贫寒子弟完全可以将改变自身命运的希望寄托在发奋读书、参加科举考试上。正因成本低廉,民间人士可以成为兴办教育(私塾、家塾等)的主要力量。近代兴起的西式学堂学校在教学内容、管理方式上确实适应了时代的需要,但其办学成本却大幅增加,远远超出中国传统农业社会所能承载的负荷限度。

2. 明清科举制:层级严密的考试系统和教条化的考试模式

科举考试到了明清两朝,已形成了一整套"金字塔形"的层级相当严密的考试系统。读书人首先要参加最低一级的考试——县试,通过后即成为"生员",也就是俗称的"秀才";生员每隔三年参加在各省省会举行的"乡试",通过后即成为"举人"。所谓"举人",就是各省推举到中央的人才。各省举人每隔三年至京城参加"会试",会试榜上有名者即成为"贡士";"贡士"最后参加由皇帝亲自在金銮殿主持的"殿试","殿试"榜上有名者即成为"进士","进士"的前三名就是"状元""榜眼""探花"。

考试内容教条化、单一化是科举制尤其是明清两代科举制较为明显的特点,僵化的"八股文"即是最典型、最突出的体现。"八股文"是明清科举考试主要采用的文体格式,有固定的格式和相当多的规定及戒律。需要指出的是,"八股文"确有形式僵化、钳制考生思想的一面,但它对考生的文字功底有相当高的要求,在中国传统文学尤其是中国传统文体的嬗变进程中自有其不可忽视的历史地位。科举考试的录取率是相当低的,而最后脱颖而出的"进士",尤其是"状元""榜眼""探花",大多是具有极深文字功底的杰出人才(如近代著名实业家张謇是"状元"出身,晚清名臣张之洞是"探花"出身),从一个侧面说明科举考试即便是采用八股文这样的考试形式,仍有一定的选才功能。

科举考试是中国古代重要的选官制度,也为我们今日发展旅游业留下了不少珍贵的资源。如科举制下中国古代的最高学府——国子监遗址就坐落在北京城雍和宫附近,现在是北京市博物馆所在地,其中不仅有丰富的文物陈列,而且还有石刻《十三经》全文,是爱好古代文化的旅游者到北京的必游之地。另外,南京的"江南贡院历史陈列馆"、四川阆中的贡院皆是当地较为出名的旅游景点。

复习思考题

1. 中国各时期文化有何特征?
2. 举例说明我国各历史时期文化留下的典型旅游资源。
3. 用浅显易懂的实例说明"历史"和"文化"的概念要点。

4. 根据旅游业的特点和具体实际,举出各类文化层次中最为典型的例证,并说明其与旅游业的密切联系。

5. 中国传统文化中蕴藏了哪些旅游资源？你能从身边找到哪些不同类型的典型例子？

第二章

中国的宗教文化

学习目标
1. 了解四大宗教在我国的发展史；
2. 理解四大宗教的基本教义；
3. 掌握宗教文化艺术的丰富内容和主要特征；
4. 熟悉我国主要的宗教名胜古迹。

> **案例导入**
>
> 旅行社委派导游小吕带领游客到宁波奉化的雪窦寺参观游览。旅行社车即将到达目的地,小吕对游客讲道:各位游客,大家都知道普陀山是观音菩萨的道场,那么弥勒佛的道场便是我今天带领大家参观的雪窦寺了。

中国是一个多民族、多宗教的国家,世界三大宗教佛教、基督教、伊斯兰教传入中国后,经过中国化,也有了较深厚的土壤和文化积淀,尤其是佛教的中国化最为明显和深刻。中国土生土长的宗教——道教,也经历了一个兴衰的过程。因此,中国的宗教文化是一个丰富多彩的立体图画,可以向人们展示宗教的丰富文化内涵和宗教建筑、宗教名山、宗教习俗等各个方面,对旅游者增长知识、开阔眼界、陶冶情趣有潜移默化的影响。

中国的民族众多,蕴含着丰富的民俗文化旅游资源,各民族的文化、风俗、习惯,从神话传说、音乐舞蹈、戏曲艺术、雕俗壁画、节庆娱乐、民族工艺、服饰、饮食、建筑形式等均各有特色,人们从中可获得美的享受,可增添许多有益的知识。

本章着重介绍中国宗教文化的特色、民俗文化的特色,剖析其丰富的文化内涵,以使学生对中华民族的传统文化有更深刻的认识,有助于学生更加热爱中华大地和中华文化。

第一节 中国佛教文化

中国宗教文化是中国传统文化的有机组成部分,且有其自身的特点。在漫长的历史长河中,外来的佛教文化、伊斯兰教文化和基督教文化受到中国儒教、道教文化的影响,经历了中国化的过程,才得以在中国扎根和发展。中国土生土长的道教文化和中国少数民族地区的原始宗教文化也均有发展,其中佛教文化是影响最广和最深的,也是中国化最深刻的宗教文化。

一、佛教文化概述

1. 佛教的产生和发展

佛教是以佛陀释尊为开山鼻祖而尊崇信奉佛法的宗教。佛就是佛陀，是印度语 buddha 的音译，意译为觉者，即觉悟了社会、人生之真理的人。"释尊"就是释迦牟尼世尊的略称，释迦牟尼是人们对佛陀的尊称。

佛教产生于公元前6至前5世纪的古印度。其创始人为悉达多·乔达摩（约公元前566—公元前486年），他是古印度迦毗罗卫国（在今印度、尼泊尔的边境地区）的净饭王太子，幼时受传统的婆罗门教育，文武双修，长大后深感人世生老病死的各种苦恼，又对当时的婆罗门教不满，遂舍弃王族生活，出家探索人生解脱之道。29岁时出家苦修六年，进而至菩提伽耶毕钵罗树下深思默想，终于在一天晚上"悟道成佛"。得道后，他在鹿野苑初转法轮，弘扬佛法，并在印度北部、中部恒河流域传教，历时四十五年，从道者众，流传下来，称为佛教。他反对古印度"婆罗门第一"的种姓制度，提出四姓平等主张，得到广大的穷苦百姓的支持，所以人们尊称他为释迦牟尼，即"释迦族圣人"。释尊的出生地蓝毗尼花园、成道地菩提迦耶、初转法轮地鹿野苑、涅槃地拘尸那迦是举世闻名的佛祖四大圣迹。

2. 佛教在中国的传播

佛教传入中国，主要以大乘佛教为主，其经典主要属于汉语系的，亦称汉语系佛教。它是于西汉哀帝元寿元年（公元前2年）传入中国内地的，故称为汉地佛教。魏晋南北朝时期是佛教在我国的大发展时期，各地开始建立大量的寺庙，洛阳白马寺就是这时候创建的。许多石窟也是这时开始建造的。在唐代，佛教逐步完成了中国化的过程，形成了各个宗派。

在我国云南的一部分少数民族地区，如傣族、布朗族、德昂族、阿昌族、佤族等地区，则是小乘佛教，其经典为巴利语系，也称巴利语系佛教或上座部佛教。

藏传佛教是公元7世纪左右，从古印度和中国内地传入的，它是佛教密宗和西藏当地的古老宗教（本教）相融合形成的具有西藏地方色彩的佛教，是佛教中国化的产物，俗称喇嘛教，主要流传于藏族、蒙古族、裕固族，以及蒙古和西伯利亚等国家和地区，其经典属藏语系，亦称藏传佛教。公元13世纪后期，元世祖忽必烈定藏传佛教为元朝国教。在藏传佛教的发展过程中，最重要的事件是15世纪初宗喀巴进行的宗教改革，他创立了格鲁教派，俗称黄教。该派在蒙古贵族势力和清皇室扶持下，从17世纪开始，实行政教合一，掌握了西藏地区的领导权。在清朝初期，顺治和康熙年间，清政府先后册封宗喀巴的再传弟子达赖喇嘛和班禅额尔德尼为活佛，从此正式形成两大活佛转世制度（称为金本巴制度）。活佛是汉族地区对大喇嘛的习惯称号，藏语称为

"朱古",意指由佛化身的肉身,即在宗教修行方面取得杰出成绩,能够根据自己意愿化民的人。"达赖"意为大海,"喇嘛"意为上师,"班禅"意为大学者。

近代佛教更加体现了传统文化中注重世俗生活的特点。首先佛教和道教、民间一般信仰日益融合。佛教在追求来世解脱的同时,也重视对现世利益的追求,如祛病消灾,增福延寿,全家平安,佛教的许多礼仪也世俗化;其次,佛教的信仰对象逐渐普遍为多数人接受,受到非佛教信徒的敬仰与信奉,如观音信仰的中国化。

3. 佛教基本教义

(1) 四谛说。释迦牟尼的社会伦理观,代表了佛教对人生、社会的基本看法。"谛"是真理之意。四谛即四条真理:苦、集、灭、道。其中,苦谛是佛教对世界与人生的基本认识,是佛教理论的基本出发点,即整个世界和全部人生都处在无边苦海之中;集谛是分析造成痛苦的原因,即"缘起说",指人生痛苦的总根源是"无明"(对佛理的盲目无知),只有消除了无知才能获得解脱;灭谛是要灭尽造成人生痛苦的原因,指人生苦难的灭寂与解脱;道谛是如何将众生引向解脱(消灭痛苦、征得涅槃)的方法。"八正道"和归结的戒、定、慧"三学",就是这些方法的中心内容,是佛祖为众生所开的"药方"。四谛是相互联系的、不可分割的整体,四谛说是佛教教义的核心。

(2) 三法印说。"三法印",即"诸行无常""诸法无我""涅槃寂静",是佛教教义最集中的体现和概括。所谓"诸行无常",就是世界上一切事物和现象都是变化无常的,没有永恒不变的事物。"诸法无我"是指一切存在都没有独立不变的实体或主宰者,一切事物都没有起主宰作用的我或灵魂。前者指"法无我",后者指"人无我"。世上所有世俗之人以为人有灵魂,产生"我执"的观念,致使产生各种烦恼,并造成种种行动。所以"对我的执着"是万恶之本、痛苦之源,需全力拔除。所谓"涅槃寂静",是指要为众生提供一个归宿、一个努力方向和理想乐园,即为众生安排一个虚幻的快乐的彼岸世界。因而,"三法印说"基本上概括了佛教理论的主要观点,从诸行无常、诸法无我到涅槃寂静的理论体系,是佛教的基本原则。

上述佛教的教义深刻地影响着中国传统文化的发展,它的"来世达彼岸"的思想与儒家的"入世"思想,以及道家的"出世"思想相互融合,形成了"从苦的此岸世界到乐的彼岸世界"的文化心理,并最终达到"三教合流"的结局。这是佛教在中国发展的必然结果,也是中国古代传统文化发展的重要特征。

4. 佛教神祇

(1) 佛是佛陀的简称,梵文的意译,意思为"觉者",是佛教修行的最高果位。觉有三个意思:自觉、觉他(使众生觉悟)、觉行圆满。据称,阿罗汉缺后两项,菩萨缺后一项,只有佛才三项俱全。小乘佛教所说的佛一般是指释迦牟尼,大乘佛教除指释迦牟尼外,还泛指一切觉行圆满者。如,过去有七佛、燃灯佛,未来有弥勒佛,东方有阿閦

(读醋或错)佛、药师佛,西方有阿弥陀佛。

(2)菩萨是梵文菩提萨缍(读朵)的简译音。菩提意思为"觉悟",萨缍意译为"有情意的生物"或"众生"。大乘佛教认为,以阿罗汉果为修行的目标还不够,应该修持佛果,即达到成佛的境地。但在成佛前,先作菩萨,即一面修持佛果自度,一面教化众生,度众生到极乐彼岸。佛经中常提到的,以及我国汉族地区影响较大的菩萨,有观音菩萨、文殊菩萨、普贤菩萨、地藏王菩萨和弥勒菩萨。

观世音是梵文的意译,传说唐代避李世民名讳,略去"世"字简称观音。他是阿弥陀佛的左胁侍。佛教认为他大慈大悲,遇难众生只要念诵他的名号,"菩萨即观其音声",前往拯救解脱,故叫"观世音"。据说观音可以应机以种种化身救苦救难,所以有各种不同名称和形象的观音,如白衣观音、送子观音、鱼篮观音、水月观音、千手千眼观音等。观世音菩萨在印度原为男像,自传入中国后,逐渐被汉化,大约从南北朝起,为更好体现大慈大悲和方便闺房小姐供奉,产生女身观音像。为普济众生,观音可以示现三十三身。相传观音菩萨的道场在浙江普陀山。以至千百年来,有"家家观世音,户户阿弥陀"之称。

①文殊师利菩萨。简称文殊菩萨,意译为"妙德""妙吉祥",专司智德(即佛教认识论)。手持宝剑(或宝卷),象征智慧锐利;身骑狮子,象征智慧威猛,人称大智菩萨,相传其道场在山西五台山。在佛教寺院中,他常塑在释迦牟尼佛的左边,为释迦牟尼的左胁侍,专司"智慧",常与司"理"的右胁侍普贤并称。

②普贤菩萨。是梵文的意译,亦译为"遍吉"。他是释迦牟尼佛的右胁侍,专司"理"德。其职责是把佛门所倡导的"善"普及到一切地方。手持如意棒,身骑六牙大象(表示六度),人称大行菩萨。相传普贤菩萨显灵说法的道场在四川峨眉山,现峨眉山万年寺有宋代铜铸普贤骑白象的造像。

③地藏菩萨。是梵文的意译。佛经说,这位菩萨"安忍不动犹如大地,静虑深密犹如地藏",所以得名。释迦牟尼嘱咐他,在释迦寂灭、弥勒佛未生之前,救助六道众生。他即发下誓愿"众生度尽,方证菩提,地狱未空,誓不成佛",人称大愿菩萨。他手持锡杖,或手捧如意球。《宋高僧传》载,他转世为新罗(今朝鲜半岛)王子,自幼出家,唐玄宗时来华入九华山,建寺收徒,99岁圆寂,肉身不坏,以全身入塔。现安徽九华山神光岭有肉身殿,相传即为地藏菩萨的成道处。

④弥勒佛。据佛经上讲,他本为释迦牟尼佛祖的弟子,先于佛寂灭,上升到弥勒净土。释迦牟尼预言他在五十六亿七千万年后,当下生人间成佛。因此,他是佛门三世佛中的未来佛,因为是未来之佛,故现在还是菩萨。传说在我国五代时期出了一位名叫"契此"的和尚。传说这个契此和尚身材矮胖,肚子特大,常用竹竿挑着个大布袋东游西荡化缘。他逢人便笑,言语无常却每多灵验,因而名噪一时。他圆寂时说偈道

"弥勒真弥勒,化身千百亿,时时示时人,时人自不识"。于是,人们皆传他就是弥勒佛的化身。后世许多寺院里照他的模样塑造了笑口常开的大肚弥勒像。许多地区民间俗称他为"笑头儿和尚""大肚罗汉"。"大肚能容,容天下难容之事;笑口常开,笑世间可笑之人"这副对联也不胫而走。

(3)罗汉是阿罗汉的简称,小乘佛教修行的最高果位就叫阿罗汉果。修持佛法的人达到了超脱生死,即不再生死轮回就叫阿罗汉。阿罗汉这个词是梵文音译,本身有杀贼、应供、不生等意思。杀贼即杀一切烦恼之贼,佛教把众生因无明迷妄所引起的各种烦恼、疑惑、痴迷等情,称之为心中之"贼",认为它们是扰乱人们内心清静、妨碍修行的有害情感。而阿罗汉已经灭尽了种种"心中之贼",因此称之为"杀贼"。"应供"是说到了阿罗汉果位,已经断灭一切能导致生死流转的"有漏"法,身心清静,应受人天供养。"不生"即是说阿罗汉已进入永恒不变的涅槃境界,不再进行生死轮回。寺院中有十六罗汉、十八罗汉和五百罗汉。唐以前的寺庙中供奉十六罗汉,宋代开始寺庙中供奉十八罗汉,民间传说的济公也列在罗汉之中。

济公,南宋僧人道济,俗名李心远,世称济公。他不守戒律,嗜好酒肉,如痴如狂,被称为"济癫僧""济癫"。相传济公为罗汉转世,但去罗汉堂报到已晚,加上辈分不高,只得站在过道里,甚至让其蹲坐在梁上。一般也供在罗汉堂。

5. 其他佛教文化常识

(1)佛教礼仪。

①称谓。佛教的教制、教职在各国不尽相同。在我国寺院中,一般有"住持"(或称"方丈",是寺院负责人)、"监院"(负责处理寺院内部事务)、"知客"(负责对外联系),可尊称"高僧""大师""法师""长老"等。佛门弟子依受戒律等级的不同,可分为出家五众和在家两众。出家五众是指:沙弥、沙弥尼、式叉尼、比丘、比丘尼。在家两众是指:优婆塞和优婆夷。佛教徒出家的俗称"和尚"(僧)和"尼姑"(尼),亦可尊称"法师""师太"。不出家而遵守一定戒律的佛教信徒称"居士",可尊称为"檀越""护法""施主"等。

②"四威仪"。是指僧尼的行、住、坐、卧应该保持的威仪德相,一切都要遵礼如法。不允许表现举止轻浮,即行如风,住(即站)如松,坐如钟,卧如弓。

③饮食习惯。过午不食。在东南亚一带,僧尼和信徒一日两餐,过了中午不能吃东西。午后只能喝白开水,连牛奶、椰子汁都不可喝。我国汉族地区因需要在田里耕作,体力消耗较大,晚上非吃东西不可,但进食称为"药食"。

④不吃荤腥。荤食和腥食在佛门中是两个不同的概念。荤专指葱、蒜、辣椒等气味浓烈、刺激性强的东西,吃了这些东西不利于修定,所以为佛门所禁食。腥则指鱼、肉类食品。东南亚国家僧人多信仰小乘佛教,或乞讨,或到附近人家轮食,无法挑食,

所以,无论素食、肉食,只能有什么吃什么。而我国大乘教派的经典中则有反对食肉的条文。但蒙藏地区,由于气候和地理原因,缺乏蔬菜,不食肉不能生活,所以一般也食肉。但无论食肉与否,大小乘教派都禁忌荤食(即葱、蒜、辣椒等刺激性食品),南北佛教均须遵守。

⑤不喝酒。酒会乱性,不利于修行,故严格禁止。

⑥礼节。"合十",亦称"合掌"。其形状是两手当胸、十指相合。合十为礼,以示敬意。

⑦"顶礼"。向佛、菩萨或上座行此礼。双膝跪下,头顶叩地,舒两掌过额承空,以示头触佛足,恭敬至诚,就是俗话说的"五体投地"。

⑧"功课"。在寺庙里,僧尼每天的必修课为朝暮课通,又名早晚功课,或五堂功课。寺庙在早上4时就打催起板(起休号令),僧尼盥洗完毕,齐集在大雄宝殿,恭敬礼佛,端坐蒲团,听候大钟大鼓结束声。随后起立,随众念诵早课《楞严》《大悲》《十小咒》《心经》等,这是二堂功课。晚课在下午4时左右,僧尼立诵《弥陀经》和跪念忏悔文、发愿、回向、放蒙山,这是三堂功课。回向的意思就是将自己念诵的功课,回归向往使大众都能亲证佛果。"晨钟暮鼓"就是由佛教寺庙里的早晚功课而来的。

⑨五戒。指不可杀生,不可偷盗,不可邪淫,不可饮酒,不可妄语。这叫作"方便五戒"。

⑩大戒。又叫"比丘戒",指不杀、不盗、不淫、不妄、不酒、不着彩色衣服和不用化妆品、不视听歌舞、不睡高床、不过午食、不蓄财宝,共十种根本戒。并由此扩充为比丘的250戒、比丘尼的348戒等。过去比丘和比丘尼受戒时,要在头上烫12个香洞。现在中国佛教协会根据广大教徒的意见,决定受戒时不必燃香疤,这主要是因为佛制原来没有这个规定,像东南亚佛教国家的僧人都不烫香疤。

⑪僧尼吃饭都要过堂,早晨、中午到"五观堂"或"斋堂"用食。五观之意为:一是思念食物来之不易,二是思念自己德行有无亏缺,三是防止产生贪食美味的念头,四是对饭食只作为疗饥的药,五是为修道业而受此食。在过堂时,住持和尚坐在堂中的法座上,僧众在两边就座。饮食之前,先要敲挂在寺庙走廊上的大木鱼(梆)和葫芦型铁板(云板)。梆是吃饭号令,又叫长鱼。鱼昼夜均不合眼,隐喻佛徒修行也应精勤不息,废寝忘食。吃饭中间如果需要添饭菜,应将空碗送到桌边,由斋堂服务员添,不可出声叫唤,碗筷应摆在桌边放齐。如住持和尚的筷子搁在碗边上,表示他要对大众讲话;筷子放平,即不准备讲话。过去,大寺庙因僧众较多,多采用"过堂"形式吃饭,并实行分食制。现在一般小庙,人数不多,多采用四菜一汤共食制。佛教主张过午不食,现已有改变,多数僧尼为了工作和学习,也吃晚饭,叫作"吃放参"。

⑫非佛教徒进入寺庙应注意的事项:佛寺被佛教徒视为清净的圣地,非佛教徒进

入寺庙衣履要整洁,不能着背心、打赤膊、穿拖鞋。当寺内举行宗教仪式或做道场时,不能高声喧哗。未经寺内职事人员允许,不可随便进入僧人寮房(宿舍)等。为了保持佛地清净,严禁将一切荤腥及其制品带入寺院。

对僧尼称呼,可称"师父",或在他们的职称后加"师"字,如当家师、维那师、知客师等。习惯上也可称法师或师太。

应该注意的是不能问僧尼的尊姓大名。因僧尼出家后一律姓释,出家入道后,由师父赐法名。受戒时,由授戒师赐戒名。因此,问僧尼名字时,可问:"法师上下如何?"或"法师法号如何?"这样便可得到回答。

(2)佛教的经典和标记。大乘和小乘佛教的经典,包括经藏(释迦牟尼说法的言论汇集)、律藏(佛教戒律和规章制度的汇集)、论藏(释迦牟尼大弟子对其理论、思想的阐述汇集),故称三藏经,或称"大藏经"。藏传佛教大藏经称为《甘珠尔》和《丹珠尔》。《甘珠尔》意为佛语部,《丹珠尔》意为论部。

佛教的旗帜或佛像的胸间,往往有"卍"的标记。这标记武则天将其定音为"万";意为太阳光芒四射或燃烧的火。后来作为佛教吉祥的标记,以表示吉祥万德。佛教的标志也往往以法轮表示,因为佛之法论如车轮辗转可摧破众生烦恼。

(3)常见的佛事。

水陆法会。全名为"法界圣凡水陆普度大斋胜会",也称"水陆道场""水陆大会""水陆会""水陆斋"。因其超度水陆一切鬼魂、普济六道众生,故称之。少者七天,多者四十九天。

(4)主要节日。有佛诞节(亦称浴佛节)、成道节(亦称佛成道日、腊八节)、涅槃节、观音节(中国汉族地区于农历二、六、九三个月的十九日为纪念观音的节日)、世界佛陀节(亦称维莎迦节,即南传佛教将释迦的诞生、成道、涅槃并在一起纪念的节日)、驱鬼节和跳神节(藏族地区佛教节日)、泼水节(傣族佛教节日)、佛牙节(斯里兰卡的佛教节日)等,有些节日已成为民俗活动。

二、佛教的中国化

中国宗教文化的历史表明,任何外来宗教必须中国化,才能扎根于中国大地,也就是说,外来宗教必须与中国的传统文化相融合,才能在中国存在和发展。佛教在中国的传播和发展,分成三个派别:汉地佛教、云南上座部佛教和藏传佛教,都是古印度佛教与中国传统文化相融合的结果。其中,汉地佛教是印度大乘佛教与汉地传统文化的融合;云南上座部佛教是印度小乘佛教和云南一部分少数民族地区的民族文化的融合;藏传佛教则是佛教的密宗与西藏当地的本教融合而形成的。

佛教的中国化表现在很多方面,如佛教的儒学化、佛教神祇的汉化、佛教信仰的民俗化、佛教建筑的中国化等等。

1. 佛教的儒学化

佛教中国化最突出、最典型的表现就是伦理道德的儒学化。中国佛教重视忠孝，尤其是集中表现在以戒为孝、戒即孝的独特格式上。简而言之，就是以孝道为核心，调和儒家的伦理，这是中国佛教不同于印度佛教伦理的根本特征。例如，佛教提出的四报，即报佛祖恩、报国君恩、报师父恩、报双亲恩，就体现了儒家的忠君报恩思想，强调父母之恩当报、要忠君爱国。同时，佛教还把人们的孝行和佛事活动结合起来，力求在民间创造奉行孝道的气氛。印度佛教《盂兰盆经》突出地体现了孝道精神，书中特别强调释迦牟尼出家和目犍连出家，都是为了孝道。中国佛教依照这种说法而举行盂兰盆会是唐代以后中国民间的最大节日之一，而盂兰盆会则是深受古代民间欢迎的一种法会。

佛教以人生为苦，因而就把追求人生的解脱作为自己的最高理想，为此提出了一套去恶从善的理论和伦理道德准则。所以佛教是以大慈大悲、利己利他为伦理道德的出发点，这和儒教的"恻隐之心""人之初、性本善"的性善论相通，和我国的国家本位与民本思想的文化传统相近，因而，在中国历史上佛教的道德训条影响很大。

当代中国佛教界的宗旨强调："诸恶莫做，众善奉行，庄严国土，利乐有情"，也是吸取了道教的因果报应论的思想而提出的。

2. 佛教信仰民俗化

这是佛教中国化过程的一个重要方面。汉化佛教表现出明显的功利性、实用性色彩，而宗教神学的色彩越来越淡薄，民间信仰的氛围越来越突出。如汉地佛教的信徒往往是出于对佛教神灵的纯粹功利性、实用性祈求去烧香拜佛的，像阿弥陀佛、观音菩萨、弥勒佛等功能性神灵，影响广泛，深入人心，几乎达到妇孺皆知的程度，而作为创始人的释迦牟尼则被大大淡化。尤其是中国四大菩萨中的观音菩萨，成为我国最受欢迎的神祇。千百年来，他深受我国社会各阶层人士的信奉和青睐，"家家阿弥陀，户户观世音"，可以说无人不知。据史料记载，东晋义熙四年（408），太原郭宣被关在狱中，他心念观世音，遂被恩赦，出狱后为观音菩萨造像，这是观音信仰及观音造像见于文献的最早记载。由此可见，人们对观音菩萨的信服也是出于现世利益功德而博得的南北朝时期的观音信仰全面发展。随着我国佛教的全面发展与兴盛，观音菩萨在民间进一步深入人心，并且在唐朝出现了他的独立道场——普陀山。观音道场的形成又促使观音信仰更加盛行。随着观音在中国落户，我国也出现祭祀观音的日子。农历二月十九日是他的诞生日，六月十九日是成道日，九月十九日是涅槃日。每逢这三个节日，寺院和民间都隆重地纪念他。在这三个节日期间，普陀山的香火最盛、人最多、最热闹。

3. 来源于印度的佛教神祇都不同程度地打上了中国文化的烙印

汉地佛教神祇是佛教汉化的一个重要方面。汉化主要表现在以下方面：

(1)与中国传统文化相适应。佛教神祇是印度来的"洋神",其神职既高又专,不易为人们理解,要赢得中国人的信奉,必须迎合世俗社会的爱好、情趣、风俗习惯和道德观念,走世俗化的路子,否则就会受到人们的冷落。如观音菩萨,大慈大悲,深受世人敬仰,可是人们还嫌不够,在观音的32种化身的基础上,又创造出许多观音(如送子观音、数珠观音等),赋予观音更多的更实际的济世功德,观音的世俗化达到了无以复加的地步;再如,天王殿中的四大天王,在佛教中的职责是守护四大部洲,离一般人民十分遥远,而在我国的通俗小说《封神演义》里,将他们改造成为掌管人间"风、调、雨、顺"职能的四兄弟,深受人们欢喜。

(2)与中国古代的鬼神信仰相融合。佛教在传播与发展过程中,不断地吸收外来神祇,扩大其队伍,而中国人在接受佛教神祇时,也会不自觉地将我国民间鬼神与佛教神祇相联系。例如,三国时期的关羽被奉为佛教寺庙的护法伽蓝神;范仲淹、包拯等刚直不阿的清官被奉为地狱中的阎罗王;地藏王菩萨,由于其誓愿救度地狱众生,被人们称为大愿菩萨,从而取代了大势至菩萨,成为中国四大菩萨之一,后又被奉为"冥间大王",与我国传统信仰的"十殿阎罗"组成了掌管阴间善恶的神祇。

(3)与中国人民喜爱的形象相融合。佛教神祇形象的汉化也是一个重要方面。在佛教神祇中,菩萨形象的汉化最为突出。在印度佛经里,菩萨形象都是留髭须的男子像,但传入中国后,菩萨形象逐渐女性化,如观音菩萨形象由男身变为女身,成为一个端庄美丽、雍容华贵的中国贵妇人的形象。弥勒在中国的化身像为布袋和尚(大肚弥勒);韦驮菩萨成为一个身穿甲胄的少年武将形象;四大天王的形象也汉化,成为武士装束,身着甲胄,威武雄壮的中国武将形象。

4. 古印度原型的佛教建筑逐渐汉化(在汉地发展为殿宇式建筑)

我国的佛教建筑来源于印度,但传入汉地以后,受到中国古建筑的影响,因而寺院的布局以中轴式为主体,主要的殿堂沿中轴线排列,如天王殿、大雄宝殿、三圣宝殿、方丈室、藏经楼等,两侧为次要殿堂,如观音殿、罗汉堂等;中原地区的建筑则多采用楼阁式建筑或皇宫式建筑。整个寺院建筑,到南宋时已确立了"伽蓝七堂制",完全成为中国传统的一正两厢、多进院落的格局。"七堂"是指寺院的主要建筑,必须具备七座不同功用的殿堂,否则就不能称为寺院(伽蓝)。可以说,中国古建筑的营造法则在佛教寺院建筑中均得以充分体现。

佛塔是佛教三大建筑之一,它是于公元一世纪前后随佛教传入中国的,东汉以前我国原无这种建筑类型。佛塔传入中国后,与寺院的汉化类似,在造型上有着明显变化。尤其是塔檐,呈向上挑起的飞檐翘角状,这是中国古建筑最显著的特征,是印度佛塔所没有的。佛塔借用了中国传统的飞檐建筑形状,不仅使佛塔出现飞动、轻快、向上的挺举之势,给人以舒展轻快的韵律美,而且也体现了佛教所追求的崇高境界,使佛教信仰和传统信仰在飞檐中得到了完美的体现。

三、中国的佛教艺术和佛教景观

在人类文化的发展过程中,宗教和艺术是密不可分的。宗教从它产生开始,就充满着人们对神秘力量的想象,是人类在现实中遭受的苦难或达不到的理想的抗议和慰藉。艺术是人类感情的系统化、形象化,是想象的物化形象。宗教感情和艺术感情有许多接近的地方,它们都可以是人生幸福和积极力量的肯定,都可以使人在想象中得到满足和激励。"艺术可以从宗教中获得深厚的热情的灌溉,世界上最伟大的建筑、雕塑和音乐多是宗教的,第一流的文学作品也是基于伟大的宗教热情"。我国当代美学家宗白华先生这样说,所以世界上最伟大的艺术往往是宗教艺术。

佛教和其他宗教一样,在传播教义的过程中,也用形象化的实物和艺术形式来进行宣传,从而创造出许多灿烂的艺术瑰宝。印度的佛教艺术,如以雕塑为主的犍陀罗艺术、佛教造像、绘画等都具有明显的宗教色彩,并具有极高的艺术价值和审美价值。佛教传入中国后,印度佛教艺术受到了中国传统文化的影响,与中国文化精神相互融合、交流,引导佛教艺术追求积极的情感态度和美好和谐的审美意境。因此,中国的佛教艺术是要寻找克服人与自然、社会对立与分裂的途径,旨在取得真正意义上的精神自由,增强了人存在的丰富性,使其成为怡心养性的享受。由于中国地域博大,各地区的文化特征差异也较大,因而使印度的佛教艺术受到了不同地域文化和审美思想的影响,并促使中国佛教艺术呈现出风格多样化的特点。

中国的佛教艺术可以分为五大类:佛教建筑艺术、佛教雕塑艺术、佛教绘画艺术、佛教音乐艺术、佛教文学。

1. 佛教建筑艺术

它包括寺庙艺术、佛塔艺术、石窟艺术、经幢艺术等,这里着重介绍石窟艺术。石窟艺术起源于古印度,是最古老的佛教建筑艺术。它原是指开凿于山石、岩壁间的洞窟,供释迦牟尼及其弟子们坐禅或苦修的石室,在印度称为"石窟寺"或"僧伽蓝"。石窟艺术被汉地中原文化逐步接纳、融合与改造,使石窟由单一性洞窟"僧伽蓝"的功能发展成为集建筑、雕塑与壁画一体的佛教石窟文化综合体。中国的石窟艺术成为世界上佛教石窟艺术最为繁荣和发达的部分,其开凿时间之长、分布之广、数量之多、规模之大,是世界上任何国家和地区所无法比拟的。中国四大石窟为:甘肃敦煌莫高窟、山西大同云冈石窟、甘肃天水麦积山石窟和河南洛阳龙门石窟,各有特色,是众多海内外旅游者参观、朝拜的对象,成为我国重要的历史人文旅游资源。

2. 佛教雕塑艺术

它也源出于印度,粗犷、奔放且激动人心是印度雕塑艺术刻意追求的艺术效果。它们注意的是宗教气氛的创造和故事情节的宗教意义,不顾及人物的比例和形象的和谐。

佛教传入中国后,佛教雕塑也融合了中国的传统创造出具有中国特质的佛教雕塑艺术。首先,中国内地的雕刻造像与印度佛教雕刻有外形上的区别。印度多裸像,中国却没有,只是服饰上稍微透明一些。它反映了两国不同的伦理观念和审美意识。佛教宣传禁欲,但不禁止在艺术中表现人体美。中国因受儒家伦理道德的影响,非礼勿视,非礼勿为,故中国的雕刻造像多体现一种庄严、安静、平和、优雅的态势。其次,中国还独创了泥塑佛像艺术、造像碑、石刻经幢等佛教艺术形式。如敦煌莫高窟和天水麦积山石窟有很多彩塑,是佛教艺苑中的一枝奇葩。

在佛教的雕塑艺术中,佛教造像(雕像和塑像)占了最主要的部分,也是最有吸引力的观赏景观。我国现存的比较典型的佛像珍品很多,有当今世界上最大的石刻佛像——四川乐山大佛;我国最早的石刻佛像——江苏连云港孔望山摩崖石刻佛像;我国最大的木雕弥勒像——北京雍和宫的一尊独木雕佛;世界最高的青铜大佛——香港大屿山木鱼峰顶的释迦牟尼坐像;我国最大的铸造铜卧佛——北京卧佛寺内的释迦牟尼涅槃像、我国目前最大的石刻卧佛——重庆潼南区马龙山石刻卧佛;上海玉佛寺的大玉佛像。近年来,我国各地又建造了不少佛像,如无锡灵山大佛,对丰富当地旅游景观、增强旅游吸引力具有重要的作用。

3. 佛教绘画艺术

佛教绘画是佛教引发信仰热忱、扩大宣传影响的一种重要工具。它不仅可以形象地传播佛教教义,也可以供佛教徒礼拜敬奉,并可作寺院殿堂装饰之用。

中国绘画早在春秋战国时期已有独立的发展。佛教绘画艺术传入中国之后,推动了中国绘画的进一步发展,使之呈现出多姿多彩的绚烂局面,产生了原中国绘画所没有的佛教壁画。佛教壁画的线条流畅飞动,富有旋律美,抒情意味浓,色彩绚丽,晕染技巧很高,已成为佛教绘画的主要部分。佛教壁画的内容有以下几种:一是以讲述释迦牟尼前世修行为主的本生故事画,这类故事大多生动有趣、情节曲折;二是讲述释迦牟尼生平事迹的佛本行故事画,这类故事是释迦牟尼一生中各个阶段形象的综合,从他出生、王太子的生活、到出家修道、直到成佛、涅槃前后的生平事迹;三是宣传佛教因果报应的因缘故事;四是经变画,即是用绘画形式将佛经内容表现出来的画;五是许多附会"灵异""圣迹"的传说和故事的佛教故事画;六是佛教史迹故事画,如《张骞出使西域图》《五台山图》等;七是描绘佛、菩萨、罗汉诸像为主的尊像图;八是供奉人图,即出钱建寺开窟、敬事"佛宝"的人的画像。敦煌莫高窟中的壁画是最有代表性的,绘制精巧,形象生动,是千百年来无数艺人长年累月精心创造的结晶,今天已成为重要的佛教旅游资源。

帛画也是佛教绘画的一种,是在布上和丝织品上的画。它所描绘的也是佛教的题材,如佛、菩萨、天王、力士像以及经变画、说法画等。现今在我国内地能见到的汉地佛教帛画已不多,而流行在藏族地区的藏传佛教帛画——唐卡却很多,这是一种画在布上和丝织品上的宗教卷轴画,其题材比较广泛,便于携带,不仅受到信徒的崇敬,还可作为绝好的旅游纪念品。

4. 佛教音乐艺术

音乐是一种通过演唱、演奏,让听众有所感受而产生艺术效果的一种艺术。它是一种直接诉诸感觉、最易引起心弦共鸣的艺术形式,有时它能令人热血澎湃或情思绵延,有时能诱人击节顿足,甚至翩然起舞。佛教音乐是一种主要用来渲染和加强宗教仪式的气氛和效果,起到澄清杂念、净洁心灵作用的宗教音乐。它是寺院和信众在举行宗教仪式时所用的音乐。中国的佛教音乐源于古印度,经过一千多年的发展,与中国本土的儒道思想融会整合,与悠久的宫廷音乐、道教音乐、民间音乐相融合,形成了以"悠、和、淡、静"为特征的独特风格。我国唐代佛教空前隆盛,佛教音乐在创作、演唱、演奏上均达到了很高的水准,并且完成了汉化。唐代佛曲名目甚多,敦煌莫高窟中保存有大批文书,其中有大量的佛曲,如《婆罗门》《悉昙颂》《好住娘》《散花乐》《归去来》《太子五更传》等。现今,我国佛教音乐中较具特色的有北京智化寺的京音乐、潮汕庙堂音乐、福建南音、开封大相国寺音乐等。它们以其深邃的宗教意识、独特的音乐风格、强大的艺术感染力,成为中国宗教音乐艺术中的一块瑰宝,至今仍具有独特的魅力。如佛事中放焰火的音乐,据传有九板十三腔,完全不同的唱腔旋律有几十种,它实际上相当于一出音乐清唱剧。

5. 佛教文学

佛教的传入,使中国文学的思想意识、行为方式和体验模式发生改变,从而开创了中国文学的新局面。佛教文学则成为中国文学的一个组成部分,包括佛典文学、本土僧侣创作的文学作品,以及由中国文人创作的受佛教影响的文学作品。

佛典,也称为佛经,原是佛教传教的文字记录。佛祖释迦牟尼在说法布道的45年间,留下了大量的思想和语言。在他死后,众弟子加以整理形成了最初的佛典。后各教派又把自己的思想主张教育民众,扩大影响,又创造了更多的经典。据《大藏经》所载,佛经的总数约在两万卷以上。为了达到教化大众、扩大佛教影响的目的,佛经需用民众喜闻乐见的形式,使形象生动化,使语言流畅与优美,因而佛典常常带有浓郁的文学色彩。

佛典三藏分为十二部经,其中有四部可以看作是以文学故事的形式来表达佛教理义的,如《本生经》《本事经》《因缘经》《譬喻经》,此外其他部经中也含有大量的文学故事,特别是叙述佛教生平事迹的各种故事。这些故事集中在一起,形成了一个极其庞大的、丰富的佛典文学体系。其中,一部分是说佛陀前世修行以至轮回的故事;一部分是对佛陀在世时的种种事迹的记载（称为佛传文学）；还有一类是譬喻文学。在藏经的十二部经中，譬喻作为独立的一部，专用载录表现"英雄行为故事"。在我国影响最大的譬喻经典当属《贤愚经》和《百喻经》。即使在正式的大乘，也含有丰富的文学成分，如《华严经》讲述佛成道后在各地借文殊、普贤等诸大菩萨显示因行果德、表达佛教宗旨的事迹，其中有一段著名的"善财童子五十三参"的故事，讲的是善财童子在文殊的指引下，学法求法，遍处寻访，遇到五十三位师父，直到最后参悟佛法的故事。该故事表现了大乘佛教宏通顺世的思想，后成了佛教艺术经常采用的经典题材之一。

为了保存佛教，古代印度把经文刻写在贝多罗树叶（贝多罗树是在南印度、缅甸和斯里兰卡常见的一种阔叶棕榈树，叶长肥硕厚实），称为贝叶经。佛教传入中国后，大量的贝叶经被带入我国，对佛教文化的传播和发展起到了很重要的作用。还有就是石经，是指为使佛经流传久远、佛法永存而在石头上刻写的佛经。《房山石经》是我国现存规模最大的石刻佛教大藏经，是研究佛教历史和典籍的极其重要的实物资料，也是我国书法和雕刻艺术的宝库之一。

随着佛教的传入，佛教开始渗透到中国思想界，而佛理也引入文学创作领域，出现了佛理诗。东晋初年，最著名的佛理诗作家是支遁，现存诗歌有18首，多是弘扬佛法、描述佛事之作。慧远是东晋后期的佛教领袖，也颇具文才。他的诗今存两首，一是《报罗什偈》，劝勉当时北方经学大师鸠罗摩什，告其勿归天竺；一首《庐山东林杂诗》，意境恬静，融理于景。我国山水诗的创始人东晋谢灵运继支遁的路子，进一步将山水与佛理结合，正式创立山水诗派。唐代佛教达到鼎盛阶段，同时佛教诗歌创作也进入高潮。许多诗人都亲佛，僧侣中习诗者也甚众。因而使唐诗留下了丰富的佛教印迹，同时也促进了唐诗的发展和兴盛。唐代受佛教禅宗影响而作诗并获最高成就的首推王维，其次是柳宗元。唐代的另一派诗，即通俗派诗，也受佛教影响较大。创作主要以僧侣诗人为主，如王梵志、寒山、拾得等。再就是白居易，晚年住龙门香山寺，号香山居士，将佛门作为一种精神寄托。在《香山寺二绝》中写着："空门寂静老人闲，伴鸟随云往复还。家酿满瓶书满架，半移生计入香山。"这表达了他任运随缘、悠优自行的情趣和对人生纵逝的悲叹。宋元明清时期，佛教诗歌也长盛不衰。总之，佛教对诗的影响是巨大和深远的，它给中国诗歌提供了广泛的素材、特殊的意境和语言，引导建立了一种明白晓畅的诗风，加深了诗歌的意义深度，促成了理趣诗的发展。此外，它还滋育了大批优秀诗人，极大地丰富了我国古典诗坛。

除了诗歌外，颂偈（一种特殊形态的诗）、散文（檄文、愿文、忏文、记叙文文体）、变文、宝卷、小说、戏曲等也受到佛教的影响。例如，白居易写的《赞佛偈》："十方世界，天上天下。我今尽知，无如佛者。堂堂巍巍，为天人师。故我礼足，赞叹为依。"表达了对佛的颂赞。禅宗六祖慧能的示法偈："菩提本无树，明镜亦非台；本来无一物，何处惹尘埃。"揭示了佛理,在禅门中被视作经典之作。散文中比较特殊的是一些檄文,它能主动地采用各种文学表现手法,突破一般散文纪实、议论的界限,尽可能地渲染文采,大胆想象,使其更具吸引力。如释智静的《檄魔文》,文中大段地描写法王与天魔两阵对垒的场面,最后是劝谏天魔改往修来,幡然归顺;忏文和愿文是佛教文学中特有的体裁类型,都是向崇高、神圣的对象倾诉心情的文章。如简文帝的《六根忏文》、梁武帝的《金刚般若忏文》、梁简文帝的《四月八日度人出家愿文》、卢思道的《北齐辽阳山寺愿文》等。在记叙文体中,记叙佛教事迹的,如慧远的《庐山记》、白居易的《画西方帧记》、柳宗元的《柳州复大云寺记》《永州龙兴寺修净土院记》等。变文是将佛典原文变更改做的作品,如中唐时期唐玄宗的《降魔变文》、孟棨的《目连变》等。佛教对中国小说的影响也不小,佛教的思想和佛教文学题材一直是中国小说创作的源泉之一。例如,王琰《冥祥记》、颜之推《冤魂志》等是出自印度佛教故事的;《西游记》的大量素材都与佛教史迹、故事有关,如孙悟空大闹天宫、猪八戒招亲与流沙河沙僧的事,源于佛典及《玄奘法师传》;中国四大奇书之一的《金瓶梅》充满了佛教色彩,其前后有两段诗将所有的内容作了框架和总结,前一段诗是:"善有善报,恶有恶报。天网恢恢,疏而不漏。"为一书之总纲;尾部的一段诗为:"阀阅遗书思惘然,谁知天道有循环。西门豪横难存嗣,敬济癫狂定被歼。楼月善良终有寿,瓶梅淫佚早归泉。可怪金莲遭恶报,遗臭千年作话传。"主要人物的命运都依前诗所言,进入到业报循环的圈子。佛教对戏曲的影响也很大,佛教的大量素材为中国传统戏曲所采用,如金院本《唐三藏》,元杂剧《唐三藏西天取经》《西游记杂剧》《哪吒三变》《观世音修行香山记》等,都取材于印度佛教故事。

6. 佛教名山景观

我国有很多佛教名山,它们大多是当今的旅游胜地,其中最著名的要数四大佛教名山,即山西五台山、浙江普陀山、四川峨眉山和安徽九华山。

(1)五台山坐落在山西省北部,距太原市230公里,以清秀的高山自然风光和灿烂的佛教文化艺术著称。山中寺庙众多,有的小巧、有的精制、有的雄伟、有的肃穆。全山以东、南、西、北、中五座平台形的山峰环抱而成。五峰之外,称台外,有寺庙八座;五峰之内,称台内,有寺庙三十九座。以佛光寺(创建于471—499年间)、南禅寺(782年重建)、显通寺(创建于58—75年)等最为有名。众多的寺庙成为佛教善男信女们烧香拜佛的好地方,同时也为中国佛教的研究提供了条件。五台山的标志是位于塔院寺内的藏式舍利塔,塔高六十多米,极为庄严雄伟。一百单八级台阶直通顶端,气势雄伟,登顶远望,美景尽收眼底,为全山远眺最佳之处。主峰"北台顶",有"华北屋脊"之称,海拔高度2 893米,绝妙之处在于峰上阴冷之处,有终年不会融化的"万年冰",峰峦层叠,林木苍翠,夏季凉爽宜人,为旅游避暑胜地,故有"清凉佛国"之称。它是我国唯一兼有汉地佛寺和藏传佛寺的名山,既有汉地佛教寺庙,又有喇嘛庙的佛教名山。相传为文殊菩萨的道场。

(2)普陀山位于杭州湾东的莲花洋中,是东海舟山群岛中的一岛,长约8 600米,宽约500米,面积12.5平方公里。山上石洞奇古,寺庙众多,素有"海天佛国""蓬莱仙境"之称。据传唐代大中年间(846)天竺僧人上岛亲睹菩萨显灵说法,并让以七色宝石。佛教相传,观音为阿弥陀佛的左胁侍,因此,普陀山被传为海天佛国。南宋绍兴元年(1131)岛上佛教各宗统一归于禅宗。从此,普陀山即为观音显灵的道场,又为佛教禅宗的圣地。最盛时,大小佛寺达三百余座,烟雨楼台,浪声梵音,山海兼胜,名满海内。现存主要景点有建于宋代的普济寺,建于明代的法雨寺等。普济寺之大圆通殿内供奉毗卢观音,像高8.8米,其四周是观音三十二化身,为观音大士道场所特有。岛上岩石属花岗岩,因风化海蚀而千奇百怪,形神各异。槃陀石被誉为"天下第一石"。槃陀石植被丰茂,远望一片锦绣。奇花异草,时有所见,尤以芬芳素雅的普陀水仙最为人们喜欢。每年在观音诞生日(农历三月十九日)、成道日(农历六月十九日)和涅槃日(农历九月十九日)佛事活动最盛。它是近代中国佛教最大的国际道场。

(3)峨眉山雄踞四川盆地西南缘,因山势逶迤,"如蟒首蛾眉,细而长,美而绝"故名。又因气候暖湿,降水丰富,植被繁茂,水景众多,故有"峨眉天下秀"之美誉。峨眉山寺庙众多,佛事频繁,如山下第一寺院报国寺,入山第一大寺伏虎寺,山上最大寺院万年寺。据传,此山乃普贤菩萨显道之道场。主山峰最高之处为金顶,海拔3 077米。山路沿途有五支猴群,约五百只,常聚集路旁与游人戏耍、讨食,在佛堂内随香客叩头拜佛,被称为"猴居士"。金顶上有四大奇观:佛光、云海、日出及圣灯。在风平云静的午后和日落之前,人站在金顶山崖观望云层,可见到一圈彩色艳丽的光环,不时依稀出现本人的头像,人称之为金顶佛光。实际上,这是大气中的一种光学现象,是由于衍射作用所引起。由于峨眉山垂直高度大,山上和山下的气温差异大,因而可以形成不同的垂直气候带、植被带,人们称为垂直景观带。人们从山下走到山上,等于经历了不同的季节变化。现已被联合国教科文组织列入《世界遗产名录》。

(4)九华山位于安徽青阳县境,属黄山西脉。山有九十九峰,面积百余平方公里。唐以前原名九子山,因李白三游九子山,写下"妙有分二气,灵山开九华"的诗句,又以山有九峰如莲花,故易名九华。山中多溪流瀑布、怪石古洞、苍松翠竹,有许多名胜古迹、幽洞深潭,素有"东南第一山"之称。相传唐开元、天宝年间,新罗国(今朝鲜)王子金乔觉航海至此,购地建寺,出家授徒。在九华山苦修75年,于99岁圆寂,三年之后肉身不坏,颜面如生,状似佛经所载地藏王菩萨,又因他生前笃信地藏,于是大家都认为他是地藏菩萨的化身。唐王朝就钦命将九华山辟为地藏道场。后历经劫难,大部分庙宇荡然无存,清代康熙年间才重修庙宇。寺庙就山势而建,不拘格局,不求规整,因地制宜,形式活泼。现存庙宇七十八座,佛像一千五百余尊,号称"莲花佛国""仙城佛国"。其中,化城寺是九华山的总丛林、开山寺,始建于唐肃宗至德二年(757),重建于清代光绪十五年(1889)。为四进四合院,依山筑寺,逐级升高,雄浑庄严。内藏明英宗年代(1440)印制的木刻《涅槃经》一部,共六千七百七十七卷,为稀世文物。肉身殿(俗称肉身塔)是金乔觉的纪念塔殿,建在九华山神光岭上,始建于唐,清同治年间重修,塔在殿内,为七级木质结构,每层有佛龛八座,内供地藏金色坐像。肉身殿前有上禅堂,殿宇宽敞,塑像精细,为九华山香火最盛之处。每到农历七月三十日地藏诞辰,众寺大办佛事活动,在这里举行传统庙会,热闹非凡。

第二节　中国道教文化

道教是我国土生土长的宗教。它扎根于中国这块深厚的土壤,是中国传统文化直接孕育的产物。因而,道教文化有鲜明的中国特色,更多地表现出中华民族传统信仰的特质,并成为中国旅游文化的重要组成部分。道教以成仙得道、返璞归真为宗旨,认为名山是神仙所居。尤其是有着以幽静为自然美特征的名山,就成为成仙修道的理想环境。我国道教有十大洞天、三十六小洞天、七十二福地,并成为重要的旅游景点。千百年来,许多文人墨客在这些名山中挥墨作画、吟诗题句,留下了许多绝妙的诗词、绘画;不少名山得益于道教文化的传播而开发,修建了大量的道教建筑,成为自然景观和人文景观相互融合的风景名胜区。

一、道教的产生与发展

道教是我国古老的宗教,早于世界其他各种宗教。在五千年前,我国就出现了道家。《史记·五帝本纪》记载:黄帝曾至肃州崆峒山,问道于广成子(广成子:《开天经》说广成子为老子的化身)。《抱朴子内篇》云:"黄帝西见黄子,受九品之方,过崆峒,从广成子受自然之经。"广成子居崆峒山,授黄帝自然之经,是为道家传道之始。

原始社会,人群处于愚昧状态,备受自然界的各种威胁,在人们尚不能掌握自己命运和处理周围发生事故的情况下,于是崇拜自然、信仰鬼神,为避祸求福,沟通天人之间、神鬼之间的信息,开始出现了巫师。殷人尚鬼、重巫祝。巫,为人们占卜吉凶祝福。祝,取悦于神,以沟通人之间的信息。人们依靠巫祝,来表达自己的愿望和祈求,改变现状,以求安居乐业。

至周代,人们进一步探索神仙的踪迹,战国时期,尤为突出。庄子《逍遥游》说:"藐姑射之山,有神人居焉。肌肤若冰雪,绰约若处子,不食五谷,吸风饮露,乘云飞,御飞龙,而游乎四海之外。"屈原《楚辞·离骚》中也说:"前望舒使先驱兮,后飞廉使奔属;鸾皇为余先戒兮,雷师告余以未具。吾令凤凰飞腾兮,又继之以日夜。"当时列国诸侯,为求长生,向往神仙,于是方士竞出,纷献仙药,齐威王、燕昭王、秦始皇等君主,皆遣使入仙山求长生药,是为方士仙道兴盛时期。

汉初,黄老学兴盛,推崇黄帝,尊奉老子。汉文帝、景帝,以黄老之道治天下,曾一度出现了历史上的"文景之治"。继而汉帝迷信神仙,建立了新的神仙体系。此后方士辈出,访仙求药,极一时之盛。

道教大约建于东汉末年顺帝(125—144)时期,太平道又称黄老道,奉《太平经》为主要经典,奉"中黄太一"为至尊天神,创立者是黄巾农民起义领袖张角。后张陵创五斗米道,它产生在今四川境内,奉老子为教祖,尊为"太上老君",以《道德经》五千言为主要经典。之后,它经历魏、晋、南北朝、隋逐渐发展起来。

至唐宋时期,道教进入鼎盛时期,唐朝皇帝自称是老子的后裔,奉行崇道政策,规定三种宗教的次序为:道先、儒次、佛后。唐玄宗正式册封老子为道教教主"太上老君",规定科举人士必须兼通《道德经》,诏令天下读书人人手一本,各百姓家家藏一册;唐武宗规定老子诞辰(农历二月十五日)为降圣节,并将此日定为全国休息日,并实行兴道灭佛的政策。宋朝皇帝也采用唐代的做法。宋真宗宣称其祖赵玄朗为道教尊神,以此提高赵氏皇族的地位,转移民众对统治者的不满。宋真宗还让女儿入道,并加封老子为太上老君玄元上德皇帝,又命人领修《道藏》,使其增至四千五百六十五卷。到北宋末年宋徽宗更加沉迷于道术,自称为教主道君皇帝,在太学中设置了《道德经》《庄子》《列子》博士,令道士改穿道服,并亲自主持校补《道藏》,使其增至五千四百八十一卷。因此,道教在这个时期进入了全盛阶段,道观规模日益增大,道士人数剧增,"神仙"队伍愈加庞大,《道藏》编辑完成,涌现出不少著名的道教学者,如孙思邈、吕洞宾等。

明清时期,道教从停滞走向衰落。究其原因,在内部,教团腐化;在外部,理学的强力排斥,失去统治者的支持,民间宗教的相互争夺地盘等,均是促使道教走向衰落的因素。明代统治者对道教仍然尊崇敬奉,对道教社团严加管理,拜访张三丰,大修武当山崇奉真武神;而清朝不重视道教,从乾隆年代起道教的政治地位下降,因为清政府采取的是重喇嘛教而抑制道教的政策,从而日趋衰落;到了近代,由于受到辛亥革命,特别是五四运动的冲击,道教更是每况愈下。但是在民间通俗形式的道教却很活跃,作为一种道教信仰受到民众的欢迎,如读书人想金榜题名就拜文昌帝君、商人想发财就拜财神赵公明、妇女求子拜东岳娘娘、官员赴任拜当地城隍、渔民出海捕鱼拜妈祖(天后)等等。道教已经向民俗和民族习惯转化，并沉淀在中国老百姓的潜意识中，发挥出无形却深远的影响。

作为我国土生土长的宗教——道教千百年的盛衰过程，值得我们去深思：为什么外来宗教——佛教、基督教和伊斯兰教，至今仍较兴旺，而道教却已渐渐衰退，这里面有许多原因，有深层次的，也有浅层次的。但不论怎样，作为一种历史最长的社会意识形态，作为中国传统文化的直接产物，有着深厚的文化积淀，在民间有很大的影响，我们应予以重视，应把它看成是中国古代文化遗产中的重要组成部分。

二、道教的基本教义

1. 道德并称

道教宣扬"道"是天地"万物的本源"，是"宇宙的原动力"，"德"道的显现，是道的行动。老子所谓"道"，就是他的宇宙观，他认为"道"是天地"万物的本源"，又是"宇宙的原动力"，也是"大自然的规律"。

道教把"道""德"并称，把"道"与"德"作为一个事物的两个方面，两者是整体和局部、一般和特殊的关系。"德"有时作"道的本体"讲，有时作"道的特性"讲，有时作"道的总体表现"讲。但不论怎么解释，"道"是宇宙的本源，是天、地、人的主宰者，是无所不在的力量，而取得这种本源的体性便是德，"德"是道的显现，是道的行动。因此，道教中把"道"和"德"作为信仰、行动的总准则，人们要修道，还要积德。它们同为道教教义中的基本原则。

2. 无为而无不为

《道德经》说："道常无为而无不为"，"为学日益，为道日损，损之又损，又至于无为，无为而无不为矣"，两处都肯定了"无为而无不为"就是道；它既是"道"的本性，也是"道"的现象，同时又是"道"的作用。

道教以"无为而无不为"作为思想准则。《庄子·天地篇》中说："古之蓄天下者，无欲而天下足，无为而万物化。"《列子·黄帝篇》中说，华胥之国是顺自然而治的，他所说的"自然"，事实也就等于"无为而无不为"。《道德经》中说："我无为而民自化，我好静而民自正，我无事而民自富，我无欲而民自朴。"又说："道常无为而无不为，侯王若能守之，万物将自化。"无为而治，作为一种思想策略，是人君的"南面之术"，"无为"是指君主的无为，而不是指一般人的无为，我无为我好静、我无事、我无欲都与"无为"意见相通，其主体都是我(指诸侯王或君主)，只要诸侯王坚持"无一为"，人民就可以自化、自正、自富、自朴，实际上是提供人民的"有为"的。一方面提出君主"无为"，另一方面要求人民"有为"，这正是《老子》思想的精深博大之处。君主的"无为"，人民才可以"无不为",因为君主"无为"就能顺民之性,因民之情而治,这样就可以放宽对人民的束缚,人民应可以发挥自己的创造性,"八仙过海,各显神通",从而达到自化、自正、自富、自朴,也正是"无不为"。西汉初年,汉文帝和景帝(前179—前141)曾以这种思想和主张来治理天下,实行清静无为、与民休息的政策,使战国以来破坏严重的经济得以好转,成为我国历史上著名的"文景之治"盛世。

道教还以"无为而无不为"作为处世哲学的主要原则。《淮南子·原道训》中说:"所谓无为者不先物为也;所谓无不为者因物之所为。"《文子·上仁篇》中说:"夫道退故能先,守柔弱故能矜,自身卑下故能高人,自损弊故坚实,自亏缺故盈全,处浊辱故新鲜,见不足故能贤,道无为而不为也。"

3. 柔软、不争、清静、寡欲

老子说:"弱者道之用",认为"柔弱"就是"道"的作用。他在谈修养方法时说:"专气致柔,能如婴儿乎?"在谈论物理的时候说:"天下柔弱莫过于水,而攻坚强者莫之能胜,以其无以易之。"在谈人的生理现象时说:"人之生也柔弱,死也坚强,万物草木生也柔脆,其死也枯槁,故坚强者死之徒,柔弱者生之徒。是以兵强则灭,木强则折,强大处下,柔弱处上。"在谈到战略方针时说:"天下之至柔,驰骋天下之至坚,无有人无问。"此外,他还说过,"柔胜刚弱胜强",主张以动制静,以柔克刚。他有句名言,叫作"善为士者不武,善胜敌者不与,善用人者为之下,是为不争之德"。他反对轻敌说:"祸莫大于轻敌,轻敌几丧吾宝。"相反他认为:"物壮则老","强梁者不得其死","勇于敢则杀",明确地指出了"柔弱"的功用和"刚强"的弊害。"不争"是老子处世哲学中的一个重要准则。老子说:"圣人之道,为而不争",就是一切作为都要顺乎自然;他的"不敢进寸而退尺"便是这个意思。他说:"天之道不争而善胜",又说:"上善若水,水善利万物而不争。"此外他还说:"夫唯不争,故无尤矣",又说:"夫唯不争,故天下莫能与之争",由此可见老子是以"不争"的精神随处都有表现,如"知足""知止""不有""不恃""不自见""不自是""不自伐""不自矜"都是从"不争"的思想中引申出来的。"清静":老子说:"清静为天下正。"在《道德经》中,"清静"和"无为"是两个颇为相似的概念,同时它和"寡欲"也有一定联系。它们都是"道"的部分表现,如道书中常说"清静无为"或说"清心寡欲"。在老子的宇宙观中,"清静"是大自然最早的形成,在他的社会政治思想中,"清静"则是他理想领导人物的政治风格;在修养方面,"清静"则又指修养过程中的一种境界。老子说:"见素抱朴,少私寡欲",在他的修养方法中,"寡欲"是非常重要的。《道德经》第四十六章说:"罪莫大于可欲,祸莫大于不知足,咎莫大于欲得。"这是他从"道"中体会出来的。后来道教中对"寡欲"的精神,主要表现在戒律中,较早地有"道民三戒""录生五戒""祭酒八戒""想尔九戒""老君二十七戒"……一共是320戒,虽说"戒重于因,律重于果",但都尽量发挥了老子"寡欲"的精神。

4. 乐生、重生，追求长生不老、肉身成仙

宗教是苦难者的呻吟，是被压迫生灵的叹息，不少宗教教义认为人生充满了痛苦，生老病死，天灾人祸，忧患重重，无可留恋，因而把希望寄托于虚幻天国，或西方极乐世界，寄托于来生。道教的教义却与他们迥然不同，认为生活在世界上是件乐事，希望长生不老，永远活着，认为死亡才是最痛苦的。所以，道教是重今世，是乐生、重生，希望通过种种道功道术，追求长生不老，鼓励人们最低要求是竟其天年，最高的理想是"根深蒂固，长生久视"。道教还认为，人的生命并不决定于天命，《抱朴子·黄白篇》中说："我命在我不在天，还丹成金亿万年"，意即人的生命之存亡，年寿之长短，决定于自身，并非决定于天命。道教强调个人不断地修炼，不抱有听天由命的消极思想，旗帜鲜明地反对传统的"死生有命，富贵在天"的观念。它所提倡的导引、服饵及内外丹炼养，更是这种精神的体现。正由于道教乐生、重生，所以众多得道之士积极寻求能使人长寿方法，发展出一整套健身长寿的养生之术（包括各种养形方术和养神方法），从而和中国古代的医药学、养生学、人体科学的发展结下了不解之缘。

三、道教神仙

因道教神仙众多，职能错综复杂，下面仅介绍其中的一部分。

1. 先天尊神（三清和四御）

（1）元始天尊。道教最高神灵三清尊神之一，元始天尊常以手持混元珠，神像居于大殿神像之中位。元始天尊的神诞之日是正月初一，在道教神系中排在首位。

（2）灵宝天尊。道教最高神灵三清尊神之一，原称上清高圣太上玉晨元皇大道君。灵宝天尊常以手捧如意，神像居元始天尊之左侧位。神诞日为夏至日，约在农历五月中旬。

（3）道德天尊。道教最高神灵三清尊神之一，即老子。其神像常作一白须白发老翁，手执羽扇，居元始天尊之右侧位。太上老君，即道德天尊之神诞日为农历二月十五日。道教以太上老君为教祖，在民间影响最大。

（4）四御。指的是道教三清尊神下的主宰天地万物的四位尊神，即：玉皇大帝、中天紫微北极大帝、勾陈上宫天皇大帝和后土皇地祇。玉皇大帝是万神之主，又称昊天金阙至尊玉皇大帝、玄穹高上玉皇大帝。玉皇大帝是诸天之帝、仙真之王、圣尊之主，三界万神、三洞仙真的最高神，有制命九天阶级、征召四海五岳之神的权力。

（5）西王母。俗称王母娘娘，全名为白玉龟台九灵太真金母元君。西王母为女仙之宗，居昆仑之间，女子得道登仙者，都隶属于西王母管辖。西王母是作为长寿的象征，是金箓延寿道场的主神。

2. 土地神和地方保护神

包括城隍、土地、门神和灶神。

3. 财神和福禄寿星

（1）财神。分文财神和武财神。

（2）文财神。民间所指甚多，如：比干、范蠡、财帛星君和福禄寿三星中的禄星等。文财神多见于民间雕塑和木版年画，大多是锦衣玉带、冠冕朝靴，脸色白净，面带笑容，适合新春喜庆，堂室张挂。文财神或是生前巨富，或是升仙后奉命管理人间财帛、人世爵位。文财神大多并未进入道教神系，亦少有经籍传世。

（3）武财神，当今道教宫观中的财神神像，多为黑面浓须，骑黑虎，一手执银鞭，一手持元宝，全副戎装。该财神像当为武财神，即赵公明元帅像。

（4）福禄寿星。福星指的是天官；禄星指的是文昌帝君；寿星指的是南极老人。

4. 得道仙真

包括三茅真君，吕祖，八仙（指的是钟离权、张果老、吕洞宾、李铁拐、何仙姑、蓝采和、韩湘子和曹国舅八人），妈祖，王灵官（为道教护法监坛之神灵，红脸开口，满髯高翘，披甲执鞭，露獠牙，额上眼为玉帝加赐之"慧眼"）等。

四、其他道教文化常识

1. 道教礼仪

（1）拱手礼。两手相抱（左手抱右手，寓意为扬善隐恶。盖以左手为善，右手为恶之故），举胸前，立而不俯。拱手礼亦称抱拳礼，道侣相逢或道俗相逢，多行此礼，表示恭敬。

另外，有一种抱拳手式，以左手大拇指插入右手虎口内，掐右手子纹（即无名指根部）；右手大拇指屈于左手大拇指下，掐住午纹（即中指上纹），外呈"太极图"形，内掐"子午诀"。这种抱拳形式多用于打坐时，其寓意为"抱元守一"。常行拱手礼或作揖礼时，只需自然抱拳即可。

（2）作揖礼。一面躬身，一面双手于腹前合抱，自下而上（不过鼻），向人行礼。因举手伴以屈身（躬身）故亦称"打躬"。又因身体弯曲成月牙状，故又称"圆揖"。向人作揖行礼时不要过分屈身，以免臀部突出而显得不雅观。作揖礼较拱手为敬，对长者多行此礼。

（3）叩拜礼。道教叩拜礼有两种形式，其中以一礼三叩最为常见，以三礼九叩最为隆重。道门中人常说的"朝上三礼"，就是指行三礼三叩礼，此礼多用于平日朝神。三礼九叩是道教最高的礼拜仪式，只有逢初一、十五、祖师圣诞及各种斋醮道场时，方行此礼。

2. 道教仪式

道教仪式，除了日常的早晚功课，还有大型的功德法事，统称为"斋醮"。"斋"就是齐,祭祀之前,整洁身心;"醮"就是设坛修建祈禳法事。道教斋醮又可区分三类:黄箓、金箓、玉箓。黄箓,专用于超度亡灵;金箓,除了超度外,还包含延寿受生的内容;玉箓,专用于消灾祈福,祈求国泰民安。道场以天为计,有一、三、七、四十九天不等。

3. 道教经典——《道藏》

《道藏》是汇集收藏所有道教经典及有关书籍的大丛书。

魏晋南北朝时期,随着道教的发展,各派道士撰写的经典日益增多。一些道士开始搜集整理道书。南朝刘宋时道士陆修静广集道书,编写《三洞经书目录》,著录各类道经、符图及医药方技著作,共有一千二百二十八卷。

到了唐代初年,道书开始汇集成"藏"。唐玄宗开元年间,政府下令搜访天下道经,汇编成《一切道经》,后世亦称《开元道藏》,共收入道书三千七百四十四卷。

北宋真宗时,道士张君房又奉命主持编修了《大宋天宫宝藏》,四千三百五十九卷,分装成四百六十六函,每函依《千字文》顺序编号。宋徽宗时又将《天宫宝藏》扩编为五千四百八十一卷,并首次在福州闽县刻板印刷,称作《万寿道藏》。金代在章宗时曾编刻《大金玄都宝藏》,凡六千四百五十五卷。元朝初年,全真派道士宋德方主持编辑刊印的《玄都宝藏》,已增至七千八百多卷。

今《道藏》是由明朝第四十三代天师张宇初及其弟张宇清奉诏主持编修,刊成于明正统十年(1445),称为《正统道藏》。万历三十五年(1607),明神宗又命第五十代天师张国祥编成《续道藏》。这部明代正、续《道藏》共收入各类道书一千四百七十六种,五千四百八十五卷,装为五百十二函,仍以《千字文》编号。《正统道藏》内容庞杂,卷帙浩繁。其中有大批道教经典、论集、科戒、符图、法术、斋仪、赞颂、宫观山志、神仙谱录和道教人物传记等等,是研究道教教义及其历史的百科全书。

4. 道教徒

道教徒有两种:一种是神职教徒,即"道士"。据《太霄琅书经》:"人行大道,号曰道士。""身心顺理,为道是从,故称道士。"他们按地域可分为茅山道士、罗浮道士等。从师承可分为"正一"派、"全真"派等。按宫观中教务可分为"当家""殿主""知客"等。另一种是一般教徒,人称"居士"或"信徒"。"宫观"是道家最主要的组织形式。宫观是道士修道、祀神和举行仪式的场所。道教另有一些经济组织(如素食部、茶厂等)、教育组织(道学班、道教经学班等)、慈善组织(安老院、施诊给药部等)。

5. 民间崇道习俗

道教在中国民间有巨大的感召力。作为古代中国的三教之一,道教对中国民众的精神生活、风俗习惯,有十分深刻的影响。民众对于道教的神仙,素来敬奉有加。不过民间对于道教又不完全了解,老百姓往往用自己的理解、自己的心态、自己的表达感情方式,去从事崇拜道门神仙的活动。这样,民间的崇道活动根源于道教的神仙信仰,以道教的各类宫观神庙为基础，同时又具有民俗化的特点。它是神仙信仰与民俗的结合，在这种结合中，自然会形成丰富多彩的形式，表露出民众各种各样的生活情趣和内心祈求。

(1) 接玉皇。农历正月初九，传说为玉皇生日，道观中例要举办隆重法会，以示庆贺，民众则结会烧香，称为玉皇会。玉皇会气势恢宏，热闹非常，但它的举办一般都在玉皇的神殿，或以神殿为中心，难能成为全民的节日。对绝大多数民众而言，每年除夕有一次接玉皇。据说，玉皇大帝每届除夕都会巡视天下，若见到民众行善或造孽，分别给予奖赏或惩罚。所以这一天，家家户户都要摆香案，办素斋为供，以迎接玉皇御驾降临，称为接玉皇。

(2) 迎财神。中国民众在过年时有一项接财神的习俗。一般在正月初二清晨或者在初五清晨燃放鞭炮，以示迎接财神。

(3) 送灶和接灶。辞灶接灶是过年习俗的一部分。依照《抱朴子·内篇》记载，灶神平时有监察下民的职责，该户人家的功过善恶，都要定期报告天庭，上天则依据其报告来定这家人来年的祸福。一般认为他上天的日子是每年的腊月二十三（也有认为是在二十四），届时便要好生欢送；他上天述职之后，于除夕回来，是时当然必须欢迎。前者为送灶，又称辞灶；后者则是接灶。

(4) 挂钟馗和雄黄酒。中国的传统岁时风俗中，端午是个重要的节日。在这一节日中，有很浓厚的道教元素，其中很重要的两项活动就是挂钟馗像和喝雄黄酒。

五、道教名山（洞天福地）

道教名山是道教文化中的一个重要的组成部分。它是我国传统文化中的瑰宝，已成为我国宗教旅游景观中的不可或缺的组成部分。我国的道教名山是同道教的仙境联系在一起的。为了能够长生不老、肉身成仙，道教建构了很多仙人修炼和居住的地方，道教称之为仙境。这些神仙所居的胜境，有的在天上，如三清境；有的在海中，如十洲三岛；有的在名山洞府，如十大洞天、三十六小洞天、七十二福地。地上神仙居住在这些洞天福地中修炼，与天界相通。这些洞天福地就分布在我国的众多的名山之中，这些名山不仅风景优美，而且有众多的神仙传说和故事，有众多的宫观建筑，成为自古至今的旅游胜地。

1. 青城山

青城山位于四川省都江堰市西南 15 公里，背靠岷山，面临成都平原。在其方圆 20 里内，有三十六峰、七十二洞、一百单八处胜景。此山称为"青城"，是因其周围诸峰环绕，形如城郭，加之山上茂林修竹，终年常绿之故。从自然美的角度而言，青城山形态美的主要标志是幽，故有"青城天下幽"之称。由于青城山是著名的道教发源地，不少神仙、羽客、隐士在此居住。故道教把青城山当作仙境之一,道教十大洞天的第五洞天"宝仙九室之天"和第五十五福地"大面山"均在青城山之中。

青城山上有不少的道观,至今尚存的宫观主要有长生宫、建宫、天师洞(即常道观)、朝阳洞、祖师殿、上清宫、圆明宫、玉清宫等,其中天师洞和祖师殿被列为全国道教重点宫观。天师洞现在殿宇建于清代,原创建于隋朝(605—618),正殿为三清大殿,供奉三清尊神。道观后峭壁上有一处岩穴,名为"宝仙九室洞",即道教第五洞天。传说是张道陵(张天师)结茅传道的地方,故名天师洞;祖师殿位于青城山的轩辕峰,始建于晋代,现有殿宇系清代所建,为四合院式样。殿中供奉东岳大帝、真武帝君和铁拐李、吕洞宾、张三丰等道教祖师神像。祖师殿背后金鞭岩传为财神赵公明藏鞭之处,是青城山的镇山之宝。

2. 龙虎山

龙虎山位于江西省上饶市贵溪市的西南部,山地景色秀丽,风光奇特,素有"形似武夷,神似桂林"之称,为道教洞天福地中的第三十二福地,是道教第一代大师张道陵最初修道的地方,为道教正一派(原天师道)的祖庭,在我国的道教史上有很大的影响。现存的主要道观是上清宫和天师府。其中,上清宫是历代天师传教授箓的主要宗教活动场所,也曾是我国道教活动规模最大的宫观;天师府是历代天师的起居之所,是一座王府式的建筑,现为国家重点文物保护单位和国家重点道教宫观。

3. 泰山

泰山又名岱山,为我国五岳之首的东岳。泰山位于山东省泰安市的北部,方圆四百多平方公里。被道教视为三十六小洞天中的第二小洞天。由于泰山地处齐鲁大地之上,从山水自然美的形态而言,以雄为主,被誉为"泰山雄"。因此,自古以来历代帝王登基要去泰山进行封禅活动,道教也将其作为神仙居住的仙境。尤其是清代以后,泰山上的宫观优势显著,以祭祀东岳大帝和碧霞元君的岱庙和碧霞元君祠最为有名。其中,岱庙的主殿天贶殿与北京故宫太和殿、曲阜孔庙大成殿齐名,被称为我国著名的三大宫殿建筑。碧霞元君祠是泰山山顶最主要的道教建筑,现为全国重点道教宫观之一。其中,供奉的碧霞元君是道教所尊奉的女神之一,传说是东岳大帝之女,民间称其为"泰山娘娘",香火旺盛。

此外,我国还有湖北武当山,江西三清山,安徽齐云山,山东青岛崂山,广东罗浮山,福建清源山、太姥山,江苏茅山等道教名山。

六、道教宫观建筑艺术和音乐艺术

道教文化中能在旅游中直接感触的是以宫观为主的道教建筑。它们是中国古代建筑文化中重要的组成部分,又是道教信仰的一个重要体现。

1. 道教建筑的特色

道教建筑基本上是按中国古建筑的样式、布局来建造的,主要表现为:

(1)建筑样式与宫殿、佛寺、宅第大体相同,为中国传统的木结构体系。但道教建筑有一点不同,即多楼阁。很多道教建筑都叫望仙楼、聚仙楼、灵官殿、三清殿、玉皇殿、三茅阁、文昌阁、真武阁、斗姆阁等。

(2)道教宫观的山门往往与戏台结合,一般上为戏台,下为山门,并常用戏台"酬神演戏"。这不仅使用合理,而且空间变化丰富。

(3)道教建筑有深厚的文化内涵和丰富的艺术价值。其文化内涵表现在:宫观建筑的规格、大小和装饰与神仙信仰密切相关,即以信奉的神仙神位来决定它的等级;建筑的布局、体量、结构与传统的阴阳五行学说、天人感应等哲学观念相联系;建筑布局与道教的教义密切相关;建筑布局与民间习俗、节庆习俗密切相关,可供人们社交、游览、食宿、娱乐、交易,可进行庙会、花会等节庆活动。

其艺术价值主要是指道教建筑中有大量的绘画、雕塑、诗文、篆刻、联额、题词、碑刻等艺术形式,宫观内也有园林;也有诸多的石窟和摩崖石刻。它们都以具体生动的形象,表现长生不老的理想和对吉祥如意的追求。它们的艺术价值是永存的,例如,在上海老城隍庙内有许多楹联,含有深意,大门两侧的一副楹联:"做个好人,心正身安魂梦稳;行些善事,天知地知鬼神钦。"警示世人多做善事,不做恶事。

2. 我国著名的道观

我国有许多著名的道观,如陕西周至楼观台、北京白云观、苏州玄妙观、四川成都青羊宫、山西芮城永乐宫等。

(1)陕西周至楼观台。位于陕西省周至县城东南的终南山北麓山中,有楼观台、老子墓、重阳宫等道教圣地,其中楼观台是我国最早的道教宫观,享有"仙都"之誉。据传老子曾在楼南高岗上筑台,传授经典,讲授《道德经》,后授予周大夫尹喜。自此,楼观台的名称产生。

东汉张道陵创立道教,推崇老子为教主,把《道德经》视为主要经典,楼观台被视为道教的发祥地。其后各代,楼观台成为道教圣地。至今只留下说经台、吕祖洞、老子墓等遗址,还有许多历代文人刻写的碑石,有的是很有价值的文物。

(2)北京白云观。它是道教全真派的胜地,号称"全真第一丛林"。从唐代创建(739),直到元代(1227),这里一直都是北方道教的中心。经几次焚毁与重建,明代改名为"白云观"。目前,它是我国现存规模最大的道教建筑群。

(3)苏州玄妙观。位于江苏省苏州市市中心观前街,相传是春秋战国时期吴国宫殿的旧址,是一座历史悠久、规模宏伟的宫观建筑。其中的三清殿是江南最大的木构古建筑,殿内保存有《老君像》碑一座,据传是唐代名画家吴道子绘,堪称镇观之宝,是我国绘画艺术的传世瑰宝。

(4)四川成都青羊宫。位于四川成都市西南,是成都市最古老、最大的宫观。1982年被国务院定为全国道教重点宫观之一。其正殿三清殿的建造体现了我国的阴阳五行和八卦学说,整座殿上有三十六根大柱,代表三十六天罡,而其中的八根木柱代表八大金刚;二十八根石柱代表二十八宿。殿前台阶石基上有太极图和十二生肖石刻浮雕。殿内有《吕祖碑》和《三丰碑》,是非常珍贵的道教遗物。

3. 道教音乐

道教音乐是在道教的斋醮、诵经、法术、云游宣道及宫观礼仪等道教活动中的歌唱、器乐演奏等声闻手段。它由器乐、声乐两部分组成。在器乐中以钟、磬、鼓、木鱼、云锣等为主,并配有吹管、弹拨、拉弦乐器;声乐则由高功法师宣戒诵咒,赞神吟表的独唱以及督讲道士的表白,道士们的齐唱等形式组成。器乐演奏经常用于法事的开头、过门、队形变化及唱典的伴奏上,声乐器乐灵活配合。

道教音乐既有优美恬淡、缥缈飞翔的音韵,也有庄严威武、气冲霄汉的声调。它的一个重要特点就是群众性和通俗性。因此,道教音乐实际上就是民乐的一部分。它在吸收民间音乐的同时,有些乐曲也流行于民间,广为流传。如唐代《霓裳羽衣曲》、司马承祯《玄真道曲》、贺知章《紫清上圣道曲》等。

第三节

基督教文化

一、基督教概述

1. 基督教是当今世界上传播最广、信徒最多的宗教

公元1世纪中叶,基督教产生于地中海沿岸的巴勒斯坦,135年,基督教从犹太教中分裂出来成为独立的宗教。392年,基督教成为罗马帝国的国教,并逐渐成为中世纪欧洲封建社会的主要精神支柱。1054年,基督教分裂为罗马公教(天主教)和希腊正教(东正教)。16世纪中叶,公教又发生了宗教改革运动,陆续派生出一些脱离罗马公教的新教派,统称"新教",又称"抗罗宗"或"抗议宗",在中国称为"耶稣教"。所以,基督教是天主教、东正教和新教三大教派的总称。

基督教的创始人是耶稣(Jesus)。传说耶稣是上帝之子,他出生在巴勒斯坦北部的加利利的拿撒勒,母亲名叫玛利亚,父亲叫约瑟。玛利亚未被迎娶前,圣灵降临在她身上,使她怀孕。约瑟一度想休了玛利亚,但受了天使的指示,仍把她娶了过来。耶稣三十岁时受了约翰的洗礼,又在旷野中经受了魔鬼撒旦的诱惑,这一切坚定了他对上帝的信念。此后,耶稣就率领彼得、约翰等门徒四处宣传福音。耶稣的传道引起了犹太贵族和祭司的恐慌,他们收买了耶稣的门徒犹大,把耶稣钉死在了十字架上。但三天以后,耶稣复活,向门徒和群众显现神迹,要求他们在更广泛的范围内宣讲福音。从此,信奉基督教的人越来越多,他们把基督教传播到世界各地。基督教的经典是《圣经》。

2. 基督教的教义

基督教教义比较丰富多彩,各教派强调的重点也不同,但基本信仰还是得到各教派公认的。基督教的基本信仰有:

(1)三位一体的上帝(或译天主、神)是创造并治理天地万物的主。

(2)上帝无形体无方位,但有理性有意志,超越于万物又内在于万物。

(3)上帝有三个位格,其一为圣父,无限公义而又慈爱;其二为圣子,即"道成肉身"为人受难的耶稣基督,兼具神人二性,已经复活、升天,还将再临、审判;其三为圣灵,运行于世界,作用于人心,使人知罪、悔改、成圣。

(4)教会乃基督所建,由上帝选民组成,具有圣洁性和普世性,使命是在世上传播福音。

(5)人乃上帝按其形象所造,由灵魂和肉体构成。基督教的教义可归纳为两个字——"博爱"。在耶稣眼里,博爱分为两个方面:爱上帝和爱人如己。耶稣曾经说过:"你要尽心、尽性、尽意的爱你的上帝,这是诫命中的第一,且是最大的。其次也相仿,就是要爱人如己。这两条诫命是律法和先知一切道理的总纲。"(《马太福音》第二十一章37~40节)在基督教的教义中,爱上帝是指在宗教生活方面要全心全意的侍奉上帝。基督教是严格的一神教,只承认上帝耶和华是最高的神,反对多神崇拜和偶像崇拜,也反对宗教生活上的繁文缛节和哗众取宠。"爱人如己"是基督徒日常生活的基本准则,它的要求是:人应该自我完善,应该严于律己,宽以待人,应该忍耐、宽恕,要爱仇敌,并从爱仇敌进而反对暴力反抗。只有做到上述要求,才能达到博爱的最高境界——爱人如己。

3. 基督教的节日

圣诞节是基督教各教派信徒纪念耶稣诞生的日子,为每年12月25日。它最早起源于古罗马帝国,原来是罗马人供奉太阳神的节日。354年,在西部教会年历上首次沿用12月25日为耶稣诞生纪念日。圣诞节的活动从12月24日晚就开始,即平安夜。根据《圣经》上的传说,在圣诞节,信徒们组成唱诗班,到各个信徒家中唱祝圣歌曲,互相问候、祝贺。又根据传说,人们又有了摆放圣诞树的习俗,人们把写有亲朋好友名字的礼物挂在树上,在圣诞树旁唱歌跳舞,迎候耶稣的降临。在圣诞节还有一位不可缺少的人物,就是圣诞老人。所说这位老人是小亚细亚姆拉城主、教圣尼古拉的化身。圣诞节现已成为一个世界性的节日。

复活节是纪念耶稣受难后复活,是把每年春分月圆后第一个星期日作为纪念日,日期不固定,即每年三四月间,春分月圆后第一个星期日。教会规定,耶稣复活日是基督教举行宗教礼仪的日子。在复活节这一天,人们会赠绘制精美的彩蛋,以象征生命复活。对孩子们来说,这是孩子们欢乐的节日,拣拾彩蛋是节日期间重要的活动,用小动物形状做成的巧克力糖果、精美甜点是节日中的重要食物。

二、基督教派别

1. 天主教

天主教是与东正教、新教并列的基督教三大宗教派别之一,亦称公教。又因为它以罗马为中心,也称罗马公教。16世纪传入中国后,因其信徒将所崇奉的神称为"天主",因而在中国被称为天主教。

天主教会在组织体制上十分重视教阶制。天主教的教阶制分为神职教阶和治权教阶两类。神职教阶属"神所立的品级",由主教、司铎、助祭构成。治权教阶是根据教会的治理和统辖权以及某些特定分工而形成的极次,位居最高者为教皇,下有宗主教、牧首主教、省区大主教、都主教、大主教、教区主教以及由教皇特委的教廷重要成员枢机主教(红衣主教)。

目前,天主教是基督教的第一大派别,全世界共有天主教徒8.8亿,约占世界人口的18.5%。

2. 东正教

东正教作为基督教三大派别之一,亦称正教。又因为它由流行于罗马帝国东部希腊语地区的教会发展而来,亦称希腊正教。1453年拜占庭帝国灭亡后,俄罗斯等一些斯拉夫语系国家相继脱离君士坦丁堡普世牧首的直接管辖,建立自主教会,逐渐形成用斯拉夫语的俄罗斯正教,希腊正教主要指使用拜占庭礼仪的东正教会。

东正教的信徒主要分布于东南欧、巴尔干半岛、小亚细亚、美国等地区,在中国人数不多。1984年,中国有东正教徒8 000人左右,主要集中在东北地区。

3. 新教

新教为16世纪宗教改革运动中脱离天主教而形成的新宗教,以及从这些宗派中不断分化出来的各个新宗派的统称,亦译为"抗罗宗"或"更正宗"。中国的新教各教会则自称基督教或耶稣教。

15世纪后期,西欧封建制度开始解体,许多新兴民族国家确立了中央集权的王侯统治,神圣罗马帝国和罗马教廷的力量大大削弱。思想文化上,经院主义神学日渐衰落,文艺复兴唤起的理性主义和批评精神在知识分子中迅速传播,并产生巨大影响,这一切都为宗教改革创造了条件。新教就是随着一系列宗教改革产生并发展起来的。

新教虽然有很多派别,但在教义方面有三个共同原则,即不承认天主教的某些教义,不受教皇的支配,认为《圣经》具有最高权威。

新教派别众多,但以三大主流教派为主,即分布于丹麦、瑞典、挪威、芬兰等国的路德宗,分布于瑞士、荷兰、苏格兰和德国一部分的归正宗以及分布于英格兰的安立甘宗。全世界新教徒约3.6亿,三分之二集中于欧洲和北美。

三、基督教的中国化

基督教在中国的发展经历了一个漫长而曲折的过程。从唐代传入中国直到明清,经历了三传:一传始入景教,即基督教中的聂斯脱里派,唐太宗允许其发展,至唐武宗(845)时中断;二传是元代,13世纪又传入,称里可温教或十字教,至1368年元朝被推翻后中断;三传是明朝,明万历十年(1582)基督教第三次传入,天主教中的耶稣会影响最大,意大利传教士利玛窦真正打开了中国的大门,奠定了基督教在华传播的基业。

利玛窦在中国传播基督教取得了成功,其成功的原因在于:基督教适应了中国的情况。首先,他们认识到必须得到中国皇帝的信任。利玛窦经过多方努力,觐见了当时的明神宗,献上圣像、《圣经》、自鸣钟、八音琴等,并借用儒家的词汇向皇帝传教,说我们信仰的上帝和你们的"天"是一样的,我们来此,只是提出一些补充而已。神宗很赏识他这番话,于是批准他传教;其次,基督教传教士认识到必须了解中国的一些传统信仰,并予以尊重,如中国人的一些祭祖、祀天仪式。利玛窦死后,意大利人龙华民接掌中国天主教事务,由于他违犯中国礼俗,禁止教徒参加祭祖、祀天,致使中国人产生反感,引起了反教风潮。可见,基督教在中国的发展不是一帆风顺的,它对中国社会的影响也是丰富多彩的。基督教与中国传统文化之间既有无法跨越和填补的鸿沟,又有两者的相融相合。但有一点必须谨记,即基督教必须适应中国社会的实际,符合中国的礼俗,才能得以发展。

近代,从20世纪20年代开始,基督教在中国的传播进入中国化的时期。1922年,中国掀起了非基督教运动,教会开始致力于自保。资本主义世界经济的衰退,迫使西方传教士纷纷回国,中国基督教会进入自立、自传、自养阶段。1922年上海召开全国基督教大会,正式提出本色教会的主张,要求全国教徒通力合作,达到"自治、自养、自传"。自治,就是由中国人担任教会领导;自养,就是经济上自筹,不再依赖外人;自传,就是宗教教义、仪式自行决定。

1949年后,天主教徒感到欢欣鼓舞,他们希望独立自主自办教会,故开展了天主教三自爱国运动;中国基督教也开展了三自爱国运动。1954年7月,在北京正式成立了"中国基督教三自爱国运动委员会",这标志着我国的基督教从"洋教"转化为中国教徒自办的宗教,从此走上一条新的健康发展道路。

四、中国基督教建筑和绘画艺术

近年来,基督教在中国的传播和影响是广泛而深入的,涉及中国社会的各个方面,尤其是基督教建筑、绘画、音乐等艺术,对人们有着很大的吸引力,为我们增添了许多富有特色的旅游资源,有利于我国旅游业的发展。但这些艺术也受到中国本土艺术的影响,也发生了一些变化。

1. 中国的基督教建筑

在我国,上海徐家汇天主教堂就是哥特式教堂,是远东地区最大的天主教堂之一。但也有一些基督教建筑受到了中国传统建筑的影响,成为中西合璧的建筑。如上海佘山天主教堂,始建于清代同治年间,后多次翻建,现在的建筑是1935年修建的。它融希腊、罗马、哥特式建筑艺术于一体,以罗马风建筑风格为主,但部分建筑与装饰又采用了中国传统建筑手法,可谓中西文化融合的结晶。高耸的钟楼,按一定音符排列着八只大钟,塔尖高38米,由紫铜铸造成的玛利亚圣母像高8米。圣母高举呈十字状的小耶稣,意指欢迎各地前来的朝圣者。1942年罗马教皇曾将其封为"圣殿",成为我国天主教徒朝觐的圣地。

2. 中国的基督教绘画

基督教传入中国后,中国基督教接受了西方绘画的影响,运用了中国国画再创造,产生了中国基督教绘画的艺术珍品。这实际上也是基督教中国化的一个表现。在这些珍品中,著名的有《圣母古像》《拜上帝会的礼拜堂》等。

第四节
伊斯兰教文化

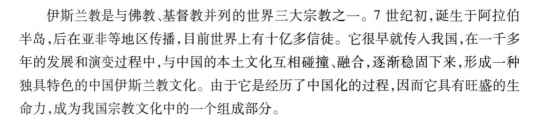

伊斯兰教是与佛教、基督教并列的世界三大宗教之一。7世纪初,诞生于阿拉伯半岛,后在亚非等地区传播,目前世界上有十亿多信徒。它很早就传入我国,在一千多年的发展和演变过程中,与中国的本土文化互相碰撞、融合,逐渐稳固下来,形成一种独具特色的中国伊斯兰教文化。由于它是经历了中国化的过程,因而它具有旺盛的生命力,成为我国宗教文化中的一个组成部分。

一、伊斯兰教概述

1. 伊斯兰教的产生

伊斯兰教诞生于阿拉伯半岛的社会大变革时期。当时部落割据,战乱频繁,内忧外患,危机重重。在宗教信仰上,各个部落都有自己的神,外部的犹太教和基督教也开始向半岛传播。因此,要抵御外族入侵,改变内乱局面,必须实现半岛统一,而实现统一就必须先统一宗教意识。于是先知穆罕默德就提出了"安拉是唯一的真神"口号,提出了禁止高利贷、施舍济贫、和平安宁等主张。这些主张适应了当时社会的要求,为广大民众所接受,就产生了伊斯兰教。631年,半岛上的各部落相继皈依了伊斯兰教,政治渐趋统一。632年3月,穆罕默德率十多万穆斯林到麦加,以安拉启示的名义宣布"我已选择伊斯兰教做你们的宗教",从此伊斯兰教成为阿拉伯民族的精神支柱。

2. 伊斯兰教在中国的传播

伊斯兰教在中国的传播,始于7世纪。当时阿拉伯的穆斯林带着对大唐的向往,到中国进行商贸旅行活动。651年8月(唐永徽二年)阿拉伯帝国正式第一次派使者到长安,从此开始了两国之间的友好交往。许多阿拉伯商人通过陆上丝绸之路和海上丝绸之路来到中国,有的在中国定居下来(称为蕃客),伊斯兰教也开始传入。元代是伊斯兰教在中国迅速发展的时期,这与蒙古人的统治、西征有关;到了明朝,伊斯兰教的地位在中国有所下降,但却出现了一个新的民族——回回民族共同体,穆斯林改用汉族姓名,且世代相传。这标志着伊斯兰教开始与中国本土文化相融合,在中国伊斯兰教的发展过程中有着里程碑的意义。清代(1644—1911)是中国伊斯兰教典型化的时期。中国的一些少数民族也开始接受伊斯兰教,回族穆斯林开始在社会生活的各个方面发挥了重要的作用。中国穆斯林的先贤们开始注重和发展伊斯兰教育,用中国古代哲学中的某些思想解释伊斯兰教义,形成了中国伊斯兰教宗教哲学体系,促进了伊斯兰教中国化的过程。

3. 伊斯兰教的经典

《古兰经》是伊斯兰教唯一的根本经典。"古兰"在阿拉伯语中的意思是宣读、诵读或读物,《古兰经》是使者穆罕默德宣布的"安拉启示"汇集。它是伊斯兰教信仰和教义的最高准则,是伊斯兰教立法的首要依据,是穆斯林社会生活、宗教生活和道德行为的准则。《古兰经》是阿拉伯有史以来第一部阿拉伯文书写的典籍。

《圣训》是穆斯林对穆罕默德言行录的尊称。它包括言语的圣训、行为的圣训和默认圣训。它的地位仅次于《古兰经》,是教中立法、教诲教徒的第二依据与源泉。它与《古兰经》相辅相成,互相补充。

4. 伊斯兰教的教义

伊斯兰教的教义有六大信仰(伊玛尼)、五项功课(仪包达特)和善行(伊赫桑)等:

第一,信仰安拉。相信安拉是宇宙万物的创造者、恩养者和唯一的主宰,是全能全知、大仁大慈、无形象、无所在又无所不在、不生育也不被生、无始无终、永生自存、独一无二的。

第二,信仰天使。相信天使是安拉用光创造的一种妙体,人眼无法看见。天使只受安拉的驱使,只接受安拉的命令。它们各司其职,但并无神性,只可承信它们的存在,不能膜拜。天使数目很多,最著名的为四大天使,其中以吉卜利勒地位最高。

第三,信仰经典。相信《古兰经》是安拉的语言,是通过穆罕默德降示的最后一部经典。

第四,信仰使者。使者,就是安拉派到人间来拯救世人的代理人,他既是人间治世安民的伟大先知,也是安拉真主的奴仆。因此,服从安拉的人应该无条件地服从使者。《古兰经》中提到的使者有28位,如穆罕默德、亚伯拉罕、摩西、大卫等,其中,穆罕默德地位最高,是一位集大成的使者。

第五,信仰后世。相信人都要经历今生和后世,终有一天,世界一切生命都会停止,进行总清算,即世界末日的来临。届时所有的人都将复活,接受安拉的裁判,行善者进天堂,作恶者下火狱。

第六,信仰前定。伊斯兰教认为人生的一切都是由真主预定的,谁也无法改变,承认和顺从真主的安排才是唯一出路。尽管各教派在前定与意志自由的问题上发生过争议,但对前定的信仰仍是一致的。

5. 伊斯兰教节日和禁忌

(1)节日。古尔邦节:古尔邦节又叫宰牲节、忠孝节。古尔邦是阿拉伯语献牧的意思,是伊斯兰教的重大节日。相传先知易卜拉欣的儿子伊斯玛义13岁时,真主安拉启示易卜拉欣要他宰杀自己的儿子伊斯玛义进行奉献,易卜拉欣遵命行事,自己的儿子伊斯玛义也欣然表示同意,这时安拉派遣天使吉卜利勒牵来一只黑头白身的绵羊来到米纳山谷,替代伊斯玛义献牧。这一天正是伊斯兰教历的十二月十日,为纪念易卜拉欣和他的儿子伊斯玛义为安拉牺牲奉献的精神,人们把这一天定为宰牲祭礼的节日。这一天伊斯兰教要宰杀牛羊,炸馓子、烤全羊、烤羊腿等,有些阿拉伯人还宰杀骆驼。

开斋节:开斋节又叫肉孜节,肉孜是阿拉伯语"斋戒"的意思。伊斯兰教历九月是一年之中吉祥尊贵的月份,教规规定每一位虔诚的健康的成年穆斯林,应全月封斋,每日从拂晓至日落,禁绝饮食,封斋二十九天,第二十九天傍晚如见新月,次日即为开斋节,如不见新月,再封斋一天,共为三十天。次日即为开斋节,亦谓之小年,届时要欢庆三日,是伊斯兰教的重大节日。

(2)禁忌。伊斯兰教在饮食方面的禁忌是禁吃自死物、溢流的血、猪肉和"诵非安拉之名而宰的动物"。《古兰经》除了在肉食方面提出了禁忌要求之外,它还要求教徒禁止饮酒、赌博、求签,等等。

伊斯兰教严禁吃自死物有两个原因:一是因为自死之物一般是由于伤病中毒、衰老等原因而致死的,食后对人的健康不利;二是因为动物不宰自死者,血未去,血液中往往残存有害物质,对人体不利。但是,在所有的自死物中,鱼类是例外的。在现实生活中,很多人误以为凡是牛羊肉和鸡肉,穆斯林都是可以吃的。殊不知,伊斯兰教禁食之物还包括不以安拉名义宰杀的任何动物。伊斯兰教认为,安拉是万物的创造者,是生命的赋予者和掌握者。因此,要求穆斯林在宰杀牛、羊、鸡等可食动物时,诵"以安拉之名"表示结束该动物的生命是奉安拉的名义进行的,不是出于仇恨该动物,也不是由于它弱小可欺。这样宰杀的动物,其肉是合法可食的,是清洁的。伊斯兰教禁食血液的原因是,动物的血液乃是"嗜欲之性",也是污秽的物质,所以不可食用。伊斯兰教之所以严禁信徒食用猪肉,是出于"重视人的性灵纯洁和身体安全"。《古兰经》说,猪肉是不洁的,这里的"不洁"不单是指卫生,更重要的是指宗教意义上的不纯洁。穆斯林从宗教的、伦理的、审美的、卫生的角度,认为猪肉是不干净的。除了《古兰经》提出的四种肉类外,《圣训》中还规定了一些不可以食用的动物,主要包括猛禽猛兽和不反刍的畜类。

伊斯兰教严禁饮酒,也禁止一切与酒有关的致醉物品。所以,一切有危害性及能麻醉人的植物或可食植物,如葡萄、大麦、小麦等一旦转化成能致醉的饮料,如酒一类的东西,就成为禁忌的对象。同时,伊斯兰教还禁止从事与酒有关的营生。当然,一切比酒更有害于人身体的麻醉品和毒品也都在严禁之列。

宰牲者必须是穆斯林。宰牲前必须诵真主之尊名；牲畜有食管、气管及两条血管，至少要断其三管，但不可一刀把头割下；牲畜宰后，不可立即将未死透的牲畜丢入开水中；必须使血流尽，方可烹饪食用。

伊斯兰教严禁赌博。《古兰经》将赌博与饮酒、求签、拜像都称为"秽行"，是"恶魔的行为"。它说，赌博可使人"互相仇恨"，而且阻止人们"纪念真主和谨守拜功"，故明确严禁，要人们远离这"恶魔的行为"，做一名纯洁的信士。

二、伊斯兰教的中国化

1. 中国的伊斯兰教文化

中国的伊斯兰教文化是伊斯兰教文化与中国本土文化相融合的结果。中国穆斯林的先贤以儒诠经，著述和翻译了大量的伊斯兰教经籍，并用中国古代哲学中的思想解释伊斯兰教教义，形成了中国伊斯兰教哲学体系。中国伊斯兰教哲学大师吸收和改造儒、释、道各家概念，又深化了伊斯兰教安拉独一的理论，解释了安拉独一与德行诸多的矛盾，彻底坚持真主主宰一切的理论，在中国传统的唯心主义和宗教哲学中奠定了一种一神论哲学。

2. 中国的回族穆斯林受汉文化影响较大

由于长期和汉族杂居，逐渐习惯了以汉语作为本民族的语言，但保留了一些阿拉伯语和波斯语的词汇。回族的清真寺和民居建筑基本摆脱了阿拉伯和中亚的建筑风格，采纳了中国传统殿宇式四合院为主的建筑式样，但仍独具民族风格。

3. 中国伊斯兰教教义与伊斯兰教教义也有一些差异

如五项功课，伊斯兰教可概括为"念、礼、斋、课、朝"，而中国穆斯林称之为"五功"，即"身有礼功，心有念功，性有斋功，财有课功，命有朝功"。在课功上，伊斯兰国家的天课由官方正式征集，并通过政府负责分配，有严格的法律约束性；而我国的穆斯林不交纳天课，只交少量的学粮、"费图尔"钱和"所得格"，用于维持阿訇的生活和接济穷人。

4. 中国的伊斯兰教建筑

新疆地区的清真寺和东南沿海地区的清真寺主要为阿拉伯式清真寺的建筑风格；而内地的清真寺则主要是我国庭院式清真寺的建筑风格，并采用了中西合璧的装饰艺术。

三、中国伊斯兰教的建筑艺术

伊斯兰教的建筑艺术，包括清真寺、陵墓、宫殿和园林等，都很有特色。中国的伊斯兰教建筑，如清真寺、陵墓等，皆受到中国传统建筑文化的影响，又有自己的特点。

1. 中国清真寺的建筑

清真寺是伊斯兰教的寺院。"伊斯兰"是阿拉伯语"和平""顺从"音译,"清真"是意译。"清"是指安拉的超然无染,不拘方位;"真"是指安拉无可比拟、永存常在的意思,选用清真最能体现伊斯兰教的内涵。所以,清真寺在伊斯兰教中有相当重要的地位。可以说,它是穆斯林举行各种活动的场所。

在阿拉伯地区伊斯兰教的清真寺的建筑风格是阿拉伯式建筑,如结构严整、质朴。中心部位是礼拜大殿,外部是耸尖塔、尖拱、大圆拱顶等,内部设置比较简单,墙壁素洁淡雅,通常不绘画景物,但有阿拉伯艺术字体和几何线条图案。而中国的伊斯兰教清真寺建筑可分为两大类,一类为西亚式(或阿拉伯式)建筑,主要分布在伊斯兰教传入我国较早地区,如新疆地区和东南沿海地区;另一类为中国传统殿堂式建筑,主要分布在中国内地,如北京牛街清真寺、西安化觉寺等。这两类建筑的特点明显不同,体现了伊斯兰教传入后不同的中国化过程。

(1)新疆地区清真寺的建筑特点是:

· 平面布局不强调对称,即不注重中轴线和左右对称。

· 建筑形制与中国传统建筑明显不同,如没有中国式的大屋顶,而是阿拉伯穹顶式,一般大殿有一大四小五个穹顶,并饰以穆斯林的标志——新月。

· 有维吾尔族民族特色的装饰艺术,如木雕精细、讲究砖花;石膏浮雕形式多样;彩绘色调鲜明强烈;装饰纹样富于变化,具维吾尔族生活气息。

新疆喀什的艾提卡尔清真寺就是代表。它是目前新疆最大的清真寺。建筑全部采用阿拉伯样式,有浓郁的伊斯兰艺术风格,同时也兼具维吾尔族古代建筑的特色。

(2)东南沿海地区清真寺建筑的特点是:

· 平面布局不用中轴对称。邦克楼或望月台通常建在寺前右隅。

· 外观造型是阿拉伯风格。

· 细部处理也具西亚特色。

· 建筑材料多用砖石。

· 也受到中国建筑艺术的影响。

泉州清净寺是东南沿海地区的清真寺的代表。清净寺始建于北宋大中祥符二年(1009),相当于伊斯兰教历400年。寺内有两条长方形石板,嵌于大门甬道后的石墙上,上面刻着古阿拉伯文,称这是在中国的伊斯兰教信徒的圣寺,因而取名叫"圣友之寺"。其外形仿照叙利亚首都大马士革的伍麦耶清真寺式样,保留了中世纪阿拉伯普遍流行的建筑风格,如门楣呈尖拱形,分外、中、内三层,看似门中有门。外层与中层上部筑有青色圆形穹顶,内层则有纯圆白色穹顶。门楼上有一平台,筑有"回"字形垛子,称为望月台。寺门后西侧为原礼拜大殿(奉天坛),殿门也呈尖拱形,门楣上浮雕两行古阿拉伯文,为北宋遗物。大殿四壁由大小不等的白色花岗石砌成,上刻《古兰经》经文。屋顶早已坍塌,难挡风雨,现已不做礼拜之用。现作为礼拜堂的明善堂位于奉天坛北面,是清代风格的两进式砖木结构建筑。总之,清净寺是我国古代人民与阿拉伯各国人民友好往来和文化交流的历史见证。

(3)中国内地传统建筑清真寺的特点是:

①庭院式布局。四合院式,有中轴线,强调整体布局与左右对称,但中轴线不是南北向,而是东西向。

汉族建筑形式取代了阿拉伯建筑构件。如大门不是阿拉伯式的拱券大门,而是传统式的寺庙大门;邦克楼是中国传统楼阁式建筑;大殿是中国传统的木结构和大屋顶样式,用斗拱;门前常建有牌坊,带八字墙。这些与阿拉伯的砖石尖塔有明显的区别。

②中西合璧的装饰艺术。将伊斯兰装饰风格与中国传统建筑装饰手法融会贯通,并强调了伊斯兰教的宗教内涵。如不主张使用动物图案,而用山水、植物、日月、云彩、几何图案、阿拉伯文字来替代等。

③庭院处理富有中国浓厚的生活情趣。如遍植花草树木,设置香炉、鱼缸,堆石叠翠,掘地架桥,立碑悬匾等,类似"小桥流水"的园林风格。西安化觉寺是这类清真寺的典范。它是我国现存规模最大、保存最完整、装饰最精美的清真寺。它始建于唐天宝元年(742),是一座按中国传统院落式布局的清真寺。东西长约二百五十米,南北宽约五十米,前后分四进院落,中轴线为东西向,沿中轴线的四进院落分别构成完整的四合院,前后贯通,左右对称。由东向西,由寺门至礼拜大殿。寺门为典型的中国传统木牌楼,飞檐翘角,琉璃瓦顶,并悬挂匾额。第二进院落,内有石牌坊和冲天雕龙碑。第三进院落的主体建筑为省心楼,是一座两层三檐八角攒尖顶阁楼,造型典雅大方,主要起宣礼作用。第四进院落占地面积最大,为全寺主院。院落正西是礼拜大殿,殿内雕梁画栋,碧瓦丹楹,天花板与藻井上绘制阿拉伯文、花草纹等装饰图案,堪称采用画中的精品。后殿,除阿拉伯装饰外,还有中国的宝瓶、牡丹等图案。所以,从建筑艺术上,该寺吸收了较多的中国传统手法,将其与西亚风格融为一体,形成独特的中国伊斯兰教清真寺建筑。

由上可见,中国伊斯兰教清真寺建筑,虽然风格各异,但都是中国与阿拉伯文化交流的产物,是中国历代各族穆斯林智慧的结晶,也是中华民族文化的宝贵财富的组成部分。

2.中国伊斯兰教的陵墓建筑

伊斯兰教的陵墓建筑也是伊斯兰教建筑艺术中富有特色的建筑形式之一。中国伊斯兰教的陵墓大致有三类:

(1)东南沿海地区的圣墓与先贤墓。它是指我国元代以前来华的伊斯兰教传教士的陵墓,主要有广州宛葛斯墓、泉州灵山圣墓和扬州的普哈丁墓。其中,泉州灵山圣墓被认为是伊斯兰教第三圣墓,仅次于阿拉伯麦地那的穆罕默德圣墓和纳夫城的阿里圣墓。它们的外观造型一般为阿拉伯式样,地上部分建有圆形或棱形拱顶。它已成了当地穆斯林心中的圣地,每逢宗教节日或清明时节,众多教徒来此扫墓。

(2)甘肃、宁夏地区的"拱北"。"拱北"指"圆拱屋顶",也是阿拉伯式的陵墓建筑。它是伊斯兰教苏菲学派为其创传人建造的墓葬,多建于清代。因此,在墓葬形式上吸取了明清传统建筑的风格,如有重檐塔楼,雕梁画栋,底层墙壁有砖雕图案、镌刻图案和植物。一些附属设施,如礼拜殿、诵经堂等建筑多是采用中国庭院式的建筑风格建造的。

(3)新疆地区的"麻札"。"麻札"是"拜谒之处"之意。它主要是为在新疆传播伊斯兰教作过重要贡献的历史人物以及著名贤者而修建的,还有一种是以动植物命名的墓葬。前两种规模较大,常设有高大的穹窿形墓室,装饰豪华,并有一些附属建筑;第三种数量最多,但规模较小,建造较简陋。它们还有一个共同的特色,即有繁多的装饰品,如墓室四周插有长竿,挂上布条、马尾、牛尾、羊角、三角旗等,沿墓墙及栏杆处还堆积了大量的羊头骨架和羊角。新疆的穆斯林已形成了麻札朝拜习俗。

目前,伊斯兰教的建筑艺术——清真寺、墓葬等,以其悠久的历史与独特的建筑风格吸引着众多游人,已成为这些地区的重要的旅游资源。在此基础上,还可开展穆斯林聚居地观光游、伊斯兰教文化学术考察游等,以提高中国伊斯兰教文化的国际地位,吸引众多的国际穆斯林客源。

复习思考题

1. 佛教在中国是怎样传播的?在中国的发展有何特点?
2. 佛教的儒学及民俗化表现在哪些方面?
3. 印度佛教神祇来中国后汉化的影响表现在哪些方面?
4. 我国著名的佛教名山有哪些?各有何文化内涵?
5. 道教的教义包含哪些基本内容?
6. 道教的神仙谱一般是如何划分的?有哪些主要的神仙?
7. 我国著名的道教名山有哪些?各有何特点?
8. 基督教的中国化表现在哪些方面?
9. 基督教有哪些主要礼仪?有哪些重要的节日?
10. 伊斯兰教的教义有哪些?
11. 伊斯兰教有哪些禁忌?有哪些主要节日?

第三章

古代建筑文化

学习目标
1. 了解中国古代建筑的发展历程;
2. 掌握古代建筑的主要构成部分、等级、分类、主要特点;
3. 在导游讲解中会运用所学的中国古代建筑艺术相关知识;
4. 能够运用古代建筑知识分析有关旅游文化现象。

案例导入

江南天井院民居

江南地区的住宅多为组合天井院式,四周的房屋被连接在一起,中间围成一个小天井,故称为"天井院"住宅。

江苏、浙江、安徽、江西、两湖地区属暖温带到亚热带气候,四季分明,春季多梅雨,夏季多炎热、冬季阴寒,人口密度大,而这种天井院民居三面或四面都是两层,从平面到结构都相互连成一体,这样既保持了住宅内部环境的私密性与安静的优点,又节约了用地,还加强了住宅结构的整体性。

天井院民居的基本形式有以下两种。(1)由三面房屋一面墙组成,正屋三开间居中,两边各为一开间的厢房,前为高墙,墙上开门。也有正屋不止三间、厢房不止一间的,可按间数称呼,如五间两厢等。(2)四面都是房屋合围而成,在浙江地区称为"对合",正房称为上房,隔天井靠街的称为下房,大门多开在下房的中央开间。

无论是"三间两搭厢",还是"对合天井院",主要部分就是正房,正房多为三开间,一层的中央开间为堂屋,是一家人聚合、待客、祭神拜祖的场所,是全宅的中心。堂屋的两边,正房大次间为主人的卧室,卧室的门不能直通堂屋,卧室的门设在夹道,妇女与小孩只能通过夹道走到后堂,不能穿行堂屋见到外人。

第一节 古代建筑名词及建筑文化中的等级观念

建筑,特别是房屋建筑,是人们居住与活动的场所,封建社会等级森严,处处体现"礼"的存在,建筑文化的等级色彩也表现得非常突出。

一、建筑整体等级

中国建筑在修建之时就有一个整体上的等级原则,即按照建筑的社会功能、所有者身份地位大致可以分为三个等级。

（1）殿式。即宫殿级的建筑规格。如皇家宫殿、大型寺庙道观中的主要殿堂。此类建筑非常宏伟，同时可以配套使用黄色琉璃瓦顶、多层斗拱、重檐庑殿和朱漆大门，还可以用丹青描绘龙凤图案及各种彩绘，故显得富丽堂皇。

（2）大式。它从体量和规格上都要低于大殿，不许用琉璃瓦、斗拱，彩绘的使用也有严格的规定。此类样式的宅第建筑为官吏、富商使用。

（3）小式。即平民百姓可以使用的住宅建筑规格，其体量、规模和结构都要受到很多限制。

二、建筑的基本构件

（1）台基。台基也称为"基座"，属于古建筑的基本结构部分，用以承托建筑物，并使其少受地下潮气的侵蚀。早在商代，就有"堂崇三尺"之说，即在三尺高的台基上建房。西周开始向高台发展，一直到西汉，高台建筑都很发达。但东汉以后，一般就很少使用高台了。后来，台基作为一种权威的象征沿用下来。与台基有联系的建筑附件有石栏、石阶（宋代叫"踏道"，清代称为"踏垛"）和辇道等，还有华美的雕刻。

（2）屋顶。即建筑物上用于遮雨蔽日的覆盖部分。中国古代建筑的屋顶，就像古人的冠冕，十分受重视，不但瑰丽多姿，而且要符合礼教的严格等级制度。中国古代建筑的屋顶，到汉代有了庑殿、歇山、悬山、囤顶、攒尖五种基本形式及重檐这一形式，后来又陆续出现了单坡、丁字脊、十字脊、盝顶、拱券顶、盔顶和圆顶等，以及由这些屋顶组合而成的各种复杂形体。

在以上屋顶式样中，以重檐庑殿顶为最高等级，以下依次为重檐歇山顶、重檐攒尖顶、单檐庑殿顶、单檐歇山顶、单檐攒尖顶、悬山顶、硬山顶等。

（3）斗拱。即柱顶、额枋与屋顶之间的一种支承结构，为中国古代建筑独有。它主要由斗拱木块和弓形肘木纵横交错层叠构成，并逐渐向外挑出，形成上大下小的托座。由于斗拱有逐层挑出支撑荷载的作用，可使屋檐出挑较大，起到遮蔽雨雪和增加屋内采光的效果。春秋时期已经出现了斗拱，到隋唐时，斗拱的形制已达成熟。斗拱同时具有装饰功能，故封建王朝的法制是禁止庶民庐舍用斗拱的。因此，建筑物上有无斗拱成了识别等级地位的显著标志。在社会地位上，斗拱越高的建筑，斗拱层数越多，建筑等级也就越高。

（4）板门。是中国古代重要建筑的大门，门上有门钉和铺首。这是封建时代建筑等级的又一个重要标志。清王朝有严格的规定，最高级建筑用9路；如故宫；次等为纵9横7；最少为纵横各5路。

三、布局与组群

（1）开间。"间"是房屋建筑布局的最基本单元，通常把四根柱子围成的空间叫作

"间"。一座房屋通常由二三间乃至若干间沿着面阔方向排列为长方形平面。建筑物迎面间数叫开间,或叫面阔。建筑物的纵深间数叫作进深。平面组合中绝大多数的开间是单数,因为单数被认为吉祥。

按封建等级制度的规定,建筑的开间越多,等级就越高,最高等级为开间九间,进深五间,象征九五帝王之尊。因《易经》曰:"九五,飞龙在天。"而只有皇帝才是真龙天子。清王朝规定王府正门五间,正殿七间,后殿五间,寝室两重各五间,朱漆大门;三品至五品官员,厅堂也是七间,门用黑漆锡环;六品至九品,厅堂各三间,正门一间,门为黑色有铁环;百姓建筑的正房不得超过三间。间的面阔,商朝到战国多在3米左右,唐朝时的宫殿、庙宇以5米居多,宋以后扩大到7~8米,明代长陵的棱恩殿间面扩大到10.34米。

(2)组群。中国古建筑以单体围成的院落为单位,通过明确的轴线关系,串联和并联成为千变万化的建筑群落。这种组群关系,不仅体现了封闭性、内向性的特点,也体现了封建的伦理和等级制度。如在组群中,居中面南的建筑为尊,面东、西者次之,面北者为最低的等级。在皇宫殿寺的组群中,不但位置、方向有规定,而且尺寸、高低、形制,以致色彩、图案也有等级差别。皇宫中的主要宫殿、宫门,必须南北排列在同一中轴线上,以显示中央为尊的地位。其他建筑采取均衡对称的布局建筑在中轴线两边。民宅的四合院也是基于这种指导思想,在纵轴线上先安置主要建筑,再在院子左右两侧依横轴线排两座体形较小的次要建筑相对峙,同时在主建筑对面再建一座北向的次要建筑,这就构成了方形的四合院。这种封闭式的布局和组群建筑很适合古代中国社会的宗法制度和礼教伦理,在安排住宿起居时,使尊卑、长幼、男女和主仆之间有明显的区别。

四、建筑装饰

1. 山墙。山墙是房屋建筑的一部分,也具有装饰作用。它是双坡屋面房屋的端部山尖形的墙,用以搁置檩条。后来山墙高出屋面,形成多种式样,如马头墙就高出屋面很多,并随屋顶的斜坡而成梯形。风火墙,是类似马头墙的一种,但每个梯形墙头都有挑角耸起,形成特殊装饰,而且具有防止火灾蔓延的作用。女儿墙,是高出屋面的短墙,女儿墙也指两面坡屋顶的前坡前墙上高出屋面的短墙,又称"压檐墙"。

2. 吻兽。吻兽指屋顶正脊两端的兽形瓦塑。最常见的是"螭吻",形如龙,头无角,属龙九子之一,被认为有防火与辟邪的作用。

3. 戗兽。戗兽也叫脊兽,在龙属中它们又叫"嘲风",被安放在戗脊的飞檐翘角上,成组排列。全部列齐有11个,排列的顺序是:仙人、龙、凤、狮子、天马、海马、狻猊、押鱼、獬豸、斗牛、行什(猴)。但它们一般到不齐,因为它们的数量标志着建筑物的等级,其中以九件等级最高,称为"走九",仅限于宫殿的正殿使用,故宫太和殿上的戗兽是唯一到齐了的。除标志等级的作用外,它们还被认为能防火压邪,同时具有审美价值,也具有稳固脊瓦的作用。

4. 瓦当。瓦当是置于屋顶瓦垄末端的瓦,起阻挡瓦垄下滑的作用,故称为"瓦当"。其上多有文字和图纹,如汉代的四灵瓦当就具有相当高的艺术价值。

5. 藻井。天花板上的一种装饰处理。一般做成多边形或圆形的凹面,上有各种雕刻和彩绘,富有民族风格和审美价值。

6. 色彩。建筑色彩的作用,在春秋时代的宫殿上已表现出了强烈的原色。经过长期发展,建筑色彩在鲜明色彩的对比与调和方面积累了不少经验。大约到明代,已经总结出了一套完整的表现手法。色彩的使用不能随便处置,而是有严格的等级制度约束。如《礼记》规定:"楹,天子丹,诸侯黝,大夫苍,士黈。"当然,各朝代规定有所不同。

自周朝到汉代,宫殿、官署大多选用红色。从南北朝到唐朝,宫殿、庙宇、官邸多用白墙红柱,屋顶覆盖灰瓦、黑瓦及少数琉璃瓦,且脊与瓦采取不同的颜色。宋、金、元、明宫殿逐步形成白色台基,红色墙、柱、门、窗及黄绿各色的琉璃瓦,檐下用金、青、绿等色做彩画的用色格调。从唐朝起,黄色取代红色成为最高贵色,属于皇帝特用的色彩,其下依次为赤、绿、青、蓝、黑、灰。唐朝时规定皇宫寺院用黄红色调,王府官宦人家用绿、青、蓝色。明清时又规定,只有皇帝的宫室、陵墓建筑及奉旨修建的坛庙才能被准许使用黄色琉璃瓦;亲王、郡王等高级贵族住宅只能用绿色盖顶;官宦之家用蓝色、紫(青)色。

7. 彩画。即在建筑的一些木部件上着色绘画。最初是为了防腐,后来才突出其装饰性,并且被纳入等级制度中。作为装饰性的彩画在战国时代就已经出现,到明代封建专制达到极端的阶段,规定民舍不得饰彩画。清代彩画形式主要有和玺、旋子、苏式等,并代表着不同的等级,用在不同的建筑上。

第二节

中国古代建筑工程艺术欣赏

一、长城与城堡

1. 长城

中国长城自东到西蜿蜒于北国高山峻岭之上、茫茫沙漠之间,东起山海关,西到嘉峪关,全长6700千米,是世界上最古老的伟大建筑之一。

(1)长城的历史变迁

万里长城是中国古代人民创造的世界奇迹之一,也是人类文明史上的一座丰碑。根据历史记载,早在战国时期,就修筑过长城。最早是楚国为防御北方游牧民族或敌国,开始营建长城,随后,齐、燕、魏、赵、秦等国基于相同的目的也开始修筑自己的长城。秦统一六国后,秦始皇派大将蒙恬北伐匈奴,把各国长城连起来,形成了西起临洮、东至辽东,长达3000余千米,史称万里长城。这就是"万里长城"名字的由来。

长城的主体工程是绵延万里的高大城墙,是由城墙、敌楼、关楼、营城、卫所、镇城、烽火台等多种防御工事所组成的一个完整的防御工程体系,又称长墙、长垣。

秦始皇为了修筑长城动用了30万人,创造了人类建筑史上的奇迹。秦长城的修建客观上起到了防止匈奴南侵、保护中原经济文化发展的积极作用。孙中山先生曾评价:"始皇虽无道,而长城之有功于后世,实上大禹治水等。"秦长城现只有遗迹残存。

汉代继续对长城进行修建。从汉文帝到汉宣帝,修成了一条西起大宛贰师城、东至黑龙江北岸,全长近10000千米的长城,是历史上最长的长城。到了明代,为了防御鞑靼、瓦剌的侵扰,从没间断过长城的修建,从洪武至万历年间,其间经过20次大规模的修建,筑起了一条西起甘肃嘉峪关、东到辽东虎山,全长6350千米的边墙。

明长城主要包括城墙、敌台、烽堠、关隘等建筑。城墙选址一般在高地、陡崖、山脊上,尽量利用自然地势以增加其险要性。其中位于河北省和山西省境内的许多段落,都是沿山脊蜿蜒上下,曲折迂回,气势特别宏阔。敌台即城墙上驻兵的哨楼,间距30～100米不等,有空心和实心两种。空心敌台一般高两层,下层驻兵,且通城墙顶部,上层建铺房,为守卫的处所,四周建有雉堞。烽堠即烽火台,为报警用的独立台墩,有些外面围以小城,有些只是单独建造。烽堠一般建在山岭高地上,大部分建在长城内侧,也有少数前哨建在外侧,形式与构造和敌台相似。关隘为险要交通孔道的防御组群,由驻兵的城堡、出入的关城、密集的烽堠、敌台和多道城墙组成,关隘是其主体,另建有瓮城、城楼、角楼、敌楼、铺房等,两侧与长城相连。现存著名关隘有山海关、嘉峪关、居庸关、古北口、雁门关等。这些关隘地形险要,建筑雄伟,也是中国建筑艺术中独具风格的杰作。

长城有极高的旅游观光价值和历史文化意义。现在经过精心开发修复,山海关、居庸关八达岭和司马台、慕田峪与嘉峪关等处已成为驰名中外的旅游胜地。长城还被誉为世界七大奇迹之一。

(2)长城的典型建筑

①八达岭长城

八达岭长城史称"天下九塞之一",是古代长城的典型代表,是万里长城的精华,

第三章 古代建筑文化

长城

在明长城中独具代表性。八达岭长城是万里长城向游人开放得最早的地段,中国长城博物馆也建于此。它以其宏伟的景观、完善的设施和深厚的文化历史内涵而著称于世。

八达岭长城位于北京延庆,处于太行山与燕山交界的关沟北口(关沟是华北平原与内蒙古高原之间的一条通道)。八达岭长城的核心是关城,为东窄西宽的梯形,建于明弘治十八年(1505),嘉靖、万历年间曾修葺。关城有东西二门,东门额题"居庸外镇",刻于嘉靖十八年(1539);西门额题"北门锁钥",刻于万历十年(1582)。两门均为砖石结构,券洞上为平台,台之南北各有通道,连接关城城墙,台上四周砌垛口。京张公路从城门中通过,为通往北京的咽喉。从"北门锁钥"城楼左右两侧,延伸出高低起伏、曲折连绵的万里长城。

②山海关

山海关位于今河北省秦皇岛市东北,华北平原与东北平原相连的辽西走廊西端。它北倚燕山余脉,东南临渤海湾,当山海之会,因以为名。明洪武十四年(1381),大将军徐达在此筑长城并设置关隘,以防蒙古势力的侵扰。当时又将西面的汉古渝关移此,故后来亦称渝关、临渝关,还有榆关之称(古渝关)。山海关为万里长城东部最大的关隘,号称"天下第一关"。

山海关矗立于山海之间的狭长地带上,依山面海,形势险要。城高14米,厚7米,长4000米,砖石包砌,与万里长城连成一体,十分坚固。城楼九脊重檐,伟拔高耸。有四座主要城门:东为镇东门,南为望洋门,西为迎恩门,北为威远门。在东西两门外,还有延伸而出用以加强防卫的城圈,叫作罗城。全城四周水池环绕,东面还加设夹池。各个城门前原都有吊桥横于池上,今已废。城外有南北两翼城与主关相依,高处设烟墩(烽火台)、营盘,南面有入海石城老龙头。各部彼此呼应,互成犄角之势,形成一套完整的古代城堡防御体系。

山海关的保存大体完整,其中保存最好的是东门。在箭楼西面二楼棂窗上悬挂着白底黑字的巨幅匾额,镌刻着"天下第一关"五个行楷大字,字高达1.6米,笔力沉雄顿挫,别具一格。

③嘉峪关

嘉峪关位于甘肃省嘉峪关市西南,河西走廊的中部,是明代万里长城西端的重关,建于明洪武五年(1372)。嘉峪关关城两侧的城墙横穿沙漠戈壁,北连黑山悬壁长城,南接天下第一墩,自古为河西第一隘口,因地势险要、建筑雄伟而有"天下第一雄关""连陲锁钥"之称。它由内城、外城、城壕三道防线组成重叠并守之势,形成五里一燧、十里一墩、三十里一堡、一百里一城的军事防御体系。现在关城以内城为主,周长640米,面积2.5万平方米,城高10.7米,以黄土夯筑而成,西侧以砖包墙,雄伟坚固。内城有东西两门,东为"光化门",意为紫气东升,光华普照;西为"柔远门",意为以怀柔而致远,安定西陲。在两门外各有一瓮城围护。嘉峪关内城墙上还建有箭楼、敌楼、角楼、阁楼、闸门楼共14座。嘉峪关关城属城外有城、重关重城的构制,是长城众多关城中保存最为完整的一座。

2. 城堡

城堡的本义是指在冲要地点建立的起防守作用的小城镇,也称"城""堡""障",是与长城紧密相关的军事防御设施。它们多数建在长城内外不远处,个别的也有离长城较远的,但一般都是具有军事战略意义的地方。这些建筑设置主要是驻兵防守用,与传递军情的墩台不同,与州、城也不同。城堡是纯军事设置,形制较为划一,规模也较小,有些住有少量居民,有些根本不住居民。城堡与障堠虽然都是用来驻防的,但还略有不同:障堠规模较小,城堡较大。城堡周围还有城墙环绕。有的城堡里还设有烟墩,巧妙地将防守战斗与通信报警联系在一起。

(1)南京中华门古城堡

中华门,明代称聚宝门,为江苏省南京市古城墙13个城门中规模最大的城堡式城门,是当今世界上保存最完好、结构最复杂的古城堡,被列为全国重点文物保护单位。城堡东西宽118.5米,南北长128米,占地面积约1.5万平方米,设计巧妙,结构完整,有三道瓮城、四道拱门,首道城门高21.45米,各门原有双扇木门和可上下启动的千斤闸。内有藏兵洞27个,战时用以储备军需物资和埋伏士兵。东西两侧马道陡峻壮阔,可用于运送军需物资,将领亦可策马直登城头。1995年,结合中华路、雨花路改造,南京市政府在中华门城堡周围,建成了中华门广场。

(2)石碉楼式城堡

石碉建筑发源于四川西北部地区。

长江上游的岷江水穿过四川阿坝州向东流去,墨尔多神山横亘在与阿坝州相邻的甘孜州境内,这里自古以来就是嘉绒藏族和羌族生活的栖息地,大大小小的嘉绒藏寨和羌族村寨撒落在岷江水畔和墨尔多神山的腹地。

嘉绒藏族和羌族把他们居住的石砌建筑统称为碉,主要由石碉房和石碉楼两大类组成。在中国古代,石碉房称为石室,石碉楼则叫作邛笼。在岷江的高山峡谷和墨尔多神山下,那些外形呈四角、五角、六角、八角乃至十一角、十三角的高大石碉楼或高踞山岭之巅,或雄峙危崖之上,或扼守要塞之冲,或守山川形胜之险,或傍土司头人官寨衙署,山山岭岭、村村寨寨无处不有。这些石碉低则二三十米,高则四五十米,像高耸的金字塔直刺天穹。石碉建筑成为一种地域文化的象征。

石碉与人们居住的自然环境有关系。这里是青藏高原的东部地带,采用这种石头房屋墙体

中华门城堡

比较厚,冬温夏凉,这是非常重要的一个实用功能,再有就是小窗有防风、抗敌之效。根据考古发掘测定,在4000多年以前就有这种石建筑的房屋了。

石碉楼的军事价值异常突出。清乾隆年间大小金川等地战事不断,土司之争曾导致清朝廷三次出兵进行征剿。大小金川战役用兵历时13年,动用17省兵力,耗银7000万两,让号称盛世的乾隆朝廷为之国库一空,亲王温福亦阵亡其地;最终还是在嘉绒藏族其他土司军队的协助下,才结束了这场战争。

在阿坝州和甘孜州,土司官寨是这里最为显赫的建筑。不管是土司、头人、守备,还是千总都建有官寨碉楼。这些官寨的碉楼主要功能是遇警时的军事防御,平时则作为土司权力地位的象征,并且是土司祭祀自然神灵和占卜的神坛。土司寨碉的大小高低往往与土司的等级、权力、地位有关,从外观形制上可判断出土司的等级和势力的大小。

(3)海龙囤

离贵州省遵义市不远,有一座大山,高耸入云,四周群山峰峦拱卫,它三面都是百丈悬崖陡壁,只有后山一线窄径可攀登,山顶却有一片宽约十里较平坦的地面,满布昔日统治者(土司)的宫殿、水牢、校场的遗址废墟。从山脚到山顶,到处矗立着石砌的城墙、碉堡、箭楼,还有古代滚石、檑木、强弩、硬弓控制的咽喉通道,这里就是中国最大、最雄伟、保存较为完整的古代战争城堡——海龙囤。海龙囤建筑在又高又陡的山坡上,城墙用巨石砌成,巨石垒成的关口、城堡地势险要。明代万历年间震动天下的

"平播之役"也是在这里爆发和终结。

海龙囤这个宏大的古代城堡已有700多年历史。南宋时,蒙古铁骑从云南挥师东袭,将到播州(今遵义),宋朝廷派大臣领兵到此御敌,"置一城以为播州根本",于是选择天险龙岩山构筑军事营垒,建"龙岩新城",筑关隘、城墙、楼宇,积粮草,专为抵抗元军兵马,但元军并未到播州。城堡经历代修建,却成了杨氏土司统治剥削苗、汉族老百姓的牢固巢穴。

到明万历年间,土司杨应龙势力扩张,野心割据,"所居饰以龙凤,僭拟至尊,令州人称己为千岁,子朝栋为后主"。这个"土皇帝"善用兵、亦能文,自书对联:"养马城中,百万雄师擎日月。海龙囤上,半朝天子镇乾坤。"他纵兵侵掠四邻州县,贵州、四川地方官员向明朝廷告其谋反。明帝从各州省再调集战将和24万兵马,极力攻打。打了将近半年,才攻入杨应龙的龙廷宫殿。如今这些宫殿遗址被荒草杂树围绕,但威风仍在。

二、宫殿与官衙

历代帝王为了满足其骄奢淫逸的生活、维护其统治的威严,往往大兴土木,营建各种宫室殿堂。秦始皇统一中国后兴建的阿房宫,就已达到惊人的规模。西汉初年修建的未央宫,宫城周围达8900米。汉高祖刘邦曾因见到这座宫殿建筑的奢华而动怒,主持这一工程规划的萧何说:"天子以四海为家,非壮无以重威。"秦汉以后,宫殿建筑始终在中国古代建筑中占有重要的位置,可惜许多宫殿建筑都已成为遗迹。

官衙是古代地方官员生活和行政的场所,不同等级的官员官衙有不同要求,是古代封建社会森严的等级制的重要体现。但对于孔府这样世袭的官爵,其官衙的构制则是超过普通官衙。

1. 故宫

故宫位于北京市中心,也称"紫禁城",曾居住过24个皇帝,是明清两代(1368—1911)的皇宫,现为"故宫博物院"。故宫的整个建筑金碧辉煌,庄严绚丽,和法国凡尔赛宫、英国白金汉宫、美国白宫、俄罗斯克里姆林宫同誉为"世界五大宫"。

故宫的宫殿建筑是中国现存最大、最完整的古建筑群,总面积达72万多平方米,有殿宇宫室9999间半,被称为"殿宇之海"。宫殿沿着一条南北向的中轴线排列,并向两旁展开,南北取直,左右对称,南达永定门,北到鼓楼、钟楼,贯穿整个紫禁城。故宫规划严整,气势宏伟,极为壮观,无论在平面布局、立体效果以及形式上的庄严、和谐,都属无与伦比的杰作。根据宫廷建筑的习惯,故宫也可以分为皇帝处理政务的"外朝"和皇帝起居的"内廷"两大部分。乾清门是外朝和内廷之间的分界线。外朝以"三大殿"——太和殿、中和殿、保和殿为主,前有太和门,两侧有文华殿和武英殿两组宫殿;内廷以"后三宫"——乾清宫、交泰殿、坤宁宫为主,它的两侧是供嫔妃居住的东六宫和西六宫,也就是人们常说的"三宫六院"。故宫的这种总体布局突出地体现了传统的封建礼制"前朝后寝"的制度。而整个故宫的设计思想更是突出体现了封建帝王的权力和森严的封建等级制度。例如,主要建筑除严格对称地布置在中轴线上外,特别强调其中的"三大殿","三大殿"中又重点突出太和殿(太和殿俗称金銮殿,是皇帝举行继位、诞辰庆典和出兵征伐等大典的地方)。在总体布局上看,"三大殿"不仅占据了故宫中最主要的空间,而且太和殿前面的广场面积达2.5万平方米,有力地衬托出太和殿。太和殿位于高8米分做三层的汉白玉石殿基上,每层都有汉白玉石刻的栏杆围绕,并有三层石雕"御路",这使太和殿显得更加威严无比,远望犹如神话中的琼宫仙阙,气象非凡。至于内廷及其他部分,由于它们从属于外朝,故布局比较紧凑。

整个故宫建筑群是为体现帝王的政治权力而服务的,因而不可避免地产生严正而刻板的缺点,但是,从故宫建筑群的整个建筑艺术来说,它体现了我国古代建筑艺术的特殊风格和杰出成就,是世界上优秀的建筑群之一。而这一杰作,从明代永乐年间创建后,500余年中,不断重建、改建,动用的人力和物力是难以估计的,真可谓"穷天下之力奉一人",所以,故宫是我国古代劳动人民集体智慧和血汗的结晶。

故宫

2. 承德避暑山庄

承德避暑山庄又名承德离宫或热河行宫,始建于1703年,历经清朝康熙、雍正、乾隆三代皇帝,耗时约90年建成。它位于河北省承德市中心北部武烈河西岸一带狭长的谷地上,是清代皇帝夏天避暑和处理政务的场所,距离北京230公里。避暑山庄以朴素淡雅的山村野趣为基本格调,取自然山水之本色,吸收江南塞北之风光,成为中国现存占地最大的古代帝王宫苑。

避暑山庄分宫殿区、湖泊区、平原区、山峦区四大部分。宫殿区位于湖泊南岸,地形平坦,是皇帝处理朝政、举行庆典和生活起居的地方,占地约10万平方米,由正宫、松鹤斋、万壑松风和东宫四组建筑组成。湖泊区在宫殿区的北面,湖泊面积包括洲岛约占43万平方米,有8个小岛屿,将湖面分割成大小不同的区域,层次分明,洲岛错落,碧波荡漾,富有江南鱼米之乡的特色。湖泊区东北角有清泉,即著名的热河泉。平原区在湖区北面的山脚下,地势开阔,有万树园和试马埭,西部绿草如茵,一派蒙古草原风光;东部古木参天,具有大兴安岭莽莽森林景象。山峦区在山庄的西北部,面积约占全园的4/5,这里山峦起伏,沟壑纵横,众多楼堂殿阁、寺庙点缀其间。整个山庄东南多水,西北多山,是中国自然地貌的缩影。

避暑山庄不同于其他的皇家园林,它继承和发展了中国古典园林"以人为之美入自然,符合自然而又超越自然"的传统造园思想,按照地形地貌特征进行选址和总体设计,完全借助于自然地势,因山就水,顺其自然,同时融南北造园艺术精华于一身。它是中国园林史上一个辉煌的里程碑,是中国古典园林艺术的杰作,享有"中国地理形貌之缩影"和"中国古典园林之最高范例"的盛誉。

承德避暑山庄

避暑山庄之外,雄伟的寺庙群如众星捧月,环绕山庄,象征民族团结和中央集权。承德"外八庙"分布在避暑山庄东北面山麓的台地上,面积达40多万平方米,其名称分别为溥仁寺、溥善寺(已毁)、普乐寺、安远庙、普宁寺、须弥福寺之庙、普陀宗乘之庙、殊像寺。外八庙以汉式宫殿建筑为基调,吸收了蒙古族、藏族、维吾尔族等民族建筑艺术特征,创造了中国多样统一的寺庙建筑风格。世界遗产委员会评价避暑山庄不仅具有极高的美学研究价值,而且还保留着中国封建社会发展末期的罕见的历史遗迹。承德避暑山庄和周围寺庙于1994年被列入《世界遗产名录》。

3. 孔府

孔府也称"衍圣公府",是孔子嫡系长子、长孙世代居住的府第。孔子去世后,其嫡系长支为奉祀孔子,多住阙里故宅,称袭封宅。汉高祖刘邦曾以太牢之礼祭孔子墓,并封孔子九世孙世袭为奉祀君,代表国家祭祀孔子。此后,历代帝王对孔子后裔一再加封,并赐地建府。北宋至和二年(1055),宋仁宗赐封孔子第四十六代孙孔宗愿为世袭"衍圣公"。洪武十年(1377),朱元璋下诏令"衍圣公"有权设置官署,同时又特命在阙里故宅以东重建府第。清代在此基础上又进行了大规模的修建,达到现在的规模。孔府现总占地16万平方米,有厅、堂、楼、房共463间,三路布局:东路为东学,建有一贯堂、慕恩堂、孔氏家庙及作坊等;西路即西学,有红萼轩、忠恕堂、安怀堂及花厅等;孔府的主体建筑在中路,分前后两部分,前为官衙,后为内宅,最后是花园。孔府是中国封建历史上规模最大的家族府第,是今天人们所看到的我国封建社会中典型的官衙与内宅合一建筑的代表。1961年,孔府被国务院列为第一批全国重点文物保护单位;1994年,与孔庙、孔林一起,被联合国教科文组织列为世界文化遗产。

4. 山西霍州署

北京故宫、河北保定总督府、山西霍州署、河南内乡县衙合称"中国古代四大官衙"。山西霍州署位于霍州市东大街北侧,始建于唐代,占地面积3.85万平方米,现存古建筑为元、明、清古文化遗产。无论其位置选择、建筑规模,还是整体布局、形制设计,均为全国现存同类衙署之冠,是我国目前尚存唯一一座较完整的古代州级署衙。1996年11月,国务院公布其为全国重点文物保护单位。

霍州署有着独特的文化定位。与北京故宫、河北保定直隶总督署、河南内乡县衙共同构成从中央到地方的四级古代官府文化体系中,霍州署历史最为悠久。元代大堂建造年代较故宫早100多年,它雄伟高大、古朴典雅、结构奇巧、工料俱佳,是元代建筑艺术之精品,被我国古建筑研究专家梁思成先生誉为"滑稽绝伦的建筑独例"。霍州署的开发开放,对研究古代政治制度、法律制度、官吏及科举制度等有着非常重要的作用。

霍州署楹联言简意赅,醒世警人。在中国漫长的封建社会里,历代州官把修身立德作为为政之道,书写在官衙的醒目之处。官箴"吏不畏吾严,而畏吾廉;民不服吾能,而服吾公;公则民不敢慢,廉则吏不敢欺。公生明,廉生威"就出自明代霍州学正曹端之口。

5. 保定直隶总督署

保定直隶总督署是目前我国保存最完好的一座古代省级官衙建筑群,建于雍正七年(1729),费时8个月完工,直到宣统三年(1911)清朝灭亡,始终为总督办公驻地,至今已有280余年历史。

直隶总督署位于古城保定市繁华地段,是清朝直隶省的最高军政长官的办公处所,是我国唯一保存最为完整的一座省级衙署,具有浓郁的时代风采和丰富的历史内涵。1988年1月,被国务院核列为全国重点文物保护单位。

直隶总督署坐北朝南,为小式硬山建筑,具有典型的北方衙署建筑风貌。其格局是严格按照清朝关于省级衙署的规制修建的。东、西宽134米,南、北长220米,总面积近3万平方米,整个衙署以两条南北更道相隔,分中、东、西三路建筑。主体建筑在中路的中轴线上,主要有黑色三开间的大门;迎送宾客的仪门;总督举行隆重贺典和重大政务活动的大堂;写有"尔俸尔禄,民膏民脂,下民易虐,上天难欺"的公生明牌坊;官员办理各种文牍事务的吏、户、礼、兵、刑等科房;总督接见外地官员及复审案件的二堂;总督处理日常政务的官邸和总督及家眷生活居住的上房。这些主体建筑均有廊庑同耳房、厢房相通,建筑错落有致,典雅优美。东、西两路还建有一些独体或一两进落院,设有刑名幕府和钱谷幕府,规制次于中路建筑,但廊庑彩画尚存。寅宾馆、吏舍、花园、箭道、马厩、厨房和杂役人员活动居住的地方,分别建在不同的位置。整个直隶总督署具有一定的建筑特色和观赏价值。

直隶总督署外景

直隶总督署书房

6. 河南内乡县衙

河南内乡县衙是目前我国保存最为完整的古代县级官衙建筑群。内乡县衙始建于元朝大德八年(1304),历经元、明、清三代,距今已有700多年历史。现存建筑是清朝光绪二十年,由正五品知县章炳主持营建的,占地面积2.7万平方米,房屋200余间,建筑面积4000多平方米。内乡县衙主体建筑由宣化坊、大门、仪门、大堂、二堂、三堂等主体建筑和兵房、刑房、工房、刑钱夫子院及厢房组成。

三、坛庙与陵墓

坛庙建筑的历史远比宗教建筑久长,在内蒙古、辽宁、浙江等地发现的一批最早的祭坛和神庙距今约有五六千年。原始社会已有祭祀活动,《史记》记载,黄帝多次封土为坛,祭祀鬼神山川,称为"封禅"。西安半坡村的新石器文化遗存中发现了正方形的"大房子"基址,从遗址准确的南北方位、整齐的柱网排列和巨大的空间推测,应当是部落集会和祭祀的场所,即庙的开始。商周非常重视祭祀,祭礼是周礼的主要部分。《考工记》记载,夏有世室,商有重屋,周有明堂,这些都是礼制祭祀建筑。秦时称"口",它可能是坛,也可能是庙,还可能是坛(高台)上建殿的坛庙混合建筑。汉代坛庙分开,也开始确立祭祀的礼仪等级。以后各代坛庙数量日益增多,制度日益完善。

元朝统治者按蒙古旧俗祭祀神,对中国传统的坛庙不太重视。明朝则是修复旧礼、兴建坛庙的鼎盛期。《明史·礼制》中载入祀典的坛庙有数十种,修建南京、北京时,把太庙、社稷坛、天坛等列为与宫室、城池同等重要而一并兴建。府县列为通祀的坛庙有山川坛、社稷坛、厉坛、城隍庙、孔庙等多种。各地还根据地方特点修建种种神庙,如苏州一带有吴地早期开拓者之庙"泰伯庙",有助吴王兴国的功臣伍子胥之庙,沿海各地有海上保护女神天妃(妈祖)之庙,等等。其他如东岳庙、关帝庙、八蜡庙、文昌祠、龙王庙、水神庙等都是任意起造,只要不是有碍封建秩序,官府就不加制止。一些边疆卫所城内还有与战争有关的神祠供祭拜,以便使军民得到精神寄托。至于官员及其后裔所建家庙,则更是遍布全国。

中国古代习用土葬,坟丘的形成始于战国时代,此后,形成一种文化风俗。坟墓在几乎所有的地方都扮演着重要的角色,它是生者对死者的一种告慰、思念、敬重,甚至是期盼。中国古代先民基于"人死而灵魂不灭"的观念,普遍重视丧葬,君王卿侯官宦富豪尤甚,由此逐渐形成了严苛烦冗的丧葬礼仪和宏丽的陵墓建筑。帝王的坟墓一般都规模浩大,被称为"陵墓"。一些皇后的坟墓也可称为"陵",如清孝庄文皇后的昭西陵,嫔妃、王公大臣、将军名士以及黎民百姓等的坟墓则无权享受这种称号。近现代之后,出于对革命领袖的纪念与颂扬,对其坟墓也称为陵,如中山陵。帝王陵墓,实际上包括陵墓及其附属建筑,合称为"陵寝"。至今地面有迹可循、时代明确的帝王陵寝共有100多座,分布在全国半数以上的省区,已成为中国古代建筑的一个重要组成部分。我国的帝王陵寝不仅数量众多、历史悠久,在世界上独一无二,而且布局严谨、建筑宏伟、工艺精湛,具有独特的风格,在世界文化史上占有重要的地位。

新石器时代墓葬多为长方形或方形竖穴式土坑墓,地面无标志。在河南安阳殷墟遗址中曾发现不少巨大的墓穴,有的距地表深达十余米,并有大量奴隶殉葬和车、马等随葬。周代陵墓集中在陕西省西安和河南省洛阳附近,尚未发现确切地点,陵址不详。战国时期陵墓开始形成巨大坟丘,设有固定陵区。秦始皇陵在陕西省西安市临潼区,规模巨大,封土很高,围绕陵丘设内外二城及享殿、石刻、陪葬墓等。据记载,地下寝宫装饰华丽,随葬各种奇珍异宝,其建筑规模对后世陵墓影响很大。汉代帝王陵墓多于陵侧建城邑,称为陵邑。唐代是中国陵墓建筑史上的一个高潮,有的陵墓因山而筑,气势雄伟。由于帝王谒陵的需要,在陵园内设立了祭享殿堂,称为上宫;同时陵外设置斋戒、驻跸用的下宫。陵区内置陪葬墓,安葬诸王、公主、嫔妃,乃至宰相、功臣、大将、命官。陵山前排列石人、石兽、阙楼等。北宋除徽宗、钦宗外,七代帝陵都集中在河南省巩义市,规模小于唐陵。南宋建都临安,仍拟还都汴梁,故帝王灵柩暂厝绍兴,称攒宫。元代帝王死后,葬于漠北起辇谷,按蒙古族习俗,平地埋葬,不设陵丘及地面建筑,因此至今陵址难寻。明代是中国陵墓建筑史上另一高潮。明代太祖孝陵在江苏省南京,其余各帝陵在北京市昌平区天寿山,总称明十三陵。各陵都背山而建,在地面按轴线布置宝顶、方城、明楼、石五供、棂星门、祾恩殿、祾恩门等一组建筑,在整个陵区前设置总神道,建石像生、碑亭、大红门、石牌坊等,造成肃穆庄严的气氛。清代前期的永陵在辽宁新宾,福陵、昭陵在沈阳,其余陵墓建于河北遵化和易县,分别称为清东陵和清西陵。清陵建筑布局和形制因袭明陵,建筑的雕饰风格更为华丽。

1. 天坛

天坛建于明永乐十八年(1420),与故宫同时修建,面积约270万平方米,位于北京正阳门南,是明清两代帝王春分祈谷、夏至祈雨、冬至祈天的地方。天坛分为内坛和外坛两部分,主要建筑物都在内坛,包括圜丘和祈谷二坛;围墙分内外两层,呈"回"字形。北围墙为弧圆形;南围墙与东西墙成直角相交,为方形。这种南方北圆,通称"天地墙",象征"天圆地方"。

作为中国古代建筑艺术成就最突出的木构建筑,矗立于祈谷坛上的中心建筑祈年殿最受人们关注。这座三重檐的圆形大殿建于高6米的三层汉白玉石台上,高32米、直径24.2米,初名大祀殿,后曾名大享殿。大殿宝顶的一根短柱,代表着皇家的"一统天下";殿中的四根龙井柱,象征一年四季;殿高九丈,取意九九阳数之极;中层金柱12根,象征一年12个月;殿顶周长30丈,表示一月30天;外层有檐柱12根,象征一日12个时辰;内、外层柱数相加为24柱,象征一年24节令;三层相加有柱28根,象征天上28星宿;再加上顶部8根童子柱,为36柱,象征36天罡。

天坛

同样有诸多数字学问的还有园内的圜丘坛。始建于嘉靖九年(1531)的圜丘坛,亦称圜丘、圜丘坛、祭天台、拜天台,是皇帝祭天的场所。坛高一丈六,共分三层,每层四面均有九级台阶。这里随处可求的是九,它在中国古代是个代表至尊至贵的极数。三层直径相加是45丈,不但是九的倍数,还含有九五之尊的意思;从中心圆形大理石向外,三层台面每层都铺有9环扇面形状的石板,上层第一环为9块,第二环为18块,第三环为27块,到第九环为81块;中层从第十环的90块到第十八环的162块;下层从第十九环的171块到第二十七环的243块。三层总计378个"九",共3402块,象征九重天。

天坛圜丘北面,是作为收藏神牌之处的皇穹宇,它外部的圆形围墙就是有"传声墙"之称的著名的回音壁。同样以音学效果闻名的还有三音石,其奇妙回音,有"人间私语,天闻若雷"之说。其他像存放皇天上帝神牌的皇乾殿(亦称祈谷坛寝宫),俗称七十二连房的长廊,坐落天坛西隅的斋宫,连接南面圆丘坛与北面祈年殿两组建筑的丹陛桥(亦称海墁大道、神道),以及相传于1420年所植的九龙柏,皆有可供游玩观赏之处。

天坛集明清建筑技艺之大成,建筑布局严谨、结构奇特装饰瑰丽,是我国现存的一组最精致、最美丽的古建筑群,是世界上最大的祭天建筑群,在世界上享有极大的声誉。

2. 孔庙、孔府与孔林

孔庙是祭祀孔子的本庙,是分布在中国、韩国、日本、越南、印度尼西亚、新加坡、美国等国家2000多座孔子庙的先河和范本,始建于公元前478年,历经2400多年而从未放弃祭祀,是中国使用时间最长的庙宇,也是中国现存最为著名的古建筑群之一。孔子嫡孙保有世袭罔替的爵号,历时2100多年,是中国最古老的贵族世家,其府第孔府是中国现存规模最大、保存最好、最为典型的官衙与宅第合一的建筑群。孔庙、孔林、孔府的历史、科学、艺术价值集中体现在它所保存的文物上:300多座、1300多间金、元、明、清古建筑反映了各个时期的建筑规制和特点;1000多件汉画像石、孔子圣迹图、石仪、龙柱等反映了石刻艺术的变化和发展;5000多块西汉以来的历代碑刻既是中国书法艺术的瑰宝,也是研究中国古代政治、思想、经济、文化、艺术的宝贵资料;10余万座历代墓葬是研究墓葬制度的重要实物,1.7万余株古树名木是研究古代物候学、气象学、生态学的活文物。10余万件馆藏文物中,以元明衣冠、孔子画像、衍圣公及夫人肖像、祭祀礼器最为著名,其中元明衣冠是中国罕有的传世同类文物,对于研究古代服饰、纺织艺术具有重要价值。30万件孔府明清文书档案是中国最为丰富的私家档案,是研究明清历史尤其是经济史的重要资料。孔庙、孔林、孔府既是中国古代推崇儒家思想的象征和标志,也是研究中国历史、文化、艺术的重要实物。

2000多年来,曲阜孔庙旋毁旋修,从未废弃,在国家的保护下,由孔子的一座私人住宅发展成为规模形制与帝王宫殿相近的庞大建筑群,延时之久,记载之丰,可以说是人类建筑史上的孤例。

孔林又称至圣林(因孔子曾被封为"大成至圣先师",故名"至圣林"),是孔子及其后代的墓地。孔子于鲁哀公17年(前479)去世,西汉司马迁的《史记·孔子世家》记载:"(孔子)葬鲁城北泗上",就是现在孔林所处的位置。在以后的2000多年里,葬

曲阜孔庙

埋从未间断,从而形成了今天的规模。

孔林现占地 3000 余亩,有坟冢 10 万余座,是世界上延时最久、规模最大的家族墓地。孔林可以说是一座天然植物园。相传孔子去世后,"弟子各以四方奇木来植,故多异树",林内现有各类古树名木 10 万余株,上千类花草树木。孔林又称得上名副其实的露天博物馆。在万木掩映的孔林中,碑石如林、石仪成群,各种墓碑、题记 4000 余块,石仪、门坊 300 余座。除一批著名汉碑移入孔庙外,林内尚有李格非、吴宽、黄养正、严嵩、孔尚任、桂馥、翁方钢、何绍基、阮元、施润章、康有为等著名人士及孔子嫡系后裔题写的墓碑文。这里既可考春秋之葬、证秦汉之墓,又可研究我国历代政治、经济、文化发展和丧葬风俗的演变,具有极高的历史、文化和生物学价值。

3. 秦始皇陵

秦始皇陵位于陕西省西安市以东 35 公里的临潼区境内,秦始皇陵是秦始皇于公元前 246 年—公元前 208 年营建的,是中国历史上第一个皇帝陵园。其巨大的规模、丰富的陪葬物居历代帝王陵之首,是最大的皇帝陵。据史载,秦始皇为造此陵征调了 70 万工匠,建造时间长达 38 年。

秦始皇陵陵区分陵园区和从葬区两部分。陵园占地近 8 平方千米,建外、内城两重,封土呈四方锥形。秦始皇陵封土原高约 115 米,陵基近似方形,状如覆斗,顶部平坦,腰略呈阶梯形。现存高 76 米、东西长 345 米、南北宽 350 米,占地 120750 平方米的陵墓及大量地面建筑遗迹和陪葬物。

陵墓地宫中心是安放秦始皇棺椁的地方,陵墓四周有陪葬坑和墓葬 400 多个,范围广及 56.25 平方千米。主要陪葬坑有铜车、马坑、珍禽异兽坑、马厩坑以及兵马俑坑等,历年来已有 5 万多件重要历史文物出土。1980 年发掘出土的一组两乘大型的彩绘铜车马——高车和安车,是迄今中国发现的体形最大,装饰最华丽,结构和系驾最逼真、最完整的古代铜车马,被誉为"青铜之冠"。

1974年以来,在陵园东1.5公里处发现从葬兵马俑坑三处,成品字形排列,面积共达2万平方米以上,出土陶俑8000件、战车百乘以及数万件实物兵器等文物。1980年又在陵园西侧出土青铜铸大型车马两乘,引起全世界的震惊和关注。这些按当时军阵编组的陶俑、陶马为秦代军事编制、作战方式、骑步卒装备的研究提供了形象的实物资料。兵马俑被誉为"世界第八大奇迹","20世纪考古史上的伟大发现之一"。秦俑的写实手法作为中国雕塑史上的承前启后艺术为世界瞩目。现已在一、二、三号坑成立了秦始皇陵兵马俑博物馆,对外开放。

4. 北京十三陵

十三陵位于北京昌平区天寿山下方圆40平方千米的小盆地上,是明朝迁都北京后的13个皇帝、23位皇后和众多的嫔妃、太子、公主、从葬宫女等的陵墓群。陵区原来都有陵墙,正门开在南端,蟒山、虎峪屹立两侧,好似一龙一虎踞守大门。十三陵以地面建筑宏伟的长陵和已发掘的地下宫殿定陵最为著名。各陵除面积大小、建筑繁简有异外,其建筑布局、规制等基本一样:平面均呈长方形,后面有圆形或椭圆形的宝城。陵区内有长达10多公里的神路。神路最南端有一座石牌坊,名为"棂星门",俗称"龙凤门",为明嘉靖十九年(1540)所建,由汉白玉砌成,夹柱石上雕刻麒麟、狮子、龙和怪兽,云腾浪涌,神态逼真,门上端额枋上雕刻的云纹,给人以柔美飘逸之感。此座牌坊是中国现存最大、最早的石坊建筑。

营建了18年的长陵位于天寿山中峰以下,是永乐帝和徐皇后的陵墓。长陵有一个和故宫太和殿相媲美的祾恩殿,殿阔66.75米,进深29.31米,最令人称奇的是殿内的32根金丝楠木明柱,柱高14.3米,直径1.7米,祾恩殿后的建筑是明楼,又称宝顶,宝顶之下就是墓主的地下宫殿。明十三陵中只有定陵的地下宫殿被发掘出来,是唯一可以目睹的。

定陵位于长陵西南大峪山下,是明代第十三个皇帝神宗朱翊钧和孝端、孝靖两位皇后的陵寝。定陵地宫面积达到了1195平方米,内无梁架,为石拱券,相当高大。其中的石板巨门为整块条石,上面的花鸟人物几乎和真人真鸟一样大小;地宫中又分为正殿、配殿、前殿,和地上建筑完全一样。人行其中,凉气扑面,环视地宫苍穹,感觉异常深远。从地宫中出土了3000余件文物,其中的金冠、凤冠为绝世珍品。

四、古代民居

民居建筑是时代的符号,也是一种文化的沉积,还是一种民俗迹象。先秦时期"帝居""民舍"统称"宫室",秦汉后"宫室"成了帝王居所的专称,"宅第"则专指贵族的住宅。近代民居指宫殿、官衙以外的居住建筑。传统的民居一般都表现了敛财聚富的思想,在建筑与风水、建筑与环境、建筑风格与美学体现等方面各不相同。民居的演绎史,实际是人类从穴居走向地面的文明发展史。

目前,我国常见的、保存较完好的古代民居主要有以下几种。

1. 北京四合院

中国北方的住宅以北京的四合院最具有代表性。四合院的基本形式是由单栋房屋在四面围成的一个内向的院落。四合院作为北京的传统民居,在元代就已出现了,不过现存的四合院大多数是清代到20世纪30年代前后建造的。

四合院的"四"字,表示的是东南西北四面,"合"是围在一起的意思。也就是说,四合院是由四面的房屋或围墙合围而成,里面的建筑布局,在封建宗法礼教的支配下,按着南北中轴线对称地布置房屋和院落。根据建筑面积的大小以及方位的不同,从空间组合来看,四合院可分为大四合院、小四合院、三合院。

大多数的四合院坐北朝南,大门开在东南角,这是取"紫气东来"的吉祥之意。大门楼飞檐翘角,比较华丽,说是门楼,只不过它比南房要高一些,被习惯性地称为楼了。大门两侧各有一个圆石鼓,上面雕刻着守门的小兽,传说那小兽是龙的九个儿子之一。

四合院中除大门与外界相通之外,一般都不对外开窗户,即使开窗户也只在南墙上离地很高的地方开小窗。因此,只要关上大门,四合院内便形成一个封闭式的小环境。住在四合院里的人不常与周围的邻居来往,在小院里,一家人过着与世无争的日子。可以说,四合院是在历史的洪流中、在动荡的社会风云里,北京人所寻觅到的一个安详恬静的安乐窝。

2. 陕北土窑洞

人类的居室大多因地制宜而营造,这一点在黄土高原表现得尤为突出。黄土高原的土崖畔上,正是开掘洞窟的天然地形。土窑洞建造起来省工省力,同时冬暖夏凉,十分适宜人居。早在新石器时代,黄河中游的部落就在以黄土层为壁体的土穴上,用木架和草泥建造简单的穴居和浅穴居,并逐渐形成聚落。时至今日,窑洞仍是陕北地区人们最主要的居住形式。

陕北窑洞有靠山土窑、石料接口土窑、平地石砌窑多种。城市里一般以石、砖窑居多,而农村则多是土窑或石料接口土窑。陕北窑洞以靠山窑最为典型。它们是在天然土壁内开凿横洞,往往数洞相连,或上下数层,有的在洞内加砌砖券或石券以防止泥土崩溃,或在洞外砌砖墙以保护崖面。规模较大的在崖外建房屋,组成院落,成为靠崖窑院。

修建新窑洞有不少讲究。首先是要择地形;挖窑洞地方的土质选择十分重要,必须是黏土;窑洞要向阳,背靠山,面朝开阔地带。

窑洞面积有大有小,一般是20多平方米大小,窑洞纵深靠墙处有一个大炕,也叫掌炕,而有的窑洞内在靠窗的地方称为前炕。无论掌炕还是前炕,在炕的一头都连着一个三孔灶台,用来烧火做饭,灶火的烟道通过炕底,所以冬天炕上十分暖和。灶台上方的墙上一般有个凹进去的洞,用来摆放油盐酱醋等物。炕周围三面墙上约一米宽的地方,一般贴一些绘有图案的纸和由各种烟盒纸拼贴的画,陕北人称之为炕围子。炕围子是一种实用性的装饰,可以避免炕上的被褥与粗糙的墙壁直接接触摩擦,还可以保持清洁。为了美化居室,不少人家在炕围子上作画。这就是在陕北具有悠久历史的民间艺术——炕围画。

延安窑洞的窗户也许是整个窑洞中最讲究、最美观的部分。拱形的洞口由木格拼成各种美丽的图案,窗户分天窗、斜窗、炕窗、门窗四大部分。黄土高原沟壑纵横,色彩单调,为了美化生活,窑洞的主人们以剪纸装饰窑洞。他们根据窗户的格局,把窗花布置得美观又得体。窗户是窑洞内光线的主要来源,窗花贴在窗外,从外看颜色鲜艳,从内看则明快舒坦,从而产生一种独特的光、色、调相融合的形式美。

3. 安徽黟县西递村

安徽省南部的黟县西递村始建于北宋,迄今已有950年历史,是明清古民居保存得相当完好的一个村落,被称为"明清民居博物馆"。这里绿树掩映中的白墙青瓦房舍以及祠堂、牌坊、楼阁,无不体现出典型的徽派建筑风格和古风古韵,被中外建筑专家誉为"明清民居博物馆"。西递村虽是一个小山村,在古代却出过许多大人物。据史料记载,仅明清以来全村在外地做官的就有百余人,此外还有许多腰缠万贯的富商巨贾,他们在衣锦还乡时为了显示宗族门庭的气派,不惜重金大兴土木,修祠堂、建宅院,从而形成了西递村600座宅院、两条主街、99条小巷纵横交错的庞大建筑群。目前村里保存完好的古建筑还有127幢,其中古民居124幢,古祠堂3幢。

徽派建筑有"无山无水不成居"之说,因此在选择村址时十分注重环境的自然情趣和山水灵气。西递村是十分典型的徽派建筑,整个村落呈船形,空间自然流畅,依山傍江,四周一片葱绿,令人神清气爽,是理想的栖居地。

西递村的宅院结构奇巧、营造精美,镂空石刻漏窗玲珑剔透,飞檐翘角的青瓦门楼典雅古朴。徽派建筑的石雕、砖雕和木雕最为著名,被誉为"三绝"。在西递村,房屋的门框、窗棂、花墙多为石雕;屋檐、门罩、墙壁多嵌砖雕;庭堂、板壁、梁柱则为木雕。雕刻形式之多、造型之美、手法之新,实属罕见。所雕鸟兽形态逼真,花草情趣盎然,人物形神兼备。这些雕刻就其艺术特点来说,明代的追求雍容大方、疏朗淡雅,而清代的则讲究玲珑精巧、细腻别致。

西递村的房舍一般都为两层建筑。一层的正厅是一间敞开式的客堂,是一家人吃饭、招待客人的地方。客堂的两侧是卧室。在西递村,卧室是不允许外人进入的。在客堂和卧室之间有窄小的梯子通到楼上,上面的房子大多是堆放杂物的仓房,也有做儿女们卧室的。

西递民居

西递村民家中,有一种雷同的摆设,那就是置放在厅堂四周的古朴典雅的楹联条屏,上面书写的内容一般是为人处世富于生活哲理的警句箴言,从中我们能体验到中国农村特有的文化气氛。

4. 江南水乡民居

江南地区物产富足,民居规模和布局也很有特色,其中以苏州、杭州最具代表性。江南地区的气候潮湿,故通风格外重要,因此江南的住宅常于建筑与垣墙之间留不超过一米的间隙,用来通风采光,这个采光通风口称作"天井"。由于庭院面积不大,且楼房较高,所以天井显得分外高深。江南民居,大的住宅一般从大门起经过轿厅、客厅、正房到内室或后房,两侧有花厅、书房、卧室及至小花园、戏台等。一般大的住宅可有两到三条平行的轴线。但不论建筑规模大小,江南民居都表现出与北方民居的明显区别:雕刻装饰繁多却极少彩画,墙用白瓦青灰,木料则为棕黑色或棕红色等,总之,与北方的绚丽色彩相比十分淡雅。江南的匠人心灵手巧,利用多变的地形使流水在房屋之间流过,昆山周庄的"沈厅"就是一个典型例子。水路、街巷呈不规则的网状履于民居之中,与之相映成趣,形成了江南民居别于北方民居的独特风味。

由于土地珍贵,屋宅内外的空间都得到了充分的利用。因为绝大部分民居出门见水,所以几乎每家门外都有一个小小的埠头。主妇每日洗衣、洗菜、淘米等都在这里,来往的小船也可在这里停泊。和水路相比,街巷显得十分狭窄,有的仅容一人一牛并走。高高的垣墙夹着曲折的街巷,造成了曲径通幽的意境。

江南古镇大多都有近千年的历史,保存有大量的古民居,是典型的"小桥流水人家"的格局。

浙江省境内的三个古镇分别为湖州的南浔古镇、嘉善的西塘古镇、桐乡的乌镇。江苏省境内的两个古镇分别是昆山的周庄古镇、吴中区的甪直镇。这五个古镇是欣赏江南水乡风情和古民居的极好场所。

(1) 南浔古镇

南浔古镇位于浙江和江苏的交界处,是江南地区知名度极高的一个历史文化名镇。南浔地区保存着大量的古民居,颇具地方色彩,南浔古镇的嘉业堂是我国著名的藏书楼。据称嘉业堂建于1920年,耗银30万两,藏书60万卷,与宁波的天一阁齐名。

南浔的小莲庄是江南著名的私家花园,系清朝的光禄大夫刘墉所建,与嘉业堂毗邻。它的建筑特点是以水景为主,借水造园,水榭精致秀美。每年的夏季是欣赏小莲庄的最好时机,此时池塘中十余亩荷花迎风怒放,与亭台楼阁相映成趣,也是消暑的胜地。小莲庄内还有两个造型新颖、雕刻精细的牌坊,牌坊的石雕造型与皖南地区不同,与绍兴地区的风格接近。

(2) 桐乡乌镇

桐乡乌镇是一个颇有些历史的古镇,1000多年来,曾经有两位著名的文人在这里读书。据《镇志》载,梁昭明太子曾经在镇中客居读书,现在有"六朝遗址"古牌坊为证。1896年中国现代文学史上著名的文学家茅盾就诞生在乌镇。此后数十年,乌镇成了中国文化人无人不知的地方。

乌镇是一座保存得相当完整的江南水乡古镇,两条老街呈交错状,显得古风犹存,河街并行体现出江南以水建市的特点。乌镇古民居在墙上常常涂有类似于黑色的油漆,据说这种涂料可以起到保护墙面的作用,而黑色在江南桐乡一带被称之为"乌",因此这里就叫作乌镇。

(3) 昆山周庄古镇

古镇周庄距离苏州城约30公里,全镇50%以上的居民是江南特色的明清式民居,在0.4平方千米区域内就有近百座古典宅院和60多个苏砖门头。唐代诗人刘禹锡、陆龟蒙等曾经寓居周庄,近代柳亚子、陈去病等南社诗人曾经聚会迷楼,从事文学创作活动,一时成为诗坛佳话。

周庄的水道有的可以直接通到宅院,主人足不出户就可以上船。周庄的古桥比较多,其中知名度最高的无疑就是"双桥"。双桥地处周庄的中心地段,位于交叉的河道上,呈直角状排列,当地人称之为"钥匙桥"。周庄在明代有相当高的声望,明初,家住周庄的江南首富沈万三曾经捐资修建了南京1/3的城墙。

(4) 嘉善西塘古镇

嘉善西塘古镇中最为著名的风景线就是造型古朴的廊棚。这里的廊棚沿河而建,总共有数百米长,全部为木结构的柱子,一色的鱼鳞黑瓦盖顶,廊棚的下面是一条石板道,绵延不断,形成了独特的地方性景观。

长长的廊棚对面就是一长排历经沧桑的古民居,规格比皖南民居要低一些,没有什么富豪之气,更多的是生活化格局。廊棚长长,古建筑重重叠叠,小船儿悠悠,俨然是一派古风犹存的情调。

(5)吴中区甪直镇

甪直镇位于江苏省苏州市东南25公里的吴中区境内,镇郊湖、荡、池、塘星罗棋布,镇内河网交错,波光粼粼的小河上架着一座座拱形青石桥,河道两岸白墙黑瓦的屋宇鳞次栉比。人在桥上走,船在水上行,水景桥景相得益彰,别有一番情趣。甪直镇素以河多、桥多、巷多而闻名,并有"桥梁之乡"的美称。最盛时有桥72座,现存41座。甪直镇的桥大小不一,风格各异,有多孔的大石桥、独孔的小石桥、宽敞的拱形桥、狭窄的平顶桥、左右相邻的姊妹桥。还有架在小溪上的半步桥。镇东的正阳桥是甪直镇上最大的一座古桥,以花岗石砌成,长达52米,线条粗壮,雄伟古朴;而位于一座凉亭两侧的东垂虹桥和西垂虹桥却又十分秀美娇小。和丰桥,建于宋代初年,是甪直镇上历史最悠久的一座古桥,桥面石上有浮雕,图案典雅、雕刻精细、古朴庄重。桥是甪直镇的交通纽带,同时又点缀和划分着小巷空间,给小巷空间带来起伏和变化,增加了景深,丰富了景观。

小镇上7000多人依水而居,房屋临河而筑,前街后河,进出洗涮十分方便。镇上有9条街道,在狭窄的街道两旁店铺林立,商业兴旺,风味小吃甚多。临街住宅的楼和楼之间极其狭窄,大有推窗伸手可握之感。临街的门户多是住家堂屋的大门,有的是深宅大院的宅内通道。大宅院多是过去的有钱人修建的,清一色的白墙黑瓦,房脊翘起,有高出屋顶数尺的造型别致的风火墙。住房一般坐北朝南,略偏西南,因而村落屋向基本一致。房屋的门窗多为木质结构,门上有浮雕,窗棂的花纹为镂空透雕。堂屋内配有透雕花纹深漆的方木桌、背靠椅,显得古色古香、庄重雅致。院内多有水井、洗衣台、花盆及晾晒衣物的竹竿,透出浓郁的生活气息。

5. 傣家竹楼

傣族村寨是由一座座古朴别致的傣家竹楼组成的,在寨子周围一般有挺拔的竹林。傣家竹楼说是楼,其实只有一层,只是整个房子被一根根木桩高高撑起,算得上是空中楼阁。竹楼下面的木桩一般有50根,木桩之间的空地是堆放杂物的仓库,有的人家还用来养猪圈牛。竹楼高悬于地面之上,一来可以防潮,二来可以防野兽。傣家竹楼的房间很大,一般正中为客厅和灶房,两侧隔开若干小房间为卧室。除了新婚之日,傣家人的卧室外人是不能随便进入的。

6. 福建客家土楼

福建最有特色的民居当推"土楼"。风格奇异的土楼民宅散布在闽西的永定、武

傣家竹楼

平、上杭及闽西南的南靖、平和、华安、漳浦等地。土楼俗称"生土楼",其造型、装饰和建造工艺世所罕见,因其大多数为福建客家人所建,故又称"客家土楼"。土楼多建于清代,是以生土作为主要建筑材料,掺上细沙、石灰、糯米饭、红糖、竹片、木条等,经过反复揉、舂、压建造而成。楼顶覆以火烧瓦盖,经久不损。土楼高可达四五层,供三四代人同楼聚居。

土楼作为福建客家人引为自豪的建筑形式,是福建民居中的瑰宝。土楼糅进了人文因素,堪称"天、地、人"三方结合的缩影。数十户、几百人同住一楼,反映客家人聚族而居、和睦相处的家族传统。因此,一部土楼史便是一部乡村家族史,土楼的子孙往往无须族谱便能侃侃道出家族的源流。此外,就地取材,用最平常的土料筑成高大的楼堡,化平凡为神奇,体现了客家人征服自然过程中匠心独运的创造。

在中国传统民居的品类中,土楼的造型是花样较多的一种,有圆、方、半圆、椭圆、交椅、五角、八卦、五凤、桃形及不规则形等许多种类,又以圆、方、交椅形和五凤楼最为常见。

(1)方形楼

方形楼永定称"四方楼",南靖称"四角楼",其起源最早,至今保存最完整、最封闭、最坚固。这种土楼高约16米,可达5层,层高3米左右,墙壁下厚上薄,底层墙厚1米以上,越往高墙愈窄,顶层厚仅0.8米。楼房占地面积可达上千平方米,5层楼总建筑面积在3000平方米上下,每层楼有房间20多间,门厅各1间,整座楼共有房间100间左右。楼的东西南北四个方向均有楼梯通向上层。一座楼可居住二三十户、百口人以上。其代表有南靖梅林镇璞山村的"和贵楼"、武平的"大夫第"、永定湖雷乡下寨村的"馥馨楼"等。永定的"馥馨楼"又称"大楼厦""火烧楼",始建于唐大历四年(769),已有1200多年历史,楼内居民已传至27代。

(2) 圆形楼

圆形楼又称"圆楼""土圆楼",永定客家人称其为"寨"。环形圆柱状的圆形楼是福建土楼中最有代表性的一种。永定、南靖、平和、上杭、华安均以此类土楼为主。相传圆形楼是1300多年前唐将军陈元光平闽时,由军事营寨发展而来的。圆形楼外观庞大巍峨,直径达50~70米者比比皆是。闽西龙岩市永定区古竹乡高北村的"承启楼"圆形楼,建于清康熙年间(1662—1723),直径73米,是由同圆心的大圆环和小圆环三环相套而成的巨大古堡,每环之间以环形天井间隔;外圈周长达229米,底层土墙厚达1.5米;最外环高4层,中环为2层,第3环为平房;中央圆心点上是一座八卦形的八角祖堂。全楼共有400个房间,总面积为5376平方米,曾住过80户600多人。闽南平和县芦溪乡芦峰村的"平作厥宁"圆形楼,楼体圆直径达77米,为世界上已知的、仍住人的、最大直径的圆形楼民宅。该楼主楼高4层,约14.5米高,每层有77个开间,现仍住有77户250余人,均为叶姓同宗一族。它始建于清康熙初年,工程前后历时40年,最盛时住过700多人。普通圆形楼占地面积多在1000平方米以上。

圆形楼建筑风格在土墙厚度上与方形楼相近,不同的是楼内各层房间规格比方形楼更为统一规范。圆形楼还克服了方形楼的一些缺点。如方形楼四角屋光线暗、通风差、噪音大,而圆形楼消灭了角间,构件尺寸统一,施工相对简单,屋顶也更为简化。与方形楼相比,其房间朝向好坏差别不明显,有利于宗族内部的分配。此外,用同样周长围成的圆形面积是方形面积的1.273倍,因此,圆形楼比方形楼有更大的内院空间。因无间角,圆形楼对大木料的需要也相应减少,且抗风、抗震、防火的性能更高。建于明万历二十九年(1601)的华安县沙建乡宝山村的"升平楼",是闽南唯一的外墙全部用条石砌成的三层圆形楼,出檐较小,状似石磨。这座石圆楼是福建土圆形楼家族中的独特支系,但其抗震性能不及土圆形楼。

(3) 交椅楼

在南靖等地,还有一种叫"交椅楼"的生土楼,其建筑形式与方形楼大致相同。但前排房稍低,为平房或2层楼,左右两边稍高,为2层或3层楼,酷似座椅的"扶手",后排房最高,可达3层以上,宛如座椅的靠背。整座楼仿佛一把"交椅",故俗称"交椅楼"。其特点是土墙前低后高、阳光充足、空气新鲜、冬暖夏凉。房间数达五六十间,可居住15户约六七十人。建于清雍正元年(1723)的南靖县书洋乡石桥村的"长源楼"是其代表。

在土楼建筑中,圆形楼和方形楼通常是单独起建的,但在一些地方由于历史的原因也形成了圆形楼与方形楼结合的土楼群。南靖县书洋乡田螺坑黄氏家族,开基数百年来先后建有5个一体相连的圆、方土楼组合。从空中俯瞰,一座方楼雄踞中央,四座圆楼围绕四角,恍若一朵怒放的硕大梅花点缀于绿野平畴之上,错落有致,美不胜收。

该楼群初建时仅为一座方形楼,黄氏祖先取楼名为"和昌楼",后因人丁渐旺,分别在方形楼四周建起4座圆土楼,从东、西、南、北4个方向拱卫着"和昌楼",使之既似山寨,又如城堡。此外,在永定古竹乡高北村也有以圆形楼为主,方、圆形楼错杂而筑的土楼群。这种巧妙的构思、奇特的组合,令海内外的建筑专家赞不绝口。

圆形楼或方形楼的底层均做厨房、饭厅,有的也做牛栏、猪圈。底楼对外绝不开窗;2层楼为放置谷物和农具的杂物间,对外也罕有开窗;3层以上为卧室。楼上楼下的房间及每一单间均一样大,一般为10平方米左右,显得狭小,仅容一床一橱一桌,反映出客家家族不重卧室而以厅为主要活动空间的习惯。大多土楼内的走廊为敞廊,大家共用,每个房间的门与窗都开向走廊。也有一些土楼内部以八卦式单元切割或从一楼到顶楼每一间均为独立单元,各家人靠楼梯上下相连。永定湖坑乡的"振成楼",外圈以八卦形分成8组居室,每单元6间,每层48间,4层共192间。每单元有防火墙相隔,有拱门相通,楼下各有一间浴室。

(4)五凤楼

在闽西及闽西南客家居住区,还有一种与圆、方形土楼造型风格迥异的土楼民宅,俗称"五凤楼"(南靖人称"大屋厦"),这是一种府第式的土楼住宅。五凤原为五方(东、西、南、北、中)配五色所引申的五行意义。以五凤名宅,表示四方与中央相应的寓意。它像古代中原的宫殿,也近似北京故宫的形式,突出中轴中心,在平面发展的基础上,讲究左右均衡对称,前后高低有序,布局方整有序。最普通的五凤楼是三堂二横式,也有三堂一横、四横、六横等形式。一座三堂三横式五凤楼的建筑内容包括:鱼塘、侧座、回屋、禾坪、下厅、中厅、后堂、两厢横屋几大部分。在造型设计上,厅堂和天井的配置独特,厅堂皆敞,面向天井,且与天井相连,厅的边沿便是天井边沿,二者形成不可分割的整体,有极巧妙的空间搭配与沟通协调的综合功用。一座三堂二横式五凤楼,共有5个天井与9个厅堂。中轴线上有3个天井及3个厅堂,中轴线上一直就是天井与敞厅,可从大门一望到底,两横屋与中轴之间各有一天井,分别有小门厅、中厅、侧门厅。楼内敞廊是回廊,将全楼各部分及每一房间串通。楼的中轴线上有3个天井,两横屋的天井,均可搭起地棚,遇有红白礼仪活动,有宽阔余地,十分方便。五凤楼通常有房30间上下,另有厨房仓杂间若干,可住十余户、百来人。大者有60余间房,可容200多人。五凤楼重装饰艺术,雕梁画栋,十分精致,是诸类土楼中最"豪华"的一种。其色彩造型之美,广受行家称道。五凤楼的代表作有永定"大夫第""福裕楼""遗经楼"等。

土楼共有的特点是建造工期长,一般要花两三年时间才能完工,较大者甚至要积数十年、几代工匠的辛劳。所用木材需300~500立方米。因土墙下厚上窄,坚实牢固,"三防"(防风、防水、防震)性能好,有的还能防火(三环土墙便是三道防火墙),特别是其超凡的抗震能力令人叹服。几乎所有土楼都曾经受过程度不同的地震考验,皆安然无恙。

土楼建筑的另一特色是结构极为规范,房间的规格大小一致。大多数土楼均只有一个大门供出入,楼内均有天井,可储半年以上粮食,犹如一座坚固的城堡,易于防盗和防匪(旧时客家人常遭匪患,故垒筑高大土墙以防不测)。由于墙壁较高较厚,既可防潮保暖,又可隔热纳凉,优点甚多。客家人建土楼时,将烟囱砌入土墙内,使厨房免受黑烟污染,十分洁净。

土楼不仅在建筑风格上特色鲜明,大多数土楼的命名也寓意隽永、意味深长。永定土楼或以方位命名,如"东升楼"为坐东朝西,喻义旭日从东方升起;或以主人名字命名,如"振福楼"为苏振福独资兴建;或为纪念先祖定名,如永定林福成的后代所建"庆福楼""福裕楼""振成楼""庆成楼"总不离"福""成"两字;或以自然环境定名,如"望峰楼"因面朝笔架山峰而取名,"环兴楼"则因三面环水,而本身造型又是环形大圆楼而得名;或为祝愿祈祥定名,如"松竹楼"和"五十楼",分别取"竹苍松茂"和"五凤十雨皆呈瑞"之意;或为劝勉后人定名,如"经训楼""承启楼";或以创业者定名,如"福侨楼",为江氏华侨所建,意为华侨福宅,"群兴楼"因众人集资兴建,并寓群居兴旺发达之意;或以褒贬双关定名,"如升楼",坐东朝西,喻如日之升,其后代又戏称其小如米升。

20世纪60年代后,传统的土楼已基本停建,如今在闽西和闽南保存有数百座形态各异的土楼,其中永定区和南靖县的数量最多,各有100多座大小土楼。在永定,土楼麇集于湖坑、古竹等少数乡镇,仅湖坑乡就有54座;在南靖则以书洋、梅林等乡为多。永定区古竹乡高北村的"承启楼"频繁在影视中亮相,还载入《中国名胜辞典》,成为中国《民居》邮票组票之一。它以独特的圆楼造型标本,使"永定土楼"的名声不胫而走,成了福建客家土楼的代名词。

南靖县书洋镇田螺坑村土楼群

第三节

建筑的特征和艺术风格

一、建筑特征

中国古代建筑特征充分地体现了中国传统文化的精神,总体上看有以下一些表现。

第一,在建筑意念上追求"天人合一",强调建筑与环境的和谐。中国古建筑的设计和布局非常注意与周围大自然环境的配合与协调,使建筑美与自然美融为一体。这种意识可以说贯穿于任何一种类型的建筑中,有的是有意识的自觉,有的是无意识的默契。如园林建设就经历了一个很长的发展阶段,从无意识地统一于自然到人为地背离自然,再到有意识地追求自然。而寺庙宫观的建设则始终是借山水之势,融合宗教理义,追求物我合一。

第二,整齐对称的平面布局,反映了中庸思想和集权观念,是宗法制的物化表现形式。中国古代建筑非常重视整齐对称的布局方式,无论是皇宫、坛庙、陵寝、官署、王府、寺观、祠堂,还是民宅大院,一般都有一条明显的中轴线。以此线为基础,主要的建筑、次要的建筑都有自己已经规定了的位置。每个次要的建筑都要维护主要建筑的中心地位,不同地位的人用不同方位的建筑,社会等级尊卑观念在此一目了然。等级观念的一个歪曲的副产品就是绝对平均主义,反映在建筑上,就是同等级的人,其建筑比之其他人的建筑,也不能有半点出格。

第三,实用与美观的统一。建筑首先是具有实用价值,而经千百年流传下来的古建筑同时又具有很高的艺术价值。这种实用与美观统一的特征在中国古代建筑中有着完美的结合。高台基、木构架、大屋顶,是中国古建筑的主体,也是享誉世界的三大主要特征。有专家指出:"在外形上,三者之中,最庄严美丽,迥然殊异于他系建筑,为中国建筑博得最大荣誉的,自是屋顶部分。"(梁思成《清式营造则例》)屋顶要尽最大能力起到遮蔽风雨、烈日和防寒保暖的作用,就必须做大。然而做大就会出现遮挡室内光线的矛盾和产生视觉上的头大身小的沉重感。为解决此难题,古建筑在大出檐的同时,采用屋角反翘的结构方式,既能很好地保护柱架和墙体,又能增加室内采光,同时也使得庞大厚重的屋顶呈现出一种轻巧活泼的形象,有人喻之为姑娘提起裙翩翩起舞。如果到北京旅游,登上景山,俯视一下中国古代建筑的杰作——紫禁城,一个接一个的屋顶,黄色琉璃瓦辉映蓝天,金光熠熠,真是气象万千。即使到江南游览小镇风光,也会体验到古建筑那种错落有致,特别是全镇瓦浪之中隐没的屋脊和飞檐翘角,玲珑古朴、气势张扬,加上屋脊上的龙凤鸟兽等装饰以及瓦当上的种种纹饰,真是一个琳琅满目的世界,给人以美的享受。同样,在台基和木构架的建造上也有这种完美结合。高台基既能固基础、防潮去湿,又能抬高建筑物的主体,造成仰视,使建筑物更加宏伟壮观。木架构的主要部分——柱子的处理,则采用"侧脚升起"和"斗拱",既能增加建筑的强度,又营造出一种优美流畅的曲线美和节奏美。

第四,具有完整的木结构体系特征。一个国家和民族的建筑特征,主要由其建筑结构决定。中国古代建筑是以木构架结构为主的结构方式,创造了与这种结构相适应的各种平面和外观。这种木构架体系从原始社会起就一脉相承,形成了一种完整的具有中国独特风格的建筑体系。所谓木,就是以木头为主要的梁柱式结构。具体的做法是:在地面上立柱,柱上架梁,梁上安檩,各构件之间用榫卯相连,构成富有弹性的木结构框架。

中国古代木构架建筑主要有三种形式,即井干式、穿斗式、抬梁式。其中以抬梁式使用范围最广。

二、古建筑的艺术风格

作为一个文化对象来说,建筑的价值不仅仅在于它是一种文化现象,更应该看到,几乎每一种文化都是在建筑中存在、活动和流动的。因此,这许多文化门类,作为语言、符号,都或多或少地在建筑中得到表述,从而形成建筑的艺术风格,并随时代的变迁,表现出不同的时代特色。

从整体上看,中国古代建筑的艺术风格浸润着浓厚的传统文化,而中国传统文化的终极是审美的,是一种美的追求。正像印度一位总统所说:"中国人是爱美的,整个国家就是一座巨大的艺术宫殿。"而奠定这种审美取向的哲学依据就是"天人合一",以及由此派生出的"情景合一",所以在建筑的艺术风格上表现出如下特点。

第一,建筑造型丰富多彩和返璞归真相结合。中国建筑的造型不可枚数,木构架的特点为其提供了方便,从方形、角形、圆形到各种不规则的造型,应有尽有。特别是不规则的造型,极力模仿丰富多彩的大自然,体现了一种返璞归真的意味。在建筑样式上更是琳琅满目,宫、殿、楼、阁、阙、台、亭、府、第、邸、庄、寝、斋、厅、堂、室、寺、庙、观、院、庵、龛、塔、藏、苑、囿、园、舍、坞、舫、城、陵、墓、林、丘、廊、榭、雉堞等,而这一切都尽力建造得古朴,让人回味绵长。

第二,建筑色彩装饰浓妆淡抹,与环境和谐。中国古建筑的装饰在用色上最能突出其绚丽而又淡雅的风格。其具体运用则尽力考虑与环境的调和。如宫殿、寺院,都使用对比强烈、鲜艳明快的红墙黄瓦,辉煌壮观,无论是在深山密林,还是在都城闹市,都展现出其大气、神圣和不同凡响的神韵。而一般居民住宅、江南园林等,则选用了朴素淡雅的色调,青砖白瓦,或白色精墙。青灰瓦顶掩映在翠竹丛林、青山绿水之间,特别是一场雨后,更显得格外清新秀丽,别有一番风韵。

第三,建筑雕刻装饰精工细作,抽象与写实相结合。中国古建筑的"雕梁画栋"已有几千年的历史,雕饰的题材十分丰富,既有抽象的象征图形和八卦阴阳太极图形,又有各种动物花卉和人物故事图案;既有一幅一景,又有连环作画,更有蒙太奇表现手法,美不胜收。

从各个历史时期来看,不同朝代表现出不同的建筑艺术风格。

秦代的风格表现为大气。不仅是各种大工程一齐上马,而且在建筑艺术上也气魄宏大,阿房宫就是典型之作。

汉代的风格表现为粗犷、雄浑。汉朝承秦风,并趋于成熟和规整。汉代的园林建设、宫殿建设、陵墓建设,其规模都不输于秦代。作为中国古建筑艺术典范的斗拱已经普遍使用,斗拱与柱高的比竟达50%以上。这时壁画、画像砖、画像石、瓦当等建筑装饰表现出粗犷、雄浑的风格。

魏晋南北朝的风格表现为刚劲和柔和。这时的房屋建筑表现为屋顶举折平缓,正脊与鸱尾衔接成柔和的曲线,出檐深远,是所谓"飞宇",因而给人以既庄重又柔美的浑然一体的印象。琉璃瓦开始用于少数重要宫室屋顶的"剪边"装饰。斗拱的方式继承汉代传统,但更注重对曲线的运用。色彩装饰方面,一般建筑物是"朱柱素壁"的朴素风格,重要建筑则注重雕饰的华丽和彩绘的运用,并常常画有壁画,十分高雅、华美。

唐代的风格表现为气势宏伟,严整而又开朗。其表现形式是:屋顶坡度平缓,出檐较长,斗拱与柱子的比例较大,为40%~50%。木柱粗壮,多用板门和直棂窗。整体建筑显得规模大、宏伟、庄重、朴实,没有刻意为装饰而装饰的部件。这时的琉璃瓦较前代增多,色彩以绿色为主,次为黄色和蓝色。现存唐朝建筑实物在五台山南禅寺和光孝寺可见。

宋代的风格表现为精致秀丽而富有变化。这时屋顶坡度逐渐增高,屋面开始弯曲,出檐缩短而微微翘角。斗拱与柱高比减少至35%,用直昂。主要建筑物的门窗用菱花隔扇,可开启。装饰方面注重利用灿烂的琉璃瓦和精致的雕刻与绘画。建筑意识不求宏大,但求精致。今山西太原晋祠的圣母殿、浙江宁波保国寺为宋代建筑实例。

元代的风格表现为用材自然、装饰性强,一些建筑受西域风格影响。这时的梁架结构有所创新,用材小,许多构件用其自然变曲或稍加砍凿而成。瓦顶各种脊部出现了脊筒子,鸱吻尾部逐渐向外卷曲,减柱法也普遍使用,城市建筑突出钟楼、鼓楼等公共建筑。现存元代建筑有湖北武当山金殿、山西芮城永乐宫等。

明代的风格表现为严谨稳重,但不及唐、宋的舒展、开朗。此时斗拱的比例更缩小至20%,重要建筑物的屋顶全部覆盖琉璃瓦。殿顶变得高陡,屋面弯曲大,两面翼角上翘,配以红墙、汉白玉台基、青绿点金彩绘等鲜明色调,产生出强烈的对比和极为富丽的效果。这时建筑群的布局更为成熟,能比较科学地利用地形和环境来形成一定的氛围。北京十三陵是明代建筑的典范。

清代的风格表现为空间分割艺术更加成熟。从外形上看,清代建筑与明代建筑相似,只是翼角翘得更高,斗拱更小,比例缩小至12%,构件装饰趋向简化,而空间分割艺术则不断成熟。建筑物的装饰、彩绘也日益定型,匾额和对联在此时盛行。清代建筑物遗存很多,其典范之作是北京故宫的太和殿。

复习思考题

1. 名词解释:长城、故宫、三孔、坛庙、十三陵、民居、土楼。
2. 我国古代建筑的特点和艺术特色是什么?
3. 长城的建筑结构特点是什么?
4. 我国古代有代表性的城堡建筑有哪些?试分析其主要特征。
5. 故宫有怎样的建筑艺术特色?
6. 官衙建筑体现了怎样的封建等级制度?
7. 坛庙的建筑艺术特征如何?
8. 简要分析四合院、土楼等某一类民居的文化艺术特色。
9. 从秦汉开始,中国历代帝王都非常重视长城,不断加以修补,到明朝达到顶峰,反映了统治阶级怎样的治国安民思想?

第四章

旅游民俗文化

学习目标
1. 掌握民俗的内涵及民俗类型的划分；
2. 理解图腾的本质及文化内涵；
3. 了解我国少数民族民俗和传统节日习俗的典型文化特征。

> **案例导入**
>
> 三国时蜀国丞相诸葛亮发明了"孔明灯",如今放孔明灯仍作为一种民间风俗在不少地方盛行。但同样是诸葛亮制造的用于搬运军需粮草的机械工具——"木牛流马"并不能算作"民俗",这是为什么呢?
>
> 案例分析:"孔明灯"自三国时期流传至今仍在沿袭,而"木牛流马"却久已失传,没有沿袭至今,所以不能称作民俗。

第一节 旅游民俗文化概述

一、民俗的概念

旅游者大多有猎奇心理,尤其是随着人们物质生活水平和文化素质的普遍提高,开阔眼界、扩大知识面成为当前多数旅游者的主要旅行动机之一,在这样的风尚中,民俗作为各地特色旅游资源的重要性自然就凸显出来。这也正是"特色民俗游"在各地方兴未艾的根本原因。那么,什么是民俗,它对各地旅游业的发展有怎样的作用呢?

关于民俗,古今中外不少学者已给出了很多诠释,但对于旅游从业人员而言,或过于深奥,不便理解;或过于理论化,不切合我国当前旅游业发展的具体实际。我们认为,从旅游行业的眼光看,所谓民俗,是某族群自古沿袭至今并得到族群内各成员认同的文化现象。理解这一概念需要注意三个要点:

(1)民俗的载体和主体是"族群",而非"民族"。过去人们普遍认为民俗是一个民族异于其他民族的特殊文化现象。我们认为民族的不同虽然是形成民风民俗差异的关键,但随着时代的进步、社会的发展,传统的"民族"概念过于宽泛,已不能适应我们今天对"民俗"概念的理解。不同民族如果长期共同生活于同一地区,民族习俗差异会逐渐削弱;同一民族若分布广泛,其不同地区的成员之间在习俗上也可能产生某些差异。举一个简单的例子:中国广东、福建的"客家"人虽然属于汉族,但风习与中原地区的汉族多有不同。"客家话"一般汉人已经听不懂。同是苗族,又有白苗、黑苗、花苗、青苗等分支。显然,上述现象都不便以"民族"为主体来描述其特色习俗,而用"族群"则不仅可以妥善地界定同一民族内的具体习俗差异,而且用其界定当前相当盛行的区域特色风俗(如我们今天耳熟能详的"成都庙会民俗""哈尔滨冰灯会"等),也是比较妥当的。

(2)民俗必须是自古沿袭至今的文化现象。如果古代曾经存在但早已失传的文化,没有沿袭至今,不能称作民俗。如大家都知道的三国时蜀国丞相诸葛孔明发明的"孔明灯",至今仍在中华大地上流传,是重要民俗之一。但诸葛孔明制造出的用于搬运军需粮草的机械工具——"木牛流马"却久已失传,不能算作严格意义上的"民俗"。

(3)民俗必须得到特定族群内绝大多数成员的共同认可。如果只是族群内部分成员的行为方式,便不能称作是该族群的"民俗"。众所周知,"礼拜"一词渊源于西方宗教文化,后传入中国。中国传统文化中本来没有"礼拜"的说法,但"礼拜记日法"作为一种习惯已在汉文化圈中流行近百年,至今已成为几乎每个华人都认可的记日方式,大体可算作是中华文明在发展过程中包容汲取的异域文化因子,虽不具有独特性,但仍在"民俗"的范围内。而星期日做礼拜则是欧美文化圈中基督教文化的特有习俗,至今虽已被部分信仰基督教和崇尚西方文明的华人所遵循,但在华人文化圈,星期日做礼拜显然尚不具备广泛的族群认同,因此不能视为华人习俗。

二、民俗的分类及特点

有关民俗的分类,可以说是人言人殊,五花八门。我们认为,将其分为社会经济民俗、信仰民俗和游艺民俗三类是较为适合当前旅游业发展的简洁做法。

1. 社会经济民俗

所谓社会经济民俗是指人们在社会经济活动中因为经济、政治、军事、地理以及社会等原因而形成的民俗,包括方言民俗、服饰民俗、饮食民俗、居住民俗、生产民俗、商贸民俗、交通运输民俗等。这类民俗往往有深刻的历史文化背景和社会政治原因。

2. 信仰民俗

由于宗教及其他民间信仰而在特定族群中形成的民俗现象,即是信仰民俗。包括各种信仰崇拜、宗教禁忌、祭祀活动等。其中的信仰崇拜包括自然崇拜、图腾崇拜、生殖崇拜等。以下重点介绍当前旅游业中日益受到关注的图腾崇拜。

"图腾"一词原是北美土著族群的方言 totem 的英译,原意是"它的亲属""它的标记"。我们在综合借鉴此前各种"图腾"定义的基础上,结合我国旅游业发展的具体实际,认为图腾,是某一特定族群内的文化象征物,它被该族群内所有成员所认同,进而成为该族群的代称。众所周知,炎黄子孙共有的图腾是龙,而华人又被称作"龙的传人"。

值得注意的是,图腾崇拜从表面上看似乎是动植物崇拜,但本质上却是某一特定族群对祖先的崇拜。仍以华人的龙图腾为例,龙是现实社会中没有的虚幻生灵,这一虚构的形象是如何产生的,又是如何成为我们华人今天顶礼膜拜的图腾的呢?大家都知道黄帝率"六兽"打败蚩尤,奠定中华文明根基的故事。实际上,中华文明的始祖黄帝在现实中是不可能真的率"六兽"去打仗的,黄帝是当时黄河流域的部落联盟首领,他率领的当然是各部落,而"六兽"正是各部落的代称——也即图腾,黄帝打败蚩尤后,各部落越来越紧密地融合在一起,原来的部落界限逐渐消失,各自图腾也即没有继续存在的意义,而所谓的"龙",正是融合各部落图腾形象后产生的一种新的图腾。

3. 游艺民俗

所谓游艺民俗,是指各地有关文化娱乐、体育竞技和健身方面的民间传统习俗。这是与区域旅游业发展联系最为紧密的民俗类型,是发展地方区域特色旅游的重要平台。如著名的北京"天桥"游艺文化、蒙古族的"纳达慕大会"、自贡的灯会、成都的"文殊坊庙会"等。

当今各国皆将特色曲艺和游艺活动作为发展旅游业、树立旅游品牌的重要手段。如中国的京戏、杂技、武术、书法、绘画,日本的相扑、花道,印度的蛇戏,泰国的大象马戏,西班牙的斗牛,奥地利的交响乐,法国和意大利的绘画、雕塑、歌剧,俄罗斯的芭蕾舞、马戏。在歌舞方面更是举不胜举。许多民族是以能歌善舞闻名于世的,其中以巴西的"桑巴舞"最为突出。无论是曲艺、歌舞,还是游艺、健身、竞技,皆充分体现了各民族以及族群的文化传统,表现了各民族及族群的历史、审美观和性格。有的艺术或体育运动,因影响广泛而形成了专门的节日,如泰国的象节;加拿大魁北克省、日本札幌的冰雪艺术节和中国哈尔滨的冰灯节;中国泉州和意大利的木偶节;中国山东的风筝节等。

各地的民俗特色工艺品有其独具的民族和地方风味而深受旅游者喜爱,旅游购物的主要对象,在旅游营销过程中发挥着越来越重要的作用。一些知名特色工艺品更是成为响当当的"旅游品牌"。如江西景德镇的瓷器,江苏宜兴的紫砂陶器,四大名绣——苏绣、湘绣、粤绣、蜀绣,北京的景泰蓝,文房四宝中的"湖笔""徽墨""宣纸""端砚"等。这些传统工艺绝大多数都是手工生产,历史悠久,技术传授常采取"父子相传""师徒相承"的形式。再加上各地原料不同,因此同一类别的产品又分为许多风格不同的流派,就更使特种工艺异彩纷呈。特种工艺往往是以大量的手工操作为特点,故当今精美手工制品的身价越来越高。

民俗具有群体认同性、沿袭性、丰富性以及原始神秘性等特点。其中前三个特点以上已有较详细的介绍。这里需要特别说明的是民俗的原始神秘性。并不是所有的民俗文化现象都是民俗旅游资源,所谓民俗旅游资源,是指那些突出表现特定族群和地域文化特征的,旅游业可以用来增强吸引力的民俗文化因素。一般包括建筑风格、服饰风尚、特色饮食、独特礼仪、节庆活动、婚丧嫁娶仪式、文体娱乐形式、原生态乡土工艺等。

民俗是自古产生并沿袭至今的,有的民俗产生于生产力极为低下的原始社会形态中,由于社会和历史的种种因素,在某些较为封闭独特的地域中,这些民俗与原始社会形态一起保存至今,用今日的"文明"眼光去看,自然有其原始神秘的一面,如我国东北地区至今仍保留的原始宗教——"萨满教"的神秘祭祀仪式等。

第二节 我国少数民族的服饰、婚姻和民居民俗

一、少数民族服饰文化

服饰是某一民族或特定区域族群最直观、最形象的风俗,各种民族服饰有着丰富而深刻的文化内涵。从文化的角度看,民族服饰是民族文化的载体,包含着有关性别、年龄、职业、婚姻等诸多方面的信息;它又是展示本民族或族群其他风俗(如节庆、婚丧、宗教信仰、禁忌、礼仪等)的媒介和平台;更是进一步鉴别区分不同地域民族内各族群的重要标志。因此,有人认为服饰文化习俗就是一个民族或族群的缩影。

(一)少数民族服饰的特点

概括地讲,我国少数民族(族群)服饰最主要的特点是丰富性和层次性。

1. 丰富性

我国地域辽阔,自然环境南北差异相当大。北方严寒多风雪,森林草原宽阔,生活在其间的北方少数民族多靠狩猎畜牧为生;南方温热多雨,山地相间,生活在其间的少数民族多从事农耕。不同的自然环境、生产方式和生活方式,塑造了不同的民族性格和民族心理,也形成了不同的服饰风格和服饰特点。生活在高原草场并从事畜牧业的蒙古、藏、哈萨克、柯尔克孜、塔吉克、裕固等少数民族,穿着多取之于牲畜皮毛,用羊皮缝制的衣、裤、大氅多为光板,有的在衣领、袖口、衣襟、下摆镶以色布或细毛皮。藏族和柯尔克孜族用珍贵裘皮镶边的长袍和裙子显得雍容厚实。哈萨克族的"库普"是用驼毛絮里的大衣,十分轻暖。他们服装的风格是宽袍大袖、厚实庄重。南方少数民族地区宜于植麻种棉;自织麻布和土布是衣裙的主要用料。所用工具多简陋,但织物精美,花纹奇丽。因天气湿热,需要宽松通畅,衣裙也就多短窄轻薄,其风格多生动活泼,

式样繁多。总之,风格多种多样,不同特点十分突出,构成了我国少数民族服饰文化的一大特色。

2. 层次性

风格多样、内容丰富是我国少数民族服饰时的重要特点,但不少人忽略了我国少数民族服饰在展现各少数民族内部各族群差异方面的关键作用。这种民族内部的族群层次差异在那些人口较多、分布地域较广的少数民族服饰中体现得尤为突出。这样的例子相当多见,最典型的是苗族。苗族分为"红苗""黑苗""白苗""青苗""花苗"五大分支,其中的"花苗"又包括"大头苗""独角苗""蒙纱苗""花脚苗"等细分支系,这样的划分本身即完全是以服饰不同为标准。又如彝族服饰即分为凉山、乌蒙山、红河、滇东南、滇西、楚雄六种类型,各种类型又可分为若干式样,大体对应着彝族内的地域族群分支。主要分布于云南省南部和西部河谷平坝地区的傣族有"水傣""旱傣""花腰傣"等多种分支,各自的服饰均有不同。

(二)典型的少数民族服饰

少数民族服饰是各地旅游业发展的重要资源。掌握主要少数民族服饰的基本习俗特点是对旅游从业人员的基本要求。以下着重介绍较为典型的各少数民族服饰特点。

1. 维吾尔族服饰

维吾尔族是我国新疆地区主要的少数民族。其服饰以宽松、洒脱、色彩反差强烈为主要特点,充分彰显出维吾尔族人民热情奔放、性格豪迈的特征。维吾尔族妇女喜好穿宽袖轻盈的连衣裙,衣料则是著名的"艾得里斯绸"。维吾尔族男装中以名为"袷袢"的袍装为典型代表,右衽斜领,无纽扣,用长方巾扎腰。不论男女老幼,维吾尔族最常见的标志性服饰是"多帕"——一种绣有各式花纹的花帽。女子喜戴耳环、手镯、项链等装饰物。传统维吾尔族少女喜爱梳十多条发辫,以长发为美,婚后一般改为两条,辫梢散开,最常见的头饰是弯月形梳子,也有将双辫盘成发髻的情形。

2. 哈萨克族服饰

哈萨克族服饰是我国西北游牧民族服饰的典型代表。哈萨克服装多选用动物皮毛为原料,衣体宽大、衣袖较长。这些特点与哈萨克民族长年生活的严寒自然条件和游牧生活方式密不可分。哈萨克族牧民无论男女都穿长筒皮靴,冬天还要穿常用毡子特制的长袜,用于保暖。冬季男子普遍穿羊皮大氅,一般不挂布面。哈萨克男子通常的形象是:身穿"库普"——一种用骆驼毛絮作里的大衣,腰束镶金属花纹装饰的皮带,右侧佩小刀。裤子多以皮缝制。妇女则穿连衣裙,喜红色,天冷时穿对襟棉大衣。年轻姑娘穿布料绣花套裤,以银圆及银制品装饰,华贵而不失典雅,走动时铿锵有声,悦耳动听。

3. 高山族服饰

高山族服装的面料多以麻布、棉布为主,式样因地域不同而有明显差异。男子穿披肩、背心、短裙,包头巾,裹腿布。过去有些地区的高山族人则用藤皮和椰树皮制成背心。最常见的高山族女装是有袖或无袖短上衣及自肩向腋下斜披的偏衫,带围裙。与其服饰特点相适应,高山族妇女皆擅长染织各种彩色麻布,某些手工精巧的高山族女人还能制作出精美刺绣,作为衣襟、衣袖、头巾、围裙上的饰品。此外,贝壳、兽骨等磨制工艺品也是高山族较常见的装饰物。

4. 回族服饰

回族男子一般头戴黑、白两色号帽,俗称"回民帽"。白土布对襟上衣,俗称"尕汗搭",这是回民的标志性服装。回族多扎腰带,所扎腰带为一般粗布,平实简朴,结婚时前腰和下摆处绣牡丹花,淡雅而别致。回族人民习惯在白土布对襟上衣外加穿黑坎肩(俗称"青布黑夹夹"),下着黑色或蓝色长裤,穿袜头及后跟处绣花,黑布鞋或用白线勾的线鞋帮。值得注意的是,回族号帽颜色因年龄而异。已婚男子及老人均戴黑色号帽,未婚青年则戴白色或紫红色号帽,小孩子戴白色,也有戴黑色或用白线勾成的号帽的。

5. 傣族服饰

轻盈秀丽、淡雅质朴、色彩搭配协调而柔和是傣族服饰的特点。盘头,是傣族年轻女子的典型头饰。色彩鲜艳的条纹布制长筒裙是傣族女装的代表。上衣色彩较淡,以大襟或对襟居多,圆领窄袖口;内衣紧身束体,衣襟上镶各式花边。傣族服饰的族群层次差异极为明显,并有鲜明的地域划分。德宏地区的傣家少女通常穿浅色大襟短衫、长裤,束一小围腰;已婚妇女穿对襟短衫、花色或黑色筒裙。而西双版纳地区傣族少女的服饰习惯为白色、绯色或天蓝色紧身内衣,配上大襟或对襟圆领窄袖衫以及花色长筒裙。男装则是无领对襟或大襟小袖短衫、深色长管裤,并用白、水红、蓝布或彩绸包头。

6. 纳西族服饰

纳西族主要分布在我国云南西北地区,其服饰因具体分布区域不同而有明显差异。云南丽江一带的纳西族,男装以对襟上衣、长裤为主,与汉族服饰没有太多区别;妇女的服饰则极有民族特色,上身一般为长褂子,外罩皮制或布制坎肩,下配长裤,腰间系上"百褶围腰"。尤其值得注意的是妇女身上披的羊毛披肩,披肩上一般都缀有七星装饰,故名"七星披肩"。金沙江流域的纳西族所穿服装和藏族类似,头戴色彩对比鲜明的窄条发带,穿黑色长袍,在边缘装饰两条颜色不同的宽边,有的纳西族人还在饰边上绣几何图案,用彩条布做腰带。

7. 藏族服饰

藏族的主要服装款式是著名的"藏袍",藏袍种类很多,按照衣服质地的不同,可分为锦缎、皮面、氆氇、素布等。装饰讲究的花纹、宽松肥大是藏袍的特色。藏袍一般都比藏人身高长,因此穿着藏袍时,要把下部上提,一般藏袍下摆离脚面三四十厘米高,因为肥大,故还要扎上腰带。

藏袍按功能不同,又分为牧区皮袍、色袖袍、氆氇袍;按式样不同,还可分为长袖皮袍、工布宽肩无袖袍、无袖女长袍和加珞花领氆氇袍。男女穿的衬衫有大襟和对襟两种,男式多高领,女式多翻领,女式的衬衣袖要比其他衣袖长40厘米左右。跳舞时放下袖子,袖子在空中翩翩起舞,有独特的美感。

藏服另一别具特色的装束是"帮典"。所谓"帮典",就是藏服的围裙。它是已婚妇女必备的装饰品。"帮典"颜色丰富,或艳丽强烈,或素雅娴静。藏帽式样繁多,质地不一,有金花帽、氆氇帽等数十种。藏靴是藏族服饰的重要特征之一,藏区中常见的是"松巴拉木"花靴,这种花靴的靴底是棉线皮革做的。头饰佩饰在藏装中占有重要位置。佩饰以腰部的佩褂最有特色,饰品多与藏区自古传承的生产生活习俗密切相关,多镶有金银珠宝,藏族头饰以铜、银、金质雕镂器物和玉、珊瑚、珍珠等珍宝为主,表现穿戴者的高贵和富足。

二、少数民族婚俗文化

1. 哈萨克婚俗

哈萨克族的婚俗分为"说亲""订婚""吉尔提斯"仪式、"送彩礼""出嫁""迎亲"六个程序。所谓"说亲",是由男方亲属携带礼品至女方家中,若女方收下礼物,则表示同意婚事,女方宴请男方亲属,双方家长商定婚期。男方亲属在商定的订婚日期将马和衣料等礼品送到女方家中,女方在亲属和邻居的见证下接受礼品。接下来,男方举行"吉尔提斯"仪式,向受邀前来的亲朋好友展示准备作为结婚彩礼的物品,并接受所有客人的建议,使彩礼的品种更为齐全。此后,男方随即通知女方登门送彩礼的具体日期。到那天,男方由父母、姑、舅以及一位小伙子陪同,驮运彩礼至女方家中,在离女方家300米的地方,男方要下马回避,不能随父母及亲戚进入女方家的大门。这时,女方家前来迎接的年轻人接过男方的乘骑,驮着彩礼向女方家飞奔而来;而女方的嫂子则带领一群年轻妇女和姑娘一路嬉笑着去迎接男方。故"送彩礼"又称"登门"。当天女方家要宰羊招待所有来宾,次日,女方选两三位有经验的妇女与男方讨论送来的彩礼是否妥当并符合男方的经济情况。如果彩礼不够理想或不齐全,她们会代表女方家向男方提出补充用品的要求。男方要给女方母亲一笔"喂奶费",以酬谢她养育了一个好女儿。除彩礼外,男方要将正式结婚时招待客人所需的羊只等带到女方家中。

哈萨克人一般选择秋天举行隆重的正式出嫁仪式。有意思的是,在迎亲过程中,新郎先将新娘迎到离家一箭之地,即率先策马奔驰到家报信。男方事先安排的几位年轻妇女将新娘扶下马,搀扶她来到男方的毡房前。男方的亲属友邻一齐出来迎接,举行"揭面纱"仪式。男方在当天晚上还要举行晚会,盛情招待来宾。人们弹起冬不拉,一边为新人祝福,一边歌唱新生活,歌声通宵不断,而男方举行的叼羊、姑娘追、赛马、摔跤等各种庆典活动更要持续两三天。值得注意的是,哈萨克民族十分团结友爱,每一个哈萨克人对任何一家办婚事,都像办自己的事一样尽力而为,欢乐与共。

2. 白族婚俗

白族青年多自由恋爱。赶街、栽秧、捕鱼、打柴等白族日常活动,以及"三月街""绕三灵""渔潭会""耍海会"等传统节日和盛会是姑娘、小伙子们相识恋爱的好机会。当爱情臻于成熟时,男方父母出面,请媒人去女方家说亲。女方家同意后,男方便托媒向女方要"红帖",要送酒、茶、糖等,但是礼物轻,俗称"送水礼"。迎娶前一两个月,男方派媒人上门商议结婚日期和议定男方应付给女方用于置办嫁妆的"催嫁银子"。正式婚礼多在正月、二月举行。届时,新娘要给亲人送丰富的"见面礼",光是绣花鞋,就得每人一双,少则几十双,多则一二百双。有条不紊,井然有序是白族婚礼仪式的特点。第一天是做各种准备工作,俗称"彩棚";第二天是正式迎娶,也即"正喜口";第三天男女方家人接一对新人"回门"。最有特色的是"赶喜街"——白族新婚夫妇在婚后的第一个"赶街日",要背着白族特有的"背篓",装满食物,出门沿街向友人和村邻敬送香烟、瓜子、枣子、松子等,表达对邻里乡亲的尊重。

3. 苗族婚俗

苗族有不少分支,各分支的婚礼习俗不尽相同。崇尚恋爱和婚姻自由是各地苗族共同的特点。黔东南一带苗族的"游方"习俗相当有代表性。所谓"游方",就是自由恋爱的一种形式。每个苗寨都有为青年男女自由恋爱专设的场所——"游方坡",此外,姑娘、小伙儿"游方"还可选在离苗寨较远的河岸、桥头、田间或花木丛生、风景宜人的山谷等地。但苗族"游方"的原则是必须选择公开的地方进行,否则,会受到严厉的惩戒。

苗族婚俗的另一特点是新婚当夜新郎新娘不同房。男女双方经过"游方"后,通常会互赠信物或立下山盟海誓,私下订立婚期。届时,男方会邀请朋友到女方寨子"游方",顺便将女子带回家中。新婚当日,新娘由男方姑嫂陪伴过夜。第二天,男方托媒人携带礼物去女家提亲。女方收下礼物,即表示同意这门婚事。女方宴请媒人后,会置办一份与男方相等或稍多的礼物回赠男方。男方得知女方赞成这门亲事,要设宴招待前来祝贺的亲戚朋友。

黔东南苗族还有"不落夫家"的习俗。新娘婚后不久即回娘家居住。如果是父母包办婚姻,新娘更要在正式结婚当天或次日就回娘家居住。一般来说,未成年的早婚妇女一般要"不落夫家"六七年,即使是成年妇女婚后也要三四年"不落夫家"。在此期间,仅仅在农忙和重大节日,或遇到夫家丧事时,新娘才可暂回夫家居住。

值得注意的是,我国少数民族各种令人目不暇接的风俗大多有深刻的历史和社会文化内涵。傣族、彝族等至今仍有"抢亲"的古老习俗,实际上是母系社会向父系社会过渡时代的历史印迹。汉族、土家族的"哭婚",则是中国传统家庭伦理关系、宗族宗法关系的体现。在结婚这个人生重大喜事中,新娘必须是"哭着"离开娘家,表示不忘父母的养育之恩。土家族的"哭嫁"更是历时20天,甚至达1个月之久,土家族人还将女子是否会哭作为衡量一个新娘才智与贤德的标准。

三、少数民族民居文化习俗

民居是以住房为主的各类民用建筑总称。它不仅保证了居民的生活需要,也反映着特定族群或特定地域居民利用自然、战胜自然的智慧,反映着他们的生产方式、家庭及家族关系和审美情趣。我国少数民族民居习俗世代相传,有着丰富的文化内涵,大多是今日我们发展旅游业可以倚重的重要资源。

1. 蒙古包

在辽阔的蒙古高原上,寒风呼啸,大地点缀着许多白色的毡包,它们就是蒙古包。蒙古包是对蒙古等游牧民族传统住房的俗称。蒙古包是游牧民族为适应游牧生活而创造的,易于拆装,便于游牧。大多数蒙古人是游牧部落,终年赶放他们的山羊、绵羊、牦牛、马和骆驼,寻找新的牧场。蒙古包可以打点成行装,由几头双峰骆驼驮着,运到下一个落脚点,再重新搭起来。

蒙古包历史悠久。自匈奴时代起就已出现,一直沿用至今。蒙古包呈圆形,四周侧壁分成数块,每块高130—160厘米、长230厘米左右,用条木编成网状,几块连接,围成圆形,上盖伞骨状圆顶,与侧壁连接。包顶及四壁覆盖或围以毛毡,用绳索固定。西南壁上留一木框,用以安装门板,包顶留一圆形天窗,以便采光、通风和排放炊烟,夜间或风雨雪天覆以毡。蒙古包最小的直径约为3米,大的可容数百人。古代蒙古可汗及诸王的帐幕则可容上千人。蒙古包分固定式和游动式两种。半农半牧区多采用固定式,周围砌土壁,上用苇草搭盖;游牧区多为游动式。游动式又分为可拆卸和不可拆卸的两种,前者以牲畜驮运,后者以牛车或马车拉运。除蒙古族外,哈萨克、塔吉克等族牧民游牧时也居住类似的毡包。

2. 羌寨

羌族建筑以碉楼、石砌房、索桥、栈道和水利筑堰等最著名。羌语称碉楼为"邓笼"。早在2000年前,就有羌族人"依山居止,垒石为屋,高者至十余丈"的记载。碉楼多建于村寨住房旁,高度在10—30米之间,用以御敌和贮存粮食柴草。碉楼有四角、六角、八角几种形式。有的高达十三四层。建筑材料是石片和黄泥土。石墙内侧与地面垂直,外侧由下而上向内稍倾斜。修建时不绘图、吊线、柱架支撑,全凭高超的技艺与经验。建筑稳固牢靠,经久不倒。1988年在四川省北川县羌族乡永安村发现的一处明代古城堡遗址"永平堡",历经数百年风雨沧桑仍保存完好,是不可多得的旅游资源。

技艺精湛,与自然环境浑然一体是羌族民居文化的主要特点。羌族民居为石片砌成的平顶房,呈方形,多数为3层,每层高三米多。房顶平台的最下面是木板或石板,伸出墙外成屋檐。木板或石板上密覆树丫或竹枝,再压盖黄土和鸡粪夯实,厚约0.35m,有洞槽引水,不漏雨水,冬暖夏凉。房顶平台是脱粒、晒粮、做针线活及孩子老人游戏休歇的场地。有些楼间修有过街楼(骑楼),以便往来。羌族地区山高水险,为便利交通,1400多年前羌民就创造了索桥(绳桥)。两岸建石砌的洞门,门内立石础或大木柱,础与柱上挂胳膊般粗的竹绳,少则几根,多则数十根。竹索上铺木板,两旁设高出桥面1米以上的竹索扶手。羌族地区的栈道分为木栈与石栈两种类型。木栈建于密林,铺木为路,杂以土石;石栈施于绝壁悬崖,缘岩凿孔,插木为桥。举世闻名的四川灌县都江堰工程,至今已有2 000多年的历史,仍在造福利民,其中就凝聚着古代羌人的血汗和智慧。

3. 竹楼

"多起竹楼,傍水而居"是傣族民居文化的特色。竹楼是傣族传统的建筑形式。傣族人民居住区地处亚热带,气温高。竹楼的结构有利于防止酷热和湿气。傣族村寨多则两三百户,少则一二十家,都是由一幢幢别致的竹楼组成的。村边都有防护林带。每家竹楼四周,都用竹篱围着。篱内种植各种花木果树,可谓"树满寨,花满园"。竹楼下有较大的空地作院子。整个竹楼呈正方形,分上下两层,楼上住人,楼下一般作关牲口和堆柴火用。竹楼由二十至二十四根柱子支撑,屋内横梁穿柱。有的横梁上雕刻着花纹。离地七八尺处铺楼板或竹篾,将楼房隔为两层。屋顶用茅草编织的草排或木片覆盖,现在大都改为瓦顶。

竹楼已成为今日傣族聚居区最具特色的旅游资源,也是开展民居民俗游的经典范例。旅游者一踏上傣家人居住的土地,就如同走进了纯绿色的世界。远远望去,到处是一丛丛绿色的凤尾竹和遮天盖地的油棕林。竹林深处不时传来鸡犬之声,却看不到村寨、房舍,因为那一幢幢竹楼都藏在浓绿的竹林中了。游客还可到傣家做客,走进竹篱,登上木梯,来到屋外的走廊。进门是一宽大堂屋,中间铺一大块竹席,这是全家活动的中心,也是招待客人的地方。两侧是用木板或竹篾隔成的卧室,外人是不能入内的。傣家竹楼建筑结构一般都比较简单,但十分宽敞,别致美观,室内通风也很好,旅游者在室内坐着,只觉清风徐徐,花果飘香。

此外,傣家竹楼还有居住以外的丰富文化内涵。竹楼的修建本身就是傣家生活中的一件大事。按照傣家风俗,先要选好地方,打好地基,再立柱架梁。一幢竹楼最主要的是中柱。中柱一般是八根。选择中柱是件严肃而隆重的事情,中柱从山上运进村寨时,大家都要前去迎接,并泼水祝福。"一家盖房,全村帮忙"是傣族人民的优良传统。新楼落成时,还要举行"架竹楼"仪式。这时候,全寨子的人都蜂拥而至,喜气洋洋,像过节一般热闹。同时还要请"赞哈"(歌手)唱"贺新房"的曲子,据说这样才能吉祥、平安,家道兴旺。

4. 白族民居

因自然环境不同白族民居也有多样的特点。高寒山区的白族人民多居住单间或两间相连的"垛木房"或"竹篱笆房";生活在平坝地区的白族人民则多住土木结构的瓦房。白族民居的布局多采取"三房一照壁"和"一正两耳"或"四合五天井"等形式,院落宽敞,阳光充足。多数家庭院落还建有花坛,种植山茶、石榴、桂花、香橼等花木,花草芬芳四溢,环境优美舒适。

照壁和门楼是白族建筑的一大特色。照壁用白灰粉刷,题写有"万紫千红""旭日东升"或"福""寿"等象征吉祥如意的大字。四周山墙也绘有各种山水、花鸟、虫鱼图案,装饰讲究,给人以生动活泼、均匀对称、和谐优美的感觉。最具民族特色的是门楼,其建筑装潢集中体现出白族人民的艺术智慧:斗拱重叠,飞檐串角,附以泥塑、木雕、石刻、凸花青砖、大理石等组合的立体图案。造型之优美,结构之严谨,可与中国古代宫殿相媲美。许多门扇由三层的花、鸟、虫、鱼、人物以及浮雕图案所组成,玲珑剔透、精巧优美。有的门楼、隔扇不用一颗铁钉,而是凿山卯眼相接,极坚固牢实,代表了高超的建筑工艺和水平。

5. 土掌房

在彝区,各地、各支系传承的居室建筑形式是多种多样的,并与当地的居住习俗有密切关联,从村寨的聚落到住宅的地址,从房间的分置到物品的堆放,从建筑的结构到民居信仰和禁忌,都表现出独特的民族风情,是不可多得的旅游资源。

村寨彝族是农牧兼营的民族。各个彝寨的分布都有其独特的文化内涵。彝族的村寨多坐落在海拔 2000~3000 米的山区、半山区,世代聚居,一般选择向阳山麓,顺山修建,以山腰、山梁处居多,山脚、河谷地带较少。这样一来,村后有山可供放牧,村前有田可供耕种,多数村寨都有一条水沟从中流过。

彝族的民居建筑可分为瓦房、土掌房、闪片房、垛木房、茅草房等类型,其中以土掌房最具代表性。土掌房多建于斜坡上,以石为墙基,用土坯砌墙或用土筑墙,墙上架梁,梁上铺木板、木条或竹子,上面再铺一层土,经洒水抿捣,形成平台房顶,不漏雨水。房顶又是晒场。有的大梁架在木柱上,担上垫木,铺茅草或稻草,草上覆盖稀泥,再放细土捶实而成。土掌房多为平房,二屋或三层较为常见,冬暖夏凉,防火性能好,非常实用。

彝族民居同样有着相当丰厚的文化内涵。彝族历来崇尚小家庭生活方式。儿女婚后另建住房，自立门户，仅幼子与父母同住。彝家院落宽敞，以供生产和生活之便。而在遇到红白喜事时，还可以广纳宾客。居室内，正房堂屋的靠墙处一般供奉着天地祖宗牌位，供桌上通常摆设着香炉及虎、狮雕像；正中安放八仙桌，用于接待客人；左侧有常年不熄的火塘，由三块石头支成，俗称"锅庄"，用以取暖御寒，热水烤茶。火塘周围是家人围坐议事的地方。正房两侧房间为当家儿子媳妇的卧室，兼存放贵重物品。一般长子居左，次子居右。老人、小孩及客房设在侧厢房。大门后做磨坊，正房楼上是粮仓，楼下为畜厩。

6. 碉房与帐房

众所周知，藏传佛教具有极为独特的魅力，而以碉房和帐房为代表的藏区民居正是藏传佛教独特魅力的体现。可以毫不夸张说，富有浓厚的宗教色彩正是西藏民居最明显的文化标志。

碉房主要分布在藏南谷地，是最为典型的藏族民居建筑，多为石木结构，外形端庄稳固，风格古朴粗犷；外墙向上收缩。大多依山而建，内坡仍为垂直，因形似碉堡，得名"碉房"。碉房一般为2~3层，也有4层的。通常底层做畜舍，上层住人，储藏物品。最有文化内涵的是藏族人民多在碉房内专设经堂。平面布置逐层向后退缩，下层屋顶构成上一层的晒台。这样的结构明显具有坚实稳固、结构严密、楼角整齐的特点，既利于防风避寒，又便于御敌防盗。

与碉房迥然不同，帐房是牧区藏民为适应流动性生活方式而采用的一种特殊建筑形式。由于独特的气候条件，藏族帐篷有冬夏帐篷之分。冬用帐篷由牦牛毛编织而成，能最大限度地适应高原暴雨、风雪及高寒气候。冬用帐篷大小不一，形状有长方、正方、六角、多角等形。用立架或支柱撑起。室内净高约1.6~2米。帐顶系有牦牛绳，四周钉堤桩牵牢。帐顶留有天窗，可通风、采光、排烟、散热，雨天用以遮盖。四周常用草皮或石块垒砌矮墙，以御风寒侵袭。夏用帐篷是夏季牧民们外出时使用的一种轻便帐篷。它由帆布、藏布织成，有正方形、长方形。四周饰黝黑、褐或蓝色边。

帐房具有结构简单、支架容易、拆装灵活、易于搬迁等特点。内部周围用草泥块、土坯或卵石垒成高约50厘米的矮墙，上面堆放青稞、酥油袋和干牛粪作燃料用。帐房内陈设通常较简单，正中稍外设火灶，灶后供佛，四周地上铺以羊皮，供坐卧休憩之用。帐房同样具有鲜明的藏传佛教文化印迹。大型帐篷一般饰有工艺精湛的吉祥八宝、五福捧寿、白云点狮、六道轮回等图案，具有浓厚的宗教装饰色彩。

第三节

我国的传统节庆习俗

我国各民族和族群大多有自己独特的节日,不少地区还形成了带有浓郁地方色彩的特殊节庆文化,成为当地发展旅游业的重要资源。在节日中,人们往往可以参加各类大型仪式和群体活动。传统节日期间,一般都是旅游最为兴旺的时期。对于旅游从业人员来说,了解我国各民族和族群主要的节日习俗,显然是很重要的。

一、汉族的传统节日

华夏民族几千年的发展历程中形成了极为丰富的传统节日文化,是今日各地发展旅游业可以深入挖掘的宝藏。汉族的传统节日民俗和节庆活动是全球炎黄子孙血脉相连的纽带,是华夏儿女与世界各国人民友好交流的桥梁,也是世界了解中国的窗口。春节、元宵节、中秋节等重大传统节日已成为中华文化的重要象征。近年来党和政府越来越重视传统节日的文化功能。从2008年清明节、端午节、中秋节都被增列为全国法定假日。可以预见,华夏传统节日文化必将在华人的政治、经济、外交、文化等各方面扮演着越来越重要的角色。

1. 春节

春节是中华民族最重大的节日。它已在每一个中华儿女的心中打下了深深的印迹,成为中华民族生命的一部分。春节历史悠久,至少可以追溯至距今2 000多年的西汉时期,汉武帝将阴历正月初一定为"岁首",后世称为"元旦"。近代随着西方文明的传入,公历成为世界通行的纪年方式,每年公历元月1日的新年,被称为"元旦",阴历新年被称作"春节"以示区别。

在古代,每年严冬腊月时节,农事活动全部结束,物质产品经过一年的积累达到了一年中相对充裕的程度,精神上的休闲也为过年创造了宽松的时间和条件。春节的庆祝活动一般是从上年的腊月二十三(俗称"小年")开始,人们开始备"年货",节日氛围一天比一天浓。一首流传甚广的北方民谣形象地描述了这一进程:"二十三,糖瓜粘;二十四,扫房子;二十五,做豆腐;二十六,去割肉;二十七,去宰鸡;二十八,白面发;二十九,满香斗;三十日,黑夜坐一宿。"旧历年的最后一天,喜庆的气氛达到了高潮,千家万户都贴上窗花、挂上春联,燃放鞭炮,焚烛上香,为新的一年祈愿求福。

合家团聚是春节最大的文化内涵。除夕夜全家老小吃"年夜饭"是亘古不变的传统,长辈给孩子压岁钱是流传至今的惯例。家庭成员一起通宵不睡,守望着新年的到来。大年初一，人们互相祝贺新年，称为"拜年"。此外，在正月初，各地还要举行一系列春节特有的喜庆活动，如舞龙灯、耍狮子、扭秧歌、踩高跷、跑旱船、逛庙会等，这些活动目前已成为各地发展节日游的重要平台。

2. 立春

立春是农历二十四节气之首，立春意味着一年农事活动的开始，历来为汉族人民所重视。中国古代的鞭春、喝春酒、吃春盘等立春习俗虽在近现代已不太盛行，却是我们今日发展旅游业潜在的资源。所谓鞭春，就是指在立春当天通过鞭打土牛而提倡农业劳作。据记载，"鞭春劝农"早在宋代时就是统治者每年举行的重大的立春仪式，彰显出中国古代以农业为支柱的社会经济结构特点。老百姓中流传着"牛身入宅，其家宜养蚕；牛角入宅，其家宜种田"的谚语，他们在官方举行鞭春仪式后，往往蜂拥而上抢夺被打碎的土块。也正因为此，泥塑小春牛成为立春时节最受欢迎的礼品，为我们今日的旅游产品开发提供了思路。

在饮食方面，喝春酒、吃春盘是立春时节最为常见的风俗。春盘即春饼。吃春盘始于唐。立春前一日，皇帝要赐近臣春盘、春酒，民间也有互赠春盘的习俗。此外，古代的文人墨客们在立春时节还要撰写咏景状物的诗词——"春词"；家境条件较好的人家还要用丝绸剪出鸡燕花柳等图样，并在鸡燕上扎上羽毛，称之为春鸡、春燕、春花、春柳。

3. 龙抬头

每年农历二月初二，最初被称为"中和节"，后来改称为更通俗更形象的"龙抬头"。每年春分出现"苍龙七宿"的"角宿"星现于东方地平线，其他六星隐于地平线下的独特星象，"龙抬头"的形象称谓由此而得名。民间有"龙神出头"的说法，故老百姓在"龙抬头"当天皆要祭祀龙神，祈求风调雨顺。

唐宋时，人们在二月初二还有到郊外踏青挑菜的习俗，所挑的菜多为荠菜、马兰头等，故当时又将二月初二称为挑菜节、踏青节。而在山东、江苏一带，二月初二又是已婚妇女回娘家的日子，民间谚语"二月二，龙抬头，家家接女诉冤仇"正是对此的形象描述。此外，中华文明一直有"重农"的传统，古代民间又以二月二为土地神生日。在以农立国的背景下，土地神生日的重要性可想而知，祭祀土地自然成为二月初二农家的重大事情。

4. 清明节

清明节，又叫踏青节，是我国的传统节日，也是最重要的祭祀节日。清明节流行扫墓，其实扫墓乃清明节前一天寒食节的内容，寒食相传起于晋文公悼念介子推一事。唐玄宗开元二十年诏令天下，"寒食上墓"。因寒食与清明相接，后来就逐渐传成清明扫墓了。明清时期，清明扫墓更为盛行。古时扫墓，孩子们还常要放风筝。有的风筝上安有竹笛,经风一吹能发出响声,犹如筝的声音,据说风筝的名字也就是这么来的。按照旧的习俗,扫墓时,人们要携带酒食果品、纸钱等物品到墓地,将食物供祭在亲人墓前,再将纸钱焚化,为坟墓培上新土,折几枝嫩绿的新枝插在坟上,然后叩头行礼祭拜,最后吃掉酒食回家。唐代诗人杜牧的诗《清明》曰:"清明时节雨纷纷,路上行人欲断魂。借问酒家何处有?牧童遥指杏花村。"写出了清明节的特殊气氛。清明节还有许多失传的风俗,如古代曾长期流传的戴柳、射柳、打秋千等,据载,辽代风俗最重清明节,上至朝廷下至庶民百姓都以打秋千为乐,仕女云集,踏青之风也极盛。

5. 上巳节

每年阴历的三月初三,在中国古代是上巳节。每到这一天,人们都到水边洗涤污浊,以祓除不祥,称为"祓禊"。上巳节最大的民俗文化内涵是子孙繁衍。"祓禊"有祈求生育之意。相传商朝的祖先契就是其母简狄祓禊后所生。后世尊简狄为生育之神。至今云南纳西族仍保留着上巳节妇女祭祀求子的习俗,这是当地重要的民俗旅游资源。除在水边祭祀、沐浴之外,人们在三月初三当天还要宴饮行乐、踏青郊游。杜甫《丽人行》中所咏"三月三日天气新,长安水边多丽人"即是对三月初三上巳节的写照。由于上巳节与清明节日期接近,遂逐渐被后者代替。不过至今某些地区还保留着三月三踏青的习俗,由于上巳节春暖花开,是极佳的游览时机,具有不小的旅游开发潜力。

6. 端午节

端午节又称端阳节、重午节。汉朝以来将农历五月初五定为端午节,沿袭至今,成为我国民间与春节、中秋并列的三大传统节日之一。端午是为了纪念伟大的爱国诗人屈原,因其在农历五月初五投汨罗江自尽,故每年的这一天人们用竹筒贮米,投水祭奠。这为我们今日发展旅游业留下了宝贵的资源。但需要指出的是,中国人并不是只在五月初五做粽、吃粽,因此不少学者研究后认为端午吃粽子的习俗原本与屈原无关,今日将端午吃粽与祭祀屈原联系在一起,实际上是后人形成的"历史记忆"或"历史印象"层积叠累到今天的效果,这也说明,"历史记忆"确实是今日开展旅游业的重要资源。

此外,端午还有龙舟竞渡、饮雄黄酒、悬艾及菖蒲等习俗。五月初五,中国大部分地区已进入炎热的夏季,农历五月自古被称为毒月、恶月,而艾草、菖蒲以及雄黄都有驱虫杀毒的作用。饮雄黄酒、插艾及菖蒲被古人认为有"驱邪去病"之效,可以预防疾病的流行,抑制毒虫的活跃。龙舟竞渡习俗起源很早,早在春秋时吴越一带就有了。有人认为是纪念伍子胥,闻一多先生认为是古代越人祭祀龙神的节日。

7. 七夕节

每年农历的七月初七,是中国传统的七夕节。七夕节起源很早,大约在秦汉时即有。但与今日的七夕情人节不同,古时的七夕节是人们祈求牛郎、织女二星保佑农作物丰收的日子。古人认为牵牛星主管着粮食作物的收成,织女星主管着瓜果作物的收成。至南北朝时期,七夕节又演变成妇女乞巧求智的节日。当天傍晚,家家户户打扫庭院。妇女们当庭布筵,虔诚跪拜织女星,乞求保佑自己心灵手巧。如何判断是否得巧呢?乞巧的妇女要捉蜘蛛放于盒内,次日清晨观察,蛛丝越密得巧越多。另一办法是"对月穿针",能用特制的五孔针、七孔针、九孔针,将线飞速穿过的女子为得巧。做"乞巧果子"也是当时人们过七夕节必做的事。"乞巧果子"是用油、面、糖、蜜做成,炉烤或油炸,面做的为"面巧",糯米做的为"粉巧"。有条件的人家还要搭"乞巧棚"。有关七夕节晾晒衣物、图书可以防虫蛀的传说在中国古代民间也流传甚广。

8. 中元节

农历七月十五,是中国古代的中元节,俗称"鬼节",民间有"七月半,鬼乱窜"的说法。传说当天地府洞开,鬼魂四出,有人祭祀的亡灵可以回家受子孙祭拜;无人祭祀的鬼魂,人们会请佛庙或道观做法事,勿使其流浪为害。因此,中元节也被称作古代中国的亡灵节。实际上,中元节起源于亡灵信仰和祖先崇拜。古人认为"万物本乎天,人本乎祖",祭天祀祖成为古代宗教生活的两大要务。对于庶民百姓来说,祖先与自己血肉相连,情感相通,祀祖尤有特殊意义。中元节就是在上古秋祭习俗的基础上发展而来的。至今,中国各地民间也有七月半为家中亡故的亲人烧纸焚香的习俗。

9. 中秋节

中秋节是我国的传统节日之一。中秋节与春节、清明节、端午节被称为中国汉族的四大传统节日。"中秋"一词最早见于《周礼》。据史籍记载,古代帝王祭月的节期为农历八月十五,时日恰逢三秋之半,故名"中秋节";又因为这个节日在秋季八月,故又称"秋节""八月节""八月会";又有祈求团圆的信仰和相关习俗活动,故亦称"团圆节""女儿节"。因中秋节的主要活动都是围绕"月"进行的,所以又俗称"月节""月夕""追月节""玩月节""拜月节";在唐朝,中秋节还被称为"端正月"。中秋节的盛行始于宋朝,至明清时,已与元旦齐名,成为我国的主要节日之一。

10. 重阳节

重阳节是杂糅多种民俗为一体而形成的汉族传统节日。"重阳节"名称见于记载是在三国时代。据曹丕《九日与钟繇书》中载:"岁往月来,忽复九月九日。九为阳数,而日月并应,俗嘉其名,以为宜于长久,故以享宴高会。"庆祝重阳节的活动一般包括旅游赏景、登高远眺、观赏菊花、遍插茱萸、吃重阳糕、饮菊花酒等活动。九九重阳,因为与"久久"同音,九在数字中又是最大数,有长久长寿的含义,况且秋季也是一年收获的黄金季节,重阳佳节,寓意深远,人们对此节历来有着特殊的感情,唐诗宋词中有不少贺重阳,咏菊花的诗词佳作。

11. 冬至

在现代人看来,冬至只是一个节气。但是在古代,冬至不但是一个节气,而且是一个极为重要的节日,民间甚至有"冬至大如年"的说法。冬至当天,昼短夜长的现象达到了极点,以后白昼便逐渐延长。故有"冬至一阳生""气始于冬至"的说法,"冬至"之名也由此而得。汉代以前,人们每逢冬至,都要停止一切工作,以便尽量减少能量消耗,并举行各种仪式,以庆贺春天将至。自魏晋以后,冬至日或次日,皇帝都要接受百官朝贺。古人认为冬至日是阴气极盛之时,同时也是阳气回升之时。故官方要举行祭天的仪式,民间则有祭祖的风俗。据古文献记载,由于馄饨形如鸡卵,如同"天地混沌"的样子,故民间还有在冬至吃馄饨的习俗。

冬至的另一重要意义在于它是古人计量冬春交替的端点。古人通常从冬至开始数九,要过九九八十一日方能寒尽春来。为了计量方便,古人设计了九九消寒图,常见的是文字消寒图,如"庭前垂柳珍重待春風""春前庭柏風送香盈室"等,每字九笔,日描一笔,描完正好八十一日。此外,还有梅花消寒图,一支梅花八十一瓣,描完后也就意味着冬去春来了。在饮食方面,自古即有冬至吃牛、羊、狗肉以便增暖祛寒的习俗,这一习俗至今仍在中国各地流行不衰,为旅游业带来了巨大商机。

12. 祭灶日

依照我国汉族的传统风俗,阴历腊月二十三,叫作"小年"。"小年"又称"祭灶日",传说这一天是灶王爷升天,向玉皇大帝汇报的日子。故每年的这一天老百姓们要"请"回来一帧新的灶王像,代替在灶台已被烟熏火燎了一年的陈旧不堪的旧灶王像,灶王像两侧还要贴上一副对联,上联写"上天言好事",下联写"下界保平安"或"回宫降吉祥",横额是"一家之主",并给灶王爷、灶王奶奶奉上供品。有意思的是,供品并不是鸡鸭鱼肉、干鲜果品之类,更不需用牛羊三牲,只需一些"祭灶糖"即可。所谓"祭灶糖"是用玉米或小米特制的瓜状糖块,稍考究一点的人家,再供上一碗用糯米蒸熟的莲子八宝饭。灶王爷骑的神马,还要供以香糟炒豆和清水。

在北方,祭灶日当天的晚餐前,家长们都要先将"祭灶糖"在灶门前烤化,然后抹在灶王爷、灶王奶奶的嘴唇上,以免他老人家升天后"瞎汇报"。祭灶用罢的祭灶糖,一般都与炒玉荄搅在一起握成团子,分发给家里的小孩或大人吃。

北方京津地区的灶王爷像一般为木版水印,大多来自华北的"版画之乡"天津杨柳青。那和蔼、肃穆、善静的灶王爷、灶王奶奶盛装端坐,给人以庄重的感觉,今日已是当地闻名遐迩的旅游产品。

二、少数民族的传统节日

我国少数民族有着丰富多彩的传统节日习俗。在一些旅游产业开发较为深入的少数民族地区,为了最大限度地平衡淡旺两季的游客流量落差,更好地保护当地旅游环境,通常在节庆日才会出现的民族服饰、仪式活动,已逐渐成为日常的旅游服务项目。显然,了解我国少数民族主要的传统节日习俗,是每一个旅游从业人员必备的基本素质。

与汉文化极为注重春节的风俗类似,我国少数民族大多也将过年看作最重要的节日之一。由于春节一般又是旅游客流量的高峰,我国少数民族的过年习俗对于当前中国旅游业的发展自然有着特别重大的意义。以下介绍即以此为主线,尤其注重其中具有鲜明特色、与汉民族春节习俗迥异其趣的地方。

1. 满族

年节将近时,满族人民即开始打扫庭院,贴窗花、对联和福字。除夕当天,家家竖起六米多高的灯笼杆。从大年初一到十六,天天红灯高挂。除夕夜包饺子,满族讲究褶子多为好。包好后,按惯例在子时煮熟,有的饺子里边包上铜钱,据说吃到的人在新的一年里会有好运相伴。春节要拜两次,除夕晚上拜一次,是为辞旧岁;年初一再拜一次,是为迎新春。旗人在春节还有许多喜庆活动,如除夕前,要举行跳马、跳骆驼等比赛,正月十五还有闹灯会等。

2. 朝鲜族

在过年期间,朝鲜族人民家家户户贴春联,做各式丰盛饭菜,吃"八宝饭"。大年三十晚上,全家守岁,通宵达旦。朝鲜族是能歌善舞的民族,弹伽耶琴、吹洞箫是除夕守岁时必不可少的娱乐活动。大年初一天一亮,人们便穿上节日的盛装给长辈拜年。春节期间,朝鲜族不分男女老少,都纵情歌舞,还有压跳板、拔河等极具民族特色的比赛活动。正月十五晚上,还要举行规模盛大的传统庆祝集会。大家会推选出几位德高望重的老人,登上木制的"望月架",伴着长鼓、唢呐载歌载舞。

3. 鄂伦春族

鄂伦春族人民在大年三十晚上,全家围坐,共进晚餐。品山珍,喝美酒,吃年饭。青年人给家族及近亲长者敬礼,叩头请安。除夕午夜,人们捧着桦树皮盒或铁盒绕马厩数圈,祈祝六畜兴旺。大年初一,人人穿着新装,互相拜年请安。青年男女聚在一起跳打猎舞、"红果"舞和"黑熊搏斗"舞。

4. 赫哲族

做年饭、剪窗花、糊灯笼是赫哲族人在年前必做的事。正月初一当天,姑娘、妇女和孩子们要穿上极具民族特色的绣有云边的美丽新装,去亲朋家拜年。热情的赫哲族人会用"鱼宴"款待新年拜访的客人。最有民族风味的代表性菜肴包括:酸辣风味生鱼、川味香酥脆的"炒鱼毛"和大马哈鱼籽等。在春节期间,赫哲族民间诗人会向族人献诗、讲故事。"摸瞎糊""掷骨头"是赫哲族妇女们在春节时必不可少的游乐项目。青少年则充分利用自然条件,举行滑雪、滑冰、射草靶、叉草球等比赛。

5. 蒙古族

与其他民族过春节类似,蒙古族都在除夕夜吃饺子、放鞭炮。除夕夜最具民族特色的菜肴是"手把肉",有合家团圆、家族兴旺之意。正月初一凌晨,家中晚辈都要按惯例向长辈敬"辞岁酒",然后青年男女跨上骏马,互串蒙古包,先给长辈们叩头祝愿,接着喝酒跳舞,随后还利用这一机会举行赛马比赛。

6. 纳西族

正月新春,纳西族人要互相访亲拜友,轮流做客。中青年男子组织灯会,并与别村竞赛。城市、乡村都办灯会。灯会节目演的是本民族故事,如《阿纽梅说笑》《老寿星放鹿》《社戏夜明珠》《狮子滚绣球》《凰舞》等。

7. 柯尔克孜族

柯尔克孜族有与汉族春节极为相似的节日——"诺若孜"节。过节时,每家都按自己的能力把饭菜办得丰盛些,互相请客,以示庆祝。当天晚上,当畜群从牧场上同来的时候,每家毡房前都用芨芨草生一堆火,人先从上面跳过,接着牲畜从上面跳过,预示消灾解难,在新的一年里人畜两旺。

8. 布依族

布依族人每年一到阴历腊月底,家家户户皆熏肉、灌香肠、烤酒、做糯米粑粑、米花,并缝制新衣和手帕。与汉族的祭灶日类似,每年的腊月二十三,布依族也用麦芽糖等果品送灶神,并请人写对联,贴门神、年画。除夕晚上,全家人围坐在火塘旁,先祭祀祖宗天地,然后全家人互相祝福,吃团圆饭。

大年初一天刚亮,布依族姑娘们便争先恐后地奔向河边挑水,谁最先挑回头担水,谁就被视作是族中最勤劳、最幸福的人,这一风俗也有预兆丰年之意。此外,布依族人在大年初一的白天在家里扎彩灯,晚上一齐点燃,挂在大门口。自大年初二开始,人们开始串门拜年。过年期间也是青年男女谈情说爱的好机会,他们会相约去"起表",以歌声表达爱慕之情;或聚在一起在唢呐、月琴、姐妹箫、铜鼓等乐器的伴奏声中跳"打花包"舞。有些地区正月十五过完年,正月三十还要过"小年"。

9. 土家族

按照土家族的风俗,从正月初一前两天开始,第一天称"大年",第二天为"小年"。除夕夜,各家都燃起一根木柴,大家围坐在家中老人旁,听老人讲故事,守岁直到天明。过节期间最有名的菜肴是"红曲鱼",有"富富有余"之意;还吃大锅烩菜,称"合菜"。正月初三,土家族村落要举行规模盛大的"摆手舞"会,参加者达万人之多。此外,土家族在过年期间还要举行耍龙灯、舞狮子、灯会、戏剧、武术等活动。

10. 壮族

壮族过年时间较短。从除夕至正月初二,共三天。凡在外工作的都要在除夕前回家。除夕当天,家家的火塘上要燃起大火,终夜不熄,叫作"迎新火"。家家杀鸡杀鸭,蒸扣肉和粉精肉,并做叉烧肉等传统佳肴。年夜饭有八道菜,其中有"白斩鸡"、炖整鸡等声名远播的菜品。此外，与汉族不同，壮族的习俗是在春节包粽子。吃完年夜饭后，几乎家家都要守岁，但一般不会通宵达旦，半夜燃放鞭炮后，便各自就寝。

正月初一、初二两天是到亲朋家拜年的日子，客人进屋，必吃粽子。与汉族的粽子不同，壮族粽子有馅，由去皮绿豆、半肥不瘦的肉拌上面酱制成。壮族是能歌善舞的民族，在过年期间，壮族青年男女大多会通过对歌，寻找自己心爱的伴侣。此外，还有打陀螺、跳舞、赛球、演戏等一系列节日喜庆活动。

11. 哈尼族

除夕当天，哈尼族妇女都忙着做糍粑，小伙子则上山砍竹子，搭秋千架。荡秋千是哈尼族男女老少在春节期间最为喜好的活动。在云南新平县境内的哈尼族支系卡多人将新年定在农历正月初六。传说古时勇敢的卡多青年为了抵抗外来的侵略，出征应战，临行时留下话，他们哪天还乡，新的生活就从哪天开始。战争结束后，因征途遥远，直到新年初六日他们才回家。卡多人民就把这一天定为新一年的开始。过年时，他们杀猪宰羊，跳大鼓舞，以此庆祝。

12. 仡佬族

与其他所有民族都不同，仡佬族人民是将每年农历的三月初三定为"仡佬年"。这与仡佬族人民生活的自然地理条件有直接的关系。他们居住在气温较低的严寒地带，每年到农历三月时，草木才开始发芽，春天才算到来。仡佬族认为，在每年农历三月即将春耕大忙之际，大家团聚在一起过年，共同祈祷祖宗、山神保佑，诸事如意，五谷丰登是非常惬意的事情。

13. 维吾尔族

维吾尔族传统节日习俗中最有特色的是其民族食品，包括用大米、羊肉、葡萄干等做成的"普罗"，用面粉、羊肉、洋葱等做成的"匹提尔芒达"（包子），用带骨羊肉煮制的"格西"（手抓羊肉），用面团抻成的"兰曼"（抻面），以及与汉族馄饨相似的酸辣可口的"曲曲尔"等。此外维吾尔族人民在重大节日时几乎家家都备有多种民族传统糕点和小吃，如"艾西姆桑扎"（圆盘馓子）、"亚依玛扎"（花边馓子）、"波呼萨克"（炸吉皮）、"沙木波萨"（炸合子）、"卡依克卡"（花色炸食）等。

此外，我国少数民族独具特色的节日习俗还有：瑶族的七月半春节和"耕作戏"、藏族的"跳神会"、彝族的"阿细跳月"集会、苗族的"客家年"、京族的"买新水"、东乡族的"打土仗"、景颇族的"打靶"比赛、拉祜族的"扩塔"节、高山族吃"长年菜"、侗族的"鱼年宴"、黎族的"贺年歌"等，这些都是我们今日发展旅游业可以倚重的宝贵资源。

第四节

中国旅游业主要客源国的民俗与禁忌

一、日本的民俗

日本人的见面礼应注意两点：一是脱帽鞠躬；二是交换名片。交换名片应行鞠躬礼并说客套话，接到名片应仔细读后再收藏。交谈时要得体，切勿使用伤人颜面的言语。交谈中不宜评论日本国家大事和男女平等等问题。日本人等级观念强，如在公开场合送礼，必须每人一份。日本在3月3日过女孩节，在女孩诞生后的第一个3月3日，父母要送她一套精致的玩偶；5月5日过男孩节，家家户户按其男孩的多少高高悬挂相应数目的"鲤帜"，希望男孩像鲤鱼那样勇敢无畏。

二、朝鲜半岛的民俗

朝鲜半岛坐落在亚洲东北部，与我国东北部接壤，自古与中国文化就有紧密的联系，传统上一直被划入"东亚文化圈"中。正因如此，近年来朝鲜半岛尤其是韩国成为中国旅游业中地位越来越重要的客源地。

韩国文化有着相当明显而浓郁的中国传统文化气息。其首都"首尔"原名"汉城"，即最明白地体现出汉文化对韩国文化的影响，这一影响最典型的表现即是受中国儒家观念影响下的家庭伦理观。韩国社会中，家长、族长一般为男性长者，在家庭和家族中拥有不容置疑的绝对权威。尊敬长者、孝顺父母、妻子儿女服从丈夫是相当普遍的社会习俗，讲究礼节、遵守信用，则是韩国人引以为荣的美德。

韩国的服饰、饮食皆有相当鲜明的民族特色。其民族服装被称为"韩服"，偏好白色等浅色调，男女装皆以"宽松自由"为主要风格，男装常见肥裤、坎肩，女装以上到胸部、下至脚跟的高腰紧身长裙和肥袖短袄为特色。现代韩国人日常的服装已完全西化，但在节庆日及家中，许多韩国人仍习惯穿着传统"韩服"。

饮食方面，韩国人的主食以米饭、打糕、面条、煎饼、凉粉为主，以泡菜、生拌鱼、狗肉、铁板烧烤为特色。建筑方面，传统的韩国建筑多为草顶或瓦顶平房，推拉门，烧火炕。传统节日习俗方面，正月初一的春节、正月十五的元宵节、五月初五的端午节、七月初七的七夕节、八月十五的中秋节、九月初九的重阳节、冬至节等中国传统节日在现代韩国具有相当大的影响力，此外另有别具朝鲜民族风情的四月初八日浴佛节等。

朝鲜民族崇尚体育，尤其韩国是亚洲体育强国，以射箭、跆拳道、拳击等项目见长。

群众体育方面,妇女喜欢压翘板、荡秋千等游戏项目,男子喜欢打球和摔跤。朝鲜民族的另一特点是能歌善舞、热情好客,以"唐乐""乡乐"以及"大鼓舞""仗鼓舞"著称于世。

朝鲜与韩国有着同样古朴的民族文化血脉,两国的民间习俗大体相同。重视教育,尤其是青少年的基础教育,是朝韩两国的共同特点。

三、新加坡的民俗

新加坡共和国坐落于东南亚马来半岛南端。是由包括新加坡岛在内的共计63个小岛组成的城市型"岛国"。首都为新加坡市。新加坡地处太平洋与印度洋交通要道,是马六甲海峡东口的"喉咙",具有相当优越的自然环境,同时也是东南亚地区的经济区域中心和贸易集散中心。早在20世纪80年代后期,新加坡就已成为我国前十位的重要旅游客源国之一;不仅如此,新加坡也是中国公民出境旅游的主要客源地之一。中新两国可以说是国际旅游业中旅游客源市场良性互动的典范模式。

新加坡是多元文化交汇融合的典型代表,其中中华文化与马来文化占有相当突出的地位,而阿拉伯和西方文化也在其中留有相当明显的烙印,这样一种万花筒式的文化特征在艺术方面表现得较为明显。在新加坡,既有马来戏剧,又有中国戏剧;既能经常见到中国采茶舞、印度神舞,也能看到俄罗斯的芭蕾舞;既有西式风格的教堂等建筑,也不乏传统中式以及阿拉伯风格的建筑。

新加坡有完善的教育体系及西式民主政治,可以说是亚洲国家中吸纳西式教育体制最为成功的典范。新加坡具有高度发达的城市文明,素以"花园城市"著称于世。与之相对应,新加坡人也具有爱清洁、讲卫生的美德和风俗习惯。在社交礼仪方面,华人见面多拱手作揖;马来人则是双手合掌,指向各自胸前,表示衷心问候;印度人双手放在胸前,微微闭目,表达虔诚安详之意。在新加坡,请吃午饭或晚饭是最为通常的待客之道,客人一般以鲜花、巧克力为礼品。新加坡人偏爱红双喜、大象、蝙蝠等图案。

节日方面,每年公历的8月9号为"国庆节",4月14日为"食品节",7月有独具特色的"百鸟争鸣节"。而各族群(如汉族、马来族、印度人、西方人)自己的节日也得以延续传承,尤以马来人的开斋节、印度人的踏火节最为盛行。

四、英国的民俗

英国的全名为"大不列颠及北爱尔兰联合王国",是由大不列颠岛和爱尔兰岛北部地区及附近多达5000余个小岛组成的海洋性岛国,铁、煤、石油、天然气、水产等自然资源丰富。英国是西方世界较早开发中国旅游市场的国家,近些年来,一直位居中国主要客源国前十位,但由东亚太平洋地区的横向比较看,英国的中国旅游市场仍有相当大的开发潜力。

众所周知,英国是老牌资本主义强国,有着悠久的资本主义发展历程和一整套西方民主政治体制,与之相对应的英国的西方文化和习俗也相当典型。英国人特别注重社交礼节,有着相当严整的一套社交行为习惯和规范。如在引见客人时,应严格按照地位高低、女士优先的秩序一一介绍,强调并追求"严谨、郑重、内敛"的"绅士"风度,坐姿方面更有近于严苛的要求,不能两膝张开,"二郎腿"更被认为是极不礼貌、缺乏教养的行为;站姿方面,背手、将手插入口袋都是被鄙视的动作。英国人极偏爱蔷薇花,普遍喜欢养猫、狗一类的宠物,狗被看成是"忠诚"的象征,不太受欢迎的动物和图案是大象。饮食方面,以米饭、点心为主食,强调菜的火候,口味偏甜、酸,极不喜欢味精,由于喜欢养狗,多数人不吃狗肉,也不喜炊过黏或过辣的食品,进餐时有喝酒的风俗,水果沙拉是每餐的必备品,喜喝茶,有喝上午茶和下午茶的风俗。

英国的节假日很多,元旦、圣诞节、复活节、耶稣受难日、感恩节等基督教节日是最重大的全国性公共休假日,另外具有浓郁地方特色的节日还有大不列颠的劳动节、北爱尔兰的圣帕特里克节等。

五、法国的民俗

法兰西共和国地处西欧,西临大西洋,东南靠地中海,有着得天独厚的优越地理位置和自然环境,铝、铀、钾盐、铁、煤等矿产资源丰富。法国是国际知名的农业大国。工农产业配置齐全,建制完善。与英国类似,法国也是西方资本主义的典型代表。如果说英国是西方君主立宪体制的源头和代表,法国则是西方资本主义民主共和体制的代表。

法国也是西方悠久文化的典型代表,尤其以雕塑、绘画、音乐、戏剧、电影、时装以及香水等流行时尚享誉世界。法国的戛纳国际电影节是世界最有影响力的电影节之一。法国时装设计以高雅、华贵著称于世,巴黎更是被尊奉为"世界时装之都"。法国的葡萄酒酿造文化也是举世著称,尤其是波尔多,几乎已成为葡萄酒的代称。法国还是香水之国,在高档香水市场处于绝对的霸主地位。

与香水、时装、葡萄酒文化相呼应的,法国人的社交礼仪也以品位高雅著称。人们见面时一般行握手礼,此外,亲吻面颊和贴面是社交场合最为常见的礼仪。

法国人对饮食要求很高,多数法国人酷爱美食,法国大餐和葡萄酒几乎已是世人心中法国的名片。法国人喜欢浓咖啡、苹果酒,偏好蜗牛和新鲜食品。在烹饪中,对料酒有相当严格的要求,从整体上看,香味浓郁、鲜嫩可口是法式西餐追求的境界。

在节日习俗方面,每年的7月14日是法国国庆日,11月11日是停战节。天主教在法国影响巨大,天主教的节日,如圣灵节、圣诞节、复活节、耶稣升天节、圣母升天节、圣灵降临节等皆是法国人相当看重的节日。

六、美国的民俗

美国是"美利坚合众国"的简称。美国本土处于北美洲的南部，东临大西洋，西靠太平洋，北邻加拿大，南与墨西哥交界。另有阿拉斯加、夏威夷两个海外洲。首都华盛顿，国旗为"星条旗"，国花为玫瑰花，国鸟为白头鹰。

美国是当今世界唯一的超级大国，有高度发达的现代经济，是西方乃至全球的金融中心，也是西方民主政治尤其是三权分立体制的代表和缩影。自20世纪90年代至今，美国一直是世界最大的旅游客源输出国，其出境旅客人数和出境旅游支出长期稳居世界第1位。自我国改革开放以来，美国在中国旅游市场的客源国地位一直呈上升趋势，人数多、消费高是美国对华旅游的主要特点，但与美国出境游的主体——旅欧市场相比，美国的中国远程旅游客源市场还有相当大的发展空间。

从历史上看，美国是多民族的移民国家，这在美国的文化和风俗中有相当明显的体现。美国人幽默诙谐，性格外向，热情好客，极为看重人与人之间的诚信和平等。普遍具有自由开放的思维特点。握手这种礼仪在正式和非正式社交场合皆相当通行。美国人平时穿着较为随意，具有亲和力，但正式社交场合相当讲究，着西式正装，以显示对对方的尊重和礼貌。美国人相当看重并尊重个人隐私。在美国，访客前一般须电话预约，进入房间前必须先敲门，皆是尊重对方隐私的表现。在饮食方面，美国人口味偏清淡、喜咸甜类食品，其汉堡包、炸鸡、热狗等快餐文化已风行世界，诸如肯德基、麦当劳等品牌已渗透到全球各地，几乎已成为美国文化输出的象征。

美国人忌食动物腑脏，不喜欢蛇，中国各菜系中，美国人整体上较偏好淮扬菜、粤菜、川菜。多数美国人喜爱白、黄、蓝等亮丽色调，白色秃鹰、白猫等图案在美国相当受民众的欢迎。美国文化中最引人注意的是其电影文化，美国是名副其实的电影大国，好莱坞是美国乃至全球电影业的中心。一年一度的奥斯卡电影奖的评选和颁发受到了世界各国亿万影迷的关注，可以说是西方世界除了法国巴黎的时装和香水以外，这一活动则是世界流行时尚的另一重要风向标。作为基督教盛行的国家，美国传统的宗教节日包括复活节、万圣节、情人节、感恩节、圣诞节等。此外，7月4日是美国的独立日，另有国旗日、阵亡将士纪念日等政治性节日。

七、澳大利亚的民俗

澳大利亚是"澳大利亚联邦"的简称，是大洋洲中领土最大最主要的国家。由澳洲大陆和塔斯马尼亚等万余个岛屿组成。袋鼠和鸸鹋是澳大利亚特有的珍稀动物物种，是澳大利亚国徽的主要构成图案，二者作为澳大利亚的国家象征和标志，得到了世界各国的认同,其国花为金合欢。

澳大利亚处于南半球,国土大部分处于热带和亚热带,独特的自然生态环境造就了其别具风情的自然人文景观。澳大利亚是典型的以欧洲移民后裔为主体的移民国家,也是新兴西方发达国家的代表。相当高的物质生活水准以及每年长达一个月且待遇优越的带薪休假制度(带薪休假者可领取额外的度假津贴),使澳大利亚有相当庞大且稳定的出国旅游客源群体。早在20世纪80年代中期,澳大利亚曾一度成为中国三大旅游客源国之一,但由于种种原因,澳大利亚对华旅游市场出现近十年的发展停滞期。近些年,这一情形已有明显改善。偏好传统旅游路线、喜爱旅游特色产品、旅游消费品位及档次较高是澳大利亚游客在中国旅游的主要特点。正因此前有近十年的发展停滞期,故澳大利亚对华旅游市场的基数和起点较低,发展前景极为广阔。

多元而开放是澳大利亚文化最突出的特点。原始土著文明与现代文明共存、东方文明与西方文明交汇,造就了澳大利亚兼容并包、丰富多彩的社会风情和民风习俗。澳大利亚人喜好美酒佳肴,喜爱运动。坦率是澳大利亚人较普遍的性格特征,在着装上喜爱休闲服饰。在礼仪方面,极为守时,并习惯预约。鲜花与美酒是礼尚往来的主要选择。购物时讨价还价是不礼貌的行为。菊花、杜鹃花、石竹花是不受欢迎的花卉。袋鼠、琴鸟、金合欢花及其相关图案是澳大利亚人的最爱。饮食方面,绝大多数澳大利亚人不喜辛辣食品,不吃海参,口味偏好酸甜,故在中国旅游的澳大利亚游客多偏好淮扬菜、浙江菜、上海菜和北京菜。

中国当前主要客源国的各类禁忌如表4-1所示。

表4-1 中国当前主要客源国各类禁忌简表

国名	饮食禁忌	数字禁忌	颜色禁忌	交谈禁忌	其他禁忌
日本	忌肥肉、猪内脏、羊肉、鸭子	忌讳4、9、6、13	不喜欢绿色、紫色、淡黄色或白色		忌送夕阳风景画
韩国及朝鲜	忌吃光菜盘	忌4,喜单数,厌双数		忌谈国内政治、朝韩及朝日关系、男主人妻子	忌兔毛

国名	饮食禁忌	数字禁忌	颜色禁忌	交谈禁忌	其他禁忌
英国	忌狗肉,口味忌过辛辣、忌用味精	忌13、星期五,尤其忌"13日星期五"	忌墨绿色、黑色、红色	忌打听个人私事、忌谈北爱尔兰、君主制、王室等	忌山羊、大象、孔雀、黑猫、菊花、百合花、蝙蝠图案,忌送百合花、玫瑰花
法国	忌吃无鳞鱼,过于辛辣	忌13、星期五,尤其忌"13日星期五"	忌墨绿色、黑色、红色	总打听个人私事	忌用孔雀、仙鹤、菊花、蝙蝠、杜鹃花图案,忌送菊花、杜鹃花
美国	忌食动物内脏、蛇	忌13、星期五,尤其忌"13日星期五"	忌黑色、红色	忌过分谦虚、客套,尤忌打听个人私事,总称呼长者加"老"字、忌说别人白、胖	忌蝙蝠、黑猫图案
澳大利亚	忌吃辣味、海参	忌13、星期五,尤其忌"13日星期五"		忌谈国事,忌说客套话,尤忌竖大拇指称赞人和对人眨眼	忌兔子图案、忌送菊花、杜鹃花、石竹花和黄颜色的花

复习思考题

1. 汉族与各少数民族的过年习俗有哪些差异?试举例说明节日习俗对于区域旅游业开发的重要意义。

2. 举例说明民俗的概念要点及各种细分类型。

3. 用图腾学说的基本原理解释"龙的传人"的由来。

4. 举例说明我国少数民族及族群婚姻、民居习俗的多元文化内涵及其旅游开发价值。

第五章

园林文化

学习目标
1. 园林类旅游资源的概述;
2. 中国古典园林的分类;
3. 中国园林的空间布局;
4. 中国园林的特点;
5. 中国园林的文化传统;
6. 中西方园林文化比较。

案例导入

我国园林历史悠久,风格独特,在世界园林史上享有盛誉,深受海内外游客的青睐。尽管不少学者就"园林"的释名争论不休,其实园林无非是人造景观,运用工程技术和艺术手法,通过筑山叠石、理水引泉、营造厅堂、栽花植卉,反映主人的追求、园艺家的技艺,形成人工景观和自然风景的和谐,所以引起中外旅游者的极大兴趣,甚至对中国园林艺术的崇拜,让中国园林漂洋过海,在摩天大楼的夹缝里也有了立足之地。

我国的园林强调"随势造型",朝代不同园林风格固然不同,地域不同园林形式各异,甚至一个地区内流派纷呈。以北京、承德、曲阜为代表的皇家园林气势恢宏,北京的颐和园、承德的避暑山庄、曲阜的孔府花园都以规模宏大、装饰豪华著称。因为这些园林是帝王理政祭祀所在,因而范围大,强调对称,景色兼收并蓄,极尽富丽堂皇,充满了皇家气概。江南一带多私家园林,杭州西湖的园林,扬州瘦西湖的园林,苏州拙政园、狮子林,上海豫园,占地不大,园中亭台楼阁,配以山水花木,以素雅精巧、小中见大的风格取胜,体现出浓重的书卷之气。岭南园林虽效法江南园林、北方园林,却能将精美灵巧与庄重集于一身,广东的四大名园清晖园、可园、十二石斋、余荫山房,福建的鼓浪屿都有着凭海临风、融和中外的特点。"虽由人作,宛自天开",中国的园林之所以能本于自然,高于自然,正是因为中国古典园林审美趣味和艺术风格明显地受到人的风格、人的品格和文化修养的影响。

中国人追求与自然的和谐相融,喜欢徜徉在自然山水之中,尽情享受风和日丽的原野风光。自古以来,社会富有阶层,一方面尽可能"行万里路",游览祖国大好河山;另一方面努力将自然山水或浓缩或复原地搬进城市,搬进私家住宅,形成了中国独特的、能在家中感受大自然气息的各种园林。所以引起中外旅游者的极大兴趣,纷纷慕名来访,甚至对中国园林艺术崇拜,让中国园林漂洋过海,在摩天大楼的夹缝里也有了立足之地。

中西方都将园林看成人间天堂。皇家园林成为权力的象征,私家园林则作为情感的寄托,但皇家园林炫耀的方式不同,私家园林寄托理想与愿望不同,中国的含蓄审美与西方的直观寄情不同,对自然美和人工美的看法以及表现不同,构建艺术与审美也不同。中西园林发展史上有过并驾齐驱的历史,更有逐步融合相互借鉴的今日,甚至出现了融会和倒错的现象,我国的乡村城市化,园林建筑化,西方则是城市乡村化,建筑园林化,孰是孰非,历史已经评说。

第一节 园林类旅游资源的概述

一、园林的概念

中国园林艺术历史悠久,民族风格浓郁,有"世界园林之母"之誉,代表世界园林艺术的最高成就。不少学者曾为园林释名争论不休,其实园林无非是人造景观,运用工程技术和艺术手法,通过筑山叠石、理水引泉、营造厅堂、栽花植卉,反映主人的追求,园艺家的技艺,形成人工景观和自然景观的和谐。由于中国园林艺术包含着深刻而丰富的美学思想,具有较高的游览和观赏价值。因此中国园林林立,朝代之间园林风格不同,地域之间园林形式各异,甚至一个地区内也流派纷呈,这就使中国园林永远成为最有魅力的旅游资源之一。

二、中国园林历史悠久,风格独特

我国园林历史悠久,首先是帝王建造园林。商周时代的"囿"即为帝王园林,巍峨的殿阁、高大的楼台,饲养奇禽怪兽、栽植名贵花木。其历代帝王相沿成习。公元前11世纪的周朝,周文王营建方圆35公里的"灵囿",以珍禽异兽、奇花异草,供王室田猎娱乐;春秋战国,各地诸侯割据称霸,纷纷建宫设囿。以后历代帝王无不惨淡经营,皇家园林豪华气派和雍容大度的规模体制一脉相承。到秦始皇时,建阿房宫、上林苑,宫殿、园池、台榭广延300里;汉武帝扩大充实上林苑,又新建甘泉苑,周围540里。史书记载的规模之宏伟,耗资之巨大真可谓令人惊诧。

从汉代开始,富商大贾开始兴建属于私人的住宅园林。《西京杂记》中有载,茂陵富人袁广汉在北邙山下筑园,东西4里,南北5里,地域相当大,"激流水注其内,构石为山",养"奇禽怪兽",种"奇树异草",建"重阁修廊",开创了建造私家园林的先河。

魏晋以来,寺院园林建筑在各地大量出现,他们或利用自然山水,如东晋名僧慧远在江西庐山北面建"石门精舍","洞尽山美,却负香炉之峰,傍带瀑布之壑。仍石垒基,即松栽构,清泉还阶,白云满室",占尽山水之美。在都市中建立寺院,则移山水景观于寺内,如北魏洛阳宝光寺中"有一海,号咸阳,葭菼被岸,菱荷覆水,青松翠竹,罗生其旁"。道教也选择山水佳胜,如江苏茅山的园林"有好流水而多石,小出下便平……开置堂宇",传教授道与享受佳山秀水两不误。

南北朝时,造园理论和山水画的紧密结合,使造园艺术的品位提高。此时园林受山水画影响,于是凭借湖岸布置假山、建造厅堂、点缀花木,其初衷是士大夫追求精神解脱,陶醉于山林田园之中,以山居隐逸为高雅。这种以水池为中心的"集景式滨水园林群落"竟成为我国古代园林的传统手法。诗人谢灵运以诗情画意在上虞扩建祖父谢玄别墅。"远堤兼陌,近流开湍。凌阜泛波,水往步还。"意境自然高于匠人一筹。

盛唐开始,买山占水风气愈演愈烈,王公贵戚、达官显宦、富商大贾、逸人隐士都纷纷建立各自的宅第园林,园林艺术也趋成熟。盛唐山水诗人王维买下宋之问的别墅,增其旧制,其中景观分区:孟城坳、华子冈、文杏馆、斤竹岭、临湖亭、金屑泉、白石滩、辛夷坞,构建了"明月松间照,清泉石上流"的美景。唐宋是造园艺术的成熟期,建筑的样式逐渐定型,立山式、悬山式、庑殿式、卷棚式、歇山式的建筑基本样式皆成定制,追求气势宏伟、装饰豪华,西安现存的建筑尽管经明清修缮,但仍可见唐宋的影子。

到了北宋,李格非《洛阳名园记》就记载了洛阳著名园林20多处。元代画家自建园林又进一步提升园林的档次,如倪云林家的云林堂、萧闲馆、清闷阁为世人津津乐道。

明代造园艺术到了高峰,吴江人计成的《园冶》、文震亨的《长物志》两书已对我国造园艺术进行系统的总结,尤其是《园冶》对园林的相地、立基、屋宇、列架、装拆、栏杆、门窗、墙坝、铺地、掇山、选石、借景有十分独到的系统阐述,被世界称为"世界造园学最古名著"。明清时期社会经济发展,江南造园之风兴盛,尤其是康熙、乾隆六次南巡,富商达官为争宠于王室,大兴造园之风,一时有"江南园林甲天下"之说,所幸的是苏州的拙政园、狮子林、留园、环秀山庄,南京的瞻园、熙园,扬州的个园、何园、瘦西湖的园林群落,无锡寄畅园都保存完好,这些明清时初建或重建的园林各显个性,争奇斗艳,成为我国园林的瑰宝,具有极高的审美价值,成为中外旅游者百看不厌,常看常新的热点景观。

"青山衬秀水,名园依古城",中国的园林历来闻名遐迩。它历史悠久,远溯吴秦两汉,近及晚清民国,全国的园林既有共同的精华,又有浓厚的地方特色;既有帝王宫苑,又有宅第园林、寺庙园林、山麓园林、湖上园林不同类型。历史文化积淀深沉,集自然界或模拟自然界的各种山、水、石、植物于一园,又配以与自然景观协调的楼台厅阁廊榭亭轩等建筑,还有匾额、楹联、题刻、字画、灯具、家具、摆设等陈设,成为宫廷、官衙、私邸、寺院的重要组成部分。

中国古典园林审美趣味和艺术风格明显受到人的风格、人的品格和文化修养、造园手法和技巧的制约。燕赵齐楚吴越的园林虽然互相因借,但自身风格却是难以磨灭的,和世界园林比较,西方园林最具代表性的法国古典园林受几何图形的影响极深,追求整齐划一,均衡对称,推崇人工的几何美。而中式园林则追求自然美,计成的"虽由人作,宛自天开",正是这种追求的最精辟的概括。其特点一是本于自然、高于自然。比如,曹雪芹如一高明的园艺师,他不是以土石竹木,而是以文学的语言,建造了"天上人间诸景备"的大观园,他曾借宝玉的口批评稻香村,"此处置一田庄,分明足人力造成的:远无邻村,近不负郭,背山无脉,临水无源,高无隐寺之塔,下无通市之桥,峭然孤出,似非大观,那及前数处有自然之理,自然之趣呢?虽种竹引源,亦不伤于穿凿。古人云'天然图画'四字,正恐非其地而强为其地,非其山而强为其山,即百般精巧,终不相宜"。可见追求自然之理必须有诗画的情趣,意境的自然。即把园林的建造当写诗作画一般,成为形象的诗,立体的画,有生命的艺雕。这是颇好理解的,因园林是由有形的物质因素和无形的因素——因名人曾在此活动而留下关于思想、道德及文学、艺术诸多方面的论述、传闻——的合成。是有形和无形的有机交融。有不少诗画家,如唐代的李思训、李昭道父子,元代的倪云林,明代的唐寅、祝允明、文徵明、沈石田、石涛,清代的袁江、袁耀父子都是直接参与意见,或直接设计。扬州的片石山房、个园相传即是石涛寓居扬州时亲自设计,并有很多造园的理论阐述,所幸这些景观都在,确实如画如诗,前奏、起始、展开、转折、高潮、结局,如音乐的一个个乐章连续不断,奇峰、怪石、波光、云影又如一幅山水画的长轴,慢慢地展开,是将大自然的山水以三度空间的形式复现到现实的园林之中。而园名、景题、刻石、匾额、楹联,画龙点睛,升华意境,使人从有形的空间联想到无尽的宇宙,弦外音,景外情,情景交融,寓景于情,见景生情。

第二节

中国古典园林的分类

我国园林的分类很多,从地域分有北方园林和南方园林。俗话说北方之雄,南方之秀,其实这是笼统的。因过去以长江为界,但即以长江以南园林为例,吴越园林和闽粤园林差异却很大,即使相邻很近的园林,徽派、苏派、浙派园林风格也不同。

如果从园林居住者分,有皇家园林、私家园林、寺观园林之别,皇家园林以北京颐和园、北海,承德避暑山庄为代表,这是帝王理政、祭祀所在,有"高、大、深、庄"四大特点,范围大,强调对称,景色兼收并蓄,极尽富丽堂皇,奢侈豪华,金钩彩绘,雕镂细腻,琳琅满目,金碧辉煌。江南一带多私家园林,往往范围小,体量小,但主题突出,轻巧通透、开敞深邃、色调淡雅，充满书卷之气，其实这种园林才值得细细品味。它既不同于帝族王侯擅山海之富，居山林之饶，崇门丰室，洞户连室，飞馆生风，重楼起雾的皇家气，也不同于富商烦琐庸俗，附庸风雅，叠床架屋的楼阁，雕梁画栋的装饰，矫揉造作的联匾的富商气，而是理水、叠山、造屋、栽花自然流露出一种诗情画意。要做到"这园子却是像画儿一般，山石树林，楼阁房屋，远近疏密，也不多也不少，恰恰的就是这样"（《红楼梦》）。

一、气势恢宏的皇家园林

皇家园林主要是辽、宋、元、明、清各代在北京地区建造的。其中又以明清两代的古迹为多，紫禁城的御花园、慈宁宫花园、建福宫花园、宁寿宫花园等，位于紫禁城旁的景山和西苑（三海），位于京城郊区的颐和园、圆明园遗址，离京城较远的离宫承德避暑山庄。

皇家园林规模宏大，装饰豪华。乾隆曾在《静明园记》中写道："若夫崇山峻岭，水态林姿、鹤鹿之游、鸢鱼之乐。加之岩斋溪阁，芳草古木。物有天然之趣，人忘尘世之怀。较之汉唐离宫别苑，有过之而无不及也。"比如避暑山庄占地564公顷，不仅广阔，而且注意不同地形地貌，山区、平原区和湖区经叠石增丘，筑殿建室后，竟然再现北国山丘、塞外草原、江南水乡，该园以山峰为主占4/5，平原、水域为1/5。平原部分有永佑寺塔、文津阁藏书楼、试马埭、万树园，极力表现蒙古草原的景色；山区以青山、翠谷、繁花、奇石装点，山地园林建筑院落，骑涧跨谷，争奇斗险；湖区三堤七岛，把29公顷的水面隔成六个湖面，使深远和窈折兼而有之。

较之其他宫苑，避暑山庄突出地运用了园外借景，最大限度地发挥天然景色的优越性，磬锤峰是借景的主题，它离山庄东五里，峰顶巨大的石棒槌斜立，下面有石台，棒槌高38.29米，顶部直径15.04米，根部直径10.7米，生成300万年以来一直挺立不倒，为承德一大奇观，避暑山庄芳园居的山岭上，专门建造一座敞亭来观赏这一奇景，为"锤峰落照"。每当夕阳西下，东面诸峰皆已笼罩在暮色之中，唯有棒槌峰映着夕辉，显得格外孤高挺拔。周围的奇峰异石，双塔山、罗汉山、僧冠峰、天桥山等又与棒槌峰组成避暑山庄的对景，自然景和人工景相映成趣，融为一体。

在避暑山庄周围，环列于东部和北部山坡台上有八座寺庙，分别是溥仁寺、普乐寺、安远庙、普宁寺、须弥福寿之庙、普陀宗乘之庙、殊像寺、溥善寺。当时造庙是为了尊重各少数民族上层人物的宗教信仰，通过建寺以密切他们和清王朝的联系，于是在建筑风格上融合汉藏建筑的特点，成为各民族文化交流的实证。这些仿蒙藏地区的著名庙宇，环绕山庄周围，如众星捧月，成为山庄背景，由此再拓展到周围的崇山峻岭，构成约20平方公里的山水园林与庙宇寺观交织的壮丽景观，园林之美与环境之美浑然一体,雄浑磅礴,自然天成,层次清晰,野趣横生,被誉为东方第一大名苑。

二、玲珑秀美的江南私家园林

江南园林主要集中在江苏、浙江一带,尤以杭州、扬州、苏州为多,无锡、宜兴、常熟、南通、上海、海宁、宁波、绍兴也有私家园林,它们多建于城市之中,占地不大,园中亭台楼阁,配以山水花木,以素雅精巧,小中见大的风格取胜,巧美秀雅,体现出浓重的书卷之气。

它不同于燕赵的慷慨,楚汉的雄风,而是充满吴越的灵秀,许多专家对这种风格皆有点评,"其烟渚柔波之自然,其婉丽妩媚之气质,其人工与自然融合之天衣无缝,窈折幽胜,仍为苏杭等地之园林所无法比拟者"(刘策《中国古典名园》中汪礼《扬州瘦西湖》)。"瘦西湖是扬州风景区,它利用自然的地形,加以人工的整理,由很多小园形成一个整体,其中有分有合,有主有宾,互相'因借',虽范围不大,而景物无穷。尤其在模仿他处能不落因袭,处处显示自己面貌,在我国古典园林中别具一格。""苏州园林如宋词,纤巧精致;扬州园林像唐诗,清秀富丽;颐和园则像是汉赋,恢宏广博。"(陈从周《园林谈丛》)这些都可作为江南园林书卷气的佐证。再以园林布置为例,皇家园林、官邸园林、富商园林总是使用对联、匾额、书画等形式,但在内容上、风格上都有明显的区别,皇家园林总是夸耀安邦治国、文治武功的政绩;佛道圣地常常以参禅悟道,出世归隐劝诫世人;富商园林尽管附庸风雅,但总掩饰不住踌躇满志的得意和一本万利的希求;江南园林总是以聚友赏景,谈书论画为题、求的是吟风弄月的氛围,表现的是淡泊明志、宁静致远的意趣。如"水榭朝曦花带露,山房晚照柳生烟"(西园曲水),"碧瓦朱甍照城郭,浅黄轻绿映楼台"(熙春台),"朝宜调琴,暮宜鼓瑟;旧雨适至,新雨初来"(个园),"月作主人梅作客,花为四壁船为家"(何园),这里的对联几乎不带功利性,而是寻求返璞归真,尽情领略书卷氛围中的意趣。不仅仅于此,更重要的在园林的布局,山石的堆叠,建筑的构造,花木的配置都体现文人雅士的喜好意趣。

苏州园林中的拙政园、留园、网师园和环秀山庄,于1997年根据文化遗产遴选标准列入《世界遗产名录》,2000年沧浪亭、狮子林、艺圃、耦园、退思园也扩展进入《世界遗产名录》。世界遗产委员会对苏州园林评价为:"没有哪些园林比历史名城苏州的园林更能体现出中国古典园林设计的理想品质,咫尺之内再造乾坤。苏州园林被公认是实现这一设计思想的典范。这些建造于11—19世纪的园林,以其精雕细琢的设计,折射出中国文化中取法自然而又超越自然的深邃意境。"

三、凭海临风的岭南园林

岭南园林是有特点的,它们虽效法于江南园林和北方园林,却能将精美灵巧和庄重华丽集于一身，园林以山石池塘衬托，更结合南国植物配置，并以自身建筑的简洁、轻盈布置其间，形成岭南庭园的畅朗、玲珑、典雅的独特风格。

广东代表性的清代四大名园是顺德清晖园、东莞可园、佛山梁园十二石斋，番禺余荫山房。余荫山房建于同治三年（1646），东与瑜园紧邻，西与潜居、善言两祖祠紧贴相通。园内主体建筑四座，楼台馆舍与池苑相配合，小巧玲珑，含蓄幽邃，池北深柳堂绿树环抱，池南临池别馆，木雕石雕、玻璃瓷片装饰玲珑精致，四周八角池、玲珑水榭、花径、假山与绿荫如盖的高树、馥郁婀娜的鲜花穿插配置，虚实呼应，起伏曲折，回环幽深，隐小若大，真正是"余地三分红雨足，荫天一角绿云深"。

福建的住宅园林也是享有盛誉的，鼓浪屿这个仅 1.78 平方公里的小岛历来遐迩闻名，不仅因海岸曲折，山丘起伏，叶绿花红，如海滨的一块翡翠，更因其钟灵毓秀之地孕育了许多国家栋梁之材，引动多少名人雅士云集，他们依凭着日光岩的山石，沐浴着鹭海岭的风浪，生长于斯，客居于斯，于是以才华和灵感设计出一幢幢极有个性的别墅，弘一法师的了闲别墅、林鹤年的怡园、黄奕住的花园，以及汇丰公馆、延平戏院、亦足山庄、悬崖公馆、美华学校，一幢幢随势造型的奇巧建筑，正如琴岛上一个个音符，弹奏出海上花园和谐美妙的乐章。

走进鼓浪屿的领事馆区，这里错落着英国、美国、日本、荷兰领事馆的建筑，这使人想起近代史的屈辱，西方列强抢滩占地，随心所欲地修建公馆、别墅、教堂、商行，不过正是在他们互相争胜中，吹来欧洲建筑之风，不仅整体建筑带有浓重的欧美风格，而且柱廊、窗框、檐口、基座的线条处理和细部装饰也留下欧洲古典建筑样式，徜徉其间，不出国门却可领略欧洲建筑风光，这大概是殖民者始料不及的。

至于大部分华侨的建筑则都以中西合璧在鼓浪屿建筑群中独树一帜，其中面积最大、位置最显的是八角楼。这是台湾林鹤寿所建，美国郁约翰设计，在中国古典建筑风格中又糅合了巴勒斯坦、希腊、意大利风格。笔架山麓，八角楼十分显眼，圆顶是八面棱柱体，洁白如雪，巴勒斯坦清真寺的屋顶，希腊神庙的立柱，尤其是窗呈四面八方十二向，又置于乳白色八边形的八角平台上。庭院布置采取中式园林，直线曲线错综，方形球形结合，洁白朱红配置和谐，宏伟而流畅，自然而大方，成为鼓浪屿标志性建筑。

来到住宅区，一座座楼阁几乎都和主人性格相应。秋瑾故居，三层红砖西式公寓楼，拱券宽廊，花岗石压条，琉璃瓶件装饰，气宇轩昂，难怪她能孕育出"不惜千金买宝刀"的豪情。林巧稚故居，小八角楼，欧式建筑，拱券大小相同，檐线腰线均匀整齐，门楣上飞翔白鹤，周围缠枝花卉，宁静幽雅，似乎专为"不为良相，当为良医"的林大夫设置。林语堂故居两层别墅住宅，拱券宽廊，百叶门窗，线条堆叠的方柱柱头，玻璃镂空花格装饰，尤其是门楣上"立人斋"的匾额，使人窥探文学家复杂的内心。马约翰故居，朴朴实实的两层西式洋楼，开阔、简洁、线条流畅，充满了活力，这位体育教授正是在此奋力冲刺。有人说这些房屋与主人性格暗合,有人说是这些房屋造就了人物性格。

登上日光岩,举目四顾,鼓浪屿真美。它是一个小岛,周边碧蓝碧蓝的海水,通岛绿树环抱,名副其实的一颗海中翡翠,绿荫丛中无一幢高大建筑,只有一幢幢小巧玲珑、各具神态的别墅,既不拥塞也不巍峨,与小岛的天然灵秀相映成趣。

第三节
中国园林的空间布局

一、园林空间组合的先抑后扬

2000多年前,老子就说过:"埏埴以为器,当其无,有器之用;凿户牖以为室,当其无,有室之用。故有之以为利,无之以为用。"这是说罐子和房子真正有用的不是罐壁墙壁,而是里边的"无",即空间,广而言之,园林艺术真正价值在于园林空间。在中国古典园林建造中,十分注意空间的处理以及大小、开合、高低、明暗的变化。一般在进入一个较大的景区前,常有曲折、狭窄、幽暗的小空间作为过渡,以收敛人们的视觉和尺度感,然后转到较大的空间,取得"豁然开朗"的效果。这是"先藏后露"、先抑后扬、"山重水复""柳暗花明"的"抑景"手法。扬州个园、何园,苏州拙政园,无锡寄畅园无不注意这一构园方法。

以拙政园为例,此处原为一片积水弥漫的洼地,园林强调"随势造型",于是利用洼沼积水,浚沼成池,环以林木,建成以水为主的风景园。但不是一览无余,而是以松冈、山岛、竹坞、曲水的变化,以桥梁曲廊的连接,使拙政园形成东、中、西三部分,各具个性特色,又巧妙连为一体。

从"通幽""入胜"腰门进入东园,此处称为"归园田居",以田园风光为主,中间石峰"缀云峰",如巨大屏风,挡住游客视线,形成开门见山的奇效,又巧妙"障景",引人入胜。绕过此山有山岛、荷池、松冈、竹坞配景,主景"秫香馆",从"楼可四望,每当春夏之交,家田种秫,皆在望中"取意,营造出"避世淡泊"的主题,与"拙政园"——"筑室种树,灌园鬻蔬,拙者之为政也"的意思吻合。

如果说东园是序幕,中园则为高潮。中园称为"复园",以池岛假山取胜,是拙政园精华所在。它和东部以一道复廊隔开,打开复廊大门,站在倚虹轩旁极目远眺,只见池面宽广,景色秀丽,亭台楼阁,小桥流水,古树名木,尤其是巧借园外巍巍的北寺塔,更显得境界高远,庭院深深。这里的"远香堂"为主要建筑,以它为主,或远或近,或高或低,或大或小的厅堂馆轩疏密有致,错落有度,每一个厅堂都是景点的组成部分,都是极佳的观景点。尽管中部很大,但注意层次变化,第一景区以池岛假山为主,第二景区以荷花池水为主,第三景区以枇杷环绕的庭院为主,如果说将三景比成三个乐章,那就是"高山之巅""沧海之滨""天伦之乐",真是春秋多佳日,山水有清音。

西部"补园"是尾声,主体建筑为三十六鸳鸯馆,十八曼陀罗花馆。鸳鸯象征人间美满姻缘,曼陀罗花则是佛教西方极乐世界的延年益寿的吉祥物,这里既给人以温情脉脉的伦理气氛,又使人思想淡泊明志的人生哲理,巧寓着"人间天堂"的意境。

拙政园在院落的组合上舍弃了皇家园林的中轴线,打破了传统的对称格局,因地制宜,错落有致,疏密有间,追求诗文之意的舒展开合,起承转合,又寻求画意的远近高低,明暗虚实,这一切"虽由人作,宛自天开",完全契合"师法自然""天趣自然""率意天成"的美学理论,使园林体现自然、淡泊、恬静、含蓄的艺术特色,并收到移步换景、小中见大的观赏效果。这是以景区为单位,按它们的方位铺设的流动而又连续的观赏线路,向人们展开了一个有头有尾的连续画面,把各种园林景色组织到统一协调的气氛之中,引导观众从头至尾、有条不紊地进行观赏。如同看一出戏,有序幕,有发展,有高潮,是逐渐将美景推到游客的面前,无一览无余之直露,有含蓄变化之深邃。

二、园林空间安排的基本原则——壶中天地

"壶中天地"来源于《后汉书》,说市有老翁卖药,悬一壶于肆头,肆罢辄跳入壶中,好事者和他并入,见壶中"玉堂严丽,旨酒甘肴盈衍其中"。这壶天自春,无非说园林小中见大,远害避世,表现出文化的隐逸之气。

从南北朝开始,士大夫开始建园林,在狭小的空间内表现独有的趣味,以显示其造园技术的高超。中唐以后,"壶中天地"的境界已成为士人园林最普遍、最基本的艺术追求。白居易以诗歌记载这一原则,"未知席床前,方丈深盈尺"。"有意不在大,湛湛方丈余。"宋代苏轼对此十分欣赏,"不作太白梦日边,还同乐天赋池上。……此池便可当长江,欲榜茅斋来荡漾"。明清时期承继"壶中天地"格局,王世贞在自己园中建"壶公楼",潘允瑞《豫园记》载,在上海豫园入口处建一牌坊,曰"人境壶天"。扬州个园有一匾"壶天自春",其他"小盘谷""小蓬壶""小瀛洲""小玲珑山馆"在园林中随处可见。

如扬州的小盘谷,该园从韩愈《送李愿归盘谷序》取意,韩所写"太行之阳有盘谷",说"是谷也,宅幽而势阻,隐者之所盘旋",主人是借其名而现其意。韩愈所写"盘中之谷","窈而深,廓其有容;缭而曲,如往而复"。境界繁富多变,背景也相当深远。

"小盘谷"却在高墙环堵的闹市区,运用"园中含园""景外生景"之法,各种复杂的景观要素在"壶天"中成就出中和之美,在有限的天地表现出深远的意境。封闭的格局只能以布局紧凑、小巧玲珑取胜,园主以花墙将园分为东西两部,墙上的花窗又引景泄景,分之为二,又合而为一,似露还藏,似隔又连。而连缀两园的是砖雕的桃形门,门如垂桃,桃蒂在上,桃尖在下,如桃倒挂枝头,门廊以水磨砖拼镶而成,上方砖雕两叶,桃大叶小,似更夸大桃的丰硕。门内藤萝缠绕,迎春挂垂,似一天然的珠帘,而又比普通珠帘多了几分生气,此时你再看门额"丛翠"二字,真是恰到好处,点到人心。妙在门亭立一块丈二高的寿星献桃石,如一老者谦恭温和,笑容可掬,似已候你多时,奇思妙想,令人玩味不已。盘谷的建筑十分注意安排,亭台楼阁皆有,且注意配置得当,山顶有风亭,沿磴自可攀;水边有榭阁,入内自生凉;山麓造琼宇,曲栏环楼绕。曲廊连缀诸建筑,花窗掩映作背景,它的可贵在于以体量很小但十分完备的景观要素组合为完整的园景体系,在有限的天地内尽量增加空间形态变化。人行其中,明明只有几十步,但在在美景,处处佳景,使你目不暇接,让你拍案叫绝。因其小,就更要求精致,这里湖石堆叠的假山是远胜于别处的,清《江都县续志》称:"园以湖石胜,石为九狮,有玲珑夭矫之概。"确实,这里的假山中空外奇,说中空,石洞中很光亮,不注意处的石隙透现出一束束的光柱,聚集于洞中的石桌处,游人对弈、小憩皆宜。洞前一泓清水,波光盈盈,水十分的清,洞异常的静,这使人领略到"大园宜动观,小园宜静观"理论的极致。所以赵朴初称赞此处的叠石:"竹西佳处石能言,听诉沧桑近百年。巧叠峰峦迷造化,妙添廊槛乱云烟。"自然景人工景共同构成曲折不尽的空间层次。洞外的山实在叠得好,清雄而有古意,那叠石或如昂狮,或似蹲豹,或同卧虎,或像云涌涛立。夏日看,石间苔青似黛,草碧如丝。嘉木扶疏,芳花俏艳;冬日看,山头白雪皑皑,"九狮之状毕现",有跃跃欲腾,有沉沉酣睡,有悠闲嬉闹,有竞相追逐,自得其乐而又自成天趣。最趣者当为花柳明媚之朝,清辉圆满之夕,若是笼以烟雨,"帘外雨潺潺";若是掩以轻雾,"落月去清波"。竭尽变化的各种景观要素与竭尽开合萦曲的空间组合成一个极为有限又极为完整的天地。此时,鸢飞戾天者,经纶世务者能不望峰息心,窥谷忘返吗?

三、园林景观的空间审美

1. 观赏方法

景观线,即观赏风景的线路,是将园中佳景巧妙组织,能渐入佳境,又不重复雷同。景观线要曲折迂回,曲径方能通幽,步移景换,不断变化。内简外繁,引人入胜。景观的空间组合要有大小开合、高低、疏密、明暗。

观赏点,观赏风景有动观和静观两种形式。一般观赏点要看到风景点的近景、中景、远景,还可看侧景和全景,要有层次感、立体感、变化感。

特写景,园林中除布置大面积风景外,还应有风格独特、别具一格、小巧玲珑、精雕细刻的景物,这就是特写景。以小、精见长,目的是有利于游客观赏,丰富游客视觉,如特殊的植物、花木、盆景、叠石,水馆观鱼,碑刻雕塑,园林小品,如扬州小金山的枯木逢春。

2. 造景领会

引景,吸引游客前来游览,如山顶筑一亭子,游客必然想向山上登;岛中置一亭,游客必然想泛舟渡水去看一看;漏窗是通过泄景而引景,漏窗中一枝红杏过墙,必然引动游客透过漏窗入园详观。

点景,一说是点缀,比如漫游长堤之上,如果堤太长,会单调乏味,长堤中建一亭,作为点缀,必然调动游客游兴;二说是以一词一语点出景物特征和意境。三亚的天涯海角是点在海边巨石上的,西湖十景:平湖秋月、苏堤春晓、三潭印月是点在碑上的。其实两种说法又可融合,比如卢沟桥就是在桥头建一亭,内有乾隆题写的"卢沟晓月"碑刻。

借景,园林之妙在于借,就是把园外的景物巧妙组合到园内,以充实园内和空间,丰富园内景色,使园内外景色融会成一个整体。承德避暑山庄借了外面的山石景磬锤峰,还据此在园内修了一亭,康熙亲题"锤峰落照"匾额,于是内外呼应,成为康熙三十六景中的一景。再看这锤峰傍晚时倒影落入湖中,蔚为大观,于是借景成了实景。之后人们又将其和另外立于三冈之巅的亭"北枕双峰""南山积雪""四面云山"合在一起,四隅环立,遥相呼应,又成为造园艺术中对景的范例。借景有多种形式,《园冶》中有远借、邻借、仰借、俯借、应时而借等,好处是"物情所逗,目寄心期,似意在笔先"。

藏景,即园中园,可形成大中见小,小中见大的对比效果,丰富景色,引起游客的神秘感。

3. 自然美欣赏

动静兼顾,静观,审美者以静止方式,全神贯注,让自己的意念渐融入客体世界,可以静观静,用静止的方式审视静止的事物;以静观动,用静止之法审视动态的景物,便于捕捉到观赏的对象,通过静止人和动态物二者的位置差体会景物的动态美。动观,审美者以步行、骑马、乘车等方式欣赏自然物。以动观静,欣赏者通过角度位置的不断变化,造成所观察到静止景物也在运动,给予静止景物以动态的美;以动观动,就使动景在转瞬即逝中变幻莫测,扑朔迷离,有万里春光收不尽之感。

登高凭临,借助高处优势,将远方大范围的整体景观尽收眼底,使心胸开阔,心旷神怡。

注重对比,将自然事物不同景物的形态、声音、色彩对比,指出事物自身的特征;将虚实景物对比,具体实物清晰和虚幻朦胧模糊景物对比,使自然景色画面有了层次感、纵深感。

情景交融,对自然审美的过程中,加入人的情性,使自然人格化、情感化,使眼中的自然万物有人的思维、人的行为、人的情感。

4. 人工美欣赏

从社会意蕴中把握,人类的创造性活动中体现了审美要求,人工美必然蕴含着一定的社会生活内容。而且成为人类生活的背景,构成人类生活的物质世界,成为社会生活的一部分。它还让人们走进历史,探究其源头及演进。

从具体特征中欣赏建筑、书画、雕塑、工艺、园艺等,其内容主要表现于从各自的功能、技术、艺术上,从内容出发,可以领略到它们的具体特征。

从与自然的关系中领略,人文景观不是孤立的,它总是存在于一定的环境中,尤其是自然环境,一处看似并无独特之处的人文景观如果联系周围自然环境,就会大放异彩。

从生活风情中感受,既通过对人文景观的观赏去认识和体验某种社会生活,又通过体验生活风情更深入地感受人文景观当是旅游审美的重要方式。不同的地域,不同的民族,都有不同的生活形态,由此出发就会立体把握人文景观的外壳,更会感受到它的脉搏和血肉。

第四节 中国园林的特点

一、水道处理借鉴画理

中国的"智者乐水,仁者乐山"的伦理审美在园林中的表现即是对水与石的重视,故而有"地得水而柔,水得地而流""水令人远,石令人古"等审美理趣。引水造山在秦皇汉武时代就已经开始了。据记载,"始皇都长安,引渭水为池,筑为蓬、瀛"(《史记·秦始皇本纪》裴骃《集解》引《括地志》),"汉武广开上林……穿昆明池像滇河,营建章、凤阙、神明、驭娑、渐台、太液,像海水周流方丈、瀛洲、蓬莱"(《汉书·扬雄传》)。自秦皇汉武引水为池以来,历代园林无不重视水体在园林中的建设。正如《淮南子·本经训》曰:"凿汗池之深,肆畛崖之远。来溪谷之流,饰曲岸之际。积牒旋石,以纯修碛。抑减怒濑，以扬激波。"隋炀帝营建洛阳西苑时，尤重园中泉水。《隋书·食货志》载："（炀帝）开渠引谷、洛水，自苑西入，而东注于洛。"宋人刘斧在《隋炀帝海山记》中说西苑"内为十六院，聚土为山，凿为五湖四海……每湖方四十里……湖中积土为山，构亭殿，广袤数千间，又凿北海周环四十里，中有三山，设蓬莱、方丈、瀛洲，上皆台榭回廊。水深数丈，开狭湖、五湖、北海，俱通行龙凤舸，帝多泛东湖"（《青琐高议·后集》卷五）。可见，水网发达，水体形态变幻迂曲，水中景物丰富，水景与山体、建筑的配搭巧妙，这一切都表明水体在园林审美中具备了组织庞大园林空间和无数自然、建筑景物的艺术功用。

像这样引水为池，又在池中造山的做法，为后世园林广为效法，发扬光大。南北朝时的士大夫园林，注重对山川景致、自然风光的赞赏，多利用现有山林，选择天然山水形胜之地稍加疏理整治，构筑修葺而造园。如历史上的金谷园、始宁别墅、辋川别墅、庐山草堂，都是如此。但是自"唐贞观、开元之间，公卿贵戚开馆列第于东都者，号为千有余邸"（李格非《洛阳名园记》）以来，历朝历代的宅第园林绝大多数都是修建在富贵繁华的通都大邑。要在远离自然形胜的都会建园，除了对园址的山水风物加以有效的利用以外，大量的山石、泉池、花木等自然景观都得靠人工的努力。于是，堆山叠石，掘地疏泉，莳养花木，就成为城市起山林的关键。于是"搜尽奇峰打草稿"，将自然山川微缩于园林之内，泉水与山石在园林艺术中发展到巧妙地融为一体的境界。《旧唐书·李德裕传》说他"置平泉别墅，清流翠筿，树石幽奇"。据王谠《唐语林》卷七的记载："平泉庄在洛城南三十里，卉木台榭甚佳。有虚槛引泉水，萦回穿凿，像巴峡洞庭、十二峰、九派，迄于海门江山景物之状……怪石名品甚众……有礼星石，狮子石，好事者传玩之。（原注：礼星石纵广一丈厚尺余，上有斗极之象，狮子石高三四尺，孔窍万千，递相通贯，如狮子，首尾眼鼻皆全。）"李德裕在《思平泉树石杂咏》之四《叠石》中也曾描述此景说："潺湲桂水端，漱石多奇状。鳞次冠烟霞，蝉联叠波浪。"在一个园林中把长江的三峡及其十二峰，洞庭湖及其众多支流，直到长江口的江山景物都形象地表现出来，而且波浪层叠，蝉联而下，真正是"一勺可见江湖万里"了。可见中唐园林理水已达到了相当高超的艺术成就。

中国园林中之所以喜欢用水，是因为山石是园林的骨骼，水泉是园林的血脉。要造好园林，疏水引泉是重要的。水给人以清新、明净的感受；给人一种亲切感，愿意与它接近；水势富于变化，兼具动静抑扬之美。水面随园林的大小及布局情况，或开阔舒展，或潆回幽深，使空间延伸、变幻。当山石、植物与水的蔓延流动的神态结合在一起时，更觉得自然而富有生气；而水面五彩缤纷的倒影和跳动着的山泉、水瀑、浪花总敲打着人们的心弦，令人欢快，富于想象……因此，人愿意与水交往，园林建筑也愿意与水接近。

在西方园林中,除瀑、池、塘、河等的处理外,水的处理手法是不多的。中国却不然,以避暑山庄为例,我们就可见到诸如"涌翠岩""澄泉绕石""隐闸成榭""风泉清听"等景色,以及水绕岛环、水盈岸低、木桥渡水、苇蒲丛生、荇草涛水等情景。这些都是围绕水而排理成的美的境界。现在尚存的古代名园,不少就是引水凿池或巧用水景而建成的。例如,隋开皇十六年(596),当时任临汾县令内将军的梁轨,引距州城30里的鼓堆泉水,开凿十二条渠道灌溉农田,并将一小股泉水引入衙署后院,蓄为池沼,建亭台,植花木,辟为园池。这就是山西绛守居园池。宋仁宗庆历四年(1044),诗人苏舜卿因事遭谴,削职为民,退居苏州,购得五代广陵王钱元臻的别墅故址,理水建亭,修成了以水景取胜的"沧浪亭"园林。元太祖二十二年(1227),元朝汝南王张柔由满城移镇保州(今保定),役使大批由江南掳来的工匠,凿塘挖池,引城西北鸡距泉和一亩泉之水,种藕养荷,构筑亭榭,建成园林,名谓"香雪园",后因荷花繁茂,又称"莲花池"。时人郝经在《临漪亭记略》中称赞说:"虽城市嚣嚣,而得三湖七泽之乐,可谓胜地矣。"

中国园林理水又分为集中理水和分散用水两种。即中小型庭园的水面常采用集中理水的方法处理,在庭园中常以不规则的水池为中心,沿水池四周环列布置建筑物,形成一面向中心的内聚格局,使有限的空间产生出密切、幽静、畅朗、水态丰盈的效果。如网师园占地仅9亩,但中部以开阔水池为中心,环池配以亭阁轩廊和山石花木。著名学者钱大昕十分赞赏其理水艺术,"地只数亩,而有行回不尽之致;居虽近廛,而有云水相忘之乐"。大中型园林则采用分散理水之法,即将水面化整为零,分隔成若干个相互连通、大小不一的水面环境,称为"水局",以水为题,以水取景,水陆萦回、山岛间列、小桥凌波、烟波浩渺,造成迂回曲折、扑朔迷离的美感。这方面扬州瘦西湖堪称典范。

扬州瘦西湖不同于杭州的西湖,仅水面面积就有5.66平方公里;不同于苏州、无锡,可借36000公顷的太湖;也不同于南京玄武湖的开阔。扬州瘦西湖原是一条城河,袁枚说它"长河如绳宽不过二丈许"。但是扬州园艺家却在这长河之上,重新安排出妙景佳境。一是拓宽水面,或用葑泥堆土石于湖中,如小金山;或将葑泥堆成小汀,如西园曲水中的琵琶岛;或在湖中设湖,如瘦西湖中荷浦熏风,即用湖泥围池,外围东西为瘦西湖的湖水包围,而中间北首堆成土阜,建造小亭,南部则挖池种荷;或以长渚伸入湖心,如钓鱼台。经人工精心处理河道后,湖中处处变化,富有情趣。二是发挥河道曲折变化的特点,从便益门开始,河道由东向西,到西园曲水由南向北,到小金山又由东向西,到二十四桥再由南向北。中间又有不少汊河,如到冶春园处,向南有小秦淮河;到问月桥处,向北有凤凰河;到西园曲水处,向南有丁溪;到四桥烟雨处,向北有长春河。这样在水转折处,多是三折、一来、一往、一可望,曲折逶迤,或收或纵,虽是狭河,却显出水道的宽阔。这就是袁枚所称赞的"水则洋洋然回渊九折矣"。三是所有景点皆傍湖而建,一面临水,一面傍路,景点间相互照应,各呈其妙,形成扬州瘦西湖显著的特色:集景式滨水园林群。而在每一转折处都是比较大的景区,如西园曲水、小金山、二十四桥三大景区皆在湖道转折处的"顶点"上。当两景相距较远时,或用点景,如"长堤春柳"亭;或用桥作束腰,如五亭桥就如瘦西湖的一根美丽的腰带;或在河傍岸边间植桃柳,将诸景连成一片。在"赋工属役,增荣饰观,奢而张之"之后,形成了"两堤花柳全依水,一路楼台直到山"的效果。"无水而有水意,无山却有山情。"这是中国艺术"意到笔不到"的表现方式在园林中的运用。

二、山石堆叠深邃幽静

筑山是造园最重要的因素之一,中国的叠石艺术千变万化,是一种抽象的形式美,为他国所无,叠石艺术成熟于南方,尤其是江浙一带,特别是江苏,因江苏无山,因而刺激了园艺师以假乱真,以虚代实。江苏明清之际造山艺术已趋于成熟和普及。计成《园冶》中"掇山"一节,就曾以扬州园林为例,列举了园山、厅山、楼山、阁山、书房山、池山、内室山、峭壁山、山石池、金鱼缸、峰、峦、岩、洞、涧、曲水、瀑布17种形式,总结了明代扬州造山技术。

苏州狮子林原为寺庙园林,元代天如禅师特邀著名画家倪瓒设计图样,后依倪瓒画就的《狮子林图卷》定下基调,该园在1公顷的园内以湖石叠砌的假山形成群狮盘峰的意境,素有"假山王国"之誉。

很多人欣赏园中假山似狮子,不无道理,因佛国狮子受到佛祖佛经的感化,泯灭了兽性,通灵成精,化作神狮,成为佛国之兽,作为佛的坐骑,至各名山游历传教。因此很多游客入狮子林后都以寻狮为乐。确实狮子林中太湖石自身玲珑俊秀,大大小小,各具姿态,多数像狮形,也有似蟹鼋、鱼鸟,千奇百怪,难以名状。但更重要的是该园假石堆叠的整体风格,其山形大体分为东西两部分,各自形成一个大环形,外部看去,峰峦起伏,气势雄伟,很像一座深山老林,石峰底下却又全是石洞,显得处处空灵,高下盘旋,连绵不断,具有岩壑曲折之幽,峰回路转之趣,既可登上山峰,亦可翻入洞穴,正憾山重水复疑无路,又赞柳暗花明又一村。在山中徜徉,刚刚相向而来,忽又背道而去。可隔洞相遇,可望而不可即,左弯右曲,盘旋往复,半天也难绕出来。宛如诸葛亮摆下的八卦阵,又似梁山人误入祝家庄的盘陀路。正如天如禅师《狮子林即景》:"人道我居城市里,我疑身在万山中。"这种"内实外空""外实内空"的综合使用,如石涛《画语录》所赞"一峰突起,连岗断堑,有胎有骨,有开有合",确是符合"峰与皴合,皴自峰生","依皴合缀"的画理。

北京北海静心斋的假山采取分峰造石之法,所谓分峰造石即根据不同的石材,堆叠不同的山峰,辅以花卉树木,形成一处处个性鲜明的山景,而又要将诸多山景汇于一园,相互映衬,相互比照,给人以"一石则见太华千寻"的美学感受。未入园门,只见修石依门,筱竹劲挺,两旁花台上石笋如春笋破箨,缕缕阳光把稀疏竹影映射在园门的墙上,既使人想到绿竹漪漪满园栽的盛景,也使人领略到构园者的高风亮节。构园者虽未特别指出,但抓住最能体现春意的竹、石笋,以竹石和谐相配,游者从中获得的必然是欣欣向荣、朝气蓬勃的审美感受。

过春景,首先映入眼帘的是夏山,全是用太湖石叠成,秀石剔透,夭矫玲珑。步入曲桥,两旁奇石有的如玉鹤独立,形态自若;有的似犀牛望月,憨态可掬。抬头看,谷口上飞石外挑,恰如喜鹊登枝,笑迎远客;远处眺,山顶上群猴嬉闹,乐不可支。佳景俏石,使人目不暇接。过曲桥入洞谷,洞谷如屋,深邃幽静,左登右攀,境界各殊。山涧侧畔,广玉兰亭亭玉立;檐前阶下,芭蕉绿上窗纱。人行其间,只见浓荫泼洒,绿影丛丛,真是眉须皆绿了。

秋山最富画意,山由江南黄石堆就,其石有的颜色赭黄,有的赤红如染,其势如刀劈斧削,险峻摩空,山隙间丹枫斜出,曲干虬枝与嶙峋山势浑然天成;山顶飞亭翼然,登峰远眺,群峰低昂,岚烟飘隐其中,虽是咫尺之途却有百里之景的磅礴气势。

如果夏景是以清新柔美的曲线的太湖石表现秀雅恬静的意境,那么秋景则以黄石粗犷豪放的直线表现雄伟阔大的壮观。一具北方峰岭之雄,一兼南方山水之秀,险峻、秀美风格迥异,却又在咫尺之内以楼前立体串楼相连,浑然一体而不突兀,和谐统一极富诗情画意。从黄石东峰步阶而下,过"透风漏月"厅,是用宣石堆起的冬景。宣石中含有石英,迎光闪闪发亮,背光皑皑露白,无论近看远观,假山上似覆盖一层未消的残雪,散发着逼人的寒气。山畔池旁,冬梅点点,疏影横斜,暗香浮动,"霜高梅孕一身花",真是"春夏秋冬山光异趣,风晴雨露竹影多姿"。

三、建筑灵秀精在体宜

"凡园圃立基,定厅堂为主。"园林中每个部分、每个角落无不受到建筑美光辉的辐射,园林是把建筑艺术变相地应用于现实的自然环境,融于自然,表现自然,巧妙地处理了形与神、景与情、意与境、虚与实、动与静、真与假、有限与无限、有法与无法的种种关系,一切设置都是人与自然的情感交流。可以说园林是建筑的延续和扩大,而建筑可说是园林的起点和中心。现代西方流行"为人而不是为物的建筑",中国园林一直致力于创造出一个"便于人的活动更富有快感的环境"。

1. 壮美与秀美的结合

南京瞻园以苏东坡"瞻望玉堂,如在天上"取意,建筑面积达4260平方米,是南京仅存保持完好的明代古典园林建筑群,属皇家园林,有石坡、梅花坞、平台、抱石轩、老树斋、北楼、翼然亭、钓台、板桥、梯生亭、竹深处等著名十八景,享有"金陵第一园"的美誉。主体建筑"妙静堂"是鸳鸯厅建筑,堂分两部分,南部的建筑格调清新淡雅,小巧玲珑,常用于接待女宾;北部的建筑格调粗犷豪放,雄奇伟岸,常用于接待男宾。这种同一建筑风格迥异的现象应该不和谐,但由于自身体量的巧妙和周边环境的匹配,这样壮美秀美比照鲜明,宛若天成。如楹联所言:一表豪放,"大江东去浪淘尽千古英雄,问楼外青山山外白云何处是唐宫汉阙?"这是从功业角度,说明英雄当以国事为重,建功立业为能。一表柔情,"小苑春回莺唤起一庭佳丽,看池边绿树树边红雨此间有舜日尧天。"这里从天伦角度,说明无情未必真豪杰,天伦之乐,游赏之趣亦是人生乐事。

2. 动观与静观的结合

中国园林,特别是规模较小的园林,布局的基本方式是:山—水—建筑。建筑面对山水,既突出了山水景观,又获得了良好的观赏条件。建筑集中布置,既使自然空间开放、明朗,宜动中观;又使建筑空间封闭、曲折,宜静中观。有动有静,形成对比,实用功能与艺术观赏两方面兼顾。

大院宜动中观,小院宜静中观。苏州留园为清代园林,结构紧凑,富丽堂皇,每一处建筑都独具匠心,动静方面处理极有特色,如从门厅到中部花园入口处的腰门,是一条50多米的过道,这是给游客"动观"的,一条过道上,先有小天井,用以采光、通风、漏水,天空的云朵,飞翔的小鸟给静态的建筑增添生意、活气,天井后是轿厅,继而弯曲过道之后是两个蟹眼天井,种一些瘦竹,给昏暗的过道引些许亮光。然后又是天井,花台上种玉兰、桂树、石笋,暗寓金玉满堂之意。此时到了敞厅,这里小大、明暗、放收处理得恰到好处,点到人心。

而到石林小院,则以石额点明"静中观",因该院南北长仅29米,东西宽不过15米,不足500平方米的空间,园主居然将其隔成6个小院,互相沟通,由于层次丰富,院外有院,景中有景,因此给人感觉是院越隔越大,主建筑"揖峰轩",红木菱花门窗上蝙蝠、金钱、万字图案精美,轩内有两桌,一桌围棋棋盘,一桌象棋棋盘,此地小桌子形同七巧盘,可分可拆,小方桌可院中拜月,亦可墙角放花盆、茶具。静坐轩中,静心观赏,胜境妙不可言,比如一奇石鹰斗猎狗峰,实际上是借用南面小亭的漏窗,构成对景、漏景、框景之法,使人在小的空间中不感壅塞,而觉开朗。

3. 大与小的结合

中国的园林建筑常采取"以大化小"的方式,把绝大多数的建筑物集中为许多小的群组,有机地分散配置于园内山与水相结合的自然空间内,从而创造了一系列丰富多彩、性格各异的园林景观。如圆明园100多景,就是山复水转,层层叠叠的上百处自然空间,每个空间都经过精心的艺术提炼加工,体现某种特定的意境,形成一座独立的小型园林,"园中有园","景中有景"。这些园景变化多姿,各有其妙。或背山面水,如上下天光,镂月开云;或左山右水,如柳浪闻莺、接秀山房;或面湖临溪,如澹泊宁静、九孔桥;或叠石临湖,如杏花春馆、紫碧山房;或前有山障后临阔水,如湖水远望、一碧万顷;或山间环抱,如武陵春色等,丰富多彩,美不胜收。

寄畅园为无锡明代园林,仅15亩,但以山麓别墅园林而著称。从王羲之"寄畅山水荫"取意。该园大与小结合得很好,它是锡惠公园的园中园,其中秉礼堂又是寄畅园的园中园,它采取"隔景"之法,将园林大空间隔成若干个小空间,每一空间都进行精心布置,使之各具个性,面积虽不到1亩,却有厅堂、碑廊、水池、花木、石峰,互相借景,精在体宜,无论从何角度去看都是天然图画。可贵者它尽管自身体量小,但善于借景,在锦汇漪前,仅一个大水池,但锡山顶上的龙光塔既在视廊之内,倒影又在水池之中。不可即却可望,造成游客的错觉,以为此园天高地阔。而八音涧则是幽深、狭窄的空间,处在锦汇漪之旁,长36米,深2.6米,宽0.6~4.5米,但将二泉泉水通过暗渠导入涧中,化为流水之叠,人在涧中行,水绕脚边走,倾听泉水叮咚,体会明月清风,虽抑制了一视线情绪,但到锦汇漪时豁然开朗,一瞬间天地开阔,由于先抑后扬,以"藏景"弥补其小,又以"借景"开敞其大,使人体会到中国造园之法中"景愈藏则境界愈大"的妙处。

4. 虚与实的结合

德国大诗人歌德说过:"建筑是凝固的音乐。"其实建筑之中不仅有音乐而且有诗画。中国园林建筑不论平面立面都非常重视音乐、诗歌、绘画韵律的组合,有序曲、前奏、高潮、尾声。有高、低、虚、实、扬、抑的照应。

瘦西湖小金山麓有一组建筑琴棋书画轩。琴室临水而建,门前垂柳依水,古人常在此面水弹筝,对联是"一水回环杨柳外,画船来往藕花天",一派"杨柳岸,晓风残月"的意境。此是春景;棋室前为一株老梅,室内两方棋盘,冬日阳光透过蜡梅,花影溢香,在其中品茗对弈,岂不应了"宝鼎茶闲烟尚绿,幽窗棋罢指犹凉"的佳话。此为冬景。本樨书屋置身于木樨(桂花)之中,书房内多宝架书卷溢彩,纸墨生香,这是秋景。

造园者构园造景时,巧妙地突出琴棋书,而画室却无。但当你顺着琴室、棋室、书屋的走廊向前时,自然就到了月观。构园者深知文人通过赏月才能诗情大发,而扬州素有"天下三分明月夜,二分无赖是扬州"之说,于是面东临湖建水榭式建筑——月观,每逢望日,文人雅士在此吟诗作赋。尤其是中秋之夜,木樨盛开,打开月观后窗,天边东升皓月,悬挂柳梢,与湖中月影相互交辉。水明、灯明、月色明;茶香、酒香、木樨香。此时你才恍然大悟,原来琴棋书是明设,画是暗点,如果有画室反而索然无味了,只有前实后虚,才为人们留下想象的余地,这正是诗画中虚实结合、以虚补实手法在园林中的运用。

5. 主与从的结合

有主有从是艺术创作的一般规律。主从分明才能有重点,有中心,平铺直叙必然平淡乏味。园林创作也是这样,在大的自然风景区中,自然山水的骨架已为人们安排好了景观上的主次关系,园林规划与建筑布局的任务在于使主景更加突出、醒目,使次要的景观各得其所,主次之间彼此呼应、连贯,相得益彰而组成园林艺术的整体。在小范围内造园,为丰富景观效果,也要使景区有主有次,建筑物有主有从,以形成有特色和重点。如苏州虎丘处处注意主和从,沿游览山道西侧顺山势建有拥翠山庄、台地小园林,路的尽端有一片开阔岩石台地,北部有陡峭的峡谷、山涧、剑池,沿山坡上下,依势建有石亭、粉墙及其他游赏和寺庙等建筑物,建筑处于自然景观之间,成为一处处的中心和亮点,而山巅高处耸立着八角七级的云岩寺塔(虎丘塔)作为结束,造型雄浑古朴,形象突出,控制了整个园林景域,很自然地成为全园的重点和高潮所在。

6. 中与西的结合

中国传统建筑有中西兼容并包的文化特征。园林中楼阁塔、密檐塔的出现显然是中国固有建筑文化和印度建筑文化融合的结果。元代藏传佛教建筑在中原兴盛起来,中国传统建筑文化以兼容并存的形式再次扩充它的构成:北京妙应寺白塔是当时尼泊尔工匠设计的,后来它的倩影又在北海琼岛重现,成为北京的标志之一。承德的外八庙更是典型的多种建筑文化的融合结晶。颐和园的石舫,名为清晏舫,原有中式舱楼,被英法联军烧毁。光绪十九年(1893)改建成洋式舱楼,两侧加两个机轮,舱楼为木结构,花砖铺地,镶五色玻璃窗,别具情趣。

我国大量庙宇,在彩绘、雕塑等多种装饰乃至建筑外观上,似乎并不一定遵循某一种宗教主题。如在道观中塑有佛教人物形象,在孔庙里出现了佛、道甚至民间传说人物等,这些均是中西包容观念的反映。

圆明园是世界上无与伦比的园林建筑的奇珍,也是我国古典园林艺术发展的高峰。包括长春园和绮春园(万春园)在内,通称圆明三园。三园外围周长约20里,面积总计5200多亩。这里原是明代故园,康熙四十八年(1709)赐给皇四子胤禛(后来的雍正帝),占地300亩。雍正即位后,从1725年起大肆兴建,扩大到3000亩,造景28处。乾隆即位后继续扩建,到1745年又造景40处,命宫廷画家按景绘图,并亲自题诗,从流传到现在的图和诗可以想见圆明园当时的盛况。以后嘉庆皇帝收并了西面几个赐园,道光皇帝又陆续兴建,从创建以来经过150多年的建设,形成了惊人的巨大规模。三园共构筑各类木石桥梁100多座,风景点140多处,楼台亭榭、轩廊馆阁等建筑面积计16万平方米,比故宫还多1万平方米。它不仅继承发展了我国传统的园林建筑艺术,创造性地吸收和借鉴了南北名园的胜景,集我国古代造园艺术精华,全国无数能工巧匠,因地制宜堆山导水,以园中有园的艺术手法,将诗情画意组织于变化万千的景象之中。而且还包括了西洋建筑的特色。乾隆在1760年按欧洲巴洛克形式建成大水法十景,俗称西洋楼。园内建筑陈设豪华,并收集了全国罕见的文物、珍宝和图籍。所以当时欧洲的有关文献盛赞它是"万园之园""人间天堂""一切造园艺术的典范"。包括谐奇趣、大水法、海晏堂三组大型喷水池在内的一组特殊景区——西洋楼,为我国园林艺术发展增添了新的色彩。

圆明园通过法、意等国传教士王致诚、郎世宁、蒋友仁诸人的信函来往被介绍到欧洲,18世纪的欧洲园林建筑,正流行着严求中轴对称、匀齐的规则式的所谓"勒诺特"风格和单纯抄袭、模仿自然环境的所谓英国自然式风格。当圆明园的独特宫苑园林风格传到欧洲,犹如空谷足音,引起强烈反响。法国传教士王致诚在一封著名的信中详尽地描绘圆明园后说:"中国人在建筑物方面所表现的千变万化,复杂多端,我唯有佩服他们的天才宏富。我们和他们比较起来,我们不由不相信,我们是又贫乏、又缺乏生气。"他批评勒诺特风格的极端程序化,反对那种"什么地方都需要划一和对称,不许有独立自主的东西"的建筑风格。英国皇家建筑师张伯斯对中国园林艺术也高度推崇,他两度游历中国,回国后著《东方园林》一书,介绍中国园林艺术,他还为肯特公爵设计欧洲第一座所谓"中国式园林",成为冲击"勒诺特"式风格传统的一股潮流。

第五节 中国园林的文化传统

一、崇尚自然

计成《园冶》中"虽由人作,宛自天开"的理论一直作为后来建园者的圭臬。中国园林中的精品无不是构园者通过遍游名山大川后,"搜尽奇峰打草稿",缩龙成寸以后的再生。而崇尚自然不仅是对山水的原封不动地照搬照抄,而是提炼概括,加入源远流长的文化因素和造园者自己主观感情的再生。这就是"外师造化,中得心源",是宋人所说"迹近自然"。而观赏者,尤其是大城市的游客,在长期的钢筋混凝土的森林中穿梭厌烦后,无不向往大自然,希望在自然山水中变换生活节律,获得身心的放松和愉悦。

我国古典园林属于写情自然山水型,即以客观存在之模山范水为蓝本,经过艺术的加工提炼,按照特定的艺术构想,"移天缩地"在有限的范围内,将水光山色、四时景象,贵贱僧俗等荟萃一处,"纳千顷之汪洋,收四时之烂漫",以借景生情,托景言志,以情取景,情景交融,使人足不出户而领略多种风情,于潜移默化中受到大自然的陶冶和艺术的熏陶。

造园追求"三境",生境——良好的生活环境;画境——景观如画,园林如诗如画,使人感到高雅、乐趣;意境——园林客观的境,与主人主观的意相合,成为园主和造园者情感和理想的表露,有了个性风格特点。

二、"忧患"传统

儒家人生哲学认为,人生是艰难的,社会是复杂的,"穷则独善其身,达则兼济天下",应以历代先贤、志士仁人为榜样,始终保持忧患意识,用坚韧不拔的毅力,锲而不舍的精神去积极进取。儒道哲学都具有深刻的忧患意识,应该通过"太上立德,其次立功,其次立言"的三不朽哲学弥补人"生而有涯"的缺憾。如苏州顾炎武故居、五人墓碑园、天平山等园林,都表现出浓厚的忧患意识。

三、"比德"现象

古代汉民族的类比思维,常见的主要在"天象""地法""人事"之间的类比,在该种思维中,有一种叫作"观物比德",在上古运用十分普遍,《论语·庸也》:"子曰:智者乐水,仁者乐山。智者动,仁者静。智者乐,仁者寿。"可知"水"是类比智者、"动""乐"之德的。比如开封的龙亭原来是宋代皇宫御苑的一部分。南边的潘杨湖,面积有25公顷。东边是潘家湖,湖水混浊。西边是杨家湖,湖水清澈。相传东边是宋初奸臣潘美的住宅,西边是忠臣杨业的住宅,一忠一奸,所以湖水清浊分明。这当然只是传说。其实这里原是宋金故宫,明周王府旧址,明末水淹,这里地势低洼,积水成湖,西湖水流畅通,所以清,东湖水源不足,排水不畅,所以混浊。

四、重文传统

中国古典园林或文人所建,或主人延请文人为其增色,通过欣赏中创造的"文化",诗词歌赋,书法绘画,楹联匾额,给园林山水增辉,而他们的文艺作品也与天地同寿。这是中国文人希望通过诗文书画展示自己的才华,抒发自己的情感,这情感既有积极用世,更多的是消极遁世,抒发名士的牢骚。这既是对黑暗的现实抗议,也是与"秋风催老梨花落"的无情时光的抗衡。

五、尚古传统

珍惜自己民族的历史,宠爱先辈留下的遗迹,中华民族从古至今都重现传统文化的保护和传习。儒家以信而好古著称,孔子推崇周的礼乐制度,发出"郁郁乎文哉,吾从周";道家也尚古,庄子就发出"旧国旧都,望之畅然"的感慨。而历代造园者总是尚古的,清袁枚建造随园时并非凭空建造新园,而是买的康熙年间江宁织造隋赫德的旧园,原因是尚古,一尚古园之古树,他说,"名园易得,古木难求",看中的是园中古木峥嵘;二尚古名,"随园"本"隋园",是隋赫德的姓,他不改音,却巧借意说,"随其高为置江楼,随其下为置溪亭,随其夹涧为之桥,随其湍流为之舟,随其地之隆中而欹侧也为缀峰岫,随其翁郁而旷也为设宧窔,或扶而起之,或挤而止之,皆随其半杀繁瘠,就势取景,而莫之夭阏者,故名曰'随园'";三尚环境,随园地处小仓山,地势很好,当时金陵之胜,南有雨花,西南有莫愁湖,北有锤山,东有冶城,东北有孝陵、鸡鸣寺,只要登上小仓山,诸景隆然上浮,尽收眼底。袁枚尚环境,实际是崇尚最初造园之人的目光。

今人尚古,一是表现在对历史上的园林趋之若鹜,希望了解景观的来龙去脉,追本溯源,而当地的旅游工作者总是自豪地津津乐道,如数家珍般向游客介绍古代的一草一木,一房一石;二是表现在对现存的古典园林,责成政府部门保护,对兵燹战乱毁灭的历史园林要求原样恢复,如北京圆明园的恢复、故宫及御花园的大修;三是即使旅游开发中的仿古街、仿古城、仿古园、仿古楼乃至仿古旅游,尽量是将历史记载的园林具体化,使虚变实,使今若古,但群众仍愿意去观赏,折射出旅游者的尚古情节;四是对于古园林周围砌高楼,修索道,一片反对之声都是尚古意识的反映。

第六节

中西方园林文化比较

一、中西方园林文化的相同

1. 中西方都将美妙的园林看成是人间天堂

中国有名言:"上有天堂,下有苏杭。"如果说杭州的自然风光占去一半位置的话,那么苏州则大半是人工化的园林了。私家园林已体现了"天堂"意味,那皇家园林更不待说了。在中国,从汉到清,整整 2000 年时间,皇家园林里总要造上蓬瀛三岛,那便是神仙居住的所谓长有长生不老药的地方。这与西方的观念是相似的。因为英语中"天堂"这个词来自古希腊文的 Paradeisos,这个词又来自古波斯文 Pairidaeza,意为"豪华的花园"。"豪华的花园"等于"天堂",这种观念几乎全人类都是相同的。

2. 中西方都将园林看作是权力的象征和政治的情感寄托

中国的皇家园林体现的是小园林、大中国的构想,如颐和园、避暑山庄,简直就是缩小了的中国版图和中国景观集萃,充分表现了皇帝的无所不能、独霸江山的权势。西方的代表是法国路易十四时代的造园艺术,它典型的映照了那个"朕即国家"的绝对君权制度,凡尔赛宫及其园林就是这样的典范。中国是收尽全国名胜于一园,西方则是将豪华而又技术性很强的东西,统统搬入园林中,借此炫耀自己。这些都是相同的。

二、中西方园林文化的差异

1. 炫耀方式截然不同,这主要指皇家园林

中国皇帝的观念是曹操式的"宁叫我负天下人,休叫天下人负我"。所以在园林中,皇帝是独享游览大权的,其他人只能作为随从或侍卫,不能同他一起享乐、一起观赏。凡有碍皇帝尊严、危及皇帝安全的树木、假山等,也都得扫除与摒弃,如北京故宫后花园古树稀少,这就是主要原因。西方的国王和大贵族的园林观念不同,他们认为那是讲排场、比富豪的地方,所以,他们将园林搞得很整齐,空地很大很多,以便举行酒会、宴会和舞会等。路易十四曾要求凡尔赛花园里能同时容纳7000人玩乐。届时,摆酒宴、放焰火、开舞会、演戏剧,天天车水马龙、热闹非凡,像过节一般。他自己则因是这一切活动的中心和指挥者而洋洋得意。所以圣西门公爵在回忆录中说,路易十四造凡尔赛花园是"为了玩,不是为了美"。以后就有人批评凡尔赛花园只适合于炫耀国王的威严,而不适于在里面悠闲地散步、思考和隐居。

2. 寄托的理想与愿望不同,这主要指中国的私家园林

西方人想将园林作为美的标志,作为散步、思考和隐居的好去处,这在西方的近现代才得以实现,但在中国,却一向如此,中国的私家园林就是闲静、优雅、曲折、含蓄,它实际就是中国士大夫和一般人的处世哲学和文化审美态度的体现。而那些在官场上失意、仕途上坎坷的士大夫和文人,他们更将园林作为隐身之处,标榜"归来"和"隐逸",其实仍是一种政治态度和相应的道德评价。

三、中西方园林布局的差异

1. 突出自然风景还是突出建筑

中西方古典园林在总体布局上的一个最大区别,就在于突出自然风景还是突出建筑。

以法国宫廷花园为代表的古典主义造园艺术的突出特点,就是在平面构图上强调园林中部的中轴线,园林内的林荫道、花坛、水池、喷泉、雕像、小建筑物、小广场、放射形的小路等都围绕着这根中轴线,强调围绕这根中轴线来进行布置。在这根中轴线高处的起点上则布置着体量高大、严谨对称的建筑物,建筑物控制着轴线,轴线控制着园林,因此建筑物也就统率着花园,花园从属于建筑物。显然,这种园林的基本指导思想来自理性主义,是"强迫自然去接受均称的法则"。

我国的园林则走着相反的道路。一般以自然的山水作为园林景观构图的主体,园林植物配合着山水随势相宜地自由配置,道路萦回,穿插于山水、花木、建筑之间,建筑只为观赏风景和点缀风景而设置,以形成富有自然山水情调的园林艺术效果。中国人建造园林是为了追求"林泉之趣""田园之乐",这种"趣"和"乐"只有令人神往的自然山水才能给予他们,人工建设的结果,只能是更加强自然环境整体的美,突出自然的美。为了要有所取,就要有所予。园林建筑这种人工因素与自然因素之间,从素质上看有对立的一面,但是如果处理得好,也可以统一起来。可以在自然环境中增添人情味,增添生活的气息。作为一个风景建筑,它跻身于大自然的环抱,成为它的一员,当然不应成为一个高傲的游离于景区的"不速之客",而应有其恰当的"身份",应成为整体环境中一个协调、有机的组成部分。这种自然美与人工美的高度统一,正是中国人在园林艺术上不断追求的境界。

在一些风景游览区中,"山水为主,建筑是从"这一点十分明显。与大自然相比,建筑物的相对体量与绝对尺度,以及在景物构成上所占的比重,一般说来都是很小的,只处于从属的点景地位。在这种环境下,建筑布局强调"依山就势""自然天成",它们穿插、点缀在自然景色之间,起着画龙点睛的作用,在自然美中注入人工美的气息,渲染着人们现实生活的情调。例如,著名的杭州西湖风景区,那里过去建造的风景建筑尺度一般不大,有些体量较大的宗教建筑如灵隐寺等,都有意识地隐蔽于山麓林木之中了,并不去争夺自然风景中的主角地位。各种体量大小不同的建筑物,一般与周围的环境相适应。如杭州风景区中有三个大小不同的塔,就分别建在大小不同的三个山上:在紧贴西湖,高度30米左右的小孤山上,建有一个尺度很小、雕刻精致的"华严经石塔",从苏堤上望去,它隐现于茂林修竹之间;在西湖北侧高达百余米的宝石山山脊上,则建有一座体量与山势相当的保俶塔,它雄伟、高耸,成为西湖景色的重要点缀;而位于钱塘江畔的日轮山上,面对着极为开阔的景界和大尺度的自然景观,则建有总高度达60米的六和塔,登塔远望,山河景色,极为壮丽。在三个不同高度与不同环境的山上建的这三个不同的塔,它们与周围的整体环境都很相称,很协调。

2. 轮廓、线条、色彩与自然风貌是否统一

中国园林建筑与自然环境的协调还突出表现在它自身形象的轮廓、线条、色彩与自然风貌的统一上。在世界上大部分已建成的建筑物的室内空间或室外空间中,我们所能看到的大多是一种矩形的空间。构成空间的各种实体的面多是平平整整,形成许多笔直的线条和棋盘状的平、立面网络。因为这些都是与经济性、施工便利、工业化联系在一起的,这也可以说是人对自然的一种征服。但从人的情感来说,更倾向于变动的曲线,因为它更自然,更符合人心理上的节奏。在未经人们改造过的自然界本来没有直线,海洋的波涛、起伏的山峦、天上的浮云、摇动的花木,都没有平直的线条,没有生硬的对比。大自然本来就统一在各种曲线、各种质感、各种色彩的和谐美的气氛之中。人类本身就是从绿地、花木、流水、山泉中生长、发展起来的,对自然的美充满一种本能的爱好。人们高兴了要唱歌、要跳舞,这歌的旋律,这舞的动作,更多地汲取了自然的美,人类本来就是自然的一部分。中国人在长期探索中所创造的那些丰富多彩的园林建筑形象,包括轮廓、线条、色彩,很适合这种"人化的自然"的要求。

四、中西方园林建筑的差异

建筑是技术和艺术的统一载体,其构造的合理性、逻辑性本身就具有美学品格。表现出中西园林的不同文化意识。

中国建筑在古代《诗经》中就有"如翚斯飞""作庙翼翼"的描述,说明即使是土木结构,也注重舒展如翼、四宇飞扬的艺术效果。中国园林建筑不仅适用,而且外部形式传达和表现出一定的情绪、气氛、格调、风尚、趣味。"使物质经由象征变成相似于精神生活的有关环境。"(黑格尔《美学》)中国建筑以木结构为主体,因木材是我国常见的材料,质地坚韧,触感很好,容易施工,而且木结构造型轻盈,屋宇更有飞扬意味,配合厚重的山墙或外墙,形成端庄和活泼的对比。中国园林建筑不是以单一的、独立的、个别的建筑物为目标,而是以空间规模巨大,平面铺开,相互连接和配合的群体建筑为特征,在严格对称的原则下,各个建筑物之间有机相连,构成多样变化又保持均衡统一的平面整体。"群"是中国传统建筑的灵魂表现,具有体积感的建筑单体,不是独立自在之物,只是作为全群的一部分而存在的。与中华民族注重宗族的"关联与和谐"以及内倾的性格相吻合。在群体建筑的相互联系和配合中,又展示出空间序列的内在深化,通过复杂的柱、梁、檩、椽等建筑工艺,实现"五步一楼,十步一阁,廊腰缦回,檐牙高啄"的意境,形成一种具有深度空间的庭院式建筑形式。

西方世界砖石构造为主的建筑体系,由最单纯的石柱桥梁、叠涩砌筑到拱券再到穹隆顶;砖石拱券由半圆拱到双圆心的尖拱;由古罗马平衡穹顶侧推力的厚重实墙,到哥特式使空间从实墙面中解放出来的轻巧的骨架券、飞扶壁。天然混凝土的应用使罗马穹顶达到了43米高度和跨度的万神庙的完整统一的空间,独具空前的艺术表现力;西洋式古典建筑以体势雄豪宏壮争胜,通过巨大岩石的堆垒与雕刻,以单体建筑自身的巨大穹顶,高廊伟柱,哥特式教堂的尖拱、骨架券,形成一种立体布局的壮伟厦堡式建筑。这种高向伸展和扩张,反映了西方文化强调个性发展的传统和外倾的民族性格。

中国传统建筑大体可以说属于人文主义的建筑,反映的不是神的秩序,而是人的秩序,弥漫着浓郁的人文精神,而欧洲近代以前的建筑则是神本建筑,充满了神的气息。这具体表现在:宗教建筑在中国传统建筑体系中一直未能占据主流地位。在都城,它没有超过皇宫;在州县,它没有超过王府和衙署。欧洲在近代以前,则一直以国家级的规格来对待宗教建筑,留下来的最重要的建筑作品便是神庙和教堂。

五、中西方游览园林过程中审美差异

由于对自然美所持的态度不同,反映在园林艺术的追求上便各有侧重。西方古典园林虽不乏诗意,但刻意追求的却是形式美;中国古典园林也注重形式,但倾心追求的却是意境美。

西方人把美划分为自然美和艺术美两个层次,并认为自然美有缺陷。为了克服这种缺陷而达到完美的境界,就必须凭借某种理念去提升自然美,从而才能达到艺术美的高度。这就意味着必须改变自然状态的原来面貌,而把它纳入某种符合规律的模式中去,这种模式就是形式美。受到西方哲学和美学传统的这种影响,西方古典园林偏重于符合"数和比例"观念,更重视人的理性,寓理于景,将诗情画意都予以理性化,表现出浓厚的理性色彩。中国古典园林则注重于"景"和"情"的统一,寓情于景,强调情景交融、物我同一,将理性融化于情感之中,寻求一种诗情画意的环境氛围——意境。不仅诗歌文赋,而且书画雕塑,甚至对园林中的自然景、人工景都能以"意境"去欣赏概括,杜甫诗云"意匠惨淡经营中",这"意"有意境、意象、意蕴、意味之谓。对意的刻意理解应是旅游者观赏的最高追求,而且善于将诗文与景观结合起来考察。西方对中国的意象并不感兴趣,而是如何看到事情的本质,研究客体的共性与个性、偶然性和必然性、独特性和普遍性、表面性和本质性。这就是西方园林所刻意追求的形式美。这种差异主要出于中国古典园林的文化背景。中国古代的造园家往往就是诗人、画家。他们不仅将文人的气质、志趣反映在园林里,而且把诗情、画意融入园林之中。而诗和画都十分注重意境的追求,致使中国园林从一开始就带有丰富浓厚的自然情感。意境要靠"悟"才能获得,而"悟"却需要景的触发才能启动,这就是所谓的"景无情不发,情无景不生"。中国古典园林在长期的发展中形成了自己的艺术特征:以有形表现无形,以物质表现精神,以有限表现无限,以实境表现虚境,小中见大,大中见小,最大限度地引发人们的共鸣和联想,使有限的具体形象和想象中的无限丰富形象结合起来,使再现真实景致与它所暗示、象征的虚境融为一体。至于造园中所运用的手法更是丰富多样,抑景、对景、借景、隔景、漏景,以及对匾额、楹联等的运用都独具匠心。

复习思考题

1. 什么是园林类旅游资源?
2. 中国古典园林怎样分类?
3. 中国园林的风格特点是什么?
4. 比较皇家园林、江南私家园林、岭南园林的特点。
5. 简述中国园林的文化传统。
6. 比较中西方园林文化异同。

第六章

中国饮食文化

学习目标
1. 中国饮食文化的产生和发展；
2. 中国饮食文化的主要理念及基本特征；
3. 中国饮食文化的主要种类有烹饪文化、茶文化和酒文化；
4. 中国饮食文化的审美特征；
5. 认识和了解中华民族博大而精深的传统文化；
6. 更好地开展饮食文化的旅游。

> **案例导入**
>
> 　　毛泽东少年时在长沙读书,特别爱吃火宫殿(长沙著名的饮食大排档)的臭豆腐。当了共和国主席后,他又去吃过并留下了一句话:火宫殿的臭豆腐还是好吃。在"文革"中,火宫殿的镜框上赫然写上了两行大红字——最高指示:火宫殿的臭豆腐还是好吃。以至美国总统布什就曾在他的笔记中写下:"臭豆腐是长沙火宫殿(长沙的一家以制作炸臭豆腐闻名的小吃店)的名菜之一。"由此可见,小吃影响之大。中国饮食文化是中国传统文化的重要组成部分,也是中国旅游文化的瑰宝之一。所谓饮食文化,系指中华民族的饮食、饮食加工技艺、与饮食有关的美学思想、饮食器具的使用和饮食的习俗风尚等的总称。中国饮食文化源远流长,内容丰富,既是我国历代社会物质文明、精神文明的重要组成部分,更是检验这两种文明发展程度的一种准则。

第一节　中国饮食文化的产生和发展

　　据考证,在四五十万年以前,古代人们就已懂得用火来烧烤食物;约在一万多年以前,人们学会了人工取火、驯养家畜;在新石器时代,人们又学会了种植水稻和蔬菜,学会了用海水煮盐,但这并不能算是饮食文化,只能是蒸煮食物充饥罢了。直到有文字记载的先秦时期,即夏商周时期(公元前221年以前),才是中国饮食文化的源头和萌芽时代。

一、夏商周时期的饮食文化(萌芽时期)

　　夏商周时期,人们已从用火煮食到学会烹饪食物。据《诗经》中提到的食品,植物性的食品有一百三十多种,动物性的食品有二百多种,表明当时的食品已较丰富,人们吃得比较讲究,饮食文化已具萌芽;当时人们的祭祀活动已盛行,祭祀中的祭食、祭酒、祭仪、祭礼均为饮食文化的组成部分。饮食文化已与祭祀文化密切相连;由于祭祀文化与礼乐文化相连,因此饮食文化与礼乐文化亦存在着相辅相成的关系。据史书记载,"夫礼之初,始诸饮食"。在先秦时期,饮食礼仪已有明显的等级差别。如周朝,不同身份的人用"鼎"的数量也不同,天子用九鼎,诸侯用七鼎,大夫用五鼎,士用三鼎。可见在夏商周时期,中国的饮食文化已开始产生,并逐步形成和发展。到了东周,即春秋战国时期,由于诸子百家的学术思想比较活跃,因而,诸子百家的思想,尤其是儒、道、墨家思想对古代饮食文化的思想理论的形成有着重要的影响。

二、秦汉时期的饮食文化(形成时期)

秦汉时期是中国饮食文化形成和初步兴盛的时期。这一时期烹饪技术不断进步,初步形成了一个完整的体系,出现了美食纷呈、品类繁多的盛况。汉代菜肴已近百种,食器、食具更加精美,酿酒技术不断提高。此外,蔗浆提炼成糖,茶开始用作饮料。可见,当时的饮食文化已得到了迅速的发展,酒文化、茶文化也粗具雏形。例如,当时已能用杨梅造酒,已开始出现面食、豆腐和酱菜,已有牛乳加工成酪等等。现在在西安秦始皇兵马俑博物馆、汉代宫廷遗址中,有不少出土食器、饮器、炊具。

三、魏晋南北朝时期的饮食文化(发展时期)

魏晋南北朝时期,中国饮食文化的发展又上一个新的台阶。该时期饮食文化的特色是:一是民族的大迁徙、大融合,使各民族的饮食习俗、技艺得以交流,开始了对烹调技艺的专门研究,出现了世界上最早的饮食文化方面的著作,如《安平公食学》《食经》等;二是佛教的大量传入,使寺庙饮食文化得以发展,寺庙素食品种大增;三是由于玄学、清淡之风的盛行,文化忧患意识的增加,使该时期饮酒成风,大大刺激了酒文化的发展;四是食品的制作、腌制加工、窖藏保鲜技术有了新的进步;五是饮食风尚有所改变,由宴饮"席地而坐"转而"坐床",酒具也有所发展。

四、隋唐两宋时期的饮食文化(第一个繁荣时期)

隋唐两宋时期,中国的饮食文化与礼乐文化进一步结合,大型饮食活动都伴有音乐、舞蹈,使其文化氛围大大增加;饮食文化中的食品加工技术日益精湛,中外饮食文化的大交流,导致西方的饮食技术传入中国,而中国的一些技术也传往外国。如西方制作葡萄酒的技术从西域高昌传入中原,而中国的制酱、制糖技术则由鉴真和尚东渡传入日本;食品品种更加繁多,食品专著也不断问世。宋代已有面食四十一种、果子四十二种、蔬菜二十一种、粥九种、糕十九种、酒类五十四种。唐代陆羽所著的我国最早的茶叶专著《茶经》、韦巨源的《食谱》、杨晔的《膳夫经》均是饮食专著;酒文化、茶文化得到空前的发展,唐代的饮茶之风、制酒技术名扬海内外,并对海外有很大影响。因此,这是中国饮食文化的第一个繁荣的时期。

五、元明清时期的饮食文化（鼎盛时期）

元明清时期，是中国饮食文化发展的鼎盛时期。这一时期，饮食文化赋予了特定的政治功能，创造了许多宫廷、官场的饮宴形式，如天子赐百官宴，官场的送别宴、接风宴，科举的上马宴、下马宴等。与此同时，也出现了许多名特食品、风味饮食，如孔府菜、官府菜、谭家菜等；民族饮食文化和地方饮食文化更加繁荣和兴盛，地方菜系逐渐形成，如常说的鲁、川、粤、淮扬、闽、浙、皖、湘八大菜系形成。民间年节饮食文化活动更具特色，如正月十五吃元宵、端午节吃粽子、八月十五吃月饼、夏至吃茶叶蛋、重阳节吃重阳糕等。民间饮食成为中国风味菜肴形成的基础和源头；餐具、食器在清代大量出现，有瓷制的、金银制的，类型众多，它们已成为中国饮食文化的重要组成部分；中国和西方的饮食文化交流更加广泛，一方面是中国茶传入欧洲（1763年）、巴西（1812年）、美国（1858年），而另一方面是西餐传入中国。另外，烹调技术和食品加工技术的著作大量出现，如袁枚的《随园食单》、清代《古今图书集成》也有饮食部分的记述等。

六、中国近现代饮食文化

中国近现代饮食文化是指 1840 年鸦片战争以来直至现在的饮食文化，包括近代清宫饮食文化、以孔府贵族为代表的贵族饮食文化、民族和民间饮食文化、地方饮食文化、茶文化和酒文化，以及现代饮食文化。这一时期的饮食文化，总的水平远高于古代饮食文化的水平，但它也是在古代饮食文化的基础上传承和发展而来。它们各具特色、自成体系，又相互联系，构成近现代中国饮食文化的完整体系。中国饮食文化的博大精深，被世界人民誉为"吃在中国""烹饪王国"，因此，中国的近现代饮食文化也成为重要的旅游资源。

第二节

中国饮食文化的主要理念

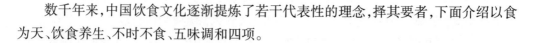

数千年来，中国饮食文化逐渐提炼了若干代表性的理念，择其要者，下面介绍以食为天、饮食养生、不时不食、五味调和四项。

一、以食为天

"游览必终止以大嚼，是我们的惯例。这里边好像有鬼催着似的。""我且曾以之问过吾师。吾师说得尤妙,'好吃是文人的天性'"(俞平伯《陶然亭的雪》)。中国人重视饮食,在游览中也成为目的,称为习惯归人天性。确实中国人始终是把饮食视作天下头等重要的事,"饮食男女,人之大欲存焉"(《礼记·礼运》)。几千年来,中国人一直遵奉着圣贤制造的"吃饭第一"的人生信条,"夫食为民天,民非食不生矣"(颜之推《颜氏家训》)。朱自清讲得更明白,"告子说'食、色、性也',是人生哲学上肯定了食是生活的两大基本要求之一。吃饭和性欲是同等重要的,可是'食'或'饮食'都在前头,所以还是吃饭第一"(朱自清《论吃饭》)。中国人历来之认为,食是维系生命,色是延续种族,而传种的前提还是生命的存在。若人饿死了,也就说不到种族延续。中国历史上,大荒年卖儿卖女、易子而食,那就是把后代换来充饥活命。

中国人还总是以请客吃饭作为表达情感和进行社会交往的最佳方式。"吃饭有许多社交的功用,譬如联络感情,谈生意等","把饭给自己有饭的人吃,那是请饭;自己有饭可吃而去吃人家的饭,那是赏面子。交际的微妙不外乎此"(钱钟书《吃饭》)。婚丧喜事、生日寿庆、生儿育女办满月酒、迎客接风、饯行送别、升学高就、同学聚会、同事聚首、朋友约会、商务洽谈、生意成交、供奉菩萨、祭祀祖宗……真可以说是无事不吃。中国正是通过吃协调人际关系,化解利害冲突,达到亲和欢乐,延续伦理道德。中国饮食的社会功能是无与伦比的。有句俗话把"穷请客"说透了:家中来客,扛着锅盖沿街卖。

在中国,饮食还往往具有政治功能。中国历代都把"民生"列为政治首要,从最早的《尚书》中提出"食为政首"(《尚书·洪范篇》),治国八政中,"食"列为第一位,到"王者以民人为天,而民人以食为天"(司马迁《史记·郦食其传》)。当代孙中山"民生主义"和毛泽东"世界上什么问题最大?吃饭的问题最大"一脉相承。政府抓菜篮子、米袋子、放心菜、放心米,直至老百姓把工作都习惯称为"饭碗",牢靠的工作叫作"铁饭碗",好的工作叫作"金饭碗"。当然,作为农耕社会典型的中国,饮食还是它追求田园牧歌般的农家生活的集中体现,已经成为中国人悠闲人生的一种象征,已经属于由物质生活到精神生活的更高的追求。千百年来,中国人一年中最快乐的日子莫过于以吃为中心的春节了。一壶浊酒,几碟小菜,从新米磨粉蒸年糕到杀猪宰鸡包饺子,到热闹团聚的年夜饭,日子是围绕着吃来进行的。以至于 30 余年来,春节联欢晚会,还是被称为中国人的"年夜饭"。

二、饮食养生

中国素有"医食同道""医食同源"之说,神农氏"尝百草之滋味""一日而遇七十毒"的神话传说就反映了原始采集时期中华先民饮食生活与医药的共生关系,饮食的获取营养和医治疾病两者相互借助,逐渐产生形成了中国"食医合一"的宝贵传统,凡是可食之物亦食亦药,共为养生卫生之用。以食入药,即以日常一种或数种食物作为药用,组成"食疗方";也有以药配食,取一味或数味药物入膳,即所谓"药膳",这是更为成熟的食疗形式。而中华饮食养生还有着更为宽广与深刻的意义,它不同于食疗,不是针对已发疾病的医治行为,而是通过饮食调理,以达到健康长寿的观点,那就是"适饮食""省嗜欲"的饮食养生观。也就是"饮食以卫生"的原则。

中国在春秋战国时就产生了"宁可食补,不用药补"的说法,《黄帝内经·素问》曾说道这一食养原则:"毒药攻邪,五谷为养,五果为助,五畜为益,五菜为充,气味合饿而腹之,以补充精气。"汉代就提出"食饮有节,起居有常"的养生论点。以后有养生家论述了"饮食养生"主张。如东晋葛洪认为"不欲极饥而食,食不过饱。不欲极渴而饮,饮不过多。凡食过则结积聚,饮过则成痰癖""不欲多啖生冷,不欲饮酒当风"。元《饮食须知》作者贾铭,生于宋末,明初已百岁高龄。明太祖朱元璋问其养生术,答:"天主,只是注意饮食而已。"清代顾仲《养小录》中更阐明了饮食养生的关系:"养生之人,多清洁,务熟食,务调和,不侈费,不尚奇。食品本多,忌品不少,有条有节,有益无损,遵生颐养,以和于身,日用饮食,斯为尚矣。"这些饮食养生原则,符合中国人的体质及以农为主的生活方式,故千百年来为人们普遍遵循。

三、五味调和

味是中国饮食的核心,也是中国人对饮食的追求。正如《中庸》所说:"人莫饮食也,鲜能知味也。"清代美食家袁枚《厨者王小余传》更留有"知己难,知味尤难"的名言。可见,中国饮食历来把味的审美放在菜品制作与质量鉴定的首位,甚至认为饮食中的美味是一种享受,一种格调,一种乐趣。推而广之,生活中一切美好的东西,不管是看的、听的、做的,多可与无味联系起来,以没味和有味乃至津津有味来评价,甚而以"味道"两字与哲学紧密联系。"五味调和"则于儒家"和而不同"息息相关,古典美学中和谐的最高境界。

有人曾经把一些国家的菜肴进行过形象的比较,认为法国菜是鼻子的菜(重香),日本菜是眼睛的菜(重形),中国菜是舌头的菜(重味)。中国饮食重味,既重视原材料的天然味性与适用性,"有味使其出,无味使其入";讲究食物的隽美之味,更以"五味调和"为理想。《吕氏春秋·本味篇》"调和之事,必以甘、酸、苦、辛、咸。先后多少,其齐甚微,皆有自起。鼎中之变,精妙微纤,口弗能言,志弗能喻。若射御之微,阴阳之化,四时之数。故久而不弊,熟而不烂,甘而不浓,酸而不酷,咸而不减,辛而不烈,澹而不薄,肥而不腻"。

四、不时不食

这是中国饮食的又一重要原则,体现了"人与天地参"的天人合一的思想,自古以来深入人心,从而形成了中国饮食鲜明的时序传统。首先,饮食要分时宜,随四季变化而易,《吕氏春秋》说:"食能以时,身必无灾。""春发散,宜食酸以收敛;夏解缓,宜食苦以坚硬;秋收敛,吃辛以发散;冬坚实,吃咸以和软"。饮食还要适应"春宜凉,夏宜寒,秋宜温,冬宜热,四时皆宜平"的规则。如中国民间食粥随四季而异,春天食荠菜粥,夏季食绿豆汤、荷叶粥,秋天吃藕粥或地力粥,冬天吃羊肉粥、桂圆枣子粥。使人在季节变化中采用相反相成之法保持和顺,不至于失衡。

其次,中国饮食随时令节气,变化调理,冬补金,春补银,过了清明不见情。正月里闹元宵食元宵(小汤圆),夏至吃馄饨,端午吃粽子、咸鸭蛋,中秋赏月吃月饼,重阳登高吃重阳糕,冬至吃团子,腊月初八吃腊八粥,过年蒸年糕、包饺子、吃年夜饭,无不是应着农历、合着农事展开。

再次,中国饮食原料也是四季分明,节令有别,不时不食。就看江南水乡的水鲜,春有刀鱼、鲚鱼、土婆鱼、菜花甲鱼、清明河豚;初夏白虾、子虾;夏鲢、秋鳊、冬青鱼、草鱼。"西风起,蟹脚硬,九月团脐(雌蟹),十月尖(雄蟹)"。什么时令吃什么水鲜,次序有规;家禽、家畜、瓜果、野蔬也都时有迭出,节令鲜明。夏天吃鹅,秋天吃童子鸡、吊稻鸡,冬天吃羊羔、烧羊汤。春天荠菜、马兰、枸杞头、香椿头,"立夏见三鲜":蚕头、苋菜、蒜苗,"盛夏瓜果市":西瓜、香瓜、黄瓜、南瓜……中秋桂花芋芳、板栗、百合、莲子、四角菱,"冬菜胜似夏肉":"新米粥,酱萝卜,郎中先生见了哭。"

不先时而食,指不食尚未成熟的东西,如杏、梅、桃、李……青而不熟不食,因含过量草酸丹宁,食之伤人;也不过时而食,指不食过了时令的某些食物,如清明后刀鱼骨刺变硬,易伤人,不宜食用。农历五月不食老韭,因其枯硬粗劣,不易消化等。

第三节
中国饮食文化的基本特征

中国为世界所公认为美食王国、烹饪王国。"世人一尝中国之味,莫不以中国为冠也""吾人当保守之而勿失,以为人类之师导也可"。中国饮食的特征是多方面的,最突出的表现在以选料广泛的粮食为主食的精耕农业食物结构,筷箸进餐的饮食方式,以热食为主的熟食风格和多元化的融合与统一。

一、选料广泛的精耕农业食物结构

中国饮食以粮食为主食,以畜禽、果蔬为辅食,即五谷为养,五果为助,五畜为益,五菜为充的食物结构。黄河以北,杂粮面食为主,也有米食;淮南、江南、岭南米食为主,也有面食;内蒙古、新疆、西藏、宁夏、青海乳食、肉食比重较大。全国蔬菜、豆食很普遍,至于制作菜肴的原料范围极广,品种繁多。天上飞的,地上跑的,土里藏的,田里长的,山中生的,水中产的,粮食果蔬、野兽家畜、禽虫鱼介、草蔬菌藻、盐碱硝矾,几乎无所不食。对原料的利用率也极高:植物的根、茎、叶、花、果、麸、屑、皮,动物的掌、爪、筋、骨、血及内脏,几乎无所不取,皆成美味,可谓物尽其用。当今世界的时髦食品如蚂蚁、蚯蚓、蜗牛、蝗虫、蛇……都早已是中国人餐桌上的佳肴,不少在千百年前就已上了中国的食谱。

二、筷箸进餐的饮食方式

中国饮食筷箸进餐的方式是中华文化进化发展的必然结果。考古发现,中国人用筷子的历史至少可追溯距今六千余年的新石器时代,早在六千年前,在江淮大地和黄河流域,筷子都已被中国人广泛地使用。筷子不仅巧妙地利用了杠杆的原理,将筷子助食的物理功能通过夹、分、拆、挑等十多个动作灵活准确地发挥到极致,还牵动三十多处关节、五十多处肌肉和多达万余条神经,科学地促进了中国人智力能力的发展,也明显地影响了中国烹饪工艺的不断提升,例如筷子的使用与中国食物料的条、片、丝、丁、末、茸等多种精细形态相辅相成,从而也形成了与之相适应的"旺火速成"的特色。明代著名中西文化交流者利玛窦就证实了筷子的这些特点:用筷子很容易地把任何种类的食物放入口内,而不必借助手指。食物送到桌上时以切成小块,除非是很软的东西,例如煮鸡蛋或鱼等等,那是用筷子很容易夹开的。筷子确实推动了中国烹饪精细刀工、精美调和的精湛技艺不断进步。

三、热食熟食与合理膳食

中华民族崇尚热食,以滋味质感为美,追求五味调和。热食为主,趁热而食,不仅与中国饮食养生的传统密切相关,更能多侧面获得热食的不同风味。

中国饮食还十分注意膳食的合理平衡,主副食平衡、动植物荤素平衡、早中晚三餐平衡、熟食凉菜平衡、饭菜点心的平衡,更有各种主辅调料、各种烹调方法、各种菜式、色泽、口味、感官的多种平衡,从而达到进餐生理与心理的和谐,以至现代西方多次提倡"为了你的健康,请拿起筷子"。

四、多元统一与中西融合

中国饮食文化既有本体文化的多元统一,更有中西饮食文化的不断融合,不仅数千年保持着不懈的发展动力,更是推陈出新,与时俱进。

在各个历史发展阶段,中华饮食源源不断地汲取着外部世界异体文化。从古代引进西域的诸多植物,到近代被动地接触西方的饮食工具、器皿、烹调方法,直至餐饮形式,终于形成并继承发扬着中国饮食文化的传统。知味停车,闻香下马,色香味形、器质趣养,无不追求;环境之高雅或富丽,气氛之清静或欢乐各得其所;服务之优雅或热情,菜品之隽永或时尚畅神悦情,又无不展示着当今世界举世无双的美食中华。

第四节
中国饮食文化的主要种类

中国的饮食文化内容丰富,种类繁多,按其饮食的客体来分,可以分成烹饪文化、酒文化、茶文化等;按其主体来分,可有中国民间饮食文化、宫廷饮食文化等。

一、中国烹饪文化

中国烹饪文化是中国饮食文化中的一个主体部分,又是中华民族文化的宝贵遗产。它是指对食物进行加工、制成色香味俱佳菜肴的基本原理、制作技术和方法的总称。它是一门拥有丰富科学内容的中国烹饪技术理论,有烹饪原则,多种烹饪典籍、食经论著所阐述的烹饪原理;有众多的美馔佳肴,风味菜、地方菜、宫廷菜、官府菜、寺院菜;丰富多彩的烹饪文化和美学相结合,有色、形外观美与味道、营养等质地美的结合,美食与美的食器结合,美食与良辰美景的结合,宴饮与音乐、舞蹈等乐府文化的结合。因此,它既是一门独特的文化艺术,又是一门有一定理论和实践的科学;既能满足人们的物质享受,又能满足人们的精神享受。

1. 传统菜系

近千年来,已形成的苏、粤、川、鲁四大菜系是我国地方菜系的主要代表。它们的发祥地都是历史悠久、经济繁荣的古城(苏州、扬州、广州、巴蜀、临淄和曲阜);所有的菜式都离不开清鲜和浓香两种基调;每一菜系都各有自己的特色;每个菜系所处都是自然环境优越、饮食资源丰富的地区,这为菜系的形成奠定了特质基础。后在四大菜系的影响下,增加了湘、浙、皖、闽四大菜系,形成八大菜系;其后,又增加了北京菜、上海菜,形成十大菜系。

(1)鲁菜。鲁菜即山东菜,古以太行山以东地区为山东,春秋战国时代,为齐国、鲁国之地,故又称齐鲁,鲁菜即可追溯到春秋战国时的齐鲁。齐国原为太公姜尚封地,春秋时,国力强盛,号称五霸之首,饮食消费水平居列国之首。"齐王好食鸡跖,一食数十",从当时烹饪鸡爪之优,可见其饮食之精湛。鲁菜五辛俱用,民间葱、蒜、香椒尚生食,取其辛香;胶海海鲜、平原河鲜禽畜,甚至肚脏杂碎皆善烹制,口味略咸,为黄河下游平原与胶东沿海饮食的代表。鲁菜的发祥地是临淄、曲阜,后转至青岛、烟台和济南。

鲁菜的特色是:继承了宫廷菜的风格,用料讲究,制作精细;善于以汤调味,保持菜肴的原汁原味;善于做高热量、高蛋白的菜肴,以适应北方地区寒冷时间长、蔬菜少的特点。主要代表菜有:脆皮烤鸭、九转肥肠、脆骨烧鸡、红烧海螺等。

(2)苏菜。苏菜的发祥地是苏州、扬州。它发端于先秦,至隋唐时已负盛名。明清两代开始形成若干流派,如淮扬菜、江浙菜等。苏菜的特点,一是味兼南北,既有南方爽口菜,又有高蛋白菜;二是擅长河鲜菜;三是点心和小吃相当精美。主要代表菜有:蟹黄狮子头、蟹黄燕窝、虾羹鱼翅、清蒸鲥鱼、浓汁太湖鲫鱼汤、莲子鸭羹等。

其中,淮扬菜十分注重精致,刀工十分精细,并讲究装饰趣味和造型美,追求色泽鲜艳,清爽悦目,口味上追求鲜嫩酥烂、清香扑鼻,精美讨巧,以迎合人们的需求;江浙菜特指的江南和浙西北,即包括苏州菜、杭州菜、绍兴菜和宁波菜等。其主要特色一是注重蔬菜,如鸡油菜心、葱油茭白、糟烩鞭笋、西湖糖醋藕、蔬菜羹等;二是以鱼虾为原料的名肴特别多,如松鼠鳜鱼、脆皮银鱼、西湖醋鱼、清炒虾仁、双色虾仁、水晶大玉、翡翠玛瑙等。

(3)川菜。四川菜是有明显的家常味和乡土味的菜肴,是由四川人居家吃的家常菜发展而来。如果说鲁菜有官府气,粤菜有商贾气,苏菜有文人气,则川菜有家乡气。

川菜的发祥地是巴(重庆)蜀(成都)。它始于秦汉,至宋代渐成流派。川菜的特点:一是重油重味,偏爱麻辣;二是运用普通材料,烹制多种美味菜肴。如回锅肉、酱爆肉、咕噜肉、鱼香肉丝、麻婆豆腐等,均价廉物美,又十分下饭,可以说是非常大众化的菜肴;三是精于烹饪,注重调味。川菜多复合味,如咸鲜、酸辣、鱼香、麻辣、香糟、酱香、烟香等数十种之多。

川菜之所以尚辣,与四川盆地的环境有关,山城、雾城空气潮湿,气流不畅,易诱发风湿类病,还伴有瘴气滋生的可能。常食辛辣食物,活血祛寒,除湿强身,自有益处。

川菜的代表菜主要有回锅肉、鱼香肉丝、宫保鸡丁、麻婆豆腐、水煮牛肉、蒜泥白肉、毛肚火锅、白煮麻辣肉等。

(4)粤菜。广东地处粤南,背山临海,居民为古越人和来自中原的移民。因南岭以南地区,古为百越之地,与中原地区长期隔绝,因而,在广东的饮食文化中保留有不少古越人与秦汉间的食俗,如喜吃种种野味,遇蛇必捕,遇鼠必执,种种小动物皆取而食之。所以,现在一些能表现粤菜食料之特异的名菜,如龙虎斗,豹狸烩三蛇、菊花龙虎凤、猴脑等皆可见席。

此外,广东是我国最早与西方通商之地,首先受到西方文化的影响,因此,它的食物原料、烹调技法、调料使用皆受到西方的影响,如粤菜中的盐焗、酒煸、锅烤、软炒等都是吸收了西餐的烹制方法而形成的;又如首先使用外国的食料,如番茄酱、柠檬汁、咖喱粉等。

由此可见,粤菜的特点:一是用料广,选料严;二是口味偏重清鲜、滑爽;三是配菜丰富;四是点心、粥品特别丰富。所以,广东的早茶、午茶特别有名。

近年来,香港、澳门、台湾等地区的餐饮生活、饮食文化的商业风气、商业传统对广东的饮食文化有着明显的影响。

(5) 其他地方菜系。

①京菜。在中国菜系中,京菜是身份最特殊的。有的说京菜基本上是鲁菜,有的说京菜主要是北京少数民族菜发展而来,还有人认为北京菜集中了全国的各主要菜系,具有集大成的性质。

首先,应该说鲁菜对京菜的影响是最大的。山东距北京较近,清代京城中的显贵又多山东人,故山东人几乎垄断了北京的饮食业,大饭馆多是山东人开的,因而鲁菜的烹调技艺对北京烹饪有很大的影响。如爆炒羊肉、锅塌豆腐都是吸收了鲁菜的烹调技法和调味特点而形成的北京菜肴;其次,北京是全国士大夫集中之地,各地技艺高超的厨师也随之来京,使京菜能吸收各地所长,从而丰富了北京菜肴的风味;再次,京菜有集大成的性质,北京建都以来都是帝王、贵族、士大夫长期活动的中心,京菜原本就是为他服务的,所以统治集团的口味与饮食要求必然对京菜起重大影响。元代宫廷菜肴以牛羊肉为主,直至近代的全羊席、烤羊肉、涮羊肉,都是京菜中最具特色的。清代统治者满洲人嗜食猪肉,所以京菜自清朝以来猪羊并重。

京菜的主要代表菜,有最高规格的满汉全席,有北京烤鸭,烤乳猪、白煮肉、涮羊肉等。

②湘菜。又名湖南菜,由湘江流域、洞庭湖地区和湘西山区三大地方风味组成。菜肴注重鲜香酥软,制作上以炒、蒸、熘著称。另外就是集酸、辣、咸、甜、香、鲜、嫩为一体。其主要代表菜有:清蒸鱼、芙蓉鲫鱼、东安鸡、麻辣仔鸡、冰糖湘莲等。

③徽菜。徽州是安徽的地方菜,主要由皖南菜、沿江菜、沿淮菜组成。其特点是烹制山珍野味,其传统菜主要有:屯溪醉蟹、黄山山药蒸鸽、毛峰熏鲥鱼、歙县问政山笋、熏鸭、徽州丸子等。

④闽菜。又称福建菜,包括福州菜、闽南菜、闽西菜三个地方风味菜。其菜肴特色是:擅长制作山珍海味,注重菜肴原汁原味,以味取胜。主要代表菜有佛跳墙、肉米鱼唇、沙茶焖鸭块、荔枝肉、鸡茸金丝笋、鸡丝燕窝等。

2. 餐饮发展新格局

除了地方菜系之外,中国还有许多特色风味菜相互争奇,各具特色。从消费特点来看,有宫廷菜、家常菜、寺庙菜、食疗菜;从民族来看,各民族都有自己的特色菜肴。

2009年2月2日中国烹饪协会发布了我国餐饮发展2009年至2013年《全国餐饮业发展规划纲要》(以下简称《纲要》,http://www.cas.corn.cn/Article/HTML/8829.html),对我国目前的餐饮发展格局及分类做了详细的说明。

(1)餐饮类别格局。《纲要》提出中国的餐饮业要努力形成各类餐饮互为补充、相互渗透的餐饮发展新格局,具体为:

①传统正餐。包括酒楼、饭庄、宾馆餐厅等在内的主流餐饮店,以经营传统饭菜为主,兼供酒水饮料等。重点推动菜品创新和菜系融合,增加服务功能和提升服务水平。

②快餐小吃。包括快餐店、小吃城、面馆、饺子馆等形式,基本上以满足消费者的日常基本饮食需求为主。重点发展特色餐饮,加强卫生安全管理,提高成品和半成品的机械化程度,完善中心厨房建设,增强便利化程度。

③休闲餐饮。包括茶餐厅、饮品店、咖啡馆等。重点完善基础设施,改造环境,增强其旅游服务功能,形成以餐饮为主,集休闲、娱乐、洽谈、表演、健身等于一体的餐饮形式。

④其他餐饮。包括团体膳食、外卖店、主题餐厅等其他餐饮形式。重点发展规模生产加工,发展连锁经营,完善配送及服务功能,增强食品安全,培育知名品牌,建立信用体系。

(2)餐饮空间格局分为:区域餐饮格局,城市餐饮格局与农村餐饮格局三大部分。《纲要》在对传统菜系改良、创新的基础上,提出了建设五大餐饮集聚区的设想,具体为:

①辣文化餐饮集聚区。以四川、重庆、湖南、湖北、江西、贵州为主的餐饮区域。重点建设重庆美食之都、川菜产业化基地、长沙"湘菜文化之都"和湖北淡水渔乡,引导江西香辣风味、贵州酸辣风味餐饮发展。

②北方菜集聚区。以北京、天津、山东、山西、河北、河南、陕西、甘肃及东北三省为主的餐饮区域。重点建设鲁菜、津菜、冀菜创新基地,建立辽菜、吉菜、龙江菜研发基地,大力推广山西、甘肃等地面食文化。

③淮扬菜集聚区。以江苏、浙江、上海、安徽省为主的餐饮区域。重点建设淮扬风味菜、上海本帮菜、浙菜、徽菜创新基地,建设中餐工业化生产基地。

④粤菜集聚区。以广东、福建、海南等省为主的餐饮区域。重点建设粤菜、闽菜创新基地。

⑤清真餐饮集聚区。以宁夏、新疆、甘肃、内蒙古、青海、西藏等省区为主的餐饮区

域。重点建设乌鲁木齐"中国清真美食之都"、兰州"中国牛肉面之乡"和宁夏清真食品工业化生产基地。

城市餐饮格局主要是形成高中低档餐饮协调发展的城市餐饮格局,着力发展三大城市餐饮集聚群,具体为:

⑥商务餐饮集聚群。以满足商务活动为目标,在大中城市的中心商务区,建设若干商务餐饮集聚群。

⑦中低餐饮集聚群。以满足家庭节庆消费为目标,在城市流动人口集中区,建设若干美食一条街。

⑧社区餐饮集聚群。以满足家庭日常消费为目标,在居民社区,建设各具特色、老少皆宜的餐饮门店。

农村餐饮格局主要是提升农村餐饮的卫生水平,规范发展"农家乐",开发乡土菜肴和民族特色小吃,提高农村餐饮服务质量和水平。

随着时代的发展,各种菜系早已互相渗透,我中有你,你中有我。例如,海派菜就是上海菜与各地方风味菜系互相交流、取长补短,在新的基础上开拓创新的产物。海派川菜,让四川人品尝,肯定非正宗川菜,但却有"似曾相识"的感觉。而上海人来品尝,肯定会感到有四川风味,且比川菜更适合上海人的口味。这是川菜"上海化"的结果。其他地方菜系若能在上海立足,也都经历"上海化"的过程。另外,原来官府菜中的一些菜肴如黄焖鱼翅、燕窝鲍鱼等,已成为平民家常的菜肴。

素菜菜系,原为寺院所创,以后便在社会上盛行。宋代已出现了专门的素食店。为了满足社会的需要,素菜转向讲究菜的色、香、味、形,菜的名称也多借用荤菜菜名,仿制荤菜菜形,如凤凰孔雀冷盆、素鱼翅、炒毛蟹、素鸭等。

食疗菜系,又称"药膳",主要是指以各类中药与鸡、鸭、鱼、肉等配在一起烹制而成的菜肴,它有保健作用。主要菜肴有黄花、党参炖鹿筋或狗肉,牛鞭、淮山药、杞子炖乳鸽,天麻炖鱼头,当归、首乌炖鸡蛋等。

少数民族的菜肴,是我国除汉族以外的五十五个少数民族的菜点的总称。它是我国烹饪文化的一个重要组成部分。各个民族的菜点都是与该民族的地理环境、历史文化背景、宗教信仰和风俗习惯等因素有关。如藏族的"糌粑"、朝鲜族的"泡菜"、满族的"萨其玛"、维吾尔族的"抓饭"等。各民族的菜肴,在烹饪手法上多种多样,各有特色。如回族菜(清真菜)以清鲜脆嫩、酥烂浓香为其特色,"全羊席"是其代表作。满族菜以蜜制品擅长,多糕点面食,多干鲜果品,"白肉血汤"为其著名菜肴。藏族菜以牛羊肉、奶类为主,青稞面、酥油茶、手抓羊肉为其独特菜肴。蒙古菜以羊牛肉和奶酪品为主,口味偏咸浓。这些民族菜肴,已为汉族所接受,并深受其他民族的欢迎。

3. 中国点心流派与风味小吃

(1)中国点心的独特魅力。中国饮食除了各大菜系菜肴与各代宫廷御膳,还有着与大菜、正餐相对的风味小吃、点心小食,它面广量大,种类繁多,常与菜肴合称为菜点,甚至在很多特色名菜如烤鸭、腐乳肉中菜点配合,珠联璧合,融为一体。点心又具有相对的独立性,全国各地专营各种点心的特色风味馆与便民小吃店铺林立。点心与菜肴烹调密切相连,为平民百姓所深深喜爱,成为中国人饮食生活中不可或缺的重要内容。由于小吃有很强的地域性,常会引起游子的思乡之情,又成为地域文化的重要组成部分。香港船王包玉刚离家多年后,重返故里宁波,首先想到的不是山珍海味,却是阔别已久的小吃臭冬瓜。很多这样久居海外的华侨、港澳同胞,哪怕生活几乎已全盘西化,一说到吃,就总也忘不了家乡风味小吃:一碗豆汁、豆腐脑、一笼南翔包子、一盆粉蒸牛肉……谈到高兴时,难免垂涎欲滴。

中国各地都有自己的名牌小吃与特殊食品。这些风味小吃繁荣于市肆,流播于众口,如扬州煮干丝、嘉兴粽子、高邮咸蛋、苏州糕团、宁波汤圆等等都成为当地一绝,使当地人引为骄傲。小吃的地域性也充分体现出来,比地方菜系表现得更为强烈。菜肴在地区间随商品流通、官宦活动得以相互交流和影响,而小吃用料多为当地土特产,流通诸多不便,造价又低廉,故而利润不高,大多数小吃比较难越出疆界。如川菜、淮扬菜在各大城市一般都可经常吃到,可是四川、淮扬小吃却很难吃到。

小食品也是文化信息的载体,特别是可用于充饥果腹的小食品,大多价格低廉、经济实惠,为平民百姓所常食,最能体现平民生活的风范。如炒米是流行大江南北的一种简便小食品,用大米干炒而成,用开水泡食,亦可以煮粥,有焦香味。清郑板桥写给其弟弟的家书中,有赞扬糊粥之语:"天寒地冻时,穷亲戚朋友到门,先泡一大碗炒米送手中,佐以酱姜一小碟,最是暖老温贫之具。暇日咽碎米饼,煮糊涂粥,双手捧碗,缩颈而啜之,霜晨雪早,得此周身俱暖。嗟乎,嗟乎,吾其长为农夫以没世乎!"

(2)中国点心的主要流派。中国的风味点心品种丰富,款式众多,时令性明显,可塑性强,在悠久的历史中逐渐形成了分别以米、米粉制品为主的南味和以面粉、杂粮制品为主的北味两大类型,并出现了一些较大的流派,公认的主要有京式、苏式和广式三大流派。

①京式面点。亦称京鲁面点,源于中国小麦、杂粮盛产的北方地区,擅长调制各种面团,是北方风味的中国点心重要代表流派。

面团多变、馅心考究是京式点心的主要特色,山西尤精于手工制作面条,有押面、刀削面、小刀面、拨鱼面,俗称四大名面传世,以柔韧筋道、鲜咸香美著称。其他代表品种有北京的龙须面、小窝头、炸酱面和肉末烧饼;山东的蓬莱小面、盘丝糕、状元饺;河北的扛打馍、饶阳的金丝杂面和一篓油水饺;河南的沈丘贡馍、博望锅盔;陕西的羊肉泡馍;辽宁的马家烧卖和萨其玛;内蒙古的奶炒米和哈达饼等等。

②苏式点心。简称苏点,系指长江下游苏浙沪一带所制作的面食,以江苏为中心,

故称苏式面点,又称为"江南面食"。

苏式面点处在富庶的鱼米之乡,经济繁荣,物产丰富,饮食文化发达,为制作多种面点提供了得天独厚的条件。苏式面点由米面与杂粮为原料,擅长制作糕团、面食、豆品、茶点、船点等。

苏式面点具有色香味形俱佳的特点,在中国面点中占有十分重要的地位,是中国"南味"面点的最主要的传承者。

苏式面点制作精巧,造型讲究灵活秀丽,馅心多样,富于生活情趣,尤以松软糯韧、香甜肥润的苏州糕团见长;同时,重视调味,注重馅心掺冻,汁多味美,驰名海内外的有淮安文楼汤包、镇江蟹黄汤包、无锡小笼包子、扬州三丁包子、上海南翔包子。此外,宁波汤圆、上海排骨年糕、嘉兴五芳斋粽子等均是全国名点,无锡太湖船点形态各异,栩栩如生,被誉为中国点心中的艺术精品。

③广式面点,泛指南国珠江流域及南部沿海地区制作的面点。它以广东为中心,称广式面点。广式面点包括广西、海南、港澳、福建、台湾等地,故又称"华南面食"或"闽粤面食"。

岭南居民在饮食习惯上受到地理气候、物产等自然因素影响,与北方地区存在着明显的差别,面点制作自成一格,富有浓郁的南国风味,面点以广州最具代表性。广式面点使用油、糖、蛋多,味道清淡鲜美,营养价值较高,还善于使用薯、芋、荸荠和鱼虾等作坯料,借鉴西点制作技法,选用新型食品添加剂,制作出多种美点。广式茶点与宴席点心久负盛名,有广东的叉烧包、虾饺、沙河粉;广西的马肉米粉;海南的竹筒饭、云吞(馄饨)和芋角;台湾的棺材饭、椰丝糯米团;港澳的水饺面、马拉糕和椰茸饼等等。

(3)风味小吃与特色细点。中国点心的外延很广,除了上述三大流派为代表的面点,还有各地的风味小吃以及各种特色系列细点,也很有地方文化韵味。

①风味小吃。小吃亦叫小食、零吃,原多有摊贩制作,以当地众多土特原料生产的食品,地方风味浓郁,在街头销售,方便顾客。在一些城市往往还出现了小吃集中的民俗文化集散地,如北京的西四、大栅栏、天桥和王府井一带;天津的南市食品街,上海的城隍庙,苏州的玄妙观,无锡的崇安寺,南京的夫子庙都是数百年来形成的闻名遐迩的"小吃群",带有明显的市民饮食文化特色,成为特具魅力的重要旅游资源。一到节假日,这些风味小吃集中地人山人海,一片繁荣,休闲的居民、观光的游客纷至沓来,品赏各种小吃美味,体验民俗风情。

至于各地的著名小吃则有北京天仙居的炒肝、馄饨侯的馄饨、都一处的三鲜烧卖和回民小吃的老豆腐配火烧、馅饼配小米粥、豆汁配咸菜及宫廷小吃中的豌豆黄、芸豆卷等。天津狗不理包子、桂发祥大麻花、耳朵眼炸糕、贴饽饽熬小鱼、嘎巴菜、炸蚂蚁等。山西小吃花样繁多,功力特深,有金丝一窝酥、麻仁太师饼、天花鸡丝卷等百余种晋式面点，又有荞麦灌肠、大头麻叶、豆面瞪眼、莜面搓鱼，鸡蛋旋等百余种面类小吃；更有集中国面食（拉面、削面、拨鱼、搓鱼、流尖、蘸尖等）的多种技法，正餐大成的山西面饭（如太谷流尖菜饭、吕梁山药合冷、雁北莜面角子、昔阳扁食头脑、长治蒜辣揪片、汾阳酸汤削面等）；另有栲栳（即莜面窝窝）、滑垒、漂抿曲、油柿子、豆角焖面，奶油烤面以及"面人""面羊"等喜庆礼馍，这些都是全国少有的小吃。

四川小吃是西南地区风味小吃的典型代表，用料从米麦豆薯到鸡鸭鱼肉，从蛋奶蔬果到野味山菜，十分广泛；技法全面，有赖汤圆、龙抄手（馄饨）、夫妻肺片、粉蒸牛肉、马红苕、担担面、火边子牛肉、宜宾燃面、广汉三合泥等著名小吃。

广东小吃数以千计，洋洋大观，代表品种有生磨马蹄糕、腊肠糯米鸡、煎堆、艇仔粥、皮蛋粥、娥姐粉条、蚝油叉烧包、薄皮鲜虾饺等。另外，山东、湖南、湖北、东北、西北各地都有着自己的风味小吃，在此就不一一列举。

②特色细点。中国众多主食、面点、糕点、小吃，历久弥新，并逐渐涌现出了一些最负盛望的特色点心，中国各族各地居民又都为此倾注了大量的心血，使之分别呈现出不同的文化气息。它们都是中国点心工艺精华的结晶，是中国饮食文化中一株鲜艳而独特的奇葩。

特色细点首先不能不提及反映皇家饮食文化的北京宫廷御点，它是中华历代宫廷贵族御用点心的集大成，又以代表满族的民族生活特色的满洲饽饽为基础，融合蒙古族"白食"、回民节点和大江南北面食糕点长期演化而成。

北京宫廷御点用料广泛、面团多样、质量规范、制作精巧，突出吉祥图案。在清王朝灭亡后，由"仿膳""听鹂馆"等风味名店保留供应，肉末烧饼、芸豆饼、豌豆卷、小窝头等市肆也多有供应。

与北京宫廷御点相对应，苏州糕团和扬州茶食则更多反映了文人和市民饮食文化的特点。苏州糕团是江南鱼米之乡点心制品的佼佼者，包括糕、团两大类百余品种，其中不乏方糕、八珍糕、松子糕、定胜糕和五色汤团、青团、桂花元宵等名点。苏州糕团都采用生物色素和天然香料，色泽光丽，形如玉琢牙雕，被誉为"绿色食品"和"工艺美食"。扬州茶食久负盛名，清代达到顶峰，有"扬州茶肆，甲于天下"之说。现今，茶食古风犹存，名声远播，富春茶社和冶春园等都是供应淮扬细点的著名食府。"楼台亭舍，花木竹石"，更兼临水而筑或依邻园林，环境优美，成为市民品赏美点，闲暇聚会的好去处，三丁包、蟹黄包、荠菜包、翡翠烧卖、千层油糕、双麻酥饼，一款款精美点心名传遐迩。

在南方广州素有"三餐二茶"的生活习俗。20世纪初，广州陆羽居茶楼率先把当时原本每月更换一次点心品种，改变为每周更换一组点心，名曰"星期美点"，陶陶居等名茶楼竞相仿效，不断改进，不久便风靡广州。广州星期美点不仅应时当令，原料、口味、形制皆随气候变化而变化,且成双成对,每周不少于六咸六甜,最多时达十二咸十二甜,以示吉祥;还讲究花色各有别,有饭点、汤点、茶点之分,蒸、煎、炸、烤之别,方、圆、角、筒之异,以及换味、变料、拼色等;此外,一般要求五字命名,不雷同、有韵味,动听响亮。直至今天对港、澳、穗珠江三角洲的餐饮市场都有深刻影响。

近五十年间,在中华特色细点的发展中,涌现出了一些点心名师,成为各地名点心领导人物。如广州泮溪酒家罗坤的绿茵玉兔饺蜚声美洲,苏州黄天源糕团店冯秉钧的花色糕点栩栩如生,苏州南林饭店吴涌根的南林酥鸭、荷叶粉蒸鸡等极显菜点结合之能事,南京永和园尹长贵在冷水油酥面团上精益求精,还有无锡中国饭店胡法津南北兼收并蓄,无论发酵、油酥、米粉诸面团均有精品问世,香松拉面、枣泥拉糕、萝卜丝饼等代表作艺惊四海。上海葛贤萼更是博采酥点和船点之精华,独树一帜,创出了富有海派特色的"葛派花点",获全国首届"白案状元",举办"点心艺术展",出版《点心状元作品集锦》,并饮誉海外。其代表作:鸽蛋圆子、硕果满篮、西式猫耳朵、XO千层饼、蟹粉烧卖、咖喱咸水角等,对传统工艺大胆革新,现代科技含量高,具有海派饮食文化的现代感。

与这些市肆流行的特色细点风格异迥,无锡太湖船点和山西喜庆礼馍,它们异曲同工,南北交相辉映,展示出长江与黄河两大流域饮食文化的不同情怀。

无锡太湖船点一般是与"船菜"配套,供游客充饥或留念,属于典型的旅游饮食文化类型,其渊源可以追溯至春秋时期吴王阖闾的船宴,唐宋时成为特殊的人文旅游资源,明代盛极一时。近现代,无锡船菜随旅游热再度兴起,太湖船点也不断推陈出新,备受国内外游客喜爱。无锡太湖船点以混合米粉作坯皮和麦汁、菜汁、鲜瓜果汁等染色,内包甜咸馅心,每件重约十克,其形状有南瓜、番茄、西瓜、葫芦、茄子、核桃、雏鸡、小鸭、金鱼、白兔等多种,工艺精湛,色调天然,犹如泥人瓷塑,绚丽斑斓,惟妙惟肖。

山西喜庆礼馍是在山西民间传播二千余年的一种象形工艺馒头,又称喜供、福供、面人、面羊或面塑花馍。它在民间红白喜庆筵席上普遍使用,也是四时八节的祈福供品,是北方农村中表示恋情、敬老赏幼和馈赠亲友的礼物,具有浓郁的乡村气息和传统审美情韵。山西喜庆礼馍技艺精绝,各地风格不尽相同,每个农家主妇都有绝活,大可至 5~10 千克,小则只有 25 克,皆形态逼真,名品有虎头娃馍、太极图馍、百子葫芦馍、牛虎合型馍、狮子盘绣球馍、十二生肖馍等。不同的节日,不同的场合做不同的礼馍,也各有讲究,如小麦上场后蒸麦积馍,中秋祭月蒸月饼馍,重阳登高蒸枣糕馍,邻居盖房蒸上梁馍,小孩满月送项圈馍,亲戚结婚送馄饨馍,老人做寿送寿桃馍,祖辈去世蒸猪头馍等。

此外,中国少数民族习俗点心也促使各自的点心趋向精美,又富有特色。如东北满族的祭祖饽饽,后发展为满清在东陵祭祖的供品,分为"东陵八大件"和"东陵小八件"，馅心各异，都呈圆形，有红有白，包括太师饼、宋饼、玫瑰饼、龙凤饼、山楂饼、核桃酥等百余种，构成独具特色的点心系列，数百年间在京城有专营的"满洲饽饽铺"生产和销售，御膳的小窝头、萨其玛都是其名点。又如蒙古族的草原"白食"，蒙古语称"查干伊得"，意思是圣洁、纯净的食品，专指奶面食品，也是蒙古族的主食之一。白食奶香可口、洁白如玉，包括牛奶、羊奶、马奶、驼奶、酸奶、奶茶、马奶茶、奶酪、奶酥、奶油、奶豆腐、奶炒米、奶炒面、奶面条、奶包子、哈达饼，等等，多用于宴请宾客，也是祭祀神祖用品。最著名的是醍醐、酥酪和马奶酒，组成"塞北三珍"。西南藏族则有藏胞标花酥糕，以大酥糕——"推"为代表。"推"以奶杂子、酥油、糌粑和白糖为原料，调匀熟制后在长方形的木模中压制成形，再用各色酥油点缀其上，绘出龙、凤和"扎西德勒"（吉祥如意）的图案。"推"摆在宴请宾客的桌子正中，前后左右摆放琳琅满目的各种特色食品，显得十分丰盛。"青藏高原奶食文化"和喇嘛教的神秘气息愈发使得藏胞标花酥糕具有特定的审美价值。

宗教活动又推动了另一类特色点心的发展。佛道寺观中的素点就很丰富，尤其是一些著名的寺观，常备茶点接待施主。千百年间逐渐积累，与素菜相辅相成，形成素点、斋点，著名的有上海的玉佛寺、沈阳的太清宫、扬州的大明寺、杭州的灵隐寺、厦门的南普陀等。如杭州灵隐寺的斋点：水调面、水油面、浆皮面、米粉面俱备，各种甜咸馅心多用瓜蔬、果仁、豆泥、糖浆制作，代表品种有灵隐馒头、乌米饭、绿豆糕、小香粽、冬至面、地菜白字、青团等，它们小巧玲珑，滋味芬芳，清新秀美，表现出杭州山水灵气和大乘佛教饮食文化的特色。

开斋节是伊斯兰教的重要节日，中国信奉伊斯兰教的回族等少数民族也都在斋月结束时精心制作被视为"圣物"的油香以及馓子、甜咸卷果、桂花蜜枣、甜咸排叉、开花豆、咯炸盒、凉糕等特色细点，互相赠送，招待宾客，款待亲朋，共庆开斋节。这些开斋节细点均带有圣洁虔诚的清真文化色彩。在中国各地旅游活动中，这些民族宗教特色细点为旅游增色不少。

二、中国的茶文化

茶文化是中华传统文化的一个重要组成部分，也是融入我国国人生活中的最普遍的饮料——茶的文化。把茶说成是国饮一点也不过分，林语堂《吾土吾民》说："中国人最爱品茶，在家中喝茶，上菜馆也是喝茶；开会时喝茶，打架讲理也要喝茶；早饭前喝茶，午饭后也要喝茶。有清茶一壶，便可随遇而安。"

1. 茶乡寻根溯源

（1）茶树茶叶的发源地。茶树发源地在中国西南云贵高原。茶树发现的时间，一般认为在四千七百多年以前，有的追溯到六七千年之前。云南勐海县巴达地区还发现树龄一千七百年左右的大茶树,这是目前所知世界上最古老的一株茶树,可算当今世界茶树王中之王,这一带类似的大茶树还有九棵。中国也是茶叶的故乡,是发现和利用茶叶最早的国家,也是饮茶文化的起源地。在漫长的岁月里,中华民族在茶的发现、栽培、加工、利用以及茶文化的形成、传播与发展方面,为人类的文明与进步书写了灿烂的篇章。中国也因此有"茶叶祖国"之称。中国饮茶之久、茶区之广、茶艺之精、名茶之多、茶质之好,都堪称世界之最。

(2)茶之为饮始于巴蜀。诸多历史典籍有关茶叶的记载就有上千种。《神农本草经》记:"神农尝百草,日遇七十二毒,得荼解之"(荼者,茶之古称也)。唐茶圣陆羽在《茶经·六之饮》里指出:"茶之为饮,发乎神农氏,闻于鲁国公。"反映出茶的利用最初孕育于采集活动之中,在长久食用过程之中,人们不难发现茶的除瘴、清神、消食、利便等药用功能。早在《诗经》中《谷风》《绵》等篇中就"谁谓荼苦,其甘如荠"和"周原膴膴,堇荼如饴"句,把荼指作苦味的野菜和微苦生津的药草。然而,人们实际生活中的某些特种需要,终于使茶叶由一般性的药用最终发展为日常的专用饮料。

我国最早培植茶叶是在西南的巴蜀地区,这与巴蜀主要为中国最大盆地的气候有关,雾多、阴天多、湿气重,是为瘟疫多发的"烟瘴"之地,"番民以茶为生,缺之必病"。故巴蜀人饮食习惯偏重辛辣,积习数千年,至今依然。正是巴蜀的地貌、地理、地域自然环境及由此形成的饮食习俗,使巴蜀人首先"煎茶"饮用以除瘴气,解热毒,久服成习,养成了平常的饮茶习俗。

(3)茶叶的传播。巴蜀饮茶最早,制茶最早,名茶也最早出现在巴蜀,那就是中国第一个名茶蒙山茶。巴蜀还诞生了中国最早的茶叶市场,汉代王褒《僮约》中所记载"武阳买茶",就是商品传播,根据考证"武阳"即今四川省眉山市彭山区,是我国,也是世界上最早的茶叶市场。同时也可见茶在汉代的四川,已和柴、米、油、盐一样已经成为日常必需品。自战国末期,茶叶的传播顺长江南下,先商品后种茶。巴蜀的茶叶及栽培技术约在汉楚相争时就传播到了长江中下游各省。不仅汉代四川和湖南一带官宦人家普遍饮茶;三国时,茶已经登上江东帝王宴席。两晋南北朝时,江南饮茶风盛行,"茗饮作浆",即指南方人饮茶与北方鲜卑人饮用奶浆一样,已成为日常饮料。而至唐代,茶叶种植已遍布大半个中国,包括秦岭和淮河以南四五十个州县,并由鉴真和尚传至日本,由河西走廊经维吾尔族和突厥族的商人传至西亚。

2. 茶叶的物质功能与品类

(1)天然保健饮料。茶叶在中国乃至世界能这样长久并愈益广泛地传播,直至发展到丰富的茶文化,首先需要认识人类赖以创造茶文化这一精神财富的物质基础,即茶叶本身的功能。对此,东西方都进行了大量的研究,20世纪80年代后,取得了不少成果,如茶叶对癌细胞繁殖的抑制,能防龋齿、抗氧化、降血糖、抗流行性病毒、抗过敏、抗溃疡、抗血小板凝聚、提高血管韧性、保护肝脏等等。国际保健会议定出的六种保健品第一种就是绿茶。它对人体的调节作用已被许多研究所证实,它的活性成分——儿茶素类化合物也基本明确,并在防癌抗癌和治疗心血管病中应用。正是茶叶内在的消炎、解毒、提神、保健、养生功能,使其历经数千年,由发现利用到发展传播,由简单的鲜叶咀嚼解毒、做羹食用,再到药用治病以及普通饮料。

(2)中国茶的品类及饮法。中国茶的种类很多,命名的方法就不少。有以茶叶制法而分类,如基本茶类和再加工茶类;有以茶叶的形态或者颜色分类,如"碧螺春""瓜片""雀舌""银针""松针""银毫"等和绿茶、红茶、青茶、褐茶、黄茶、黑茶等;也有很多人按市场上出现的先后,提出了六大茶类的提法,即绿茶、黄茶、黑茶、红茶、乌龙茶、白茶。按基本制法一般可分为五大类。

①绿茶(包括青茶和白茶)。是我国产量最多的一类茶叶。由鲜茶叶经高温杀青后,不发酵,用炒烘、晒、熏等工艺干燥制成,故绿茶又有炒青、烘青、熏青和晒青绿茶之分。绿茶汤青淡绿,饮用后有橄榄或仁念子的回甘味。

②红茶(包括普洱、六安等)。是茶叶经萎凋、发酵后干燥而成。特点是汤色红艳,饮用后是齿颊间留有桂圆或板栗的余甘。

③乌龙茶(包括岩茶、单枞、铁观音、水仙等)。经过轻度萎凋和半发酵,再杀青干燥制成,介于不发酵的绿茶和全发酵的红茶之间,又称半发酵茶。这类茶的品质也兼备绿茶的清新和红茶的醇香,汤色黄红,有天然花香。

④花茶。是以绿茶或乌龙茶为底料,配以茉莉、玉兰、玫瑰、蜡梅等各种香花进行拼和窨制,使茶叶吸收花香而成。这类花薰茶兼具茶味和花香,饮用后感到清芬神爽。

⑤紧压茶(包括各类砖茶和沱茶)。是茶叶经杀青发酵后,蒸压成酱黑色的饼状或砖状焙干,通称砖茶。这类茶的茶味浓馥而略带甘涩,最能助消化,是高寒地区维持酸碱平衡以及快速补充热量(如加酥油或牛奶烹煮成红浓红酥油茶或奶茶),盛行于牧区或高寒山区。唐宋元明各代都曾用茶叶换取西部和北部少数民族的马——新式火器出现前的战略物资。由此,也可以理解到茶叶和封建政权的马政关系,联结云贵高原与川藏的茶马古道的出现及其名称也就可见一斑。

现代又有将茶叶成品或半成品加入果汁后干燥制成果味茶;将茶叶与某中草药或食品拼和调配成药用保健茶;在饮料中添加茶汁制成含茶饮料;还可以用热水萃取茶叶中的水可溶物,过滤去渣获得茶汤,浓缩干燥制成固态"速溶茶",或者直接将茶汤灌装成液态的"瓶装茶"。

至于饮茶的方法,中国历代大致有煮茶法、点茶法、泡茶法等。唐代以前盛行煮茶法,即直接将茶放在釜中蒸煮。宋代则盛行"点茶法",先将茶饼碾碎,置于碗中待用,用微沸之水冲点入碗,茶末与水同时需交融一体。泡茶法因茶叶种类不同和地区差异而有所区别,浓淡也因人因地而异,主要以显茶之色,发茶之味,不失茶香为要旨。

煮茶、饮茶最早出现在诗歌中是西晋左思的《娇女诗》,表明茶已开始进入到文学等精神领域。

3. 识茶论水话器

(1)品茶先需识好茶。无论何种品茶,茶好才能品出滋味。故选好茶乃是品茶之首要一环。要识别茶之真假,茶之新陈,茶之春夏秋之别及高山平地之异。

真茶与假茶,既有形态特征上的区别,又有生化特征上的差异。一般稍有实践经验,运用视觉、味觉等感官鉴定茶叶固有的色香味形特征,不难鉴别真伪。但有时柳树叶、冬青叶等假茶原料和真茶原料一起拌和加工,就增加了识别的难度。

新茶一般是指当年春季从茶树上采摘下来的鲜叶,经加工而成的茶叶,而将上年甚至更长时间采制而成的茶叶称谓陈茶。常言道:"饮酒要陈,喝茶要新。"新茶的色香味形,都给人以新鲜的感觉,隔年陈茶,无论是色泽还是滋味,总有"香沉味晦"之感,这是由于贮存时间长,受空气中氧化等作用所致。当然储存条件良好,新陈茶叶的差别就相对缩小。如龙井、碧螺春等名茶储放一二个月品质并未降低,而武夷岩茶、湖南黑茶、云南普洱茶等只要存放得当,隔年陈茶反而香气馥郁、滋味醇厚,这就另当别论了。

一般饮茶都知道春茶,那就是指当年农历五月底之前采制的茶叶,当年农历六月至七月初采制的茶叶称谓夏茶,而七月中旬以后采制的茶叶被称作秋茶了。虽同为当年采制的新茶,由于季节及气候条件不同,其质地也很不一样。就绿茶而言,春茶最佳,大凡名茶均为春茶,夏茶味较苦涩,香味也不及春茶浓烈,秋茶则介于春茶与夏茶之间。就红茶而言,夏茶茶多酚含量较春茶、秋茶多,故色泽更显得红润,滋味也较浓,但氨基酸含量显著减少,所以鲜爽味不及春茶。

从来高山出名茶,高山的茶树因其生态环境优异,其茶叶品质要较平地茶高出许多。高山茶一般叶芽肥硕,颜色浓绿,茸毛较多,成茶条索紧结,分量重实,白毫显露,香气浓烈,滋味甘醇,耐于冲泡;而平地茶芽叶较小,叶片较薄,颜色黄绿,成茶条索细长,身骨较轻,香气不浓,滋味平淡。

(2)无水不可与论茶。明代许次纾《茶疏》,"精茗蕴香,借水而发,无水不可与论其茶也"。确实,好茶与好水才相得益彰。古来论茶者无不讲究水质。

关于宜茶之水,陆羽在《茶经》中有精辟论述,他认为:"其水,用山水上,江水中,井水下。其山水,拣乳泉、石池漫流者上,其瀑涌湍漱勿食之,久食令人生颈疾。又多流于山谷者,澄浸不泄,自火天至霜郊以前,或潜龙畜毒其间,饮者可决,以流其恶,使新泉涓涓然,酌之。其江水,去人远者。井取汲多者。"远市井,少污染;重活水,恶死水。故以山中乳泉、江中清流为佳。

宋徽宗治国无道，而在艺术以及茶论上倒颇有几分造诣，其所著《大观茶论》中，认为"水以清、轻、甘、洁为美。轻、甘乃水之自然，独为难得"。后人在其四字标准基础上，加了一个"冽"字，改"洁"字为"活"字，成为"清、活、轻、甘、冽"五字品水法。

"清"就是要求无色透明，不浑浊，无杂物，这是最基本的要求。"活"就是要用流动之水。"轻"则是指水中溶有的矿物质少，也既现代意义的"软水"，实践表明，硬水泡茶，茶汤变色，香味大减，用软水泡茶，则能使茶的色、香、味得以充分发挥。清乾隆皇帝就十分偏爱"软水"，各处游历时，带小斗严格称量所到之处水的重量，北京西郊玉泉就因经他测定水质最轻，钦定为"天下第一泉"。"甘"就是水一入口，舌与两颊之间有甜滋滋的感觉，令人回味久远。"冽"就是冷、寒。古人认为寒冷的水，尤其是雪水、冰水，滋味最美，如《红楼梦》中妙玉就曾用雪水泡茶。

中国人饮茶看重水，尤其是看重泉水。中国的泉水又特别丰富，约有泉水十万处以上，名泉也有数百个，陆羽评定天下二十名水，大多是泉水。至于历代单被誉为"天下第一泉"的就有五六处之多，如"扬子江南泠水""庐山康王谷帘水""北京玉泉""济南趵突泉""云南安宁碧玉泉"等无不蕴含有趣的故事。

与"天下第一泉"的激烈争夺截然相反，"无锡惠泉"为历代名家一致评为"天下第二泉"，其"三异三癖"的传说独具个性，从陆羽命名并开掘，唐代宰相李德裕嗜惠泉水，千里驰马传送长安，至北宋达官显宦争相车载舟装惠泉水运汴京，直到近代瞎子阿炳《二泉映月》名扬天下。同样以"虎"为名的苏州虎丘泉和杭州虎跑泉，是为第三泉和第四泉，也同样有着自己的故事。

此外，水之与茶，还有着取水、贮水直至煮水的种种故事，陆羽煮水的"三沸水"说，宋人李南金的听声法，到明代张源《茶录》中"汤有形、声、色三大辨十五小辨"，对茶水的研究真正到了炉火纯青的地步。

(3)好茶还得好器配。中国人最初煮饮茶叶没有专门的茶具，喝茶所重的是解渴、消食等物质功能，至西汉王褒《僮约》中始有"烹茶尽具"之说。这说明当时饮茶开始讲究饮茶器具。至唐代，饮茶风盛行，各种煮茶、饮茶的专门器具随之诞生，陆羽《茶经·四之器》中就总括前人茶具，开列了二十八种专门器具。宋代不直接煮茶，改用点茶法，茶具因之有较大变化，全套茶具以"茶亚圣"卢仝的名字命名，称作"玉川先生"，计有烘茶炉、木茶桶、茶葫芦、茶碗、茶壶、陶杯、棕帚等十二种，茶壶又以紫砂茶壶最为名贵。苏东坡在宜兴时，最喜爱提梁式的紫砂壶，被后人命名为"东坡壶"，其名沿用至今。元代以后，由于散茶、末茶的饮用日益增多，不再煎煮，改以冲泡，因而茶具种类精简，呈现返璞归真的趋向。明代起，散茶大兴，人们普遍饮用的是与现代炒青绿茶相似的芽茶。绿色的茶汤，以白瓷衬托之，更显得赏心悦目。因而明清时流行白瓷茶具，瓷色洁白，器形以盖碗为主，由盖、碗、托三部分组成。当时，被誉为"瓷都"的江西景德镇异军突起,所生产的白瓷、青花瓷驰名世界。明代,江苏宜兴用五色陶土烧成的紫砂茶具开始兴起。明代周容《宜都壶记》"今吴中较茶者,必言宜兴瓷"。紫砂壶既没土气,又不会夺香,泡茶不失厚味,能有效保持色、香、味,茶叶久泡不烂,茶汤久贮不熟,且一壶在手,既觉温暖,又不烫手,有自然、温厚、平和的手感,这是瓷壶所远远不及的。

清代陶瓷茶具以康熙乾隆时期最为繁荣,并以"景瓷宜陶"最为出色。或重便利,或尚典雅,或求朴拙,或呈现奇巧,款式造型多样,图案则以花鸟居多,人物山水也异彩纷呈。故明清茶具不仅实用,且不失为精美工艺品。不少人家在案几上摆一套别致茶具,无客时是艺术品摆设,有客来则沏上一壶好茶,列杯分茗,相聚而品,其情怡然,其乐陶陶,此风一直沿袭至今。

此外,福州的脱胎漆茶具,四川的竹编茶具,海南的椰子、贝壳茶具,甚至石壶,都自成一格。近代茶具名目更多,除陶瓷茶具外,常用的还有搪瓷、金属、塑料茶具,更以玻璃茶具魅力独特,通体晶莹透明。冲泡茶叶时,杯中茶芽如一撮小虾腾跃于清波,碧螺春则像雪花飞舞,回旋聚散,奇景悦目,汤色清莹、碧绿清澄,特有观赏性。

4. 茶道、茶艺

(1)茶道源起与演进。茶叶作为社会上的一种大宗商品,从物质到精神逐渐形成了一套独特的体系,其多方面的文化内容经过启蒙、萌芽到发展的各个阶段,终于可以用茶文化把茶叶生产、加工、流通、饮用等整个体系加以概括,其标志就是唐代陆羽《茶经》的问世。很多学者都把《茶经》视为中国茶文化成熟的标志,从而认为唐代是中国茶文化的形成期,在中国茶文化史上具有划时代的意义,而宋代则是中国古代茶道文化的顶峰。

杯中茶是绚丽多姿的,令人赏心悦目,茶带着淡淡的清香走进人世,它独特的色、香、味、形给人类增添无限的生活情趣,又使它具有特殊的艺术品格和文化素质。一杯清茶渴者滋润,使困者提神,使躁者舒缓,使惑者灵动,使累者祛乏……对于中华民族,茶叶成为其他任何饮料无法替代的,修身养性传承发扬民族传统的润滑剂、催长素、触发剂。

无论在客厅以茶相敬,还是在茶楼对茗,茶会品茶,都自然形成一种温馨淡雅的氛围,能够增进祥和、适宜的气氛,有利于心灵的交流,茶无疑是人际关系中的和平使者。在中国社会生活中,自古以来形成了名目繁多的以"茶"为主题的聚会,或以吟诗作对相聚;或以游名山、品名泉相聚;或以恳亲娱乐相聚;或为亲友洗尘、饯别相聚。这种茶聚,从茶具到饮茶环境的美化,从烹茶技艺到饮啜的艺术化、礼仪化,逐渐形成一种生活规范,这就产生了各种"茶道"(把饮茶与修身养性和心灵交融结合起来)和"茶艺"(把饮茶过程程式化、艺术化)。这种以茶会友的群体活动,在唐宋的士大夫中流行起来,传到日本,就变成日式茶道。中国的"茶道",作为茶俗的一部分,从唐代到明代,主要是在有闲的士大夫中流行。由于这种茶道过分讲究形式,在商品经济面前变成一种繁文缛节。随着城市经济的发展,士人茶道逐渐让位于大众化茶俗。然而在经历了较长时间衰落,在工业化向后工业文明转型的今天,茶道重又获得人们的青睐。

(2) 中国茶道与茶艺。中国茶道在唐宋形成,并传到了日本。日本人通过总结融合于宗教,形成了日本的茶道,并在日本茶文化中独显风骚。随着中国的对外开放,茶道又转回了中国。但这古板的带有浓厚宗教色彩的日本茶道显然不适合中国的现代生活。于是,中国的香港和台湾又创新了茶道的新形式——茶艺,并较快地传向内地。"茶艺"一词虽以前在茶文化中已有提及,但在中国社会广为宣传,并产生极大影响,无疑是在20世纪80年代茶艺的推广。当时,碍于直接推广茶道被说为崇尚日本的死板茶道,若用茶礼,似乎又难概其义,且韩国多提茶礼,于是"茶艺"被赋予了特有的茶文化代表的名义。茶道与茶艺虽都是讲茶的品饮艺术,但在概念上,茶艺重点在于表演,而茶道着重于精神,通过品茶艺术达到精神境界。茶艺与茶道精神是中国茶文化的核心。茶除了可以养生健身外,还能养廉、雅志、励节、修身、交友、明礼。陆羽主张"精行俭德",通过饮茶,特别是茶艺达到为人"精行俭德",即是茶道。唐人刘贞亮总结过茶的十德,明代张源则解释说:"造时精,藏时燥,泡时洁,精、燥、洁,茶道尽矣。"这就是说茶道不只是泡茶品茶的艺术,还包括茶叶加工、储藏等技术。茶学专家庄晚芳教授提出了中国茶德——廉美和敬四字守则,认为"发扬茶德,妥用茶艺,为茶人修养之道"。也有人提出中国现在的茶道应是"俭美和敬"。总之茶道是通过饮茶艺术达到精神陶冶、修身养性的目的。

(3) 中国茶道的精神。中国茶道的精神还与儒、释、道三家文化息息相关,相互渗透,道家的"天人合一""无为"、佛教禅宗的"顿悟"、儒家的中庸达观,其在茶道中表现出共同的特点为茶道的和谐、清淡和怡养。

①和谐。中国人很推崇和谐,讲究致中和,中庸和持重。中国人的性格和西方人的性格有很大的差异。有人曾用清茶和烈酒来比喻中西方人的性格:西方人性格犹如烈酒,热烈奔放,容易激动,而中国人的性格像清茶,比较柔和,清静,追求和睦。茶道主张在饮茶中沟通思想,造就和谐氛围,达到宁静境界。

②清淡。清茶一杯,知足常乐,茶道引导人们清心简朴,宁静致远,淡泊明志,从茶中获得胸怀宽阔、浩然无极的美感。

③怡养。怡情养生是茶道所追求的身心享受。茶道雅俗共赏,怡情悦性,雅致超尘。既清心寡欲至怡然自得,具有怡悦性,又由养气益神至怡情健体颐养天年,具有养生功能。

(4) 中国茶馆与茶俗。

①个性鲜明的茶馆。多少年来,茶在中国的社会生活和交际场所中,几乎无所不在,以至有了真正以茶唱主角的茶馆,这一国人专门用作饮茶的场所。茶馆,古代也叫茶肆、茶寮、茶坊、茶屋、茶铺等。近现代称茶楼、茶室、茶园、茶社等等。茶馆表明中国茶文化的普及,是茶文化平民大众化的标志。一个小小的茶馆体现着传统文化的嬗变,今日中国茶馆仍是老少皆宜,男女皆至的好去处,使人们在紧张的工作之余,步入其间去领略一番个中情趣。在中国,东西南北中,不管城市还是农村,各式各样的茶馆,个性鲜明,风格各异,五彩纷呈,仅仅汉族地区,就几乎与四大菜系类似,出现了京、川、粤、江浙四大类型。并且成为旅游中一道独特的风景线。

②四川茶馆甲天下。巴蜀是茶文化的摇篮。他们长期保持着对茶的喜好,茶事最突出的表现就是茶馆。人们常说"天上晴天少,眼前茶馆多",四川茶馆又以成都最有名,故又有"四川茶馆甲天下,成都茶馆甲四川"的说法。现在单成都工商局注册的茶馆就有一千五百多家。成都大茶馆的有几百茶座,茶馆里几十把大铜壶飞来飞去,好不热闹,那壮观的品茶场景全国少有。小茶馆又可是三五张桌面,简朴随便,既可坐,也可躺。这些茶馆多设竹制躺椅和茶几,倦了还可打个瞌睡,是简便廉价的大众化休息场所。成都茶馆集政治、经济、文化功能于一身,颇具地方特色。成都人喜欢在茶馆里"摆龙门阵"(谈天说地);成都茶馆还有"民间法庭"功能,人们在茶馆吃茶说理,调解纠纷,茶馆又是"经济交易场所",四川民间的许多生意买卖是在茶馆进行;在茶馆还可以吟诗、谈心、看报、下棋,可观看川剧,听四川清音说唱,又具有文化娱乐活动功能。

③广东茶楼食客家。在广东,茶馆又称为茶楼,而且多数茶楼与饭馆合二为一。在广东,吃早点叫作"饮早茶",广东人"请你去饮茶"其实就是请你吃饭。广东茶楼是茶中有饭,饭中有茶,是饮茶与吃点心相合。每天两次茶市(早茶和午茶,有的还有夜茶),两次饭市(午饭和晚饭,有的还有夜宵)。广州的大小茶楼数以千计,每天早茶和午后茶都座无虚席,厅堂中各种点心和小吃的推车来回穿梭,任人挑选。在这些茶楼里边品茶,一边饱尝美食,一边聊天怡情,是合家欢聚或款待亲友的理想交际场所。广东茶楼已成为广州市民日常生活的组成部分。

④北京茶园十八种。北方茶馆最有代表性的还要数北京,很久以来有北京茶园十八种之说。北京的茶馆种类繁多,功能齐全,而且文化内涵极为丰富,是极好的旅游资源。就种类而言,北京的茶馆有茶园、茶社、大茶馆、书茶馆、清茶馆、棋茶馆、野茶馆、二荤馆、红炉馆、大鼓园子、茶酒馆、鼓书茶馆、清真茶馆、窝窝茶馆、改良茶馆、季节茶馆等,这就是人们常说的北京过去的十八种茶馆。至于茶摊、茶棚更是不计其数。

茶馆与曲艺结合,这在北京是宋代以来的老传统,顾客一边品茶,一边听曲艺、说书或清唱,使人沉浸在悦耳与饮啜交融的韵味中。北京的茶园就是人们常说的"戏园子",也就是茶园与戏院合二为一,茶园中往往设有一小型戏台置于观众之中。老茶客们多是老戏迷,端一盏茶,眯着眼,随着那京胡、板鼓的节拍,品着角儿的唱腔韵味,真是陶醉其中。那大鼓园子、书茶馆、鼓书茶馆,就是茶馆里请一些唱说评书的来召座的,听大鼓、听评书。

至于北京茶社,那主要是京剧票友的活动场所,几杯清茶,聚起许多京剧爱好者,发清声、探艺海。当然也有围棋、猜谜等各种爱好者聚会茶社,而棋茶馆就是专供茶客下棋的一类茶馆。

北京大茶馆则是一种多功能的饮茶场所,可饮茶、可馔食,也可提供生意人聚会,文化人交流等各式服务。老舍先生名著《茶馆》大致就是这大茶馆的缩影。大茶馆应着服务项目分,就有了红炉馆、窝窝馆、饽饽馆、搬壶馆、二荤馆等。清茶馆顾名思义就是专卖清茶的,所谓野茶馆就是在城郊野外,或道路旁,或高坡,风景秀美之地,或瓜棚豆架之间,好茶人们在此能领略田园风光,观赏美景,又小酌一番,是北京人郊游的好去处。

⑤杭州茶室多风雅。与北京茶园相对应,江浙茶馆又是另一番景象,文化氛围同样浓厚,只是多了些风雅,往往是品茗和赏景相结合。茶馆遍布于各处名胜和大小公园,或在曲径通幽之处,或设荷塘鱼池之畔,更有游弋于太湖、西湖中之动态茶舫。让游人一面品尝名茶,一面饱赏湖光山色,陶醉于诗情画景之中。杭州的茶馆文化可谓代表。杭州茶馆多被称为"茶室",别有意境,往往让人联想到文人的书室和寺院的净室,给人一种素淡、文雅的感觉。杭州的茶室也确是幽雅,既没工夫茶的成套器具,也没川茶馆茶博士的行茶绝技,但是墙上悬挂的字画,窗外透来的竹石湖光则自然平添了清新儒雅之气,加上名茶名泉水,清澈莹亮,清淡甘美,那可是真正的茶艺真趣。杭州城茶室不少,茶与人,与山水,与花草竹木,与天地自然融合,宛如一个天然大茶室。

⑥各具特色的茶俗。"十里不同风,百里不同俗"。各地区、各民族殊不相同的民俗风情造成了中国千差万别、丰富多彩的饮茶方式。

闽南和广东潮州、汕头等地的工夫茶,还保存着古代的韵味,茶叶都习惯用乌龙茶,泡得很浓,先烫茶具,再泡茶叶。茶具别具一格,大都用小巧玲珑的紫砂壶,茶杯像半个乒乓球那么大。工夫茶主要不是为了解渴,而是一种敬客和叙情的礼俗,宾主围着茶具聊天,细斟慢饮,叙毕则饮止。这种茶俗,盛行于潮州、汕头、闽南、海南和台湾等地,确实是一种很"功夫"的饮茶方式。

湖南一带自宋代起,流行一种擂茶。现在古风犹存,当地民众仍习惯饮擂茶。擂者,研磨也,用茶掺和黄豆、芝麻、花生和一些中草药(藿香、陈皮、甘草等),在陶钵中擂烂后冲泡,家庭聚会饮或作为敬客饮料。

在少数民族地区,也有各具特色的茶俗:如白族的"三道茶"敬客,寓意"一苦,二甜,三回味"。侗族的"打油茶",用茶叶、果仁和油盐一起煮成茶汤来敬客。土家族的"茶油汤"又称"八宝茶油汤",这是土家族人每天必备的家常茶汤,"一日不喝油茶汤,满桌酒菜都不香"。客人来到,第一件事就是用油茶汤招待。宁夏回族敬客喜用"盖碗茶"。草原牧区缺乏蔬菜,茶叶是补充维生素和微量元素的重要来源。牧区各族的奶茶也各有千秋,藏族是酥油茶,蒙古族是咸奶茶,维吾尔族是奶子茶,在泡煮茶的过程中,都添加了当地人喜爱的佐料。

(5)引人入胜的茶之旅。中国的各类名茶,如黄山毛峰、庐山云雾、西湖龙井、峨眉茗芯大都出产于名山大川、旅游胜地,与名胜名泉连在一起。青翠欲滴的茶园,坐落在丘壑松风、清泉激湍的环境中,清香荡漾、蝶舞莺歌,本身成了旅游品茶的胜地,得天独厚的条件丰富了茶文化旅游资源。

在竹林里,清溪名泉边,在瀑布下,茶园里或山道旁的茶亭中品茗赏景,心中的烦恼和都市的喧闹全然忘掉,心情怡然放飞,正如唐诗人卢仝所言:"一碗喉吻润,两碗破孤闷,三碗搜枯肠,唯有文字五千卷。四碗发轻汗,平生不平事,尽向毛孔散,五碗肌骨清,六碗通仙灵,七碗吃不得也,唯觉两腋习习清风生。"如能亲手采茶、制茶,到深山茶园领略田园生活,投入大自然怀抱,对于久住都市的城里人是现代的追求,一条条茶文化旅游线路成为理想的选择。

①西湖茶之旅。西湖是名茶龙井茶的产地,也是国内外闻名的旅游胜地。新十景中龙井问茶、虎跑梦泉就是直接以茶、以水命名的,西湖西边群山皆产龙井,苏东坡在龙井茶极品产地——龙井狮子峰留下"老龙井"手迹,至今清晰可见。历代文人也留下不少有关龙井的诗篇。如明代屠隆"采取龙井水,还煮龙井茶。一杯入口宿醒解,耳畔飒飒来松风"。清乾隆则写下《采茶作歌》《坐龙井上烹茶偶成》等。近代,孙中山、毛泽东、朱德、周恩来、邓小平等伟人都到过西湖茶区,留下了不少佳作与诗篇,如陈毅《看西湖茶区》:"相约到梅家""细看采新茶",这些都是西湖茶文化旅游的宝贵资源。一首《龙井茶虎跑水》把西湖茶之旅演绎得十分生动有趣:"龙井茶虎跑水,绿茶清泉有多美。春茶为你洗风尘,胜似酒浆沁心肺。茶好水好情更好,香茶长留你心内。"

西湖茶之旅一日游,一般安排游西湖,在湖畔品茶观赏湖光山色。到西湖龙井茶叶公司总部看毛主席采过的茶树和纪念亭。到茶叶博物馆参观了解中国茶文化。到虎跑泉、龙井泉、龙井寺(老龙井)烹茶品茗。到胡公庙看乾隆皇帝所封的18棵御茶树。到梅家坞农家看龙井茶炒制。到茶科所看龙井茶机械化生产和大棚茶园。晚上品尝茶龙井虾仁等杭州名菜,观看《采茶舞曲》。

②蒙山茶之旅。四川蒙山峰峦挺拔,终日云雾缭绕,古木参天,寺院众多。蒙山最高的上清峰上有7棵"仙茶",茶芽细长,味甘清,色黄碧,以其异谓之"仙茶"。相传为

汉末甘霖普慧禅师所栽,故又称"汉茶"。蒙顶茶是中国茶叶史上最早的名茶,也是最早入贡的名茶,自唐代至清代一千多年一直作为贡茶。历代文人墨客留下颂扬蒙山茶的诗篇就有几十首,"蜀地茶称圣,蒙顶第一家""扬子江中水,蒙顶山上茶""茶中故旧是蒙山""若教陆羽持公论,应是人间第一家"。

现在上蒙顶山修复了天梯古茶道,建立了茶史博物馆,还有保留传统手工艺制作蒙山茶的现代茶场(厂)。在蒙山一日茶之旅线路是:上清峰看七棵"仙茶",品仙茶,听茶文化故事,观看茶艺表演,游茶山风光,午餐在山上品蒙山茶膳风味,餐后沿着天梯古茶道下至蒙山茶史博物馆,观看了解茶叶发展史,最后到蒙山茶场(厂)观看采茶、也可参与制茶,也可在师傅指导下自制,制出的茶可以带回赠送亲朋好友品尝,夜宿县城,在茶馆领略茶博士"绝活"。

当然全国黄山、庐山、峨眉山、武夷山等名山的茶文化旅游线路都各具特色:像井冈山则是红色之旅与茶文化绿色之旅有机结合的理想地;太湖碧螺春、阳羡茶和惠山二泉水、宜兴紫砂壶一线串联,则又是一项引人入胜的茶文化旅游项目。

三、中国酒文化

酒是一种用粮食、葡萄或其他水果等原料经糖化、发酵而制成的含有酒精成分的饮料。酒的作用很大,可以涉及社会的各个方面。如酒是人们表达情感、增进友谊、调节人际关系的催化剂;酒对于文学艺术也起到催化作用,等等。因此,人们有必要研究酒的饮食习俗、品酒(包括酒品、酒仪、酒德、酒礼)与酒道艺术等内容,这就是酒文化。中国的酒文化是伴随着酒的出现而产生的,所以,它的历史悠久,内容丰富,颇具特色。

1. 中国的酒的起源和发展

(1)有关酒起源的传说。中国是米酒的故乡,陕西仰韶文化出土的酒器,距今约六千多年,新石器时代后期龙山文化和大汶口文化出土的酒器,更不胜枚举。关于中国酒的起源,古代就有各种说法,古代重要医典《素问》中有黄帝与岐伯讨论"为五谷汤液及醪醴"的记载,黄帝(轩辕氏)作为中华炎黄部落联盟的首领,早于尧舜禹时代。"酒之所兴,肇自皇王,一曰仪狄,二曰杜康。有饭不尽,余空桑,积郁成味,反蓄成芳。本出于此,不由奇方"。仪狄和杜康都是传说中造酒的人物,相当于四五千年前夏禹时代或稍后。在先秦《吕氏春秋》《战国策》和《世本》等典籍中分别有"仪狄作酒"的记载。据《世本》"仪狄始作酒醪,变五味;少康作秫酒"。人们更多地了解"杜康造酒",则是从曹操《短歌行》"何以解忧?唯有杜康"。

尽管传说不同,但考古资料证实古代传说中的黄帝时期、夏禹时代确实已存有酿酒,最早酿造的应该是中国特有的秫米酒(黄酒),夏商周三代的酒,已有许多的种类,"五齐""三酒"(事酒、昔酒、清酒),同时"奠桂酒兮椒浆",这表明战国以前,已有多类药酒。汉代的酿酒规模已很庞大,汉刘胜墓出土的三十多个大酒罐,估计共装有一万多斤米酒,作为汉的一方诸侯,就拥有如此的大酒坊,汉朝全国产酒数量可想而知。

(2)早期的人工酿酒。据考证,我国的人工造酒应在距今约一万年到七八千年之间。当时正处在旧石器时代向新石器时代的过渡阶段,从母兽的乳汁受到自然界酵母菌等微生物作用而发酵成酒——最早出现的奶酒,到因谷物发霉、发芽成酒——谷物酿酒。这是人工造酒的早期。

(3)酒曲酿酒的发明和应用。曲是以含淀粉的谷物为原料,作为培养微生物的载体,上面长满了霉菌,这些霉菌能同时起到糖化和酒化作用,属复式发酵。因而酿制的酒含乙醇的浓度高,酒味较浓。因此,酒曲酿酒法是我国古代劳动人民发现和利用微生物的一大成果,也是对世界酿造技术的一大贡献。据考证,我国用酒曲酿酒,最迟不晚于商代的中期。这种方法曾在相当长的历史时期中领先于世界各国,后才传入日本、印度和西方。

黄酒是中国历史最久远的传统酿造酒,也是中华民族的民族酒。它就是用酒曲酿酒制造的。南北朝时,贾思勰编纂的《齐民要术》中详细记载了用小米或大米酿造黄酒的方法。北宋朱翼中著的《北山酒经》,总结了黄酒的酿造经验。福建的红曲酒"五月红",曾被誉为中国第一黄酒。

(4)蒸馏酒(白酒)的出现与发展。白酒是人工造酒的进一步发展。中国白酒是从黄酒演化而来的。因为要提高酒的酒精含量,光靠发酵是不够的。必须要加以蒸馏,掌握好适当的温度和时间,就可制成白酒。据考证,1975年在河北省青龙县出土了一套铜制蒸酒器皿,时间是宋代,可见宋代已有了现代意义的蒸馏酒。

2. 酒的多种功能

酒与茶一样,与国民生活结下了不解之缘,成为中国饮食文化的重要组成部分。酒有多种生化功能,有一定的保健作用;酒又是一种兴奋饮料,是人们进行社交活动和宴饮的重要媒介。

(1)保健作用。最初的酒是人类采集的野生水果剩余时,在适宜条件下自然发酵而成。因为这些水果具有药效,对某些病有一定疗效。故最初的酒可称为天然"药酒",虽然不明确养生目的,人类实际上从饮酒得到保健的好处。酒的性味大同小异,性温而味辛,温者能祛寒、疏导,辛者能发散、疏导。李时珍《本草纲目》说"面曲之酒,少饮则和血行气,壮神御寒,遣兴消悉,避邪逐秽,痛饮则伤神耗血"。现代科学发现酒中的乙醇,是中枢神经系统的抑制剂,使得酒既会使人兴奋,又会使人麻醉。适当饮酒可起到活血化瘀作用,但饮酒过度会导致酒精中毒。酒精含量不高的酒,如糯米酒、黄酒、葡萄酒、果酒和啤酒等,都属优质饮料,适量饮用一些,能起保健作用。酒是一种良好的溶剂和防腐剂,中医利用酒的这些特性,炮制出许多药酒,对保健和治病都起着重要作用。

(2)酒是一种文化象征。"酒作为世界客观物质的存在,它是变化多端的精灵。它炽热似火,冷酷像冰;它缠绵如梦萦,狠毒似恶魔;它柔软如锦缎,锋利似钢刀"。在中国人的生活里,大概没有哪一种食品像酒一样,令人感到古老又奇妙而有趣。它具有特殊的气味,嗜饮的人对它赞美备至,比做"琼浆玉液""甘露""太平君子"等;厌酒的人,则把它说得一无是处,认为它"致疾败行,乱性伤身"等。一种食品能够引起人们的好恶到如此悬殊的程度,大概非酒莫属了。酒在历史的长河中,不仅仅是一种客观的物质存在,还是一种文化象征。

酒,在中国人的生活中成为不可缺少的一部分,"无酒不成席""醉翁之意不在酒"这些俗语都表明着酒已经渗透到了中国人生活的各个领域。

(3)酒的社交功能。"酒食所以合欢也",合欢者,亲合欢乐也。饮与食同样具有极强的亲和力,用于人际交流,就形成了酒食的社会功能以至政治功能。交朋友先喝酒,婚宴称"喜酒",丧事喝"丧酒",祝捷喝"庆功酒",盖房喝"上梁酒",小孩满月办"满月酒",老人庆寿办"寿酒",春节喝屠苏酒,此外端午节要喝"雄黄酒",重阳节喝"重阳酒",敬神、祭祖都要喝奠酒。从唐代李白的《将进酒》到电影《红高粱》中"九九归一好酒好酒",无酒不宴,无宴不酒的社会功能围绕中国人的社会生活无所不在。"我有旨酒,以燕乐宾客之心",久远的传统使飨客以酒的风习遍及民间,从接风酒到洗尘酒,到饯别酒,酒在中国人社会生活中深深扎根,成为社会运转必不可少的润滑剂,以至千百年来,中国民间大都有家庭酿酒的习惯,用酒曲酿酒几乎是家喻户晓。无论是白酒或甜酒,封存时间越长,酒味越醇。中国农村酿造糯米酒很普遍,大都作为家庭助庆饮料,有的地方有独特风俗,刚生下女婴就酿造数坛糯米酒,置于墙角,等待女儿出嫁,才打开请客。这种长年陈酒,颜色橙黄,酒味格外清澄甜润。坛口一开,酒香四溢,十分诱人。由于酒能让人欢悦兴奋,所以人们又昵称"酒为欢伯,除忧来乐"。

中国的少数民族中,多以当地特产做原料来酿酒,如藏族以高原特有的青稞酿制青稞酒;两广盛产甘蔗,故岭南地区有甘蔗酒;海南有椰子酒,苏轼谪居海南时就饮用过椰子酒;海南五指山的黎族地区用旱稻(香粳米)酿造的山兰酒,呈乳白色,像米浆一样黏稠,醇香甜润,喝上一口让人回味良久。广西少数民族还有以槟榔汁酿的槟榔酒;西域高昌国(今新疆吐鲁番一带)生产葡萄,西域的葡萄酒在西汉时就输入中原。北方游牧民族喝的是以马乳发酵后酿成的马奶酒,史载蒙古族人"以马乳酿酒,每饮必烂醉而后已",每遇客至,蒙古族人待客是自己先喝一口,然后将酒杯双手捧给客人,客人必须喝干这杯酒,否则便是失礼。满族和西南地区一些少数民族也是这般好客,还多习惯家酿美酒奉客,气氛热烈亲切,如苗族人用牛角杯劝酒,牛角底尖不能放下,客人只能一饮而尽,凡有贵客来家,饮酒花样就更多,"进门酒""入席酒""转转酒""交杯酒",另外还要"歌催酒",即每唱一曲就要喝一杯酒。一直喝到深夜,主客相继醉倒为止。

少数民族十分重视祭祀,每次祭祀一定要用酒,都要伴有群众性的饮宴。如壮族在每年农事完成后,要大祭土地神;满族每年春秋两季都要祭天;哈尼族每年农历二三月间要祭龙,每次祭祀都成为全村全寨的集体欢饮。少数民族的婚丧大事也离不开酒。对于土家族、苗族、彝族的青年男女来说,节日的饮酒、歌舞更是他们求偶的最佳机会。

(4)酒的政治功能。酒从来就是封建统治者治军的法宝,古时军旅生活十分艰苦寂寞,酒成为将士们最钟爱的东西。酒这兴奋剂令胆怯者勇敢,使疲乏者振作,确实是鼓舞士气的良药,故历代统治者均将酒作为犒赏将士、鼓舞征人的重要物质手段。大军出征时,要赐酒以壮军威;将士作战时要赏酒,以激励士气;军队班师回朝时,要颁酒,以庆功慰劳。传说汉代名将霍去病有一次将汉武帝犒赏给他的十坛酒统统倒入一口井中,以让三军共享。后果那口井就成了汲不完美酒的"酒泉",据说甘肃酒泉的地名就由此而来。

汉初名相曹参三年相国,"萧规曹随",无为而治,堪称"以醉治国"的杰作;陈桥兵变由禁军统帅黄袍加身成为大宋开国皇帝的宋太祖赵匡胤"杯酒释兵权",结束藩镇割据局面,更是将酒的政治作用发挥到了极致。

(5)浅斟低唱趣无穷。酒与食在中国都具有社会功能与政治功能,虽由饮食连在一起,有一定的相似,但毕竟差异明显。"民以食为天",乃生存必需;"无酒不成宴"终究不直接危及民生,若纵酒失度则往往招致恶果,在社会上、政治上产生负面效应,产生较大破坏。于是,中国人饮酒提倡小酌浅斟。如明代大医学家李时珍所言:"酒,天下美禄也。"邵尧夫诗云:"'美酒饮教微醉后',此得饮酒之妙,所谓'醉中趣,壶中天也'。"

俄国著名作家契诃夫在给友人的信中曾记有:"我请一个中国人到酒店里喝烧酒,他在未饮之前举杯向着我和主人及伙伴们说道:'请。'这是中国的礼节。他并不像我们那样一饮而尽,却是一口一口地啜,每啜一口,吃一点东西,随后给我们几个中国铜钱,表示感激之意。"中国人的边品边啜,浅斟慢饮令一饮而尽的俄罗斯人感到惊诧,这浅斟低吟,徐徐而进,"一口一口地啜是中国人特有的饮酒方式",故叫"饮酒"而不叫"喝酒"。"而喝者,大口大口往肚子里猛灌之谓"。"大口大口往肚子里猛灌"可谓"牛饮",只是求一醉而不能知酒味,更品不到那"浅斟低吟"的无穷情趣。

其实,中国人饮酒犹如中国人的生活秉性,追求"中庸",注重有度。首先表现在饮酒适量,称之为"小酌",旨在追求进入微醉的境界,而且是把人渐渐引入微醺之佳境,西村的《美酒饮到微醉时》说:"酒至微醺,无疑是饮酒的最佳境界。此时,人性、酒性都发挥得恰到好处,既能令人领略到酒的扑朔情韵,又能尝试到醉眼看人生的奇妙感觉,实在有一种说不出的朦胧之美。"也即达到飘然,亦真亦幻、似醒非醒的境界。广州"陶陶居"有一副对联"陶潜善饮,易牙善烹,饮烹有度;陶侃惜寸,夏禹惜分,分寸无遗"。把中国饮酒的陶然之美道出了个真谛,尽妙在这"分寸和有度"之中,如果要说中国的酒道,"致中和"可以称得上重要一条。

李清照《浣溪沙》"莫许杯深琥珀浓,未成沉醉意先融"。好一个"意先融",把中国人饮酒的观念表达得太好了,饮酒的文化现象一览无余,中国人对于饮酒的精神追求和心灵祈盼是尤其浓烈,饮酒中寄托着各种情感,"遥知湖上一樽酒,能忆天涯万里人"(欧阳修《春日西湖寄谢法曹歌》);"就向高楼横玉笛,落梅愁绝醉中听"(吴承恩《杨柳青》);"会须一饮三百杯,与尔同销万古愁"(李白《将进酒》)。忆"天涯万里人",听"落梅""愁绝""同销万古愁",多少深情、多少愁肠尽融在美酒之中。由此,似可悟到"醉翁之意不在酒"之奥妙,酒为媒也,醉在生活情趣之中,醉在心情之中。

中国酒文化的最高境界还在于人与自然的高度和谐,为此千百年来,中国人钟情于山饮、水饮、郊饮、野饮、花前饮、舟中饮、清风明月饮……也即在山水之旅、田野之旅中畅饮。"明月几时有,把酒问青天"(苏轼),"与客携酒上翠微"(杜牧)……"至南园,择柳荫下团坐,先煮茗,饮毕,然后暖酒烹肴。是时风和日丽,遍地黄金,青衫红袖,越阡度陌,蝶蜂乱飞,令人不饮自醉"(沈三白《浮生六记·闲情记趣》)。正是这山川草木之灵气,更添徐徐清风,朗朗皓月,使人细啜美酒,进入那"醉翁之意不在酒,在于山水之间也"的"天人合一"的妙境。酒为古人通达"天人合一",充当了此间的媒介,正如宋人朱翼在其《北山酒经》中说:"大哉,酒之于世也。……诗人墨客,樵夫渔父,无一不可缺此。"王羲之"暮春之初,会于会稽山阴之兰亭""曲溪流觞",欧阳修于安徽滁州琅琊山雅集醉翁亭旁;苏东坡与友人夜游赤壁,畅饮于江上,皆借助酒之妙力,于天地自然之中,深得"山水之乐,得之心而寓之酒也"。

3. 中国名酒

中国在一千多年的历史中,酿造出丰富多彩的名酒。在历史悠久的名酒系列中,有闻名天下的绍兴黄酒,丹阳封缸酒;有酱香型的茅台酒;浓香型的五粮液、泸州老窖、古井贡酒;有清香型的山西汾酒、陕西西凤酒;还有米香型的桂林三花酒等。

(1)著名白酒。中国历史上名酒数以千计,中国的米酒具有浓香、清香、酱香、肉香、米香等多种香型。这些米酒很有特色,香气扑鼻,口感醇郁,饮后回甘,各具魅力。白酒的产地遍布南北,尤其是在俗称的"两片一线"最为集中。一片位于四川、贵州两省的交界地带,达到国家级名酒且扬名中外的有贵州的茅台酒、宜宾的五粮液、泸州的老窖特曲、遵义的董酒、古蔺的郎酒等。另一片是以四川成都为中心大约一百千米左右为半径的范围内,出产绵竹的剑南春和成都的全兴大曲,其他有名的还有邛崃的文君酒,射洪的沱牌大曲。一线指的就是淮河。淮河流经江苏、安徽、河南三省,而这三省的好酒大都出产于淮河及其支流附近,如河南汝阳的杜康酒、安徽亳州的古井贡酒,另外还有江苏著名的"一河三沟"(泗阳的洋河酒,泗洪的双沟大曲、涟水的高沟大曲、灌南的汤沟大曲)。许多酿酒基地都有跨世纪沿用的酒窖。著名的泸州酒窖,从明代万历年间开始,沿用了四百多年,至今仍香味四溢,成了名闻遐迩的古窖名酒基地。

在上述白酒中,茅台酒是中国国家地理标志产品。因产于贵州省仁怀县茅台镇而得名。其酒精度一般为53度;五粮液酒是用高粱、糯米、大米、玉米、小麦为原料,以岷江江心水为水源酿造而成的。源于唐代的"重碧"和宋代的"荔枝绿",又经过明代的"杂粮酒""陈氏秘方",经过一千二百多年的实践才达到今天的"五粮液";汾酒产于山西省汾阳市杏花村,是我国最早的白酒,距今约有一千五百多年的历史;古井贡酒产于安徽省亳州,亳州是曹操的故乡,据记载,这里的酒是用一口古井的井水酿成,遂名古井酒。从明万历年间起至清代,该酒一直被列为进献皇帝的酒,故又名"古井贡酒"。

(2)著名黄酒。黄酒是我国古代最早酿制的酒。源于何时,难以考证。世界三大酿造酒(黄酒、葡萄酒、啤酒)中独树一帜,成为东方酿造的典型代表和楷模。黄酒色泽金黄或褐红,含有糖、氨基酸、维生素及多种浸出物,营养价值高。成品黄酒灭菌后用陶坛盛装封口,酒液在陶坛中越陈越香,故又称为老酒。黄酒生产主要集中于江浙及闽、赣、皖、穗等地,尤其以绍兴黄酒最为著名。江苏老酒、无锡老廒黄酒、丹阳封缸酒等也都是名酒。黄酒根据颜色取名,又分为状元红(琥珀色)、竹叶青(淡绿色)、黑酒(暗黑色)、红酒(红黄色);在酒坛外绘雕各种花纹及图案的黄酒,被称为"花雕";女儿在出生时将酒坛埋在地下,待女儿出嫁时取出敬饮宾客的黄酒,被称为"女儿红"。

黄酒中的传统名酒有绍兴的元红酒、香雪酒、加饭酒、沉香酒;有福建龙岩的沉缸酒;有江西九江和江苏丹阳的封曲酒;有山东的即墨老酒等等。

(3)著名的葡萄酒。葡萄酒原产于西亚地区。汉武帝建元三年(前138年),张骞出使西域,将葡萄酒引入内地;唐代开始按西方酿酒方法制作葡萄酒;清光绪十八年(1892),华侨开办的张裕公司建立中国第一家现代葡萄酒厂,至今生产出很多名葡萄酒。如味美思、中国红葡萄、白葡萄酒、长城、王朝干红、干白葡萄酒等。

四、中国饮食的审美特征

中国饮食有着无与伦比的文化内涵,也有着举世无双的饮食审美的范畴,更有着无比丰富的饮食美的风格。

1. 中国饮食的美学风格

郑奇在《烹饪美学知识》(1985年)和《烹饪美学》(1987年)中率先系统地阐述了

中国饮食烹饪的美和美的创造,以及美感和审美,并讨论了中国饮食烹饪的美学范畴、风格、构成以及审美标准的问题,即中国饮食的烹饪美、环境美、器具美、礼仪美和中国烹饪的色、香、味、形、质、意的内容构成,以及雅、美、谐、格、蕴的烹饪艺术的最高美学追求。

中国的四大菜系都是以汉民族为主的,如果我们把北方草原地带的蒙古族、维吾尔族等少数民族为主的饮食视为一大系列,则成为五大系列。这五大饮食系列就基本与五种美学风格相吻合(如图6-1所示)。

$$
\begin{cases}
\text{黄河流域及北方(壮美风格体系)} \begin{cases} \text{中原:雄壮之美} \\ \text{北方草原地带:粗犷之美} \end{cases} \\
\text{长江流域及南方(秀美风格体系)} \begin{cases} \text{江南:幽雅之美} \\ \text{西南:质朴之美} \\ \text{华南:华丽之美} \end{cases}
\end{cases}
$$

图6-1 五大饮食系列与五种美学风格

古人云:"西北之山多浑厚""东南之山多奇秀",其实质反映出审美中壮美与秀美两大风格体系的部分地貌特征。黄河流域中原地带与长江流域江南地带可称是中国壮、秀两大体系最典型的代表。

用人类学的观点分析,不同的自然环境会通过诸如饮食资源等多种因素,对人种的形成和发展产生举足轻重的影响。以江南为例,因为岩石风化程度比较高,山势低矮平缓,偏于潮湿,草木葱茏,自古以来,不产小米之类的粗粮,而是以稻米为主农作物(河姆渡考古发掘已有七千年种稻历史),多为山明水秀、鱼米之乡。江南人数千年以稻米细粮为主要饮食资源,自然与其比较温柔的性格、洁白的肌肤、苗条的身材、婉转的方言有着关联。相比之下,中原人长期以粗粮为主食,草原牧民的大量肉食当然与其较高大的身躯、黝黑的皮肤、粗犷的性格、浑厚的方言有着深深的联系。其他如西南地区的质朴灵秀,华南的华丽之美无不符合当地的自然环境饮食资源等,并与当地的各种文化风貌相辅相成。

由此,我们可以看到中国各个大的地方性菜系所显现出来的饮食美学风格与地方的地理环境、自然条件、历史背景和地方文化之间的关系,并能更深刻地理解各大菜系所形成的主客观原因。中国饮食美学风格正是在人作为自然的有机组成部分,与其他的自然事物相互影响,相依为命,代代遗传,纵横积淀,形成的人类审美意识的地方差异、民族差异的重要组成部分。在中国饮食烹饪美学风格中往往能清晰地反映出中国传统美学风格的体系和流派特征。

而如果在中国饮食美学风格的两大体系、五大流派中用一些菜点来说明就可以说比比皆是。同样用猪肠做菜,鲁菜中的九转大肠,红油大气,颇有雄壮之美;而江苏菜则用生矾洁净去油,套筒烹制,显得小巧雅致。几乎同样原料,同样制法的一道豆腐镶肉,鲁菜为棺材豆腐,显出与权势有关;苏菜则为镜箱豆腐,与如花似玉的淑女梳妆联系上了,幽雅之情跃然桌上。广东菜点光听其名字就尽感华美,大多五字命名,还要求字不雷同、词有韵味,动听响亮,吉利口彩,一份早点就是"碧绿琵琶虾""绿茵白兔饺""雪花凤凰球""生磨马蹄糕""沙湾原奶挞""岭南菠萝批""椰茸草叶角""凤肝孹酥盒""鸡丝拉皮卷"……相比之下,四川菜点担担面、龙抄手、赖汤圆、粉蒸牛肉、开水白菜、水煮牛肉、干烧鱼、麻婆豆腐、鱼香肉丝……无不透出质朴之美、灵秀之气。中国西北饮食中烤全羊、手抓羊肉、羊肉泡馍又处处弥漫着粗犷浑厚的气息。

2. 中国饮食的就餐环境美

人们在饮食活动尤其是各类宴饮中,对于进餐环境是有文化审美的鉴赏标准的,就餐环境自然成为饮食文化的一个重要的内容。宾朋聚宴,一般是为了交流感情,畅抒胸怀,自然希望进餐环境清静,舒适优雅的饮食场景就是中国宴饮活动中人们的普遍追求。早在先秦的文学作品《诗经》中就有宫室宴饮的记载:"朋酒斯飨,曰杀羔羊,跻彼公堂,跻彼兕觥,万寿无疆!"汉代画像砖中宴饮场面可见餐厅设在高层,进餐时可眺望远景。宋代更是酒楼盛行,京城都会万人辐辏,就如《清明上河图》中店堂楼馆鳞次栉比,诸多酒家"彩楼相对,绣饰相招,掩翳天日……诸酒店必有厅院,廊庑掩映,排列小阁子,吊窗花竹,各垂帘幕",内饰精雅,且多"张挂名人书画"调遣宾客。由此,中国古代饮食宴饮环境美的追求可见一斑。当然,此类雅致的进餐环境主要分布在上层社会的私家宫室与市肆饮食楼店,至于风景名胜古迹中的楼台亭阁、厅堂廊榭也时有兼用。从中国历代餐饮环境审美中不难看出求得饮食环境美的途径无不在选择利用优美的自然环境和致力于人工美化环境。

时至今日,中国饮食的主要就餐环境——餐厅的建筑与装饰主要表现为五种格式,即宫殿式、园林式、民族式、西洋式、综合式。

(1)宫殿式。以中国封建皇家美学风格为模式,朱红大门,琉璃瓦檐,雕梁画栋,彩绘宫灯,富丽堂皇。北京"仿膳"可谓宫殿式餐厅代表。一些仿效皇家气派的餐厅,甚至"龙船""龙舟"中的餐厅也采用宫殿式装饰。

(2)园林式。又可分为园林中的餐厅,如上海豫园中的"点春堂"、扬州个园的"宜雨轩"、北京颐和园的"听鹂馆"、无锡公花园的"同庚厅"等;餐厅中的园林有上海的"音乐餐厅"、苏州的"园外楼";还有园林式的餐厅,有广州的"泮溪酒家"、扬州的"冶春园"等则是园林与餐厅浑然一体,尤为幽雅别致。

(3)民族式。实质为民族建筑艺术中最典型的民间式。中国五十多个民族各具建筑与装饰特色,各地区间也各具特点。云南的傣族竹楼餐厅、大草原的蒙古包毡房、北京的四合院、上海的石库门、广东的骑楼、徽州的民居,无不具有浓厚的民族情趣、地方特色。近年来,全国各地各族很多中餐经营者致力于营造这样具有民族风格的餐厅,再加上具有民族特色的菜点和服务,以此吸引旅游者,如四川的巴国布衣、谭鱼头连锁店、淮安的"老店"、南京"大排档"、上海"梅陇镇""珠海渔家"。

(4) 西洋式。也称现代式,这是近现代从西方传入中国的形式,以直线条几何体为倾向性特征,多在高楼大厦中敞厅大堂,如北京饭店、南京金陵饭店和中心大酒家、上海国际饭店等等,给人以挺拔恢宏、明快洁净之感,比较符合一些现代人的审美情趣。

(5) 综合式。特指十分明显结合两种或两种以上形式的餐厅式样(因任一种餐厅建筑装饰都在一定程度上融合了其他形式)。如若设计适宜,确实别开生面,如北京香山饭店、贵宾楼、长城饭店,上海新锦江、锦沧文华,广州白天鹅宾馆、中国大酒店,苏州竹辉饭店、吴宫喜来登等著名饭店都成功组合现代科技、传统人文、中西文化,或有园林景观内外衔接,或有各种花草书画,雅趣天成,赏心悦目,在此进餐,令人心旷神怡。

此外,在火车、飞机、轮船等交通工具上的类移动式餐厅中,中国饮食进餐在注意消除旅行者疲劳,提供旅客雅俗共赏的适中就餐环境时,尤其注重创造"画舫""游艇"上船宴的舒适典雅环境,以精巧玲珑的"画舫"和富丽堂皇的"龙舟"为代表,别具一番风情。如无锡太湖春秋号"龙舟",一派古色古香;长江三峡"三峡"号宽敞明净,均与湖光山色相协调,游客可边欣赏品尝船菜,边观赏山水,堪称中国游动式餐厅的典型风格。

3. 中国筵席设计艺术

中国筵席无论大小,无论何种规格、形式,也都充满着文化与美学的内容,一场隆重的宴会往往调动一切设计手段来表现主题,使每一细节都成为表现主题的有机组成部分,以此构成美的意境,给人以美的享受。

例如2001年10月20日晚,江泽民主席在上海国际会议中心设宴款待APEC(亚太经合组织)领导人,用的是一个冷盆、四道热菜、一道点心加水果,嘉宾入座时,掀开冷盆银盖时,跃入眼帘的是一朵"鲜花"植立"泥"中,这是由两片烤鸭皮,三根芦笋,三、四粒红、黑鱼子巧妙组成的。"荷花时蔬"则由黄瓜、冬瓜、节瓜、萝卜、红菜头和茭白等蔬菜组成,呈现了一幅水中荷花俏的景致。至于西瓜、杧果、木瓜与猕猴桃等常见水果组合的"硕果满堂",红黄橙绿相间,色彩斑斓。

这些美食全配上银色餐具和烫金边的景德镇白瓷,连葡萄酒杯也烫了金边与之相映,淡黄的布筷子套,同色的口布松卷,由红色的中国结轻扣。整体协调、雍容华美,漂亮大方。

晚宴在观看表演中进行,宴会厅灯光稍暗,每餐桌上特备三盏烛光灯,灯罩由一葡萄酒杯镶嵌其中,十分精美,浮在水面的蜡烛亮度适中,且确保燃烧三小时。整个筵席的主题与意境、时间与节奏、空间与布局、礼仪与风度,无处不精心关照到。

次日中午,在上海科技馆八百多平方米的宴会厅举行的APEC工作午餐同样精致,堪称姐妹篇。午餐的铺台以绿色为主色调,淡绿色的台布,深绿色的台裙、台幔,台幔之中挂的是豆绿色的中国结。桌上插花是黄绿色的新西兰蕙兰,宴会桌中央摆花是蕙兰加上粉红色的玫瑰。女服务员的旗袍也是深墨绿色。餐具从盘子到筷架、毛巾盒全是手工敲边银器,唯有小巧雅致的菜谱架是红木质地,架着红丝带扣结的画轴状菜谱。

工作餐是三菜一汤、甜点加水果,原料是鸡、鸭、鳕鱼、蟹、虾仁等地道的中国产"绿色食品",经厨师精心烹制成了蕴含中国饮食文化精髓的佳肴。同时,将菜名巧妙地融入诗中,且诗的每行首字连在一起读,便是"相互依存、共同繁荣",这正是APEC所倡导的宗旨和目标。

"相辅天地蟠龙腾"(冷盆:迎宾龙虾),

"互助互惠相得欢"(汤:翡翠鸡蓉羹),

"依山傍水鳌匡盈"(菜一:炒虾仁蟹黄斗),

"存抚伙伴年丰余"(菜二:炸银鳕鱼松茸),

"共襄盛举春江暖"(菜三:锦江品牌烤鸭),

"同气同怀庆联袂"(点心:上海风味细点),

"繁荣经济万里红"(水果:天鹅鲜果冰盅)。

这般精心设计的宴饮可以说是中国饮食文化的一次浓缩展示,自然就得到了APEC客人的啧啧称赞,其效果是可想而知的。

复习思考题

1. 简述中华民族传统饮食文化产生及发展的历史过程。
2. 中华民族饮食文化的主要理念有哪些?
3. 中国饮食文化的主要种类有哪些?
4. 何谓烹饪文化?中国烹饪文化包含哪些内容?
5. 中国四大菜系的产生地点、主要特色和代表菜。
6. 中国点心的独特魅力表现在哪儿?
7. 中国点心的主要流派有哪些?各有何特色?

8. 中国的风味小吃与特色细点主要有哪些?
9. 为什么说中国是茶叶的祖国,是茶文化的发源地?
10. 简述中国茶叶的起源与传播。
11. 简述中国茶的品类及饮法。
12. 简述中国茶道和茶艺的主要内容。
13. 简述中国的茶馆与茶俗。
14. 什么叫酒?什么叫酒文化?
15. 简述中国酒的起源和发展。
16. 酒有哪些功能?为什么说酒是一种文化象征?
17. 简述中国传统的主要名酒。
18. 简述中国饮食的审美特征。

第七章

戏曲歌舞文化

学习目标
1. 流派纷呈的戏剧；
2. 说透人情的曲艺；
3. 清丽典雅的音乐歌舞；
4. 中西方戏曲表演艺术比较。

案例导入

戏剧、曲艺、歌舞作为表演艺术是旅游中"娱"的主要内容。首先它们有很强的观赏性。中国戏剧无论是京剧还是地方剧种,都是文学、音乐、舞剧、美术、武术、杂技及人物扮演等各种因素的综合艺术,是长期以来劳动人民和戏剧作者的伟大创造。丰富多彩的形式,被公认为是最具有中华民族特色的文化品种之一。我国是曲艺大国,曲艺形式的多样性,流布地域的宽广性,种类的丰富性,流派的纷呈性都是其他国家曲艺难以比拟的。我国各民族能歌善舞,从最初的和劳动相连,描写佳山秀水,憧憬爱情,歌唱家乡,表现勤劳勇敢,终于加工升华,走向艺术殿堂。尤其是我国的歌舞始终注重自娱性、群体性和民族性,其中的秧歌、花鼓、花灯、旱船、耍龙、舞狮、踩高跷,都是群体参与,大方健美,自娱自乐的形式,民俗味极浓,不仅为当地百姓喜闻乐见,也是异地他国游客情不自禁地参与项目。

戏曲歌舞作为表演艺术对境内外的旅游者有无穷的吸引力,是旅游中"娱"的主要内容。游客不仅可以观赏戏曲歌舞的精华,而且可以参与其间,自娱自乐,甚至有些境外旅游团慕名而来,以研究、学习戏曲歌舞为主要目的。如何挖掘发扬我国戏曲歌舞的优秀传统,使之成为中国旅游独特的内容,旅游工作者必须注意并深入研究。昆曲、古琴艺术、福建南音、粤剧、藏戏、甘肃花儿、西安鼓乐等民间音乐、舞蹈、戏剧、曲艺列入《世界非物质文化遗产名录》。

第一节 流派纷呈的戏剧

一、戏剧历史悠久,遗产丰富

戏剧是包含文学、音乐、舞蹈、美术、武术、杂技以及人物扮演等各种因素的综合艺术,是长期以来劳动人民和戏剧作者的伟大创造。它丰富多彩的形式,被公认为是最具中华民族特色的文化品种之一。

大约在春秋战国时期,楚国优孟善于音乐和表演,他常在谈笑中规劝教育别人,于是"优孟衣冠"成为后世戏剧扮演的同义语,戏台对联中即有"舞台方寸悬明镜,优孟衣冠启后人"。

最初戏剧为汉代"角抵戏",演员三三两两,头戴牛角相抵,这颇合"戏剧"的原意,因从造字法讲"戏"从"戈","剧"从"刀",繁体字两字都从"虎",披着虎皮持着刀枪决斗,不过是模仿战争和决斗。这种形式在汉代十分时兴,汉代百戏,也叫散乐,是民间歌舞、杂技、武术、戏剧等杂耍娱乐节目的总称,"百戏"之"戏",含有很大的游戏娱乐成分,与今天戏剧有一定距离,但戏剧是百戏一种则是确定无疑的。史载当时的《总会仙倡》演出场面壮观,有布景、歌唱、伴奏、指挥,演员衣着华丽,舞台场面恢宏,艺术水平高超。它将歌唱、杂技、武术巧妙糅合在一起,形成中国戏剧特有的表现形式。

中国戏剧发展到唐代出现了参军戏,一般是两个演员,参军——头脑愚痴,苍鹘——头脑机灵。其后发展为戏剧中的净和丑,一人扮演戏弄者,一人扮演被戏弄者,多为嘲弄赃官,形式有如今天的相声。戏剧形成应为封建社会后期,其发展过程经历了宋、金、元时期的南戏与北杂剧;明清时传奇与杂剧;清代地方戏三个阶段。宋杂剧是各种滑稽表演、歌舞、杂技的统称。此外还有滑稽戏、傀儡戏、皮影等。北宋时盛行于汴梁,南宋时流行于临安,一般4～5人,据史籍记载戏剧名目已逾千种,而且已经商业化,市民中有广泛的观众。元代杂剧是用元曲演唱的戏曲形式。是在金院本和诸宫调的基础上广泛吸收了多种词曲和技艺发展而成。剧本体裁一般每本四折,每折用同一宫调若干曲牌组成套曲,角色有正末、正旦、净等。其时许多文人参与戏剧创作,今知有记载的元杂剧作家在120人左右,著名的有关汉卿、王实甫等。现存作品有150种左右,优秀作品有《窦娥冤》《西厢记》《赵氏孤儿》《李逵负荆》等,多方面反映了当时现实生活,在戏曲史和文学史上都占有很高的地位,对后来戏曲艺术和戏曲文学都有深远的影响,其中不少剧目,现今尚在演出。明清戏曲高潮迭起,明清的传奇是以演唱南曲为主的一种戏曲形式,结构紧凑、整齐,情节复杂,人物刻画细致,曲调、表演艺术、角色分行等都有进一步发展,每本传奇一般分为四五十出不等。明清两代传奇作家今知700余人,作品近2000种,《牡丹亭》《桃花扇》《清忠谱》等均为著名作品,流传久远。明嘉靖到清乾隆年间最为盛行,形成了五大声腔系统:高腔、昆腔、弦索、梆子、皮黄。从乾隆至道光,各大声腔在"合班"演出中相互影响,形成新的大型剧种——京剧。清末时,民间地方戏纷纷崛起,花鼓戏、采茶戏、花灯戏、秧歌戏都是很有影响的地方戏,可以说中国古代艺术发展到明清,小说和戏剧占据了中心地位,如果说小说代表了中国社会转型期的市民趣味,那么戏曲则是整个古代艺术的总结。

二、京剧,中国古代戏曲最优秀的代表

京剧的产生源于四大徽班进京,这是中国戏剧史上一件划时代的大事。乾隆五十

五年(1790)八月,适逢皇帝八十华诞之期,闽浙总督指令浙江盐务当局承办祝寿典礼,决定选派徽班进京参加庆贺演出。四大徽班指的是三庆班、春台班、四喜班与和春班。他们的勃兴与次第晋京,对国剧京剧的形成至关重要,跟扬州的关系极为密切。

三庆班是乾隆中叶徽戏的发源地安庆组成的戏班。安庆花部合京、秦两腔同台演唱,所以名为"三庆班"。善唱二黄的高朗亭为其主角,在扬州、杭州等地流动演出,声名鹊起。高朗亭生于1774年,大约死于1834年,艺名月官,扬州宝应县人。他专攻旦角戏,主唱二黄,并擅昆曲和小调,以《傻子成亲》一剧名扬南北。进京以后,任三庆徽班班主,成为徽班鼻祖,同时还担任北京的戏曲行会组织"精忠庙"会首,成了梨园领袖。1790年八月,三庆班自扬州启程,进京参加祝寿演出,盛况空前,历久不衰。三庆班留在京都从事营业性演出后,以排演连台整本戏著称。据杨懋建《梦华琐簿》记载,"戏庄演戏,必徽班"。可见徽班独霸京华的盛况,发展到道光二十五年(1845),三庆班便出现了以程长庚为首席老生演皮黄戏的新局面。

春台班是由徽商江春在扬州创建的。江春本籍徽州,祖孙三代从事盐业。乾隆南巡,唯独他家接驾6次,作为两淮盐商总领,有钱有势,声望极高。他不仅征集本地乱弹,且征聘来自苏州、安庆,乃至四川的著名花部演员组成扬州最大的花部戏班——春台班。春台班演员大多是少年童伶,其中扬州籍有17人,男旦吴福寿16岁成名,小三元14岁成名,范添喜17岁成名。春台班以标新立异、无所不能享有盛名。嘉庆元年(1796)以后,春台班进京演出同样名噪都下。

四喜班的来历虽有多种说法,但班中多扬州名伶,并在扬州唱,进京前,又曾到扬州演出,这些都是公认的事实。据史料记载,四喜班中的扬州籍名角有姓可考的就有20人之多。四喜班到北京后,以擅长昆曲的演唱而名声大振。有所谓"新排一曲《桃花扇》,到处哄传四喜班。"和春班的来历也众说纷纭。《中国戏剧史》认为:"和春班是嘉庆八年(1803)由庄亲王府出资,由安庆艺人组成的。时称'王府大班'。"但实际上18位名伶中,扬州人就多达11人,以演出乱弹戏《收妲己》一炮打响,一鸣惊人。和春班以武戏最为擅长。

京剧音乐属于板腔体,即全部唱腔由各种板式组成,板式均源于同一腔调。因徽班到北京后是和来自湖北的汉调艺人合作,相互影响,且接受了昆腔、秦腔的部分剧目、曲调、民间曲调融合、演变、发展而成,以徽调的二黄(湖北黄陂、黄冈)和汉调的西皮(西边的曲调)为主,所以有"皮黄戏"之称。西皮有导板、慢板、原板、快三眼、二六、流水、快板、散板、摇板、反西皮等,适合表现活泼昂扬的情感。二黄有导板、回龙、慢板、原板、快三眼、散板、摇板、二黄反调等板式,适合于表现苍凉、深沉的情感。伴奏乐器为胡琴、月琴、京胡,称为京剧三大件,另有南弦、笛、唢呐等管弦乐和鼓、板、大锣、铙钹、堂鼓等打击乐。表演上歌舞并重,融合武术技巧,多用虚拟性动作,节奏感强,扬鞭表骑马,划桨表行船,抬轿动作表坐轿,开关门动作表有门。甚至髯口也表动作,推表沉思,撕表气愤,捋表自得,抖表生气。这"以虚运实"的写意手法,比真实道具更具文化意蕴和艺术品位。是中国古代艺术审美中的尚意追求,是中国戏剧区别于西方戏剧的一个重要方面。念白具有音乐性,有京白、韵白,还有带有地方方言的念白,形成"唱、念、做、打"的有机结合的艺术体系。角色根据男女老少、俊丑正邪分成生、旦、净、丑四个大的行当,每一行又可进行多层次的划分,老生、小生、武生,小生中的中生、冠生、穷生、纱帽生、翎雉生、扇子生,各种角色的性格品行,唱腔念白,动作造型,穿着打扮都有严格规定。京剧服装基本依照明制,描龙绣凤,色泽鲜艳,不分朝代,不分南北东西,不分春夏秋冬,但分汉族和少数民族,分男女,分贫富贵贱。按人物身份有蟒、官衣、褶子、帔等,大都宽袍长袖,劳动人民穿茶衣、老斗衣、袄裤。武将扎靠,民间武将着紧身包衣、包裤、夸衣等。京剧化妆,均有谱式,尤其净丑勾画各种脸谱,以示忠奸善恶,生旦浓妆重抹,也近似脸谱。整脸、碎脸、歪脸、象形脸、六分脸、元宝脸、水白脸、三块窝脸、十字门脸,不同颜色赋予不同含义,红表忠烈正义,白表阴险狡诈,黑表鲁莽豪爽,紫表刚正稳健。京剧重流派,按地域分有"海派""京派"两大流派,其他生、旦、净、末也有按姓氏分的流派,如四大名旦:梅派梅兰芳,程派程砚秋,尚派尚小云,荀派荀慧生。老生行当中马派马连良,周派周信芳,言派言菊朋,谭派谭鑫培,杨派杨宝森等,可以说百花争艳,流派纷呈,美不胜收。京剧长于演历史故事,传统剧目有1300多个,常演的有三四百个,其中《将相和》《宇宙锋》《追韩信》;三国戏《群英会》《空城计》《甘露寺》;水浒戏《逼上梁山》《三打祝家庄》《下书杀惜》《打渔杀家》以及其他戏《贵妃醉酒》《二进宫》《拾玉镯》《铡美案》等流行很广。现当代曾有过数次改革,有新编历史剧《海瑞罢官》《杨门女将》和《沙家浜》《红灯记》《智取威虎山》《杜鹃山》《奇袭白虎团》《龙江颂》等。反映革命斗争和现实生活,对京剧艺术改革做了许多有益的尝试。

三、丰富多彩的地方戏

我国地方戏很多,大多成熟于清代,据不完全统计,现存地方戏曲剧种有360余种,大河上下,长城内外,白山黑水,无处不有地方戏。昆剧、评剧、豫剧、川剧、越剧、黄梅戏、锡剧、扬剧、粤剧及少数民族戏都是人民群众喜闻乐见的地方剧种。

昆剧早在元末明初即在江苏昆山一带产生,时称昆山腔。最初仅是民间清曲小唱,到明代嘉靖年间,戏剧音乐家魏良辅对昆山腔进行改革,使唱腔委婉,细腻而动听,因喉音婉转,字正腔圆"能谐声律,转音若丝","调用水磨,拍挨冷板"。其弟子梁辰鱼谱写第一部昆腔传奇《浣纱记》轰动朝野,从此流传浙江各地并远至北京。大量的文人雅士为其撰制剧本,所以使昆曲有了浓重的文人化倾向,明代汤显祖的《牡丹亭》,清代洪昇的《长生殿》、孔尚任的《桃花扇》相继搬上台,传唱至今。昆曲成了明代中叶至清代中叶影响最大的声腔剧种,兴盛达400年,因其气质高雅清秀有"中国戏曲的幽兰"之称。

昆剧有南昆、北昆两大流派,南昆用苏州官话和方言,北昆用京韵和京白,南昆、北昆在声腔上都以南曲为基础,吸收北曲的杂剧音乐。南曲流利顺畅,宜于表现少男少女爱慕、凄苦、感伤、怀念的感情,节奏舒缓,字稀腔长,旋律优美,悠扬细腻;北曲朴实慷慨,宜于表现金戈铁马,英勇豪壮人和事,声腔激越昂扬,急促与宽松的节奏皆备,富有阳刚之气。昆剧影响很大,在音乐、文学、表演、武打方面都对其他剧种有深刻影响。

越剧,广泛流传于浙江、上海、江苏、江西、安徽一带,1906年前后,嵊县(今嵊州市)一带民谣、山歌在余姚秧歌班影响下发展形成,最初仅是形成简单的小戏,1916年进入上海,吸收绍剧的唱腔和京剧的舞蹈,丰富其表演艺术,时称"绍兴文戏"。初以男演员演出,1923年后全部由女演员组成,称为"文武女班"。抗战期间,"女班"在上海有较大发展,男班和男女合演渐趋淘汰。1945年袁雪芬组织雪声剧团,对越剧表演艺术作了一系列改革,其后明星辈出,流行地区更为扩大,遍及华东、华北、中南许多城市。主要剧目有《盘夫》《红楼梦》《柳毅传书》《梁祝》《白蛇传》等,曲调细腻柔婉,长于抒情。

梆子戏,流传于我国北方,有山西梆子、河南梆子、河北梆子、山东梆子等剧种,所谓梆子即以硬木梆子做打击乐器以按节拍演唱的剧种,最早渊源于明代陕西、甘肃一带高亢激越的民歌,最初形成的剧种是秦腔(陕西梆子),随后由西向东,分别和各地语音、民间曲调结合而形成不同地域的梆子,形成地方化、多样化的局面。音调高亢激越,生腔刚劲、豪放、开朗、粗犷,旦腔婉转、圆润、优美、流畅,有声遏行云,音若流泉的艺术特色。善于表现宏大的斗争题材,表现慷慨悲壮的情绪,剧目如《潘杨讼》《辛安驿》《杜十娘》《血手印》《三关排宴》《花木兰》《穆桂英挂帅》等。

黄梅戏,流行于安徽、江西、湖北,源于湖北黄梅一带的采茶歌。清道光年间在湖北、江西、安徽三省交界处演唱"两小戏""三小戏"为主的民间小戏,后吸收青阳腔和徽剧音乐和表演艺术及民间音乐,演出了大戏。由于在安庆地区长期流行,用当地方言讲唱,形成了独特风格。新中国成立后著名演员严凤英在唱腔和表演方面有新的创造,主要剧目《女驸马》《天仙配》《牛郎织女》等广泛流传,使黄梅戏成为有影响力的剧种。

湘剧,戏曲剧种,流行于湖南,渊源于明代,发展过程中吸取多种腔调而形成自己的高、低、昆、乱四大声腔,长于表演,跋鞋路、船路、醉路等表现手法都是其他剧种少见的精湛表演。有《金印记》《四进士》《奇双会》《金沙滩》《骂汉奸》等1000多个传统剧目和现代剧。

粤剧,流行于广东、广西、香港、澳门和美洲、澳洲、欧洲、东南亚华侨居住地区。明清两代,广东本地戏班以梆黄为基础,融汇戈、昆诸腔,并吸收广东民间音乐及流行曲调,遂成为南方一大剧种,唱腔音乐安排采取板腔体和曲牌体混合使用的方法,乐器不但有二弦、高胡、沙鼓等民族乐器,而且有小提琴、萨克斯管等中低音西洋乐器,而表演艺术和舞美、灯光又较多吸收话剧、电影、西洋歌剧特长,角色有末、净、生、丑、外、小、贴、夫、杂十大行当,传统剧目有古老江湖十八本、新江湖十八本、大排场十八本等,该剧受西洋文化影响较深,有别于一般戏曲的传统文化。影响较大的剧目有《搜书院》《关汉卿》《山乡风云》等。

川剧,流行于四川、云南、贵州等地。是外省传入的昆腔、高腔、胡琴、弹戏和四川的灯调五种声腔艺术,清乾隆以来逐渐合流,形成共同的风格。传统剧目五袍——《青袍记》《黄袍记》《白袍记》《红袍记》《绿袍记》;四柱——《碰天柱》《水晶柱》《炮烙柱》《五行柱》。戏曲语言生活气息浓厚,有较高的文学价值和幽默风趣的特色。表演细腻真实,有完整的自成体系的程式动作,尤其是变脸的表演特技,表现人物内心极度恐惧或愤怒,而且瞬时即变,动作敏捷,扑朔迷离,匪夷所思。传统剧目和新编剧目有《柳荫记》《情探》《拉郎配》《江姐》等,影响较大。

四、戏剧的艺术特色概述

戏剧是古代各类艺术的综合,中国的艺术原则在这里得到一种形式美的定型,即程式化和虚拟性。程式化,即角色分行的程式化,生、旦、净、丑四大基本分行,基本行又可再分,生有老生、小生、武生,小生又有中生、冠生、穷生,每一角色性格,道德品格及唱腔,念白的规定性。与分行相对应的一是脸谱划分,二是穿戴类型,三是唱法分类。另有一些程式动作,如翎子功、扇子功、手绢功、髯口功、喷火、变脸等。动作侦察、巡行、夜行、暗袭、起程、上楼、推门等都有程式,而程式化动作又都是虚拟化,戏台的时间、空间,从一地到另一地,从屋内到屋外都是虚拟动作,一两人当作千军万马,三五步走遍天涯海角,搬重物、嗅花、骑马、摇船都是通过虚拟化动作,调动观众想象,创造出最具文化味的形式美。

中国的戏剧糅合其他艺术,并使之精致化,音乐、器乐、念白、服饰、文舞、武打,以亮相和定型表演出的戏曲雕塑,可以说、唱、念、做、打,都成为戏剧艺术的重要环链,从视觉、听觉让观众得到全方位的艺术享受。中国戏剧表演艺术把文字、歌舞、杂技、绘画、雕塑有机地融为一体,天衣无缝,具有永久的魅力。

第二节
说透人情的曲艺

一、曲艺历史悠久,形式多样

我国是曲艺大国。曲艺形式的多样性,流布地域的宽广性,种类的丰富性,流派的纷呈性都是其他国家曲艺难以比拟的。

曲艺是各种说唱艺术的总称,即以带有表演动作的说唱来叙述故事,塑造人物,表达思想感情,反映社会生活。多以叙事为主,代言为辅,具有"一人多角"的特点,部分以代言为主,叙述为辅,分角色拆唱,由于曲艺表演演员少——通常1~3人;化妆简单——仅仅面部略加修饰,衣饰也不分角色变换,多以女旗袍,男长衫,属于清唱、清说一类;场地要求不高——或舞台、或堂会、或庙会、或道边;道具简单——说书人仅用一扇、一帕、一止语,弹词不过是一琵琶、一三弦,相声什么道具也不用,自然易学易传,生命力久远。

曲艺历史悠久,唐代有说唱故事的"说唱""转变",说说唱唱,已经具备后来曲艺的雏形,宋代"说话""鼓子词""诸宫调""唱赚"等曲艺形式已很流行,元、明、清三代文人参与写作,出现了"三言""二拍"这样的话本小说,当时全国已有许多曲种、曲目,代代相传。中华人民共和国成立后曾作粗略统计,全国有影响的曲种有300多个,有些曲种已十分成熟,影响巨大,如扬州评话、山东快书、相声、河南坠子、京韵大鼓、苏州弹词、四川清音、好来宝、赞哈、大本曲等,这些形式基本都属于说唱,往往说多用散文,唱用方言,所以地方性很强,为老百姓所喜闻乐见。

说书,一般指说唱故事的长篇曲艺,分单说和说唱结合。单说即只说不唱,评话、评书皆属此类,有"大书"之称。而又说又唱的弹词为"小书"。说书种类很多,北京评书、天津评书、扬州评话、苏州评话、南京评话、杭州评话、四川评书、陕北说书等,有的用乐器伴奏,但更多只说不唱,以扬州评话最为著名。明末清初著名说书艺人柳敬亭在扬州演出,以扬州方言说故事,说者为一人。坐说不唱,表演时以扇子、手帕为道具,以止语(醒木)击桌加助气氛,近代康国华、王少堂最为著名,他们多说《三国演义》《水浒传》,以描写细致、细节丰富,着意渲染扬州本地风光和塑造市井"小人物"为特色,具有浓重的苏北地方特色。

弹词,或一人、或二人、或三至五人,以"说噱弹唱"为主要艺术手段,说表注意模拟各种类型人物，比较著名的有苏州弹词、长沙弹词、扬州弹词、无锡评曲、南京白局等，以苏州弹词最为著名。苏州弹词流行于江苏南部、上海和浙江的杭嘉湖地区，清乾隆时比较流行，其形式单挡（一人自弹自唱）、双挡（两人分操琵琶、三弦演唱）和三人档。艺人边弹边唱，于叙述故事情节中分别模拟各种人物身份、表情、动作，把听众带入书情之中。弹词表演内容大多为家庭伦理、儿女私情、冤案昭雪等故事，最著名的有《三笑》《珍珠塔》《玉蜻蜓》《双珠凤》《白蛇传》等。表演手段为说、噱、弹、唱，其弹、唱是弹词表演的重要手段，曲调动听、音色悦耳、唱词雅致、音韵合辙，尤其苏州方言为吴侬软语，因而委婉细腻，纤柔悠缓，回肠荡气，一波三折，自然从容而又富有韵味。

道情，曲艺曲种，多为单口说唱，演唱者右手击渔鼓，左手打简板，以掌握节奏，无弦乐伴奏，也有弦乐伴奏的道情，内容可以固定唱词，也可见景唱物，曲调活泼、简单、自由。浙江道情中有义乌道情、金华道情、台州道情等；江西道情中有南昌道情、宁都道情、吉安道情等；还有湖北道情、青海道情。道情渊源于唐代《九真》《承天》等，是以道教故事为题材，南宋时始用渔鼓、简板为伴奏乐器，故有"渔鼓"之称。近代各地流行的道情、渔鼓、竹琴、古文皆为同一曲种，道情都和流行地的民歌小调结合，吸收地方戏剧、曲艺的唱调，形成不同的地域风格，多数以唱为主，以说为辅，也有只唱不说的。

大鼓，曲艺一个类别，大约清代形成于山东、河北农村，主要流行于我国北方各省及长江、珠江流域的部分地区。有京韵大鼓、西河大鼓、梅花大鼓、乐亭大鼓、京东大鼓、东北大鼓、山东大鼓、胶东大鼓、安徽大鼓、上党大鼓、湖北大鼓、广西大鼓等数十个曲种。多为一人自击鼓板，另有数人用弦乐伴奏，大都为站唱，题材广泛，多为历史战争和男女爱情故事，因流传地区不同，伴奏乐器、唱腔有别。其中最有名的是京韵大鼓，流传于河北、东北、华北，是清末木板大鼓传入北京后，经改革，吸取京剧发音吐字方法和民间曲调，创造新腔，一般只唱不说，唱词基本为七字句、十字句，一人演唱，自打鼓板，有三弦、四胡、琵琶等伴奏。传统曲目来自《三国演义》《水浒传》《红楼梦》等。

二、戏剧曲艺的遗存，具有魅力的旅游景观

我国戏剧曲艺的遗存戏院、书场、戏楼、戏台几乎遍布全国，有的至今保存完好，很有观瞻价值，是探讨戏曲文化的主要场所。

一种是皇宫、皇家花园、官邸园林中有戏楼戏台，往往十分豪华。如颐和园内的大戏楼，在颐和园德和园内，是慈禧太后为奢侈享乐于光绪十七年（1891）建，是国内最大的戏楼，面对颐乐殿，重檐三层，高21米，底层舞台宽17米，三层舞台均有天井通连。清末时，许多京剧演员如谭鑫培、杨小楼等都曾在此为慈禧演戏。有些富户住宅也有戏台，如扬州何园，是清末湖北汉黄德道台何芷舫的私家花园，花园湖面中有一水

心亭,即是戏台,四面临水,借助水音,戏声自然婉转悠扬,而水心亭的东南北三面皆是立体串廊,长400多米,上下两层,可摆酒宴百桌,可坐客上千人,边品酒边听戏,此乐何极?

浙江省是越剧之乡,这里越剧十分普及,许多乡镇都有演出场所,旧社会多在露天,而露天有很多舞台,如亭台楼阁,常常是滨水而建,既可以在岸上观看,也可在湖上停船观赏。鲁迅先生的《社戏》即记载这一情形,而电影《舞台姐妹》曾重现了多个这样的舞台。

书馆,旧时北京等地评书演出场所,一般均设有书台,台的四周装有栏杆,演员在书台上表演,台下置方桌和板凳,做观众座。这种形制不仅北京有,其他省也有,如山东济南"明湖居"即是如此形式,刘鹗的《老残游记》中即有《明湖居听书》一折。到江苏、浙江、上海等地则名书场,旧式书场有演员表演的书台,观众席有条桌、椅、板凳,可边品茶边嗑瓜子边听书。书棚子,北京天桥原为曲艺艺人云集之地,穷苦的露天表演,也有借老板书棚子表演,棚子不过是芦苇搭成,敞口,设有书台,演员在书台上表演,观众席有长桌、板凳,是比较简陋的书场。

撂地,即在庙会、集市、街头空地上的曲艺演出场所,演员平地演出,附近有人租赁给观众桌、凳、座席。不可小看撂地,按当年的规矩,新演员出山必须经过撂地演出阶段后才能进入"戏棚子",进而进入书场、戏院。

进入近代社会以来,按照西方样式建造剧场剧院,有些保持了民族风格,有些更多的是现代色彩,有些也带有浓重的殖民主义成分。上海大世界是当时较有影响的游乐场。场内有很多形式的剧场,适合剧团和曲艺杂技的演出,至今仍有吸引人之处。

第三节

清丽典雅的音乐歌舞

一、我国音乐自成体系,自有特色

我国是能歌善舞的民族,各地皆有歌舞,对旅游者有巨大的吸引力。中国古代文献中有对尧舜古乐的记载,说明我国音乐起源甚早,我国既创立了七音阶体系(音乐音阶上的七个级,即简谱上的1、2、3、4、5、6、7),又创立了五音阶体系(五声音阶上的五个级,相当于现行简谱上的1、2、3、5、6,古时候叫宫、商、角、徵、羽)。因中国音乐体系要与哲学阴阳五行相符合,所以地位较高。

　　我国的音乐一方面以自己为中心独立发展,更多的是依附在文化的方方面面,以游散的形式发挥多种功能。一是仪式音乐,主要用于宗庙祭祀、节日盛典、婚丧嫁娶、寺庙修持。特点一般在严肃场合庄严肃穆,但由此分化出的民乐,指民俗庆典中的音乐。在节庆和民间结婚祝寿时演奏,多以吹奏打击为主,轻松欢快,热闹喧哗,形式自由。二是宫廷舞乐,主要用于皇帝和重臣享乐,这种音乐常和舞蹈结合在一起,如唐明皇的《霓裳羽衣曲》,南唐属臣《韩熙载夜宴图》,其中有乐舞,不仅乐伎歌舞,而且主人也参加击鼓,这种音乐正是在舞蹈的推动下发展。三是声乐,从《诗经》、宋词、敦煌曲子词、元曲、明清戏曲传奇,从宫廷深院到青楼妙曲,从文人低吟到民间俚曲,不同阶层,不同场合皆以此表现情感,宣泄喜怒。四是独奏器乐,这是摆脱了仪式、舞蹈、文学而独立出来的音乐,以琴、筝、笛、箫、二胡等为主要丝弦,配以打击乐器,形成中国非常丰富的音乐曲目,江南丝竹、广东音乐、福建南曲、河北秧歌、川江号子都达到了极高的音乐成就。其中有名的古曲有《广陵散》,是我国古琴曲代表,内容为古代《聂政刺韩王曲》,全曲的主体情绪激昂愤慨,壮阔豪迈,痛快淋漓。古琴曲《流水》以钟子期与俞伯牙高山流水遇知音为题材,表现出坦荡开阔的胸襟和百折不挠、勇往直前的精神境界,表现出对生命力和大自然的热爱和颂扬。琴歌《胡笳十八拍》,相传为汉末蔡琰所作,胡笳是少数民族一种乐器,十八拍即十八段,乐曲描绘她被匈奴族虏获,不得已过自己不习惯的生活。乐曲鲜明显示出塞外草原的风土人情,带有北方民歌开朗豪放特色,着重刻画蔡文姬矛盾不安和悲伤痛苦的内在感情,悲怆凄厉,如泣如诉。琴曲《梅花三弄》,最早为东晋桓伊所作,他是东晋名将,又是音乐家,"三弄"是指乐曲中一个相同曲调在不同段落中重复三次,该曲借对梅花凌霜傲雪的形象描绘,赞扬了梅花洁白坚韧的品格,表现作者刚毅不拔、高洁脱俗的气质。琴歌《阳关三叠》根据唐代诗人王维《送元二使安西》名诗谱写,因个别诗句反复吟咏三遍,故有"三叠"之称。这是真实集中表现具有普遍社会意义的别恨离愁的情感,曲调情意绵绵,真切感人。琵琶曲《阳春白雪》,流传十分广泛,描绘了万物回春,生机盎然的春意景象。古琴曲《十面埋伏》,以楚汉相争为题,表现的内容壮丽宏大,气势雄伟辉煌,使闻者始而奋,既而悲,终而涕泪之无从。丝竹乐《春江花月夜》,又称《夕阳箫鼓》,是糅合了白居易的长诗《琵琶行》、张若虚的《春江花月夜》的诗意,又不受其局限,以优美柔婉的旋律,清新流畅的节奏,鲜明生动的音乐形象,描绘江南春江花月夜的秀美景色,柔风吹,江水荡,两岸山影叠翠,晚归渔翁轻歌曼舞,江中水波荡月,是一幅妩媚诱人的音画。此处我们仅举数曲,管中窥豹,可见我国独奏器乐的丰富多彩,博大精深。

　　有人曾将中国音乐和西方音乐比较,认为比起西方音乐重和声和配器,我们更注重音乐的旋律,追求的是气韵生动,注重节奏宣泄,尤其是民间音乐、秧歌、腰鼓、锣鼓都是载歌载舞,在喧闹的节奏中表现粗犷的阳刚之气;文人的乐曲不仅注重内心情感,而且更注重理性精神,表现一种民族心灵,民族精神。

二、我国的歌舞注重自娱性、群体性、民族性

自娱性。最初音乐舞蹈都和劳动相连,比如北方游牧民族放牧歌,在内蒙古、新疆、青海、西藏草原牧区的蒙古、藏、哈萨克、柯尔克孜等少数民族不约而同地存在、发展,多为描写草原、憧憬爱情、歌唱家乡、表现勤劳勇敢,边弹边唱,边舞边歌,以悠长舒缓曲调表现热情、豪爽的民族性格。

汉族的舞歌,其中秧歌、花鼓、采茶、花灯、旱船、莲湘、耍龙、舞狮、麒麟、高跷,可谓山花烂漫、异彩纷呈。但有一个共同特点都是在场头、街头自娱自乐,有的艺术水平很高,有的近于稚拙可笑,但重在参与,是快乐心情的自然流露,显得大方自然,乐观自适。尤其是以山为背景,以水为依傍,人与自然交融在一起,演员和观众交融成一片,无观看舞台的拘谨,有自娱自乐的轻松活跃。近年来都市文化中广场音乐也正在兴起,上海外滩经常举行广场音乐会,几千人同歌同舞,十分壮观。

群体性。我国的歌舞很多都和喜庆有关,不仅岁时风俗中的端午、中秋、春节总是要在繁忙一段以后,寻求快乐,造成张弛有度、劳逸结合的生活节奏。同时喜庆丰收、花朝月夕、工程完工、事情顺利、民族节日、迎神赛会、新船下水、结婚娶亲、庆祝寿诞都以歌舞形式以示庆祝,此时的歌舞体现出很强的群体性。其中最有代表性的是太平鼓,这是汉满民间传统的娱乐习俗,流行于东北、北京、内蒙古、陕甘宁地区,如陕北腰鼓、安塞腰鼓、山西锣鼓,活动往往从正月初一开始,正月十五元宵节为高潮。太平鼓最早起源于唐朝,本为乐舞,后用为腊鼓,宋代称为"打断",到明代时民间已很流行,鼓形制多样,有扇形、圆形、桃形、柱形、扁形,框为木质,羊皮蒙面,击鼓用键,键为竹质,如筷。表演时,一面大鼓,直径可逾米,周围则是小鼓,持伞张开指挥,有的还伴以锣、钹,可以是一个单打、二人对打,但最热烈的是众人群打。常常是一村一寨,甚至是邻村邻寨一起来会鼓,几百只鼓,甚至上千只鼓,头顶蓝天,脚踩黄土,背倚山陵,鼓点整齐,边鼓边舞,大方健美,动作中的"白马分鬃""鹁鸪旋窝""鹞子翻身""剪子交""龙摆尾",娴熟而优美,音响宏壮,震天撼地,奔放跳跃,气氛热烈。把舞蹈、武术等动作融会其中,有放有收,有张有弛,变化多端,气势磅礴。

民族性。我国是多民族国家,56个民族56枝花,每个民族都能歌善舞。新疆维吾尔族的赛乃姆,舞蹈轻巧、优美,以旋转、快速、多变著称,伴奏多以手鼓"达甫",鼓边木框镶有的活动小铁环,随着鼓声铿锵作响。特点是身体各部位都有运动,如头、肩、手、腕、腰、小腿配合巧妙,运用细致,明快活泼,步伐轻盈,舞姿变化丰富。四川凉山彝族火把节,每到傍晚男女老少燃火把奔驰田间,身穿节日盛装的青年男女在篝火

旁载歌欢唱。藏族锅庄舞,锅庄即圆圈歌舞,多为围着寨房的火塘锅庄周围跳,故名,跳时两人领唱,且歌且舞,自左而右,先慢后快,四步一顿,时而两臂撒开,时而两手合十,仿佛是喇嘛祈祷。动作常见的是弓腰、转身,舞姿多模拟大鹰姿势,矫健奔放。土家族的摆手舞,以锣鼓伴奏跳舞,双手在不过肩的部位摆动,有单摆、双摆、回旋摆,动作都不脱离农事劳动。朝鲜族的刀舞,刀是特制的富有美感的短刀,舞时手上握刀,灵活转动,银光闪闪,发出刷刷的声响。白族的霸王鞭,这是带器械的舞蹈,取长约1米,比拇指稍粗的香笋竹,中部镂成九个长方形孔,每孔中各穿两枚铜钱,舞时因铜钱顺势而动,发出错落有致的金属撞击之声。霸王鞭多为女子用,舞时,以鞭敲击肩、臂、胸、脚等部位,配以双肩微颤和肩腰晃动,形成舞、打、跳、跃的连续动作。有仰俯伸屈、辗转反侧的独特美感。

三、音乐歌舞已成为旅游景区文化开发的重要内容

近年来,我国各地推出了与当地特色结合、与景区紧密结合的大型实景演出,西安的《长恨歌》《梦回唐朝》,广西的《印象·刘三姐》,深圳的《千古风流》,云南的《印象·丽江》,杭州的《宋城千古情》《印象·西湖》,上海的《时空之旅》,北京的《北京之夜》,《禅宗少林·音乐大典》,《大宋·东京梦华》,《丽水金沙》,《天骄·成吉思汗》,《印象·井冈山》,《道解"都江堰"》等先后诞生,极大地激活了旅游市场。目前,国内旅游演艺节目和实景演出具有以下特征:一是大规模。据不完全统计,全国200多家上规模的旅游演艺节目的资金投入接近20亿元,观众达到1.6亿人次。旅游演艺不仅带动了就业,还给景区带来了门票之外的收入来源。二是大手笔。目前,国内新上的旅游演艺项目投资巨大,几乎都是千万元以上,不少地方同时上了几个超亿元的项目。三是大潜力。2006年我国主要景区旅游文化演出达26.8亿元,旅游文化演出的拉动力是很大的。全国竟然有200多个旅游演艺节目,几乎每一个著名景区都有自己的演艺团队,而景区也越来越注重挖掘景区的内涵,使景区产品跟文化内涵实现有机统一。其共同特点:大规模场面、庞大演出阵容、高科技应用等,是由人、景和光影构成的"视觉盛宴",用演艺的形式把当地独有的文化、风情展现出来,让游客有更多的体会,甚至出现了演出比景点本身还吸引人的现象,得到了众多海内外游客的赞誉。

1982年西安推出的《仿唐乐舞》是我国推出的第一个旅游演艺项目,当时并不是完全针对旅游市场的商业行为,更多的是供政府首脑观看。即使这样,《仿唐乐舞》在20世纪80年代仍然风靡一时,如今已成为陕西重要的旅游文化品牌之一。但真正掀起我国旅游演艺热潮的是《印象·刘三姐》。2004年在桂林阳朔推出,以1.654平方公里水域为舞台、12座著名山峰为背景,由我国著名导演张艺谋出任总导演,历时五年半努力制作完成。它集漓江山水、广西少数民族文化及中国精英艺术家创作之大

成,是全国第一部全新概念的"山水实景演出"。演出集唯一性、艺术性、震撼性、民族性、视觉性于一身,是一次演出的革命、一次视觉的革命。2004年11月以桂林山水实景演出《印象·刘三姐》为核心项目的中国·漓江山水剧场(原刘三姐歌圩)荣获国家首批文化产业示范基地。目前已成为国内文化产业的成功范本。到2008年年底,《印象·刘三姐》演出总场次近2000场,观众约300万人次,票房收入约6亿元。

  禅宗少林音乐大典是大型户外实景文化演出,演出地点是在登封西10公里的大仙沟,180度的全景视觉,美妙无比的山林清泉,若隐若现的古刹禅院,构成了演出的真实背景。实景流动立体声音响与现场的水声、风声、虫鸣等自然声构成全景式立体声场。结合宏大的艺术灯光工程,使沉睡万年的中岳重放异彩,映照人间。《水乐》《木乐》《风乐》《光乐》《石乐》五个乐章,以禅宗的理念引领奥妙的少林功夫,揭示人们生活中要直面生命本体,觉悟人性。演出所蕴含的宽怀、慈悲、和平、圆满的精神境界,超越了国家与种族的界限,对今天经济一体化世界的浮躁有着抚慰作用。是中国文化在其发祥地向世界文化的一次召唤。大气魄、大阵容、大气场,风致震撼、荡涤心灵。

  实景演出的成功具有不可复制性,不是所有的地方都适合发展,需要看游客规模、气候条件、民族文化、名导效应、艺术创新、政府支持和市场运作等各方面的条件是否成熟。这是大运作、大手笔的实景演出,需要高投入,据了解,《印象·刘三姐》投资6000万元,《印象·海南岛》投资近2亿元……高投入与低收益的强烈反差也引来质疑:盲目跟风、简单重复、浪费资源,"克隆潮",演出从形式到内容大同小异,表现手法老一套;只考虑演出效果,不考虑投资利益。专家惊呼大型实景演出路在何方?其实旅游的本质特征是文化,现代旅游业竞争的核心要素是文化内涵的竞争,文化是旅游的灵魂。大型实景演出需要的是创意,可以从方法上去学习,但一定要避免形式上的模仿和重复,只有在前人的基础上进行创新,才能真正打造出品牌。当前,旅游业进入了一个大调整、大发展时期,旅游业和文化产业的关联度越来越高,文化与旅游相结合是当下在各景区流行的提高旅游品质与竞争力的重要方法之一。然而,随着大型实景演出的增多,由于演出本身存在的缺陷和人们的审美疲劳,实景演出在许多旅游景区的经济效益并不理想。要充分考虑地域、文化、市场等多种因素,不可盲目跟风。进一步改进创新旅游演艺产品,尽量避免旅游产品的雷同,力争实现错位经营。

第四节

中西方戏曲表演艺术比较

当今世界有两大戏剧基本系统,它们是以中国戏曲为代表的东方戏剧艺术和以欧洲话剧为代表的西方戏剧艺术。这两大艺术在长期发展中形成了各自的特点,不论从文学还是艺术角度都具有独特的魅力。

戏曲是中国传统民族戏剧,如果从12世纪初期确立的最早成熟的中国戏曲艺术样式"南戏"算起,它已经经历了8个世纪的漫长历史,至今仍一直流布整个中华大地,并形成不同地区有着不同音乐曲调、语音语言、表演风格的多达300余种的剧种类别。目前,中国戏曲尽管面临现代社会发展与现代艺术崛起的严峻挑战,碰到一些困难,但它依然具有顽强的生命力,仍旧是中国大多数百姓经常观赏的舞台艺术,处于中国剧坛盟主与中国文化"国粹"的地位。

西方戏剧最早可以追溯到2400年前。古希腊戏剧家埃斯库罗斯、索福克勒斯、欧里庇得斯的作品《被缚的普罗米修斯》《俄狄浦斯王》《美狄亚》,它们无论从内容到形式都已达到相当高的艺术水准,为后来戏剧在世界范围的普及、提高和发展奠定了基础,树立了典范。西方戏剧在经历了14世纪的"文艺复兴"和18世纪的"启蒙运动"后,特别是经历了工业革命、后工业革命的洗礼,经历了两次世界大战和若干以民族解放或者是民族独立为重要目的的局部战争后,更加趋向于现实主义。

一、中西方戏剧的相近特性

1. 综合性

早期中西方戏剧都具备综合表演的特征,其舞台形式都是诗、歌、舞各种表演手段交融运用,体现了混融并包的戏剧观念。这是早期中西方戏剧共有的特征,也是其魅力所在。

2. 程式化的抽象表现法

中国戏曲强调表现形式的程式性,在漫长的发展演变过程中,它的综合表演技巧越来越向着高难度的方向发展,越来越难以掌握,这限制了它表演的即兴性和随意性。中国戏曲基本上不是一种临场创作的戏剧,它的演出需要训练有素的演员来承担,而训练往往需要长年的时间过程。训练是按照累世经验和传统艺术格式进行的,这些经验和格式就构成了表演程式。

以西方传统戏剧样式而言,歌剧是文学(诗歌)、音乐(声乐与器乐)、表演、舞蹈(民间舞与芭蕾)、美术(化装、服饰、布景)等的高度综合,古典芭蕾(舞剧)是文学(脚本)、舞蹈、哑剧表演、交响音乐、美术(服饰、舞美和伴舞队的造型及构图)等的高度综合,就连话剧,也是文学、形体动作、语言艺术、美术等,甚至还有音乐、舞蹈的密切综合。歌剧的音乐结构,声乐样式(朗诵调、咏叹调、咏叙调),与声部(高、中、低声部)编配,芭蕾的舞蹈形式(独舞、双人舞、三人舞、四人舞和群舞)和段式结构(出场、慢板、变奏、结尾)等,都有其相当严格的程式。

3. 写意性

中国音乐、舞蹈艺术,如绘画、书法、建筑等,都很讲求所谓"神似",而不强求"形似";很看重"意象",而不斤斤计较"具象",很重视集中显示对象的本质特征,而不面面俱到地描画对象的所有细部真实。理论家们把这种特征概括为"写意性特征"。中国戏曲上的写意性主要有三方面的含义:一是示意性的舞台指示,二是虚拟化的戏剧行为,三是超脱性的时空观念。

西方戏剧虽然以写实为主要特征,但也以不同程度变通方式体现出它的写意性。比如芭蕾舞剧,它的虚拟与示意性动作不少于中国戏曲。舞台写意性表现,也被近代世界许多话剧大师,如布莱希特、梅耶荷德、桑顿·怀尔德(Thornton Wilder)、让·热内(Jean Genet)等所热衷倡导、广泛运作并用之有效。

二、中西方戏剧的区别

1. 分类原则不同

西方戏剧剧种有明显的划分,悲剧即悲剧,喜剧即喜剧,没有交融。中国戏曲所有戏剧内容,都始终交融着悲喜成分,表演总体风格亦庄亦谐,即使表现剧中人物曲折经历和不幸遭遇的剧目,也不排除"喜剧"内容与表演成分,结局又多以"大团圆"的皆大欢喜告终。所以中国戏曲无法如西方戏剧那样,用剧情性质和剧中人物命运,把它截然区分为"悲剧""喜剧""正剧"等不同类型。某些试图用上述戏剧分类原则使中国戏曲"对号入座"的做法,实在让人觉得别扭。

2. 艺术表现形式不同

中国戏曲是一种与西方戏剧特别是西方写实主义话剧有着本质区别的戏剧艺术。中国戏曲基本是一种表现艺术、表演戏剧,西方话剧则是再现艺术、叙事戏剧。中国戏曲艺术的基本取向是要表演,西方话剧艺术的主要目标是讲故事;中国戏曲是为表演而叙事,西方话剧是为叙事而表演。戏曲艺术家的主要目标,则是充分展示自身艺术魅力,调动观众艺术想象与共鸣,抵达人格陶冶和审美愉悦的情境;而话剧艺术家的主要职责,是通过必要的艺术手段,铺陈剧情,刻画人物,震撼观众心灵,以传递剧作家的道德精神力量,从而把人们引向思索与推究哲学命题的天地。

3. 演员表现生活途径不同

中国戏曲为了表现生活,在演员表演与生活对象之间设置一个不可跨越的中介——角色行当。戏曲演员表现生活是通过角色行当表演的间接途径来实现,表演者与表演对象之间是三度关系。中国戏曲演员只有在准确把握角色行当表演程式和充分展示角色行当魅力的前提下,方能实现其表现生活的最终目的。西方戏剧是通过演员形体、动作、语言或歌唱表现生活形态的艺术。西方话剧表演,不管如斯坦尼斯拉夫斯基倡导的"体验"艺术,还是如布莱希特强调的"表现"艺术,都不曾反对表演对生活进行直接对话和加工。话剧演员表演的对象,是生活原生形态,表演者与表演对象之间是二度关系。这种中西戏剧表现生活途径的截然区别,恰好体现了中西戏剧的本质不同。

4. 戏剧结构原则不同

中国传统戏曲或者以表演场次的主次顺序(宋金杂剧、院本),或者以歌唱音乐的宫调体式(元明杂剧),或者以角色登场的断续形式(南戏、传奇),作为戏剧结构标志。总之,中国戏曲的结构原则是表演样式而非戏剧内容。西方话剧以戏剧冲突展开层次与剧情发展段落作为戏剧结构原则,进行时空、场景转换和场次切割。

5. 剧场形式不同

中国戏曲剧场形式具有很大的随意性,或搭台,或撂地;或室内,或野外;或剧院,或茶楼,或酒肆等都可表演戏曲。表演一出相同的剧目,既可采用观众三面绕看的传统"伸出式"舞台,也可采用单面直观的现代"镜框式"舞台。戏曲与剧场形制之间,无完全的依存关系。中国戏曲要求的只需给它提供一个足够展现自己艺术风采的空间即可。西方戏剧追求"三一律"和写实主义,多采用围堵剧场与"镜框式"舞台,以"幕"作为基本组织单位,采用垒块接近式的结构,一幕一景,将剧情的发展切割成若干幕,让戏剧矛盾在若干个板块中做网状交织,以板块的组织来完成全剧,来快速推进剧情发展。

复习思考题

1. 为什么说京剧是中国古代戏曲最优秀的代表?
2. 简述我国曲艺的历史悠久,形式多样。
3. 为什么戏剧曲艺的遗存是具有魅力的旅游景观?
4. 为什么说我国音乐自成体系,自有特色?

5. 我国歌舞是怎样注重自娱性、群体性、民族性的?
6. 比较中西方戏曲表演艺术。

第八章

旅游艺术产品

学习目标
1. 了解中国工艺美术品在旅游业中的重要性；
2. 了解中国工艺美术品的发展历程；
3. 掌握中国工艺美术品的名称、产地、特点以及代表作；
4. 掌握"四大名绣"和"中国传统工艺三绝"。

案例导入

工艺美术文化,这一独特的艺术品种,在我国各种美术形式中历史最为悠久。历代保存下来的瓷器、景泰蓝、漆器、玉器、织绣、金银器、青铜器、象牙雕、犀角雕、家具工艺、民间泥塑都以独特的民族风格成为稀世珍品。我国的旅游工艺品门类十分丰富,既有高档质料的,如玉器、漆器、金银器,又有普通材料的,如竹、藤、草、柳、棕的编织工艺。质料虽有名贵普通之别,但制作技艺却各有高招,剪、扎、编、织、绣、雕、绘,勤劳智慧的中国人在长期丰富的艺术实践中,在体现实用和审美相结合,工艺技术与艺术设计相结合方面,创造了许多优秀的范例,形成我国工艺美术优秀而深厚的艺术传统,尤其是青铜、陶瓷、漆器、玉器、织绣等工艺,在世界物质文化史上具有重要地位,在世界旅游工艺品市场中也具有举足轻重的作用。可喜的是专题工艺品生产城市,特色工艺作坊,乡村手工艺场所,少数民族手工艺村寨都成为游客喜爱造访之地。

第一节 陶瓷艺术

一、中国陶瓷艺术的发展

中国的陶瓷艺术已有几千年的历史,虽然那些出土的泥制陶罐、陶壶表面粗糙,纹饰简单,但正是七八千年前先民们的这些最早的制品奠定了人类陶瓷工艺发展的基础。从许多出土陶器的编织物印痕上看,以编织物作为骨架的泥坯是最早的陶坯成形的方法,而这些编织物一般是竹条或其他有韧性的植物。

原始陶器制造工艺可以追溯至距今约14000多年以前。当时的陶器因为是手捏制坯,所以器壁厚薄不均,且因烧制火候很差,陶制疏松,吸水性强,容易破碎。其造型简单、粗犷,大多是与人类生活有密切关系的植物、动物,如葫芦、南瓜、狗、猪等。

公元前16世纪出现了原始青釉瓷器,到了西周,原始瓷发展成了瓷器。陶器是以黏土为主要原料,经过制坯、干燥、烧制而成的日用品和陈列品,分为上釉(低温釉)和不上釉两类,因黏土所含成分不同而呈白、青、褐、棕等色。陶器胎质粗松,有吸水性,敲击之声不清脆。瓷器是以高岭土、长石、石英为原料,经混合、成形、干燥、烧制而成的。瓷胎质烧结后变得不吸水或吸水性不强,敲击时声音响亮清脆。此外,瓷胎洁白、细腻、较薄者呈半透明状,所以古人常用"薄如纸,明如镜,声如磬"来形容瓷器之美。东汉时期,瓷器质量的明显提高应归功于窑炉的改造。长形窑(俗称"龙窑")的发明使人们能够较好地控制炉温,开辟了中国瓷器史的新纪元。

唐代时瓷业繁荣发展的鼎盛时期,出现了"南青北白"两大窑派,即北方邢窑的白瓷和南方越窑的青瓷。从唐代开始,中国的瓷器就伴随着驼铃声,通过丝绸之路走向了世界。从此,中国赢得了"瓷器之国"的美称。

宋瓷在我国陶瓷史上成就卓越,它为陶瓷美学开辟了一个新的境界。在这个时期,各地名窑都推出了自己不同风格的产品,形成了以景德镇为首的五大窑。它们是均窑(河南禹县)、定窑(位于河北曲阳县,是唐代邢窑白瓷的发展中心)、景德镇青白瓷窑系(位于江西景德镇,宋代曾为官窑)、龙泉窑系(位于浙江龙泉,包括制瓷高手章生一的"哥窑"和其弟章生二的"弟窑")以及河南临汝的汝窑。宋代的瓷器产品非常丰富,除日用品外还出现了陈列品。

元朝在唐宋的制瓷基础上将中国传统绘画与制瓷工艺进行了更紧密的结合,烧制出了多种彩釉产品,出现了元青花瓷。同时在前代产品种类的基础上有了新的创造,出现了高足杯、僧帽壶、四细小口扁壶等器物。在此期间,景德镇确定了其瓷都的地位。

明、清两朝是我国瓷器发展史上的极盛时期。其特点是彩瓷得到了史无前例的发展,器物造型、纹饰繁多而精美,彩釉品种丰富多彩。清代陶瓷工匠不仅完全掌握了明代尚未掌握的窑变杂釉技术,而且在瓷器仿制木、竹、铜、玉器等方面有了新的突破。青花瓷器在明、清两代成为主流,而且还发明了"釉下青花"与"釉上彩"拼逗成彩画的"斗彩"(逗彩)。

二、中国著名的陶都及其主要产品

1. 宜兴的紫砂陶

宜兴素有"陶都"之称,以日用陶器为主要产品,如"苏缸"、酒坛、砂锅等。产品种类齐全、质坚耐用,尤以紫砂陶为陶中精品。紫砂陶创始于北宋,其特点是造型优美、色泽素雅、实用性强、品种繁多。紫砂陶壶胎壁无釉且多孔,有较强的吸附力,泡茶五天后仍能保持茶香。此外,它还具有耐热性能好、传热慢、不烫手等优点,三九严冬用沸水泡茶,茶壶也不会爆炸,因而被称为天下"神品"。同时,用紫砂陶制作的气锅在传统的中国宴会上也备受人们青睐。陶都宜兴除紫砂陶系列产品名扬中外以外,均陶、彩陶和精陶也很有名气。

2. 淄博的美术陶器

淄博陶器是我国北方主要陶瓷之一，产于山东淄博市，已有2 000多年的历史，其特点是质地细腻、造型新颖、工艺精湛、釉色鲜艳。其中以雨点釉、茶叶末釉等美术釉尤为著名。

雨点釉被称为"中国之奇""陶瓷之谜"。它是在漆黑的釉面上，均匀地布满金属光泽的银白色小圆点。用这种茶具盛茶则金光闪闪，盛酒则银光熠熠，映日视之则晶莹夺目，因此被日本人冠以"天目釉"的美称，并视其为茶道中的精品。茶叶末釉是在橄榄色的釉面上均匀地布满茶叶末似的细微晶粒而得名。古人称赞它娇嫩而不俗气，艳如花，美如玉，能养目，也是中外茶客的珍爱之物。

三、中国著名的瓷都及其主要产品

1. 景德镇的瓷器

景德镇是我国三大瓷都之一，位于江西省东部长江流域，依山傍水，丘陵起伏。早在汉代这里就有了陶瓷，魏晋南北朝时陶器发展为瓷器。唐代出现了白瓷（又称假玉器、影青），自宋代起定为官瓷，成为中国瓷器生产的中心。明、清时期景德镇的五彩缤纷的颜色釉以及崭露头角的金色、红色瓷器，赋予中国瓷以新的风采，并开始外销东南亚、阿拉伯和欧洲诸国。景德镇瓷器的特点是瓷质细腻、造型精巧、滋润清雅，它以"白如玉、薄如纸、明如镜、声如磬"的独特风格而闻名世界。景德镇瓷器品种齐全，传统名瓷和新品种有1 000多种，其中青花瓷、青花玲珑瓷、薄胎瓷、粉彩瓷为景德镇四大名瓷。

2. 德化的瓷塑

福建德化是我国三大瓷都之一，具有悠久的历史。德化瓷塑的特点是质地洁白，细腻如玉，釉面光润如明镜，胎质坚实致密，敲声如磬。特别是薄胎产品，薄如蝉翼，被国际上誉为"东方艺术之花"。

3. 醴陵的釉下彩瓷

湖南醴陵是我国三大瓷都之一，釉下彩是一种具有独特装饰风格的传统陶瓷产品。陶工们先作画于粗坯，后上釉炼烧，其产品瓷面洁白如玉，花纹晶莹润泽，极富流动感，且耐高温，防腐蚀，花纹不易褪色。

第二节

书法艺术

一、书法的艺术特点

中国的汉字起源于象形文字,与绘画同出一源,故有"书画同源"说。由于象形文字有形体的结构和布局的章法,长期以来形成了一门独立的艺术,并以其艺术风采和千变万化的风韵在世界文字中独树一帜。

书法以"书"为基础,书法的审美特点表现在笔画、字体和章法的形式美方面。

汉字的笔画是书法艺术的基础,笔画变化很多都出于运笔的技巧。运笔有指法、腕法、肘法;用的方法有压、勾、贴(无名指贴于笔管)。用笔之势有侧、直、正;笔画的形态有方有圆、有波有折、有点有竖;挥笔的意态有急有慢、有放有敛。用笔之妙还表现于创作者的心情意念,其喜怒哀乐也能表现在笔意墨趣之间;喜时成书字迹舒润,怒时成书字体奇险,哀时成书字敛并显现阴郁,乐时成书字体妍丽。从造型健美挺秀、表意传神来看,书法不愧是富有表现力的造型艺术。

作为运笔艺术的书法,在有骨有肉的笔画中能表现出很强的特点。据传说,王羲之的老师东晋女书法家卫夫人曾作《笔阵图》,阐述书法艺术中的笔法的意义。她说:"善笔者多骨,不善笔者多肉。多骨微肉者谓之筋书,多肉微骨者市谓之墨猪。多力丰筋者圣,无力无筋者病。"这些论点为书法艺术的发展奠定了基础。古人把字的每一画都看作是抒情表意的手段,《笔阵图》中提出了七条有关笔画的意象。横(一)如千里阵云,点(、)如高峰坠石,撇(丿)如利剑断犀角,钩(乚)如百钧弩发,竖(丨)如万岁枯藤,捺(乀)如崩雷浪奔,转(乙)如劲弩筋节。汉字的笔画千变万化都基于这几种手法。笔画表现手法同用笔的技巧、力度分不开。

古人用许多篇章论述书法的笔画,强调书法艺术"得形体,不如得笔法"(见《翰林粹言》)。并且指出书法有二:一是用笔,二是结字,而结字之佳美者都在于用笔之精妙。笔法是书法艺术的核心,因此历来大书法家在笔法上都有许多精辟见解。除了上述卫夫人《笔阵图》论及执笔七法、欧阳询论述的八法外,"三折法""戈法""环法"等。所谓"三折法",是用笔的起止过程中有三折:起笔欲下先上为一折,运行为二折,末端收笔为三折,横竖笔画皆如此。波(乀)常用戈法,点(、)常用环法。相传永字八法始于汉末,由汉代的崔瑗、张芝传授于钟繇、王羲之,王羲之专门练习永字十五年之久,以一个字为中心心领神会了千万个字的笔法。此虽趣闻,但永字的笔法确实具有代表性。由晋人转向传授,唐代虞世南、宋代欧阳修都对永字八法有深入研究。

书法艺术的形式美表现在章法上。章法是书法整篇布局之法,字与字、行与行的相互关系应求和谐统一。不同书法的章法还有不同的格调风韵,不同书体有不同的章法。篆书具有象形的特点,早期的甲骨文、钟鼎文布局自然活泼,错落有致。小篆柔而方劲,字形规整,布置整齐端庄。隶书笔法有折无转,字形方扁,布局有行有列。楷体正书,笔画平直,结构整齐,章法也严守格局,在严整中显现神韵。行书有动势,字字气脉相连,布局也显现自然天趣,风韵洒落。草书如水流动,运笔婉转。草书中的奔放一格称狂草,狂草笔笔相连,字字气贯,偶有不连之处,而血脉不断,笔势不滞,飞走流注,运笔风动,整篇书体有机组成,一气呵成,故有"一笔书"之说。古人对草书的风格论述很多,我们将唐代书法家虞世南关于草书的评语摘录一段以供鉴赏参考:

"草即纵心奔放,覆腕转蹙,悬管聚峰。柔毫外拓。左为外,右为内。起伏连卷,收揽吐纳。内转藏峰也,既如舞袖挥拂而萦纡,又若垂藤樛盘而缭绕。蹙旋转峰,亦如藤猿过树,逸虬得水,轻兵追虏,烈火燎原。或体雄而不可抑,或势逸而不可止,纵于狂逸,不违笔意也。"(《佩文斋书画谱》)

中国书画艺术的成就同工具的特性有重要关系,长期以来书画创作所使用的四种工具和材料——笔、墨、纸、砚成了文人的宝贝,俗称文房四宝。

南唐时期公认的文房四宝是指李廷硅的墨、澄心堂的纸、诸葛氏的笔、龙尾歙砚。后来的文房四宝指湖笔、徽墨、宣纸、端砚,即浙江湖州善琏镇的笔,安徽徽州的墨、安徽宣城的纸,广东肇庆市(端州)端溪一带的砚。

书法的鉴赏涉及知识面很广,这里所谈有关问题仅作引言,更重要的是在欣赏实践中逐步提高鉴赏能力。

二、书法体式的类型

1. 篆书

篆书的种类很多,总的来说,甲骨文、金文可称为大篆,秦代以后的篆书称为小篆。甲骨文最初出土于河南安阳小屯村殷墟,后来在陕西、山西也有大批出土,总计约十五万余片。据统计,甲骨文约有四千多个汉字,可以辨识的约占三分之一。甲骨文属于古文字系统,是最早的较为成熟的文字。甲骨文大多用刀刻而成,直线居多,不论横、竖、斜都是尖起尖收,中段略显粗壮。从审美角度而言,甲骨文于精巧之中见古雅,于古雅之中见天真。用马克思评价古希腊艺术的观点看,甲骨文的这种审美特征体现了汉字书法的"童年时代"的原形。

金文是稍晚于甲骨文出现的文字,起源于商代早期,盛行于西周,其内容多是田猎、征战、祀典等。周初的金文结构宽宏，气势非凡；周中期的金文结构趋向于平稳端正，章法趋向于平和委婉，整体风格由雄奇变为秀美；周朝末期是金文书法的成熟期，随着翻铸工艺的完善，风格趋于简略，刻于铜器上的金文体现为协调美、整齐美。可以说，金文是中国书法自觉追求艺术美的开始。

小篆即秦篆，是秦统一文字之后的一种书体，为古文字发展的最后阶段。它已是纯线条性的字体，笔画横平竖直，不偏不侧，藏头护尾，粗细均匀，圆起圆收，内蓄笔力，运笔中还显露棱角，很少有提顿。小篆采取纵势，字形近似于长方形，纵画在结构中的作用很突出，左右笔画都向字中的纵线靠拢，布局均匀整齐，不像甲骨文和金文那样旁逸斜出、恣意率直，即所谓"大小如一，行气舒徐"。小篆这种整齐划一的风格特征，是在历经变化之后才形成的，它减少了变化，制约了个性，却创造出了一种单纯、均匀、和谐之美。不论曲直，都显得均匀稳健，圆润苍健，前人所说的"画如铁石"即指小篆的线条中隐含着很强的笔力。

2. 隶书

隶书是今文字的开始，它的产生是汉字演变史上的一次质变。隶书由篆书简化而成，它把篆书圆转的线条变为笔画，由象形性质变为纯粹的表意符号。汉代的隶书在汉字定型过程中对字形进行了分化、同化和简化。正如蒋善国先生所说："隶变消灭象形文字形体，主要是它臆造偏旁，混同了形体的巨大变化……结束了过去数千年古文的形体，开辟了近两千年的隶书和真书的形体。"

从书法上来看，汉隶的定型过程在汉代可分为两个阶段。西汉时期，隶书尚未定型，书写不拘一格。1972年在山东临沂市银雀山出土4 900多枚《孙子》《孙膑兵法》竹简，1973年12月在湖南马王堆三号墓出土66枚简牍，其书法直接继承了秦篆的传统，浑厚质朴而又仪态万千。这些文字，既有篆书圆融流动的笔意，也有八分的波磔与行、草书的连笔，从中可以看见真书的源头。

到东汉桓、灵二帝时，隶书已完全定型，成为法度森严的标准字体，这一时期虽有金文、印章等传世，但最有代表性的是碑刻文字。这些碑刻文字代表了成熟的汉隶，文字风格多样。如《张迁碑》，笔力坚实，四周丰满，已具有楷书的意味。再如《礼器碑》，笔画瘦劲，结构疏中见密。再如《石门颂》，打破了一般章法的严格整齐，运笔劲挺含蓄、奔放不拘，"命""升""诵"三字末笔垂长，笔有尽而势无穷，表现了创造者博大豪迈的情怀。

3. 楷书

楷书始于东汉，盛行于魏晋，鼎盛于唐代。具体可以分为"魏书"和"唐楷"。魏书从汉隶的快写和简化中发展而来，它对隶书的笔画进行了改造，笔画平直，字形方正，所以楷书又叫"正书""真书"。唐楷笔意含蓄，讲究筋骨血肉的融合。字形以长方为主,平整严谨,一扫魏书古朴厚实的风格,显得端庄伟岸,严整优美。初唐楷书有四大家,即欧阳修、虞世南、褚遂良、薛稷;中唐出现了颜真卿、柳公权两大家,并称"颜柳"。颜真卿的书法气势磅礴,运笔沉着苍劲,线条厚实饱满,虽然取诸古法,但是不为古法所限,成为魏晋以来书法革新的第一人,故称"颜体"。柳公权的书法以骨力取胜,瘦而不露,后人将其与颜真卿并提,称为"颜筋柳骨"。宋、元、明、清皆有楷书大家出现,宋朝有赵佶(即宋徽宗),楷书风格独具,自称"瘦金书",主要作品有《千文文卷》;元代有赵孟頫,博采众家之长,融会贯通而自成"赵体",作品有《胆巴碑》;清代有张裕钊,其书法越代师古,笔力刚劲,被康有为誉为"集碑之大成",对我国近代书法及日本书界影响甚大。

4. 草书

草书是对字体的一种简易快捷的写法。草书出现于汉初,成熟于魏晋时代,分为章草和今草,章草是隶书的草书,今草是楷书的草书。草书最大的特点是行笔自由、变化莫测。它没有一成不变的固定形式,从笔画、结构到章法,从力量、速度到书写情趣,都因人而异、因时而异,一切随意为之而又浑然天成。同一个字在同一个名家笔下,因于不同的章法、不同的运笔节奏以及动态的情势等种种差异,会出现几种甚至几十种不同的写法。草书创作的灵活性、随机性,使作者更能体现自己的个性和才气。张怀瓘认为草书"以风骨为体,变化为用","龙虎威神,飞动增势",道出了草书变化莫测、潇洒飘逸的艺术特征。草书第二个特点是牵丝映带、连绵承递。草书在连绵不断的运笔中成字,笔力随势而来,字字相生,至动于静,集飘逸、流美于一体,既沟通了脉络,又增加了气势。张怀瓘评价草书时说:"字之体势,一笔而生成,偶有不连,而血脉不断。"草书与篆书、隶书相比,运笔与结构自由多变,大大扩展了文字的表现力。古往今来,倾情于草书的大有人在,出现了张芝、张旭、怀素、黄庭坚等一大批书法名家。

5. 行书

行书的起源,古人认为可以追溯到东汉,为东汉刘德升所创。所谓"不真不草,是曰行书",行书既无楷书的端正整饰,也无草书的放纵潦草,既便捷实用,又富有表现力。张怀瓘曾对自汉至唐的行书大家做过评价,将东晋王羲之、王献之父子的行书列入"神品",认为王羲之、王献之父子的功绩,在于下功夫对行书做了总结性的提炼工作,并取得了巨大成就。张怀瓘记载了王献之促使父亲对于书法进行改革的过程:"古之章草,未能宏逸,顿异真体,今穷伪略之理,极草纵之致,不若稿行之间,于往法故殊也,大人宜改体。且法既不完,事贵变通,然古法亦局而执。"(唐张怀瓘《书议》)王献之批评古人的草书"未能宏逸",确立"法既不完,事贵变通"的艺术主张。王羲之、王献之父子促进了书道"古质而今妍"的转化,从这个意义上讲,行书是最后兴起和成熟的书法。

三、书法作品鉴赏

1. 王羲之的《兰亭序》

王羲之(303—361),字逸少,史称"书圣",祖居琅琊临沂,后迁居会稽。其父王旷做过淮南、丹阳等地的太守,参与朝廷大计,是奠定东晋基业的决策者之一。从师承上说,王羲之得力于隶书,从贡献上来说,则在于分解隶体,推陈出新,开辟了一块新天地。

《兰亭序》作于东晋穆帝永和九年三月,当时王羲之与朋友聚于会稽兰亭,作诗饮酒,王羲之作《兰亭序》以抒情怀,因笔法、章法俱美,被誉为"天下第一行书"。《兰亭序》总计324字,共28行,整帖点画方圆,捺如金刀,"挑画"与末笔"捺"左右平衡。全文大小参差,错落有致,因字生姿,因势而利导,前后映带,首尾一体,气脉灌注,给人以酣畅淋漓之感。在单个字体上也极尽变化,如有20个"之"字,7个"不"字,5个"怀"字,3个"盛"字,都在不同的情况下做了不同的处理,做到违而不犯,和而不同,于变化中求和谐。梁武帝评之"龙跳天门,虎卧凤阁"。

《兰亭序》的真本一直存于王氏子孙手中,后为唐太宗所得,唐太宗令人摹拓了一些副本,真本陪葬于昭陵。在众多副本中,冯承素本的形态最接近原作。

2. 颜真卿的《勤礼碑》

颜真卿(709—785),字清正,开元年间中进士,历任平原太守、吏部尚书、太子太师,封鲁郡开国公,故称"颜鲁公"。"安史之乱"时在平原太守任上起兵抗贼。后来李希敏反叛,颜真卿被宰相卢杞派去劝降,不幸被害。颜真卿出自世代书香之家,曾两次向书法大家张旭讨教笔法,他打破了"书贵瘦硬"的传统书风,开创了"颜体",被誉为"自羲、献以来,未有如公者也"。

颜真卿传世的书迹很多,其中《祭侄文稿》被后人誉为是《兰亭序》之后的"天下第二行书"。《勤礼碑》为其晚年作品,是他为曾祖父颜勤礼所书神道碑,现存于西安碑林,也是他雄秀浑厚书风成熟的标志。《勤礼碑》的总体风格是以篆隶笔意写楷书,点如坠石,圆润饱满;钩似屈金,笔力加重;横画起笔多斜角,收笔处重按回锋;竖笔如立金钗,横轻而竖重;撇画行笔迅猛,内含骨力,捺画沉笔粗重,收笔处呈燕尾状;折画提笔暗过,不露圭角;笔力雄浑苍劲,给人以筋健骨强的质感。在结体上宽博端正,内疏外紧;章法上行距较小,疏朗茂密,整体上显得雄秀刚毅、庄严肃穆,如金刚落座,给人以凛然不可侵犯的忠烈之气。颜真卿对后世的影响远远超过了王羲之。王羲之的书法贵族化,而颜真卿的书法平民化,平民化是弘扬书法的要道。颜真卿的书法对五代、宋朝的书风有直接影响,至明清,学颜字而有成就者更多,如李东阳、刘墉、赵之谦、何绍基等。

3. 怀素的《自叙帖》

怀素(725—785),字藏真,俗姓钱,湖南长沙人,曾在家中种了很多芭蕉,常"取叶代纸而书"。怀素好酒,兴酣时在墙壁、器皿、衣裳上随意书写,因此被称为"醉僧"。其草书千变万化,虽率意癫狂,而不失法度,晚年书风趋于平淡,笔老而意新。《自叙帖》是怀素的代表作,笔力最为狂纵,全作纵横奔放,一气呵成,气势如长江大河奔泻千里。《自叙帖》最大的特点是参差变化。每行多数是六字,也有八字者,行行字数不同,疏密不一,全靠手心相应的节奏而定。第15行首次出现四字一行"焉颜刑部","焉"为此段文字的末尾一字,"颜刑部"为下段开头,所以字体较大,着墨较多,显然怀素于此处略做停顿,蘸墨再书。第35行再次出现四字一行"卷轴夫草","卷轴"二字为上段文字结尾,"夫草"二字为下段文字开头。这四字前后连贯,没有停顿。第75行出现最高潮,以三行的篇幅仅写下"戴公"二字,且"戴"字占三行篇幅的百分之八十,这两个字是引述御史戴公的赠诗后心情激荡的神来之笔。诗云:"心手相师势转奇,诡形怪状翻合宜;人人欲问此中妙,怀素自言初不知。"自此后,多次出现两字、三字一行的情形,满壁纵横却和谐适宜,笔法牵丝映带,纵横盘纡,却极富层次感、节奏感,于参差变化中得匀称,给人以巧夺天工、奇趣天成之感。

第三节 绘画艺术

一、中国绘画艺术的特点

1. 丰富多彩的题材

中国的古代绘画艺术受到了不同社会人们的信念、礼教、宗法、审美观点的影响和制约。历史要求它描绘特定的内容。封建社会前期的宗教思想为统治阶级利用,描绘神灵鬼怪的题材占了优势;封建社会后期,由于绘画形式的不同形成了各种独门的门类,优秀画家辈出,艺术风格各异,绘画的题材更加广泛。人物题材有帝王将相、英雄豪杰、宫娥仕女、才子佳人、庶民百姓、文人雅士、佛像罗汉、道教三清、嫦娥仙女等。山水题材如有名山大川、清溪幽谷、宫苑楼阁、古刹庵堂、奇峰飞瀑、翠柏苍松、万里长江、百舸争流、小桥横舟、田园小景等。瑞兽动物题材有龙凤麒麟、飞虎翼马、牛羊鞍马、雄鹰百雀、龟蛇青鲤、彩蝶金鱼、蟋蟀蝈蝈等。花卉题材有牡丹芍药、墨梅幽兰、荷花水仙、红蓼芙蓉、玉簪月季、翠竹春笋等。

中国传统绘画不仅描绘现实生活中的人物、自然景物,也创造幻想中的人物和动物,而且以高度的艺术手法赋予它极大的艺术魅力。

2. 以散点透视为特点的章法

中国传统绘画有其独特的表现形式,古代帛画、壁画、轴画各有特点。他们在布局上的特点是散点透视和鸟瞰形式。散点透视是西方绘画术语,现代中国美术界引用了这一名词。透视法则中有一个观点:一幅画中所有景物的远近高低都要依据该画面中的一个视线中的焦点为转移。然而中国画中一切景物的大小、高低、远近处理并不受视线焦点的限制,有人把这种构图形式叫"散点透视"。

散点透视早在岩画、壁画中已得到充分表现。一幅壁画中的许多情节可以巧妙地安排在一面墙上,常常不受时间、空间的局限,可以把四面山水描绘在一个长卷上,可以让四季花卉丛生在一起,也可以把室内景、室外景以及行旅、作战、耕田等情节像连环画一样错落有致地安排在一起。这种形式有利于表现历史故事、宗教神话,也有利于表现画家的思想感情。这种构图形式在长期的艺术创作实践中形成了一套完美的手法,不仅能够充分表现内容,而且还能够鲜明地突出主题。

散点透视可以表现出意与情的真实,在艺术和美学领域符合逻辑思维"理"、感情发展变化的意念,体现出更深一层的"真"。

3. 以线描为骨法的描绘手法

中国绘画的基本描绘手法是线描。这种传统可以追溯到原始社会的陶器刻画纹和彩陶纹样。后来的各种绘画都以线描作为描绘形象的基本手法,帛画、壁画如此,山水画、花鸟画也是如此。

在刻画各种形象,表现各种形象柔润刚劲的质感、阴阳向背的空间感等方面,线描有很强的表现力。线有多种变化,古人将运用线的技法概括为"十八描",实际上并不止十八描,线的曲直、粗细、转折、顿挫、流滞、速缓、刚柔、疏密、繁简均有千变万化的效果。再加上线条的变体,如勾点的各种手法,可以说应用自如,天下万物之形体无一不可以用线来描绘。

古代线描可以表现出不同时代、不同画家的风格。"吴带当风"就是唐代吴道子绘画风格的一种体现。

线描在古画论中称"骨法",顾名思义,就是说线是绘画造型的基础,是刻画形象的基本手段。在线描造型的基础之上进行着色。国画的赋色是以物体固有色为依据,不像西画着色那样以光照下变幻的色彩为绘画的出发点。譬如画一个蓝色瓷瓶,用西画方法描绘它时,它的正面和侧面就不能用相同的蓝色去画,同时因为周围的其他有色物体可能把色光反映到这个蓝瓶上,所以也要适当表现那种光的反射效果。而以国画手段来描绘则不然,只要用一个蓝色即可。这并不是说国画的色彩技法简单,国画的色彩领域也是画家思想感情驰骋的天地。色彩在中国画中具有强烈的装饰作用,画家在运用色彩的时候,不完全受客观实体真实色彩的束缚,古人用朱砂画成的红彤彤的竹子,并不使人感到是干枯的竹子,同样有清脆繁茂的感觉。尤其是工笔重彩、金碧山水之类的绘画,以金线勾勒,以青绿填染,加强了作品的特定气氛。所以,中国传统绘画有写实的特点,也有强烈的装饰风格。

4. 形似与神似的统一

中国古代绘画非常注重对形象的描绘,古人在研究形与神的关系时逐步探索出了以形写神的规律。

绘画中的形与神的关系是绘画艺术哲学中的基本问题,这两者既矛盾又统一,凡作画者一动笔便涉及这个问题。历史上画家的成就,虽然有种种因素,但对形与神的关系处理得比较好是重要原因。唐代张彦远在《历代名画记》中有精辟的论述:"得其形似,则失其气韵;具其色彩,则失其笔法。岂曰画也!"张彦远的这段话把具体地、真实地、一丝不苟地描绘物体的形和色的形似,说成妨害气韵和笔法的大敌。从张彦远的论点来看,凡优秀作品中的形象,都不是现实生活中的自然翻版。这样处理形象并不是古代画家的能力太低,而是不以形似为满足,以神似为艺术创作的最高要求。

这样并不是说古人完全不注意形似,去追求虚无缥缈的笔情墨趣。而是不求形象太似真实物体。关于这个问题,石涛的一句名言"不似之似"是画家在观察生活的经验基础上概括形象,这种形象是似与不似之间的形象。只有这样的艺术形象才能体现描绘对象的神似。

二、绘画风格与流派举要

古代绘画可以追溯到原始社会的彩陶纹饰,在布、帛上作画的历史始于战国。卷轴画大约始于魏、晋,现存的东晋著名画家顾恺之的《女史箴图卷》和《洛神赋图卷》的临摹本,是目前已发现的最早的卷轴画。唐代以前卷轴画并不占主要位置,那时主要是壁画和帛画。唐代以后,卷轴画成了绘画的主要形式。卷轴画兴盛起来之后,壁画相对地少了。

卷轴画之所以能发展成为中国绘画艺术的主要形式,是因为它具有自己的优点:特殊的装裱形式,悬挂美观大方,便于收藏和携带。中国画通过装裱不仅起到装帧的作用,而且可以增强绘画的艺术效果,它可以使笔墨、彩色艺术趣味充分显现于生宣纸表层,使笔触、墨晕舒展清晰,所以托裱成了中国画制作中的一个不可缺少的环节。由于具有特殊的装裱形式,卷轴画具备世界其他画种不可相比的优点,并成为中国画的民族特色之一。现从中国画的基本题材即人物、山水、花鸟等方面简要叙述其风格流派。

1. 人物画

自东晋顾恺之的《女史箴图卷》和《洛神赋图卷》开始,唐、五代、两宋时期的人物画在自己的发展史达到了第一个艺术高峰;从元代到明、清时代,由于山水画、花鸟画占了绘画的统治地位,人物画相对衰落了。不过在元、明、清时期,肖像画发展到了更高水平,出现了不少优秀的肖像画作品。因此,唐、五代、宋的人物画及元、明、清的肖像画,是我们介绍人物画的重点。

顾恺之(344—405):大约生于康帝建元二年,卒于安帝义熙元年,既是画家又是美术理论家,他写有《魏晋胜流画赞》《画论》《画云台山记》。其绘画作品当时已得到很高评价,在中国古代绘画史上顾恺之的作品具有划时代的意义。他的艺术成就主要表现在对人物内心精神的刻画比汉代壁画大大提高了,创造了一种雄劲、连绵、优美而富有韵律感的线条,在对待对象的态度上主张实对(即今天所说的写生)。

《洛神赋图卷》是顾恺之根据三国魏诗人曹子建的《洛神赋》创作而成的。《洛神赋》借神话表现了作者失去爱情的痛苦,反映了曹子建对真挚美好的爱情的追求,其主题是有积极意义的。顾恺之在画中描绘了洛神在洛川降临人间及其离去的过程,表现出欢乐、哀怨、惆怅的感情。洛神乃古代神话人物。女神洛嫔本身是伏羲女儿,称为伏妃,因渡水淹死而成为女神。现存两种不同结构的《洛神赋图》摹本,分别藏在故宫和辽宁博物馆。

吴道子(约685—758):唐代画家,阳翟(河南禹县)人。唐玄宗任其为内教博士,当时他活动于洛阳,曾在长安、洛阳寺观作壁画300多幅。他对前人铁线游丝的笔法有所改变而用一种兰叶描,有"吴带当风"之称。他那深浅晕染、敷彩淡雅的风格被世人称作"吴装"。传世的《天王送子图》相传是李公麟的摹本。该画描写的是悉达多太子降生后,净饭王和摩耶夫人抱他去天佛寺朝拜的情景。画中诸神异兽惊慌失措,俯伏奔腾,极为生动而有气势,人物的造型稳重而有夸张,用笔流畅,形象生动。从这件作品中大体可以看出吴道子的艺术特色,即所谓"吴家样"风格。

张择端:生卒年月不详,北宋画家,字正道,山东诸城人。多画城郭街市、车马舟船等社会民情风俗题材,以画阁楼著称。代表作有《清明上河图》,高24.8厘米,长528厘米。描写了当时汴京清明时节社会各阶层的生活情景。天津博物馆藏《龙舟图》(也称《西湖争标图》),画幅不大却如实地描绘了当时汴京节日的盛况,画法十分精致,有张择端题名。但亦有人认为是伪作。

元代山水、花鸟画占了统治地位,人物画相对衰落,在"形神兼备"的传统理论和技法的影响下,元、明、清的肖像画有比较大的成就。

明代中国肖像画开始受西洋绘画的影响;清代的人物画中,受西画影响的作者、作品为数更多。

2. 山水画

中国山水画出现于六朝,隋唐时期已基本独立,到元代达到高峰,元以后,长时期为中国画坛主流。山水画始于何时争议很多。关于山水画的论述早在南北朝时期的南朝,就有宗炳的《画山水序》著述传世,但已无当时山水画遗迹。

《游春图》过去被认为是最早的山水画。但一般认为山水画的成熟,并作为一个画种独立存在,是唐代中期开始的。唐代张彦远著《历代名画记》中提道:"山水之变,始于吴,成于二李。"(即吴道子、李思训及其子李昭道)历代流传着吴、李分别画成两副嘉陵江水巨作的故事,唐玄宗称赞说:"李思训数月之功,吴道子一日之迹,皆极奇妙。"

山水画到五代宋初时期更加成熟。杰出的代表有以描写中原地区的山景为主的荆浩、关同、范宽(这几位画家),以描绘山东一带山景为主的李成,以描绘江南山水为主的董源、巨然。

"米点山水":为北宋米芾与米友仁父子所创造的一种山水画技法。他们画山水,不求工细,用笔墨点染,运笔草草,很适于表现江南湿润的景色;同时用"朦胧云""无根树"等特殊表现手法增加画面气氛,亦称"米氏云山"或"米家山"。

李唐(约1050—1130):南宋山水画家,字晞古,河南三城(今河南省孟州市)人。宋徽宗时入画院任待诏。高宗南渡时李唐也流亡到了临安(今杭州),当时已八十高龄。初到江南,他的山水画未得到重视,他曾赋诗道:"云里烟村雨里滩,看之如易作之难。早知不入时人眼,多买胭脂画牡丹。"他的山水画变荆浩、范宽之法,用峭劲的笔墨画出山川雄伟的气势。晚年创作"大斧劈"皴法,画水打破鱼鳞的程式,画出了盘涡动荡之状。李唐为南宋画院水墨苍劲一派的开路者。他的画风为刘松年、马远、夏圭等人继承。存世作品《长夏江寺图》笔法厚重,着以浓艳的石青石绿。并有《万壑松风图》等作品传世。

马远:生卒年月不详,字遥父,号钦山,原籍山西,后居钱塘(杭州)。他的曾祖父、祖父、伯父、父、兄都是画家,故有"一门五代皆画手"之称。马远的山水画用笔棱角方硬,水墨苍劲,不做层层渲染,但着重浓淡层次的变化,所以远近分明。现存马远的《踏歌图》《雪图》《楼台夜月图》《寒江独酌》《探梅图》《松间清香》等,都是意境深远的佳作。

3. 花鸟画

花鸟画的题材一般来说也包括走兽。花鸟画作为独立的画科成熟于五代,但唐代韩幹画的马、韩滉画的牛都是很有名的绘画珍品。

韩滉(723—787):字太冲,长安(今陕西西安)人,贞元初,官检校左仆射同中书门下平章事。其画远师南朝陆探微,善绘人物及风俗画,写牛、羊、驴尤佳。所作《五牛图》,赵孟𫖯说它"神气磊落,稀世名笔"。该画与《文苑图》并存于世。韩滉曾做过唐德宗时的宰相。当时画牛名家戴嵩也深受其影响。现存《五牛图》用笔灵活,设色沉着,从不同角度生动真实地画出了牛的神态。

黄筌(约903—965):五代十国西蜀时候的画家,字要叔,四川成都人。历任前蜀、后蜀官职;入宋,任太子左赞大夫。从师刁光胤,并取法滕昌祐,擅画花鸟而自成一派。其作品多描绘宫廷中的珍禽异卉,画禽鸟则羽毛丰满,画花则善于着色,勾勒精细。他兼工人物、山水、墨竹、龙水。其子黄居寀亦是画家。黄筌所代表的是五代宫廷绘画,故又称"院体画""黄氏体"。

黄慎(1687—1768):字恭寿,又字恭懋,好瘿瓢子,福建宁化人,久寓扬州。家贫,以卖画为生。善人物,初学上官周,后用狂草笔法作画。多以神仙故事和文人士大夫的生活为题材,有时也画纤夫、渔夫、乞丐,形象往往非常奇特。兼工花鸟和山水。为"扬州八怪"之一。

第四节

剪纸艺术

一、剪纸的由来与发展

剪纸是长期流传于我国的一种具有浓厚乡土气息的民间艺术。我国的剪纸艺术历史悠久,据说,中国造纸术发明之前就有了剪纸艺术,不过制作剪纸作品的材料不是纸,史籍《后汉书》有"自古书契多编以竹简,其用缣帛者谓之纸"之说,足以证实当时的剪纸材料是树叶、竹木简、缣帛等有韧性的材料。另外,《史记》记述的"剪桐封弟"的故事讲的是西周初期成王将梧桐叶剪成玉圭形象,赠给其弟姬虞,封他为唐国(今山西省南部)诸侯。这则有关我国剪纸艺术的最早记载,不仅将中国的剪纸艺术的历史向前推进了一个阶段,而且也再次证实,最早的剪纸作品并非用纸剪成的。

到了西汉,中国造纸术的发明和纸的广泛使用大大推动了剪纸艺术的发展,更使剪"纸"名副其实了。到了南北朝,剪纸已同当时的风俗联系在一起,使其内容更加丰富,题材更加广泛了。

唐、宋时期,剪纸作品已作为适时商品上市了。周密在《志雅堂杂钞》中是这样描述的:"向旧都天街,有剪诸色花样者,极精妙"。由此可见,当时的剪纸艺术已相当普及。

明清以来,剪纸之风在全国城乡盛行,成为民间艺术中的一朵奇葩。中华人民共和国成立后,剪纸艺术被运用到单幅画、连环画、电影动画片及各种工艺品的装饰上,更加拓宽了剪纸艺术的创作道路。在近代,还出现了用剪纸图案制作的被单和布料,其花型古香古色,图案规范却又不失活泼,备受人们青睐。

二、剪纸艺术欣赏

作为中国民间传统工艺的剪纸,是劳动人民、特别是农村妇女的杰作,因此它的题材与农民的日常生活和活动有密切关系。劳动人民喜欢的家禽和家畜(如鸡、鸭、猪、羊、牛等)、动植物(如老虎、猴子、孔雀、牡丹、荷花、梅花等)以及一些有喜庆寓意的,如"五谷丰登""鲤鱼跳龙门"和戏剧人物、传说故事都是剪纸创作的题材。

同其他艺术一样,不同地区的剪纸又有不同的地方的特色。归纳起来,剪纸艺术主要有北方和南方两种风格。郭沫若先生曾经为《剪纸选胜》题词作诗,他在诗中高度评价了南派剪纸"玲珑剔透"和北派剪纸"天真浑厚"的不同风格。他说:"曾见北国之窗花,其味天真而浑厚。今见南方之剪纸,玲珑剔透得未有。一剪之巧夺神功,美在明见永不朽。"

1. 扬州剪纸

扬州剪纸属于南方流派,其历史较为悠久。大约在公元7世纪时,就已形成一种独立的工艺行业,并有专业艺人从事这项工作。千百年来,经历代剪纸艺人的精心钻研,扬州剪纸艺术已经形成了独特的风格,并以菊花闻名。它具有格调清新、线条流畅、形态优美逼真的风格,深受国内外人士的赞誉。

剪纸受到"剪"(工具和手法)和"纸"(材料)的限制,只能通过镂空手法形成的黑白对比来刻画形象,所以一般不便于表现出很大的场面和复杂的层次。但是它可以通过作者丰富的想象力,以夸张、概括、变形的手法,表现出富有装饰性的艺术形象。而要做到这点,并非一日之功,一般的剪纸艺人都是从十多岁开始学习并经历了几十年的摸索才成功的。老艺人张永寿是扬州剪纸艺术的代表人物。他12岁从师学艺,继承家传200多年的技艺,凭着一把剪刀、一双手和一张纸,走南闯北在江湖上摔打了几十年,成为中国少有的剪纸工艺美术家。张先生高超的艺术造诣还与他深入生活的做法密不可分。他总是带着剪刀和纸到各地的百花丛中去观察和收集题材,他还在自己的花园里栽培花卉,招蜂引蝶,每天仔细观察,使自己的剪纸技艺达到了炉火纯青高度。由他剪出的花卉和蜜蜂,静中有动,生机盎然,真切动人。他可以剪出200多种神态各异、花瓣纤柔婉转、茎叶劲挺飘逸的菊花。

2. 北方的剪纸——窗花

窗花属粘贴在窗户上的一种剪纸,主要流行于北方。过去北方的窗户多用白纸糊,每年新春,都要重新换一次新纸。因此,每逢过年,巧手的姑娘、媳妇总喜欢用五颜六色的纸,剪一些自己喜欢的窗花,贴在素白的窗纸或墙上,以美化环境,渲染节日气氛。窗花的题材非常广泛,从生产劳动、农村生活、动物植物到神话传说、戏剧故事,应有尽有,其中尤以表现动物和戏曲人物的窗花最有特色。

3. 满族的剪纸

东北的长白山区是满族人民的故乡。白山绿水间保留着古老而又丰富的满族文化,剪纸艺术便是其中的一朵奇葩。

满族剪纸源远流长。据考,后金皇太极时,满族前身女真人才开始造纸,而远在这之前,满族人民就用鱼皮、麻布、植物叶子等刻成各种粗犷的图案,贴、缝在衣物、枕头等物品上,这大概就是满族剪纸的最早雏形。

满族的剪纸有着浓郁的宗教色彩。满族的萨满教有崇奉神灵的习俗,如天神、地神、祖先神、动物神等 170 多个,其中 160 个是嬷嬷神,意即太太。这些老嬷嬷神各有分工,有管子孙繁衍的,有管儿女婚姻的,有管进山不迷路的等等。众神中,女神多男神少是满族母系氏族社会的遗证,满族的剪纸就是从这种对嬷嬷神的崇敬开始的。大约在明代,满族民间艺术按男女老少之别,对照其装束剪成人形。这些人物剪成前后两片,能坐能立,头部单剪,有个长脖子,可以插在身上,具有民族特色的男人的长辫子,可以折到身后,形象逼真有趣。

如今的满族剪纸内容更加丰富多彩,形式不拘一格,以豪放、粗犷、生动、淳朴、简练、优美、构图自然匀称为特点。诸如花轿迎娶、庭院祭祀、山林狩猎、东北三大怪、东北虎、男人的长辫子、女人的长烟袋等恰到好处地运用了地域特色,展示了满族的风土人情,散发着浓厚的乡土气息。

第五节 传统织绣

一、织绣的发展

染织、刺绣简称织绣。织绣是我国重要的传统工艺美术品之一。中国是古老的丝绸之国。公元前4世纪,希腊、罗马就称中国为"塞里斯"(即丝绸之国)。约公元前3世纪,希腊著名史学家阿波罗多拉斯,曾撰文描写"大夏国王到塞里斯"的情景的文字。文中"塞里斯"即指我国中原地区。公元前后,罗马有了专售中国丝绸的市场。罗马博物学家普林尼(公元23—79年)在谈论我国丝绢之盛兴时,也提到了"塞里斯"一词还提及许多优质的绢、绵从塞里斯运到了罗马,并解释说,古代罗马穿丝、绢衣物者仅贵族,而今(公元1世纪)人民群众也多用丝绢为衣。

丝的生产发展大大促进了我国古代织绣工艺的发展,早在两三千年以前,我国的丝织品就达到了令人赞叹的很高的水平。早在商代已经出现丝绸,并且有较先进的生产技术。战国时期已经有了多种丝织品,如罗、纨(细绢,如细白的薄绸)、绮(罗绮、纨绮、文绮,是一种有花纹的丝织品)、绵(织锦)、绣(刺绣)等。

1982年在湖北江陵楚墓(马山砖厂1号墓)出土了一批战国丝织品,因为出土数量多、品种多、制造精良而被称作"丝绸宝库"。其中有绵、罗纱和大量绣品,其织物和图案都能反映出我国战国时期织、绣生产的高度技艺。

古代的绣品,先要在绣地上用墨或朱砂绘出图样,然后用各色丝线进行刺绣,所以也可以看作是一种工艺绘画作品。

到西汉时期,丝织物的使用已经非常广泛,长沙马王堆一号汉墓出土有单幅丝绸46卷,还有许多衣物。其中薄如蝉翼的禅衣素纱,重量只有49克,是一种透明方孔平纹织物。特别值得注意的是,丝织物和刺绣线的颜色经鉴定有20多种,如朱红、深红、茜红、金黄、深棕、全棕、深黄、浅黄、天青、蓝黑、紫绿、银灰、棕灰、藏蓝、浅蓝、黑、粉白、黑灰等。正是如此丰富的颜色使织品、绣品达到了绚丽夺目的效果。

汉代以后,经唐、宋、元各代,织绣工艺得到了进一步发展,出现了著名的宋代流行的"缂丝"(又叫"刻丝")。

明清的织绣又有巨大发展,出现了明清两代盛行的"云锦"(因锦纹瑰丽多彩如彩云霞辉,故此得名),并有"四大名绣"驰名中外。

二、织绣名品

1. 织锦

织锦是中国古代传统的用彩色经纬丝提花组成各种图案花纹的熟丝织品。宋锦、蜀锦、云锦被誉为当代"三大名锦"。

(1)宋锦:北宋末年(约11世纪)产于苏州的著名织锦,至今已有近千年的历史。产品分为大锦(又叫仿古旧锦,花样有40多种,主要用于装裱书画)、小锦、彩带等。

(2)蜀锦:产于四川的传统织锦工艺品,故名蜀锦。早在西汉时期,蜀锦品种花色就很丰富,用途很广,行销全国。宋代《蜀锦谱》详细列举了蜀锦的名目,并记载南宋统治者为了用蜀锦购买军马而下了严禁私贩蜀锦的旨令。可见蜀锦对于蜀汉、南宋等时期的经济起着重大作用。近代蜀锦仍沿用熟丝染色织造的方法,所织彩锦质地坚韧,五彩缤纷,富有地方特色。

(3)云锦:始产于南北朝时期南京地区的著名织物,盛行于明、清。云锦的织法属于缎系组织;但缎不起花,云锦则起花,这种锦缎的纹饰色泽灿烂绚丽,如同天上的彩云,故称"云锦"。明、清时期云锦为皇家享用,还有很多以赠品的形式流到了少数民族地区,西藏至今仍保存有许多云锦。云锦的花纹图案富有民族风格和地方特色,如各种飞禽走兽、花卉鱼虫、象征吉祥幸福的"八仙"、万寿等是云锦的题材。由于云锦使用大量的金线装饰,因此织品明丽辉煌,光彩夺目。

2. 名绣

"绣"是刺绣的简称。古代刺绣都是手工制作,它是以不同的针法在名贵的织物上绣出花纹图案。刺绣在我国已有三千多年的历史,它的品种很多,最著名的有蜀绣、广绣、湘绣、苏绣,合称"四大名绣"。

(1)蜀绣:也叫"川绣",是以四川成都为中心的刺绣产品的总称,具有悠久的历史。据晋代常璩著《华阳国志》记载,当时蜀中的刺绣就已十分有名。蜀绣以软缎和彩丝为主要原料,运用独特的技法,绣制被面、枕套、衣物、鞋靴及画屏等产品。它是具有浓厚地方风格的刺绣之一。蜀绣的代表作有《熊猫》及陈列在首都人民大会堂四川厅的巨幅作品《芙蓉鲤鱼》。

(2)广绣:也叫"粤绣"。它是广东地区的刺绣名品。在18世纪广绣中有一种"纳丝绣"产品,其底层因用羊皮金作衬,金光闪闪,精彩异常,当地称其为"皮金绣"。传统图案有凤凰、牡丹、松鹤、猿猴、獐鹿、鸡鹅等。它的色彩雅丽鲜艳,有的五彩缤纷,富丽夺目,有的则翠蓝一色,娴雅大方。广秀的代表作《百鸟朝凤》,形象逼真,生机盎然。

(3)湘绣:是湖南民间刺绣工艺品,它以长沙为中心产地。湘绣是吸收苏绣和广绣的优点,并在本地民间刺绣的基础上发展起来的。到19世纪末期,长沙出现了"吴彩霞绣坊",此后湘绣日益出名。它的特点是,强调颜色的阴阳浓淡,使图案富有立体感,并以绘画题材为主。湘绣以狮、虎为代表作,有"苏猫湘虎"的说法。

(4)苏绣:主要产地在江苏苏州、南通一带。最能体现苏绣艺术特征的是"双面绣",使人可以从两面观赏。双面绣《猫》是苏绣现代作品的代表。绣猫要应用各种精巧针法,使猫身上的毛茸茸的毛丝形象逼真。最重要的部位是眼,常用一根丝线的1/24进行眼睛的镶色和衬光,使眼睛发亮有神。

3. 少数民族名锦

中国许多少数民族人民都创造出了闻名于世的织锦,受各少数民族地区的生产、文化、生活等因素的影响,少数民族织锦都是富有民族特色的工艺品。

壮锦是著名的壮族民间手工艺品。它的产地主要是广西的靖西、忻城、宾阳等县。用棉纱作经线,丝绒作纬线;经线为原色,纬线用各种彩色。

壮族织锦不仅可以做被面,而且还大量用来做背带、头巾和床围等。壮族人喜爱用花卉、卍字、龙凤和狮子等纹样,色彩古艳深厚。

瑶族的刺绣图案也大多从动物和植物的形态中取材。瑶族人善于用简洁、生动的手法表现复杂的自然形象;色彩多用复杂鲜艳的调子作强烈对比,显得斑斓绚丽,富于变化。

苗族人和侗族人喜爱用直线和曲线织成的各种图形来表现他们所观察到的自然形象,如风、云、矿物的结晶组织、鸟的羽毛、兽皮上的斑纹和花、鸟、虫、鱼等,色彩简洁明快。这些图案大多数是各民族中劳动妇女编织的。她们喜爱在衣领、衣边、袖口、衣襟、后肩、抹胸、裤脚、裙腰、裙边等地方点缀上各种形状的各色图案。

4. 少数民族刺绣

中国少数民族的刺绣品以其独特的民族风格和地方特色引人注目。少数民族历来注重服饰的装饰纹样、色彩的创造,民间流传着许多姑娘们巧手绣彩衣的佳话。

苗绣:苗族妇女从小就学习刺绣。刺绣在苗族服饰中用途很广,在上衣的袖口、袖套、衣领、后肩,下装的裤脚、裙腰处、腿套以及头巾,都有刺绣品用作装饰。苗绣的花纹图案严谨细密,以几何纹为基本主题,其色彩比较强烈。

土家族的"土花铺盖":"土花铺盖"是一种既是织布又是挑花的家庭手工艺品。其图案瑰丽朴素,富有民族特色。它的题材来自劳动和生活,如取材于恋爱的"鹭鸶采莲",取材于吉祥之意的"凤采牡丹""双龙抢宝",取材于劳动的"浪枯梅"(牛栀),取材于自然的花草鸟兽,如"阳省"(杜鹃)、小老虎、"岩墙花"等。在这些纹样和色彩里蕴藏着土家人丰富的情感以及其对生活的理想和希望。

复习思考题

1. 请列举中国古代山水画、花鸟画和人物画的代表人物及作品。
2. 请列举书法中行书、草书的代表人物和代表作品。
3. 请写一段有关苏绣的导游词。
4. 简述云锦、壮锦的产地及其特点。
5. 请写一段有关宜兴紫砂壶的导游词。
6. 假如你是一名导游,要带领一批来自北京的游客到杭州丝绸市场购买丝绸。请你对杭绸做一段简单的介绍。

第九章

山水文化

学习目标
1. 理解山水文化及其内涵;
2. 了解山水文化的形态和结构;
3. 掌握山水景观与人文景观的交融;
4. 了解古代中国的山水审美意识和过程。

案例导入

　　中国景观中的自然美和人工美总是结合得那样和谐,传统的山水名胜不仅以日月星辰、岚烟云霞、花草树木的自然景色取胜,阴晴雨露、早晚晨昏、千变万化,而且这些只要一经旅游者发现,或以文记,或以口传,或以影视拍摄,总是精心描摹独特的美,抒发欣赏美的感受,并给名山名水的个性定位,且为大家所认同,如黄山之奇、泰山之雄、华山之险、嵩山之峻、峨眉之秀、青城之幽,自然美和人们的审美之间是如此契合,人们对自然的认同是如此精到,甚至将自己的情感好恶寄情于自然,这就是山川形胜人化的过程。穷探造化奥秘,善于欣赏自然,正是我们民族可贵的心理特征,有别于西人的实用主义态度。曹操的"山不厌高,海不厌深",王悭的"山以贤称,境缘人胜",天人合一,将名山大川作为宇宙灵气所钟,而人则是山川灵气之凝结,自然之景和人文之赏分明已融为一体。经历代志士仁人、能工巧匠的努力,这些由人们知识、态度、价值观构成的山水的"隐在文化"逐渐地转化为显露在外的,人们可触可摸可感的"显在文化",于是山川形胜中有了寺庙观庵、亭台楼阁、磴道古桥、摩崖碑刻、诗词联对、逸闻传说.这些"显在文化"尽管自身有其丰厚的文化内涵,但是它们的内蕴只有置放于相应的山水中才有其个性魅力。而围绕着山水进行的登山、游泳、渔猎、划船、冲浪更是充满了刺激和愉悦,使沉寂的山水成为游客的天堂。

　　中国旅游客体文化是中国旅游文化的一个重要组成部分,也是满足旅游者观赏游览体验的重要内容。掌握这些内容,对于旅游者、旅游经营者和广大的旅游从业人员都是非常重要的。本章是教材的第四部化、中国的宗教文化、民俗文化、饮食文化和旅游文学、艺术文化等加以阐述,使学生了解中国传统文化的精髓,了解中国以山水大自然为载体化,知悉它的历史发展,区分它的主要建筑类型,认清中西方建筑文化观念之差异;了解中国的本土宗教、外来宗教及其中国化,尤其是佛教文化的中国化,以及中国的民俗风情及其魅力所在。

　　本章主要介绍中国旅游客体文化的含义与构成,介绍山水文化及其内涵、形态和结构,阐述山水景观的审美特性、审美过程以及古代中国的山水审美意识。

第一节
中国旅游客体文化概述

一、旅游客体文化

旅游客体是指一切可供主体(旅游者)观赏游览的对象,包括各类旅游资源(景观)或吸引力因素。它们之所以能够对旅游者产生强大的吸引力,就在于它们所包含的文化属性。作为人类文化的载体,它们不仅是能为旅游者所感觉到的具体物象,而且是能够满足旅游者的精神需要,尤其是审美需要的产品。它们所含的文化意蕴,就是旅游客体文化,属文化的范畴。具体而言,既包括物质形态的客体文化,如旅游历史文化、山水文化、建筑文化,又包括非物质形态的客体文化,如宗教文化、民俗文化、饮食文化、工艺美术文化和旅游文学艺术文化等。当然,这两者之间也有交叉,在非物质形态的客体文化中,也有物质形态客体的存在,如宗教文化中的宗教建筑、宗教名山、景观等就是物质形态的客体;山水文化中的审美观、建筑文化中的建筑理念等则属物质形态客体文化中的非物质形态客体。

二、中国旅游客体文化

中国是世界文明古国,是旅游文化产生最早的国家之一。作为民族文化重要组成部分的中国旅游文化客体,主要是指中国人文景观和自然景观以及一切与旅游有关的文化现象,是中国旅游文化的重要组成部分,是旅游业发展的物质基础。具体包括:中国旅游历史文化、山水文化、建筑文化、宗教和民俗文化、工艺美术文化等。这里不仅有我国几千年的历史传承、重大的历史事件和科技文化成就,有富含文化意蕴的奇山异水、风景名胜和历史古迹,有五十六个民族不同的风尚、礼仪、习俗和年节风情,有传承中国传统文化的中国古建筑和园林,有中国主要宗教的文化和文化景观,尤其是佛教的中国化,有灿烂夺目的民间文学艺术以及独具特色的土特产等。

第二节
山水文化及其内涵

我们伟大的祖国,有着姿态万千的崇山峻岭,也有着蜿蜒曲折的江川大河,美丽富饶的土地和丰沛充足的水源,养育着华夏儿女,滋润着中华民族,浇灌出山水文化。山水文化是人类认识自然、改造自然的产物,自然山水也关爱、呵护着人类,人类与自然的互生共存推动着山水文化的发生发展。人们在攀登、跋涉、观赏自然山水的活动中,不仅发掘了许多山水资源,改造了许多名山大川,而且产生了把这种山水自然与人间道德相联系的"天人合一"思想,对后世有相当影响。古代的许多文人墨客,把山水看作尊长、朋友、哲人,写了许多山水诗词、山水游记、山水画,或谱之曲,成为风光音乐,或再现于自己的居住环境成为山水园林。从泰山封禅、"智者乐水,仁者乐山""逍遥游""会当凌绝顶,一览众山小""黄山归来不看岳",到"城市起山林""古刹名山话禅悦""洞天福地味真玄"等,无一不是中国山水文化的表现。

一、山水的含义

山水,在古代作为自然的代称,具有自然的总体特征。"山水"不仅指山和水,还应包含山水草木、雨露云雾、泉岚烟云。清代画家石涛曾对山水的含义做过这样的概括:"山川,天地之形势也。风雨晦明,山川之气象也;疏密深远,山川之约经也;纵横吞吐,山川之节奏也;阴阳浓淡,山川之凝神也;水云聚散,山川之联属也;蹲跳向背,山川之行藏也"。这就是说,山水是指广义的自然景观,大则指山川形势、风雨晦明;小则指一点一景、一泉一石、山中亭水中阁。它们应该是自然景观的静态与动态、声与色、人工与天巧相结合的综合形态。

从现代旅游美学的角度看,"山水"是具有美学价值的"山水",是指具有美学、科学和文化价值的景观,是专供人们进行观光、审美、科研、文化教育等精神活动的主要场所。近几十年来人们发现的很多奇山异水(张家界、武陵源、九寨沟、黄龙等),经过开发已成为新的风景名胜区;为建设新安江水库而使富春江两岸的许多奇峰峻岭变成了千岛湖中的小岛,成为一个新的国家风景名胜区;三峡大坝的建成,使原来水流湍急的三峡出现高峡平湖的壮丽景象,成为新的旅游景观,有了新的面貌和新的内涵;昆明世界园艺博览会,汇五大洲之名贵花木,集世界各地园艺之精华,为春城昆明增添了一个新的生物景观。因此,"山水"的含义不断地变化着。由于山水的文化积淀深厚,又具有文化、科学和美学价值,因而可称为"山水文化"。

所谓文化积淀深厚,是指大多数山水风景区都有着悠久的开发历史,在景区里面积淀着历代封建王朝的烙印,包含着丰富的文化内涵。例如,历代帝王从秦始皇到乾隆皇帝都要到泰山去"封禅"。据《史记·封禅书》说:"此泰山上筑土为坛以祭天,报天之功,故曰封;此泰山下小山上祭地,报地之功,故曰禅。"那些封建帝王们为了祈求天地神祇的祝福,保佑封建王朝的长治久安及自身的长生不老,都专程到东岳泰山来报天地之功,这是当时的一大盛典。中国第一个专制皇帝秦始皇在即位的第三年去登泰山封禅;紧跟着秦始皇封禅的是另一位好大喜功的皇帝——汉武帝;第三位封禅的是东汉开国君主光武帝刘秀……直至乾隆帝,曾经有13位帝王31次来此进行过祭祀活动。帝王们登山封禅的过程,也是大规模游览的过程。在游览中,留下了帝王踪迹。如泰山的五大夫松是秦始皇登山避雨的大树;《祭泰山铭》是唐玄宗留下的墨迹……据《史记·封禅书》记载,秦始皇泰山祭天,中途遇雨,歇于大树下,秦始皇因此树护驾有功,乃封其为"五大夫"。唐玄宗李隆基书写的《祭泰山铭》在泰山碧霞祠侧,即唐摩崖。正文966字,加上题额刚好千字。这是他在开元十三年(725)十月率领百官去泰山封禅时亲笔所写,刻于岱顶大观峰峭壁上;北宋大中祥符元年(1008)十月封禅泰山,宋真宗制造神话,加封"碧霞元君",护修岱庙,兴建"天贶殿",把祭天地的封禅活动转化为祭神活动;明太祖朱元璋封泰山之神为"正神",每年都派人来祭神,曾作文以颂泰山之高大雄伟;清乾隆祭泰山先后有十一次,其中六次登上岱顶,在封建帝王的封禅史上是最多的。他在宣扬"功德"的同时,也歌颂了泰山的雄伟壮丽,留下了不少为泰山增色的诗词。如《题封禅事》《题汉柏作》等。

在许多名山中,除了帝王封禅巡游之外,历代不少文人墨客登山游览,留下了众多的山水诗词和游记。在他们的心目中,这些名山胜水已经不是山神崇拜对象,而是陶冶心情、游览观赏的场所。在他们的笔下,山水实景与诗境之美交融,使人尽享自然之美,进入精神愉悦之境。当我们游览庐山、观看香炉峰瀑布时,自然会想起李白的"飞流直下三千尺,疑是银河落九天"的千古名句。当人们游览长江三峡、行至巫峡时,李白的诗句就在耳旁吟诵:"朝辞白帝彩云间,千里江陵一日还。两岸猿声啼不住,轻舟已过万重山。"当我们游览杭州西湖山水时,会想起苏东坡的"水光潋滟晴方好,山色空蒙雨亦奇。若把西湖比西子,淡妆浓抹总相宜"的传世佳作。当我们参观黄鹤楼时,也不由地会想起崔颢的"黄鹤一去不复还,白云千载空悠悠"的佳句。这一切都表明,我国的"山水"有着深厚的历史积淀、丰富的文化内涵。

所谓具有文化、科学和美学价值,是指"山水"不单是可以满足人们的物质和生活需要,还是可以供人们观赏、审美、科研和进行文化教育的活动。我们在游览祖国的名山胜水时常会思索很多问题:同样是五岳,为什么其形象不同?为什么泰山"雄"?为什么华山"险"？为什么衡山"秀"？为什么嵩山"峻"？为什么恒山"幽"？为什么泰山会成为历代帝王举行封禅活动的地点？为什么在恒山的悬崖绝壁上有"三根马尾空中吊"的悬空阁？为什么武夷山风景区的三曲一侧的半山腰上有那么多的悬棺？为什么桂林山水会甲绝天下？为什么漓江两岸有那些形状各异的石峰？为什么大多数的名刹都修建在风景秀丽、古木参天、环境幽静的山林之中？为什么古代有那么多的山水诗词、山水画、游记文学,去描绘我国的名山大川？要弄清这些问题,必须去从科学、历史、文化等方面去加以考证,其中有众多的科学道理包含在其形成的原因里面,有历史的厚度在其上留下的烙印,有文化的潜在根由。从地质时期、历史时期至今,每个时期、每个朝代都在它们上面留下踪迹,这些踪迹正是人们了解过去、激发灵感、唤起审美愿望的重要契机,正是人们从大自然中索取知识、开阔胸怀、愉悦精神的最好时刻。所以,游览山水不仅是认识大自然山水的壮丽,还需了解它为什么壮丽,认识其文化的内涵。

二、山水文化的内涵

什么是山水文化？山水文化内涵是什么？我们认为应有如下的看法：

第一,山水文化是与自然山水相联系的包括文学、艺术、书法、绘画、园林、建筑及民俗等各方面的文化活动。

第二,山水文化应是包括与山水有关的物质文化与精神文化的总体。这儿所指的与山水有关的物质文化,应指客观存在的山水景观所包含的文化内涵,如黄山、华山、峨眉山等名山和大江、大河、大湖等所包含的文化意蕴。所谓与山水有关的精神文化,是指表现山水的各种山水诗词、山水画、山水游记、碑刻、题记、匾额、故事、传说等。中国山水诗鼻祖南朝大旅行家谢灵运曾经说过："夫衣食,生之所资；山水,性之所适。"他一语道破了中华民族视游山玩水为精神生活的民族性格。在人类和自然之间的沟通中所留下的踪迹就是山水文化。在古代,这些踪迹或是山中樵夫和江上渔翁闲谈的话题,或是士大夫、文人墨客寄情的载体,或是民间流传的故事传说；在现代,则成了旅游者观光游览、休闲度假的对象。

第三,山水文化是人类的一种审美文化,是人类用审美的眼光所发现的、按照自然美的规律去加以解释的山水现象。没有人的发现,它是成不了动人的山水现象的。例如,宋人郑震描写黄山绮丽风光的诗："奇峰三十六,仙人结青鬟。日际云头树,人间天上山。九州人共仰,千载鹤来还。遥见樵苏者,披云度石关。"他描绘了"山似青鬟、树在云间、人在仙山"的奇景,渲染了"日照高山树,人度云间关"的动人画面。唐代诗仙李白的《望庐山五老峰》,诗曰："庐山东南五老峰,青天削出秀芙蓉。九江秀色可揽结,吾将此地巢云松。"一个削字,将险峻、陡峭、高耸入云的五老峰形象,活生生烘托出来,五老峰侧,有庐山的三叠泉瀑布,落差共约150余米,其中第三级最长、也最壮观,每一叠瀑布都独具神韵,因此,有"庐山第一奇观"之誉。南宋诗人刘过《观三叠泉》诗描绘了该瀑布的美:"初疑霜奔涌天谷,翻若云奔下岩宿。散为飞风扬轻烟,垂似银丝贯珠玉。随风变态难尽名,观者洞骸心与目。"这一优美的诗句,把三叠泉的美,把其高峻、冷凝、轰响刻画得淋漓尽致。游人看到此诗,就会联想起看三叠泉产生的奇异感受,使你达到悦神的精神享受的目的。由上述例子可见,这些奇景若不是人们带着审美的眼光去发现和挖掘,只是一堆山石,这就是山水文化的精髓所在。

第三节 山水文化的形态和结构

山水文化的形态多种多样,既有秀美的自然景观,又有悠久的人文景观。从我国的很多山水风景名胜区而言,它又是自然景观与人文景观的相互渗透和融合,其中既有优美的环境,又有丰富的文化内涵;既具游览观赏价值,又具科学文化价值。例如,峨眉山是我国国家重点风景名胜区,有"天下秀"的美誉,其山体和自然形态似美女,其势蜿蜒六十多公里,细而长,美而艳。其峰峦起伏,云缭雾绕,飞泉瀑流,松杉簇翠,猴群嬉戏,自然风光秀丽。加上金顶佛光、云海、日出、神灯等大气中的奇景异象,令峨眉山博得"秀甲神州"之誉。同时,峨眉山又是佛教名山,山中寺庙林立,香火鼎盛。古代李白在《登峨眉山》诗中就对其自然和人文景观的融合作了极高的评价。明代一僧人用一诗概括了它的特色,诗曰:"峨眉高,高插天,百二十里烟云连。盘空鸟道千万折,奇峰朵朵开金莲。"

除此之外,峨眉山的地质科学价值也是很大的。金顶玄武岩(二亿年前形成)是广泛分布于川、滇、黔各省玄武岩的标准地层,为地质工作者研究玄武岩地层提供了很大的方便。在国际通用的地质时代表中所列的地层,除志留纪、泥盆纪和石炭纪三个时代的地层在峨眉山找不到外,其他各个地质时代的标准地层都能找到,尤其是峨眉山东麓的震旦纪—寒武纪地层剖面,在世界上是难以找到的好剖面,可作为认识地理、普及地质知识的基地。

由此例可知,峨眉山风景名胜区作为"山水"的一个代表,展现了富有美感的山岳自然景观的自然美,展示了它是一个时空相结合的名山景观。在这个空间综合体内,既有纵向的景观序列(地底的地层和岩石、山下至山上的垂直植被带、隆起于地表的秀丽的山体,直至山顶的大气景观——日出、佛光、神灯);又有横向地域内所分布着的众多景点(优美的风景、古老而又丰富的地层剖面、丰富的动植物资源、众多的寺庙建筑、有着悠久历史的巴蜀文化遗产等)。在这个空间综合体内,还蕴含着时间上的变化(亿万年的地质变迁、地壳运动留下了众多的地质痕迹)。我们的祖先开发建设峨眉山的悠久历史也通过大量的文物、寺庙,从山麓的报国寺到金顶的金殿,体现在这座山岳空间综合体内。

一、山水景观的审美形态

山水景观由于为人类所赞赏,成为人的审美对象,就成为一种具有文化内涵的山水景观。探讨这种山水景观的审美形态,就是山水文化的初步体现。根据现代的审美理论,结合山水的具体情况,山水景观的审美形态可有六种,即雄、奇、险、秀、幽、旷。

1. 雄

雄指雄伟、雄壮、壮观,是一种挺拔、壮观的气势,一种崇高、坚不可摧的感觉。山的雄主要是指其高大的形象,尤其是它的相对高度。泰山之"雄"就在于它是位于辽阔坦荡的华北大平原的东缘,以磅礴之势凌驾于齐鲁大地之上,相对高度高达1360米所形成的高大山体形象;水的"雄",主要是指其汹涌澎湃的气势。例如,每年农历八月十五前后的钱塘江潮水,涛声怒吼,潮头高数丈,景象壮观,气势磅礴。潮来时,远处的水天之间,一条雪白的素练横江而来,铺天盖地的潮头滚滚而来,发出雷鸣般的声响。宛如滚动的雪山,令人感受到雪山的冷气和大自然的威力;又如,在金沙江的虎跳峡,江水在峡谷间奔腾咆哮,夺路飞驰,冲越七个陡坎,上下缺口落差高达200米,澎湃的江水震撼天地,惊心动魄。危崖绝壁之上,飞瀑自天而降,冲击在横卧于江中的巨大礁石上,溅起漫天飞沫,形成壮丽绝景;再如,落差高达310多米的云台山瀑布,6米多宽的水头从两座峰峦的豁口处轰然冲出,跌进300多米深的沟谷内,被扯成20多米宽的瀑布。站在沟底仰望从天而降的瀑布,仿佛一条白练从云端垂下,令人疑是银河落九天,巨大的水练砸在沟底岩石上,发出雷鸣般的巨响。这种气势令人震撼。

2. 奇

奇主要指奇特、奇异、奇怪,所指的是山水形态非同一般,出人意料,产生令人惊喜的效果。黄山"奇",就奇在奇峰、怪石、苍松、云海。奇峰是指山峰劈地摩天,叠嶂连云。72座千米以上的山峰,高低错落,变化无穷。其中,莲花峰、天都峰、光明顶为三大主峰,还有形似名字的石门峰、鳌鱼峰、莲蕊峰、白鹅峰、玉屏峰、牛鼻峰、狮子峰、佛掌峰等;怪石是指其形态别致、千姿百态。大者石林耸峙、石笋罗列;小者玲珑剔透,造型精妙,巧中见怪,怪中有巧。众多巧石,有的酷似珍禽异兽,有的形同各种物品,有的宛如各式人物,有的又以神话故事而命名。酷似的形态和优美的神话,使得巧石形神兼备、韵味无穷。其中,最有名的是刘海戏金蟾、松鼠跳天都、童子拜观音、金鸡叫天门、犀牛望月、老鹰抓鸡、五老上天都、猴子观海、梦笔生花等。奇松,是指黄山松,它是生长在江南地区800~1800米高度的一种能耐低温、抗大风、耐贫瘠的松树,其枝干曲生,形态盘平,盘根于石,傲然挺立。其根生于危崖峭壁之中,挺立于峰崖绝壑之上。看起来,破石而生,苍劲挺拔,虬枝盘结,姿态美而奇、奇而绝。故有"无石不松,无松不奇"之说。还有许多奇松与怪石相映成趣,格外瑰奇,如"喜鹊登梅""仙女打琴""梦笔生花"等。在这些奇松中,最有名的是迎客松。它挺立于玉屏峰东侧、文殊洞上,破石而生,已逾八百年。树高十米左右,胸径64厘米,地径75厘米,枝下高2.5米。树干中部伸展出长达7.6米的两大侧枝,迎向前方,恰似一位热情好客的主人,伸出双臂,欢迎海内外客人前来游览。北京人民大会堂安徽厅陈列的巨幅《迎客松》铁画,就是据此松的形象制作的。迎客松已成为中华民族热情好客的象征,受到中外游客的赞赏,作为国宝,当之无愧。又如天都峰顶的探海松,悬在危崖上,一长侧枝倾伸前海,犹如一条苍龙探取海中之物,故名。因其造型奇特,故有诗咏之:"天都绝壁一松奇,古干倾斜势欲离。要与龙王争海域,侧身欲跳舞披靡。"

我国的奇山异水还有很多,如桂林山水之奇在于簪山、带水、幽洞、奇石四绝;雁荡山之奇在于峰、嶂、洞、瀑四绝。武夷山之奇在于碧水丹山,有诗云"三三秀水清如玉,六六奇峰翠插天"。东南第一清凉世界福建茫荡山风景名胜区之四奇,即晴雨树、山顶平原、云雾和百合花,其中,山顶平原上布满了各具形态的异石,如仙人叠石、金交椅、蛤蟆石、棋盘石等,实属罕见,第三奇云雾,来去无踪,时开时合,变幻莫测。湖南省桑植县的九天洞,因洞内天生有九个天窗而得名;整个洞穴分为上中下三个主体层次和五层不同高度的螺旋景观楼台,最下层低于地面400多米。洞内景观异常壮美,有灰、黑、黄、白、红、绿等不同颜色的石柱、石笋、石花、石人、石兽等,千姿百态;洞口的迎宾厅可容纳两万多人;舞厅的音乐柱在敲击之下可奏出优美的探戈舞曲,游客可在此翩翩起舞。洞中还有高达380米的九星山,山顶有一眼天窗,高50米,宽4米,呈桶状,昂首仰望,两耳生风,双脚似有离地步云之感;其他还有九天玄女宫、寿星宫等奇观;因而,九天洞被誉为世界奇穴之冠。

3. 险

险是指险峻、险要、陡峭。对山而言,指山势的险峻,坡度大、山脊高而窄,会让人产生一种险峻的心理体验。"自古华山一条路",就是说华山的山体陡峭,四壁陡立,坡度几乎达80~90度,登山几乎无路可走,只有手攀铁索,经"千尺幢""百尺峡""擦耳崖""上天梯"等奇险路径,才能抵达峰顶。另如,恒山之悬空寺,"三根马尾空中吊",以神奇惊险而有名;四川剑门蜀道,壁立千仞,穷地之险,极路之峻。"蜀道难,难于上青天",一语道出了山路之险已到了"难于上青天"的程度。对水而言,长江三峡、小三峡等峡谷,绝壁对峙,水流湍急,险滩急流多,游人过峡,飞舟而下,雄险至极。如长江三峡中的西陵峡,漩流湍急,江涛击石,险滩棋布,礁石林立,水势险恶。

4. 秀

秀是指秀丽、秀美、秀媚。山水景色与秀是不可分的。秀丽的山水需具备三个条件,一要有形态丰满、柔和别致的山体;二要有水景相配;三要有茂密良好的植被。山、水、植被三者的配合,才构成了秀丽的山水景色。如"峨眉山天下秀""雁荡奇秀""匡庐奇秀""桂林山水甲天下"、楠溪江之秀、西湖山水的娇秀等。其中,峨眉山之秀有几层含义:一是远观其形,线条柔和,山势平缓,诗云"此山云鬟凝翠,鬓黛遥妆,真如蟒首蛾眉细而长,美而艳也";二是气候温暖湿润,降水充沛,溪流众多;三是植被茂密(覆盖率达86%),色彩翠黛雅丽。而这些秀丽景色,又都是断块山体受长期的风化和流水切割作用所形成的千岩竞秀、万壑争流的结果。人们进入峨眉山,仿佛置身于起伏和缓的重重翠峦、道道秀谷之中。巨樟、古楠、苍松、翠柏、修竹掩映着古刹殿宇、宾馆饭店和山村民居,构成秀丽、恬静的自然景区,带给人们一种闲适、静雅、安逸的审美享受;楠溪江之秀,是指介于雁荡山和括苍山之间的楠溪江,乃是一条景色秀丽的河。它是典型的树枝状水系,主流河谷宽广,曲折多变,坡降不大,而支流河流深切,落差大,形成许多飞瀑、峡谷、奇峰、峭壁,景色奇伟。每条支流的上源都是秀丽的景区。楠溪江之秀在于:美在自然、纯洁和多姿多彩。说它自然,在于它至今仍保持"青春的体态"、原始的气息,很少受到人类的干扰和破坏;其纯洁是指其水色清澈,靓丽动人,且水质优良,未受污染;多姿多彩则是指其功能多,不仅宜观、宜游、宜饮,而且两岸景色多变,回味无穷。人们乘坐小小竹筏,在楠溪江上漂流,能尽情地享受其山水之秀美,满足人们的审美感受。

5. 幽

幽是指幽静、幽深,幽美。所谓"曲径通幽",是指当人们沿着弯弯曲曲的小路,走在茂密的树木丛林之中,会有一种神秘、宁静平和的感受。幽的景色常以崇山深谷或山麓地带为地形基础,加以拥有茂密高大的乔木林为条件,构成一种半封闭的景观空间。在这个空间里,视域小,光量少,空气洁净,景色深而层次多。人们走在其中,感到迂回曲折、深不可测,无一览无余之直觉。在这里,幽深与幽静是紧密相连的,只有在幽深的背景条件之下,才会有幽静之感。只有这两者的紧密结合,才能把人们带进一个有着深不可测的宁静的神秘世界。如有着"青城天下幽"的青城山,既有宏观之幽,又有微观之幽。由于它处在高达6250米的邛崃雪山脚下,隐伏在深深下切的岷江峡谷之中,相比之下,像是有一种隐藏于高山巨谷之中的幽深感觉,这谓之曰宏观之幽;由于它是由红色砾岩和沙泥岩构成的山体,经各种地质内外力作用的结果,形成峰高崖陡、洞壑幽深的地形,加之松、楠、枫、柏等古木参天,遮天蔽日,形成了微观之幽景。

在这样幽深的背景下,作为道教名山的宫观空中楼阁掩映于浓荫翠蓝之间,杂草交掩的通幽小径穿行于丛林深谷之中,到处都是幽深、清静、幽中有奇、幽中见秀。作为青城山麓第一景的建福宫,坐落在高百丈的悬崖峭壁丈人峰下,周围五峰环列,古木葱茏,上连岩腹,下临清溪。"为爱丈人山,丹梯近幽意"的诗句,反映当年青城山的幽美和诗人对景色的流连忘返。微观幽景在我国的其他奇山胜水中还有很多,例如,雁荡山的灵岩景区中的灵岩寺、观音洞;武夷山的水帘洞、桃源洞、茶洞;九寨沟的海子,许多石灰岩地区的溶洞,均是奥妙的幽深景色。

6. 旷

旷是指坦荡、开阔、旷野。它是指视野的开阔,水域或陆域的坦荡,极目天际,一望无涯,令人心旷神怡。登泰山岱顶"会当凌绝顶,一览众山小""放眼嚣尘界,万象皆渺小";登岳阳楼观八百里洞庭,水波浩渺;登黄鹤楼纵览长江景色,观"孤帆远影碧空尽",均使人心旷神怡,胸襟畅旷。毛泽东1959年登庐山,写诗《登庐山》一首,诗云:"一山飞峙大江边,跃上葱茏四百旋。冷眼向洋看世界,热风吹雨洒江天。云横九派得黄鹤,浪下三吴起白烟。陶令不知何处去?桃花源里可耕田。"毛泽东从庐山俯视大江,眼界已超越庐山、中国,抒发出胸中的豪情,展现了旷景给人带来的愉悦。

上述山水景观的各种形态,是历代人们感受所赋予的。但它们不是孤立的,而是相互关联、相互渗透的。人们所说的"泰山雄""黄山奇""华山险""青城天下幽""峨眉天下秀"等,只是各个名山的总体特征,即以某种形态为主调的特征。实际上,每座名山往往具有各种形态特征,如黄山奇秀、峨眉雄秀、华山奇险、青城奇幽、泰山雄险等。它们在各种地质、地貌、水文、植被等因素的组合下,形成一个美的空间综合体。游人从不同视角去观赏它,就会感受到不同的审美形态,并得出不同的直觉。

二、山水景观的结构

山水景观的审美,不仅看其外部形态美,还要看其展示的缤纷色彩美、不断变化的动态美、悦耳的听觉美,以及具有诱人香气的嗅觉美。

1. 色彩美

色彩美是一般美感中最大众化的形式。它可以影响人的视觉,给人造成强烈的视觉感受。山水景观的色彩美,主要体现在植被花卉的色彩变化上。如云南的山茶、井冈的杜鹃、洛阳的牡丹、邓尉的梅花、香山的红叶。茶花红似火、白如玉,杜鹃满山遍野、色彩灿烂,牡丹国色天香、姹紫嫣红,梅花红白相映、姿态横生。花卉植被的多彩缤纷,生动地反映了植物的造景功能,展示了大自然的色彩美。另外,山水上空的云霞,在太阳光的照射下,也会呈现不同的色彩,如碧水丹山的由红色沙砾岩形成的丹霞地貌,表现从绛红、紫红到浅红等深浅不同的颜色;江河湖海的水体,因含沙量和深度的不同,也会呈现不同的色彩。

2. 听觉美

自然界的事物,从其形态、色彩给人以视觉美,也可以从其虫声、鸟声、风声、雨声、涛声给人以听觉美,并给人以强烈的感染效果。海浪惊涛击岸、飞瀑跌落深潭,发出的轰轰巨响;溪流山涧、泉泻清池,发出潺潺的水声;雨打芭蕉、风起松涛,道出了风雨声;幽林鸟语、寂夜虫鸣,给出了虫鸟叫声。峨眉山万年寺旁有一种特有的"弹琴蛙"栖息在一个水池里,每到傍晚蛙声四起,声如古琴,悦耳动听。实际上这是一群音调高低不同的山蛙合鸣所产生的一种声音,类似琴声。留宿万年寺的游客,均可听到这一特有的"乐曲";武汉东湖风景区有一"听涛阁",为游人倾听东湖涛声而设;青岛崂山的"上苑听涛"景,指的是在翠屏岩上倾听海风吹来、阵阵松涛,使人流连忘返的景色。

大自然的"天籁",具有强烈的感染效果。海潮奔腾、波涛汹涌、潺潺水声、瀑落深潭、林间鸟语、寂夜虫鸣等不同的声音,会唤起人们不同的情感和想象。人们在观赏自然风景的过程中,有时听到这些不同的声音,会产生不同的心理体验。站在青岛、大连的海边,看波涛起伏、海浪撞击海岸,听到这种有规律的海涛声,会感觉人生虽短,但生命不息;一人出门在外、夜宿山中,听到雨打芭蕉、阵阵松涛之声,常会思念家人、思念故乡之情。

3. 动态美

上述大自然的种种美感,既有山水的静态美,又有山水的动态美;既有静态的山,又有动态的水,两者的结合构成了山水美景的魅力。山水的动态美,主要是指流水、飞瀑和流云飘烟所形成的美感。

流水是山水风景的血脉,增添了山水风景的活力。水可静如镜面,也可动如生命。湖水似镜,倒映银月;涓涓细流,叮咚泉水,长流不息;汹涌巨流,动人心弦。瀑布是流水中最具活力的水景,它或从断崖上跌落,或从石壁上凌空直下,或顺着山势蜿蜒流淌;或几度跳跃、奔泻而下。这种如玉龙飞泻、击石雷鸣的景色,是形、声、色三态的绝妙结合,把大地装扮得更加秀美壮丽。我国著名的黄果树瀑布、壶口瀑布、大小龙湫、三叠泉、开先瀑布等皆可给人们带来这样的动态美景,得到美的享受。

流云飘烟指的是云海景观。云海比流水更为活泼、多姿,更具活力。例如,观庐山云海,流云飘烟,朝霞暮霭,似给庐山蒙了一层神秘的面纱,有"不识庐山真面目"之感。站在含鄱口,面向鄱阳湖,微风吹来,云气舒卷,团团白云,如絮如丝般飞来,忽而千峦中断,忽而万壑合冥,恢奇秘幻,不可拟状;黄山云海是黄山四绝奇观之一。由于黄山秀峰叠峙,危崖突兀,幽壑纵横,气流在山峦间穿行,上行下跌,局部环流活跃,致使漫天云雾和层积云随风飘移,时而上升,时而下坠,时而回旋,时而舒展,构成了一幅奇特的千变万化的云海大观。黄山云海千变万化,风平浪静之时,白云茫茫,一铺万顷。无数的山峰,被白云淹没,只剩下几个峰尖,像是大海中露出的一些岛屿。但转瞬间,又会波起云涌,浪花飞溅,惊涛拍岸。尤其在雨雪之后,在日出或日落时的"霞海"最为壮观。从美学角度来看,黄山云海妙在似海非海,非海似海。其洁白云雾在天空中飘荡,使黄山景色呈现出静中寓动的美感。正是这种山石和云烟的动静结合,造化出变幻莫测的人间仙境。

动植物的动态美也是自然美中动态美的一种。春天到来,草木萌动,花儿含苞待放,杨柳迎风吹拂,这是植物的动态美;彩蝶翩翩起舞,鱼儿游来游去,鸟雀鸣于枝头,白鹭飞上青天,这是动物的动态美。唐代诗人白居易在《钱塘湖春行》中所描述的"几处早莺争暖树,谁家新燕啄春泥。乱花渐欲迷人眼,浅草才能没马蹄"。正是西湖早春的景象。万物复苏,大地回春,显示出大自然旺盛的生命力,展现了大自然的魅力。它们与山水动态景观一起构成了大自然的动态美。

第四节

山水景观与人文景观的交融

一、山水风景名胜区

我国是一个有着悠久历史文化的文明古国,勤劳勇敢的中华儿女在开发山水景观的同时,也创造了众多的人文景观,而且将两者融合在一起,形成了很多有名的风景名胜区。例如,在优美的山水风景点里有各种各样的独具特色的古建筑,而在天然山水美景之外,人们还要去创造一个人工的自然山水园林,把山水与建筑等融合在一起,让人们通过游览园林去回味自然山水的审美体验,把自己从功名利禄的尘世解脱出来,成为一个与大自然融合的自在之人。另外,人们也可通过山水诗词、山水画和游记文学来达到情景交融的意境。"情"是指作品里所表现出来的思想感情,"景"是指作者在作品中所描述的自然山水景观。所谓情景交融则是指两者的结合,达到了一个"情中有景,景中有情"的境界。比如,柳宗元的山水诗《江雪》:"千山鸟飞绝,万径人踪灭。孤舟蓑笠翁,独钓寒江雪",就体现了这样一个特点;又如元末明初的著名画家王蒙的《春山读书图》,写大山脚下,空寂无声,有数株苍劲的松树挺立于石坡之上,旁边有几间书屋,屋内有不同的一些人的情境,有的展卷静读,有的对坐相谈,而窗外春光明媚,草木复苏,让人感受到一派超然世外、自得其趣的景象。此图表现了当时的士大夫、文人墨客对大自然山水景观的亲切感,把山水画得可游可居,它也体现了画家所追求的情景交融的境界。

二、古建筑与山水景观的融合

中国古建筑以其宏伟的规模、惊人的数量、绚丽的风姿、独特的风格,屹立于世界建筑艺术之林。它与山水景观的融合,成为中国山水文化的重要组成部分,成为重要的旅游资源。

中国的古建筑已经形成了一种成熟的独特体系,成为一种由古代都城宫殿、寺庙、桥梁、陵墓、民居、园林、楼阁等组成的复杂系统。随着建筑技术的不断发展,建筑由实用逐步走向审美,使中国古建筑具有若干审美特征。例如,木结构梁柱式结构方式成为古建筑的主流,并形成了独特的艺术风格,具有灵活、方便、抗震的特点;通过基座、屋顶等构件所形成的优美的艺术造型,体现了造型美,也实现了实用与审美的完美结合;古建筑的中轴对称布局,体现了中国古代重视"和谐对称"的审美观念;古建筑一些部件上的绚丽色彩(琉璃瓦的色彩和彩画)和多样化的装饰,增加了宫殿建筑的华丽富贵的气氛。

在我国一些著名的山水风景名胜区中,最突出地就是把一些古建筑(亭、台、楼阁、寺院、塔庙)融合在山水景观中,使这些建筑物起到美化、增强自然景观美感效果的积极作用。同时,也体现了古代天人合一的思想。例如,在峨眉山中,建筑物往往选择在幽谷密林、山麓浓荫之中,在环山小盆地、山间谷地之中,或者在陡崖之下。像报国寺、清音阁等建筑,坐落在两山之间的谷地里,整座寺庙掩映在森森古木之中,显得神秘莫测。在报国寺不远的密林深处,隐藏着伏虎寺。所谓"密林藏伏虎",几乎全部寺庙均隐藏在参天蔽日的古楠木林中,给人产生一种"人到山门不见寺"的感觉。清音阁隐现于牛心岭下,左面是黑龙江,右面是白龙江,两水回抱,溪流有声,岩壑林泉,清幽绝伦。

在泰山、华山这种雄险的山岳景观里,一些建筑物常常建造在山脊、峰顶或悬崖之上,以进一步加强山势的雄伟险峻的形象,产生令人惊叹的审美效果。例如,泰山的南天门建在泰山主峰的南端,其下是最险峻的十八盘,两侧悬崖峭壁;其上则化险为夷,别有天地。南天门正处在两种不同景观的转折点,由下向上仰望,显得格外壮观。华山也有南天门,处于华山南峰(落雁峰)东坡石崖下,出门便是南峰绝壁,上接苍穹,下不及底,门外观峰,更见其险;华山之群仙观,建于凸坡巉岩之间,翠灵殿架于悬崖峰巅之上,下棋亭筑于绝壑环峰之顶。它们无一不是险超绝顶,与华山自然景观之险高度协调。

在黄山、雁荡山等奇秀为主的山岳景观里,建筑物的安排也是另辟奇景、变化多端的。例如,慈光阁是黄山唯一保存较完整的古寺。它的四周群峰耸立,竹林遮天,环境十分幽静;雁荡山的观音洞,原是沿裂隙崩塌形成的竖洞,洞口如合掌一缝隙,洞内高旷,顺洞就势由低到高兴建九层殿宇,殿宇层层叠起,表现出不凡之气势。由于该洞处在合掌峰下,远看此峰,只见洞,不见屋,入内方知其中别有洞天和仙境。可见构思之巧妙。

在以江河湖海为主的水景里,建筑物往往临江、临湖,或者布设在较高的山丘上。而建筑物中必定有较高的主体建筑,以供观赏江河湖海的美景,令人有心旷神怡之审美感觉。例如,江南三大名楼之一的黄鹤楼,位于武汉蛇山之巅。原黄鹤楼始建于三国吴黄武二年(223),楼凌黄鹄之巅(蛇山又名黄鹄山),俯览武汉三镇之风光,有"天下江山第一楼"之美誉,最后被大火毁于清光绪十年(1884)。现黄鹤楼于1986年重建,主楼高达51米,飞檐翘角,琉璃瓦盖顶,富丽堂皇。站在黄鹤楼头,面对长江,极目四望,不免心潮起伏,动人心弦;浙江杭州的六和塔,位于钱塘江边月轮山上。北宋开宝三年(970)为僧人智元禅师镇江潮而建。塔身九层,高五十余丈。登塔是观望钱塘江水景的最佳点。古代不少文人学士在此登高赋诗,留下了若干名篇。元朝诗人白廷玉诗云:"烂烂沧海开,落落云气悬。群峰可俯拾,背阅黄鹤骞。"

由上述各山水风景区的建筑布设实际可知,在建筑景观的布设中最关键的是:要做到建筑与山水景观的融合、自然景观与人文景观的统一。在此过程中,将人的情感赋予大自然中,使建筑物与所在的自然风景相映生辉,从而满足人们在精神上的审美需求。

三、自然生态和人文景观结合的乐园

自然山水以其形、声、色、动态与静态之自然美感染着人们,而人们为把这种对大自然的体验回味终生,就在天然美景之外再去创造一个人工的山水风景,即园林。我国的古代园林,在"天人合一""人与自然和谐相处"的理念指导下,不论是皇家园林还是私家园林,都属自然山水式园林。其造园艺术特点是:师法自然,分隔空间,融于自然;园林建筑特点是,顺应自然;树木花卉,表现自然,这是东方自然式园林的最大特色。

1. 造山理水,制造野趣

我国的古代园林为突出这一特色,采取了多种构景要素。其中,通过叠山理水,达到山水共存并依,制造山林野趣,实现"天人合一"的理念,是最重要的要素。从西周开始,古代人们就累土筑台,引水为沼。人们就幻想在烟波浩渺的水上耸立着蓬莱、方丈和瀛洲三座仙山,那里有金玉筑成的巍峨宫阙,里面住着各路神仙,藏有长生不老的灵丹妙药。到秦汉时期,秦皇汉武不仅有强烈的去海上求仙的举动,还大量建造宫苑,实施对海上仙山的仿造。据史书记载：秦始皇曾在咸阳都城中引渭水修池，池内立蓬莱、瀛洲等山；汉武帝在上林苑的太液池内仿造上述仙山。这种在苑内营造水中仙山的做法，一直被延续了下来。在南北朝、隋、宋和明清时期的皇家园林中均采用了这一做法。如北宋徽宗在汴京（今开封）城郊作艮岳，立蓬壶堂于曲江池中；南宋高宗在临安（今杭州）德寿宫中，凿池注水，叠石为山；明清在北京的西苑，仿海中三山，形成水绕山耸的仙界壮观。同样，在颐和园的昆明池中，也建有三洲。所以，我国古代园林中，尤其是在皇家园林中，始终保持了这种山水并存互依的主体框架。

在我国江南地区的许多园林中，虽不能像皇家园林那样，大规模地造山理水，但叠石造山、凿水为池的手法却更加巧妙，达到了"小中见大"的境界。例如，上海豫园黄石假山用浙江武康黄石（即黄色石英砂岩）建造，虽然高仅12米，但是假山上重峦叠嶂，深洞幽壑，石壁森严，飞梁临涧，平桥缘水，磴道行曲，树木葱郁。由于因山势而作层次，高下相间，错落有致，因而显得峻峭嵯峨，气势磅礴，假山看起来似真山，即人们所说的"以小山之形传大山之神"。又如，豫园的鱼乐榭，榭前有一小溪，长仅数丈，但采用一饰有漏窗和半圆洞门的粉墙加以分割，让小溪从墙下淌去，却让人产生"小溪不知流向何处去"的遐想。若无此粉墙，前面景致一览无余，何来此种情趣。这些都是江南园林追求明清园林"芥子纳须弥"的意境的体现。

2. 栽种树木花草，构造山林氛围

在园林中栽种树木花草，也是为了构造一种山林氛围，满足人们在城市追求山野之趣的要求。中国古代园林种植栽培花木也强调自然美，即讲究植物的姿色美、色彩美（如红枫、翠竹、白色之广玉兰等）、味美（香味），还很重视植物的象征意义，如松柏象征坚强、长寿，莲花象征洁净无瑕、隐喻君子出淤泥而不染，兰花象征品格高洁，牡丹象征荣华富贵等。另外，在我国，不少园林还有一些古树名木，作为旅游者的观赏珍品。例如，在陕西省黄帝陵的庙院里面有传说是轩辕帝亲手种植的古柏，高达20米，树围10米，已有四五千年历史；上海豫园万花楼前有两棵古树，一是有约四百年历史的银杏，一是约有二百多年历史的广玉兰；山东曲阜孔府、孔庙和孔林院内，更有千年古柏林立。

3. 嵌入题记、楹联及石刻，增加景观的人文内涵

在自然山水景观里面，除了建筑外，各种题记、对联及石刻，也是必不可少的人文景观。它们不仅能起到美化环境的作用，还能起到增加自然景观人文内涵的效果。尤其是题记或楹联，有的内容深邃，富于哲理，有箴世规人的作用；有的语言精练，画龙点睛，起到点题传神的作用。

（1）题记。是指一个景区或某一个景点的题名。它有很多形式，常见的有碑石、摩崖、匾额等。例如，上海豫园一进门的一个厅堂，名"三穗堂"。梁上高悬"三穗堂"

"灵台经始"和"城市山林"三块匾额。其中,"三穗堂"匾额的"三穗",典出《后汉书·蔡茂传》中"梁上三穗"的故事。蔡茂早年未入仕途时,曾梦见自己坐在殿上,有三穗禾从梁间长出,因而跳起来取得中穗,梦就醒了。醒后问郭贺,贺听后即离席相庆,为之解梦说:大殿为朝廷的象征,"梁"是栋梁之材意。梁上穗是人臣之禄,中穗即中台之位。不久,蔡茂果然被朝廷聘用,就任中台官职。据史书记载:蔡茂为官清廉,后遇王莽篡位,托病辞职。他的这种经历,恰与豫园园主潘允端自四川布政司告病归沪相仿佛,故被其用此典故作堂名;"城市山林"匾额是清道光六年(1826)兵部侍郎翰林院编修陶澍所书。"城市山林"指的是不出城廓而有山林野趣。豫园的山水花木反映了中国营造古典园林的"天人合一"的观念。又如,杭州西湖风景名胜区,古时有"西湖十景",就各有题记来点明这十个景点的特色。如"苏堤春晓",意即春天清晨去苏堤观西湖景色最好。"断桥残雪",断桥在白堤东端,最早起于唐代,古代断桥,系王建桥亭,每当冬末春初,积雪未消,桥的阳面冰雪消融,阴面却仍是积雪如玉,故称"断桥残雪"。"双峰插云"也为西湖十景之一,所指双峰为南峰和北峰,两峰遥相对峙,相隔十余里,中间小山起伏,蜿蜒盘结,春秋雨日,从湖西北遥望,浓云浓如远山,远山淡如浮云,峰顶时隐时现于薄雾轻风之中,望之如峰插云天。其他如"柳浪闻莺""花港观鱼""南屏晚钟""雷峰夕照"等胜景皆各有所指。据说,"西湖十景"源出于南宋画院的山水画题名。画院的许多著名画家均画过西湖十景。自此,十景的题名就广为流传,成为西湖风景的代表。

(2)对联。对联又称楹联。名胜楹联的主要功能在于点景,一些佳联妙对往往能将周围景色最动人的神韵尽摄其中。例如,豫园三穗堂内有一楹联:"山墅深藏,峰高树古;湖亭遥对,桥曲波皱。"写的是三穗堂四周的美景,上联指的是仰山堂与卷雨楼和黄石大假山,下联指的是豫园门口的湖心亭与九曲桥;又如杭州西湖灵隐寺前冷泉亭楹联,用两句话为对:"泉自几时冷起,峰从何处飞来。"此联出自明代书画家董其昌之手。其意既点出亭面峰临泉的优美景色,又以"峰从何处飞来"一问让人遐想。

(3)碑刻、摩崖石刻。碑刻、摩崖石刻和题记、楹联有着同样的作用。它们不仅可以丰富山水景观的形象,而且也可充实其文化内涵。例如,泰山从下向上,在往返20千米的登山沿途和山顶,处处都有古人的摩崖石刻和碑碣题词。它们不仅丰富了泰山景观的雄伟形象,且赋予景观以文化内容。例如,沿山而上有相当数量的石刻,讴歌了雄伟壮观的山河气象,如"一览众山小""星月可摘""拔地通天""擎天捧日"等等。天街碧霞祠东北有唐摩崖,上刻唐玄宗御书《纪泰山铭》。唐摩崖削壁为碑,高13.3米,宽5.3米,共966字,为唐玄宗开元十四年封禅所书。该碑字大50厘米见方,遒劲雄浑,开"唐隶"一格,被历代誉为书法珍品。碑体形制端庄,气势雄伟,旁有历代石刻满布山崖,琳琅满目。此石刻不仅是泰山壮观景色的点缀,且更增加了泰山的威严。

此外，悠久的历史文化会给许多自然景观披上了人文的色彩。古代人们在改造大自然的过程中，给那些山山水水附上了许多传说、神话和典故。如女娲补天、夸父逐日、鲧禹治水、后羿射日等，都是人们想象出来的征服自然的神话故事，美丽的山水风光加上一些民间神话传说的渲染，便会处于神奇、深沉的气氛中，会使人滋生更深刻的心灵感受。例如，杭州西湖有关飞来峰的传说、长江三峡神女峰有关巫山神女的传说、路南石林中有关"阿诗玛"的传说、雁荡山有关夫妻峰、婆婆峰的传说、山东蓬莱阁有关"八仙过海"的传说、河北秦皇岛的孟姜女庙有关"孟姜女哭长城"的故事等等。由于有了这些传说故事，使这些地方的吸引力大增，成为长盛不衰的旅游胜地。因此，这种民间传说景观和山水景观的结合，也是形成一个有名的山水风景名胜区的重要因素。

第五节
古代中国的山水审美意识

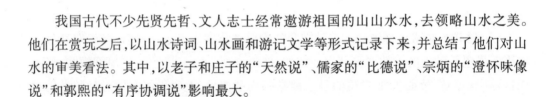

我国古代不少先贤先哲、文人志士经常邀游祖国的山山水水，去领略山水之美。他们在赏玩之后，以山水诗词、山水画和游记文学等形式记录下来，并总结了他们对山水的审美看法。其中，以老子和庄子的"天然说"、儒家的"比德说"、宗炳的"澄怀味像说"和郭熙的"有序协调说"影响最大。

一、老庄的"天然说"

"天然说"是古代道家的代表人物老子和庄子等提出的。这一学说的核心体现在对天然之美、不加雕琢之美的推崇。他们认为：天地之美是客观存在的，它们都按照自己的自然本性表现自己，人们应该去顺应它，不要以外力去强行干预、去改变它。如老子说："人法地，地法天，天法道，道法自然。"庄子说："天地有天美而不言，四时有明法而不议，万物有成理而不说。"这些话告诉我们一个道理，即天地、四时、万物等自然界都有自己的运行规律，它们都按自身的规律在运行，共同造就了大自然的生生不息、和谐美满。道家的这种"天地与我并生"，强调的是"自然之美""天人合一"的境界。庄子在其著作中一再赞赏大自然的天然之美，反对一切破坏天然之美的行为。对于艺术，庄子主张顺应大自然的运行规律，不露人工雕琢的痕迹。与此同时，庄子也主张人类应回归自然，与山林为伍，与鸟兽同乐，以求得美好安乐的社会。

以老子、庄子为代表的道家学派对自然之美的看法,对后世影响很大。其一,拉开了古代人们游历自然山水的序幕;其二,影响着中华民族审美心理的形成,特别是唐代以后对自然之美的追求。中国古代园林的"虽由人做,宛自天开"的原则就是受其影响形成的;其三影响着人们对待大自然的态度,即要顺应自然,不要用外力去干预它、改变它。这对于目前开发和保护旅游资源是值得借鉴的。

二、儒家的"比德说"

以孔子为代表的儒家的"比德说",以山水比喻道德、品质,体现了中国古代的传统自然审美观念。孔子曾在《论语》中说:"智者乐水,仁者乐山。智者动,仁者静。智者乐,仁者寿。"仁者何以乐山?在《韩诗外传》中曾做这样解释,即山受万物之瞻仰,草木生于其上,万物、飞鸟、走兽皆汇聚在此,风云也起于山中。天地的和谐,国家也会安宁,这就好比君子之德,所以君子爱山(君子就是指品德高尚的人)。智者何以乐水?在《韩诗外传》中也指出,作者把水的流动、汇聚、跌落、静澄和奔流不息,比作君子之智、礼、勇、命、德的品格,所以,智者乐水。孔子的这种以山比德、以水比智的观点,着重从人的伦理道德观点去看自然现象,对后来的山水审美观有很大影响。李白、周敦颐、陆游等文人名士在游山玩水中领悟到人生的价值、出淤泥而不染的独立品格和君子洁身自好的可贵精神,都是这一审美观念的体现。

"比德说"的审美价值,首先,在于它强调把自然之美和人的道德品质联系起来,这就使人们在游览山水景色的同时,开阔胸怀、陶冶情操。它对于提高民族的文化修养与道德水平有积极的影响;二是有助于人们在欣赏山水景色时,透过表面的自然现象去寻找内在的含义,即不仅要看到山水的外在的形态美、色彩美、动态美,还要看到内在的气质和蕴含的精神。例如,杜甫的佳作《望岳》诗:"岱宗夫如何?齐鲁青未了。造化钟神秀,阴阳割昏晓。荡胸生层云,决眦入归鸟。会当凌绝顶,一览众山小。"诗人绘尽了岱宗的景色,给登临泰山者以慧眼观泰山岱顶之雄伟,并以其哲理打动了游人的心。这首诗以岱岳的雄伟、诗歌的魅力,打动了千古游人,荡涤着游人的胸怀;三是在这种理念的影响下,不少的山水景观得到了"人化",即这些山水景观被留下了人的道德情操的印记,从而使山水的自然美和精神美相结合,使这些山水景观具有更高的旅游价值。因此,自古至今,泰山在中国人民的心中不是一般的山脉,而是五岳之尊、名山之祖,黄河也不是一条普通的河流,而是中华民族的发祥地、母亲河,是中华民族精神的象征。

三、其他一些学说

我国的山水画是对所游历山水的形象描述和再现,古代的一些著名的山水画家积累了不少自然审美思想,如南朝的山水画家宗炳,在其《画山水序》一文中提出了"澄怀味像"的自然审美观;北宋山水画家郭熙在其《林泉高致·山水训》中提出了"有序协调"的山水审美思想;北宋画家韩纯全的山水是动静结合的审美观点等等。

宗炳的"澄怀味像说"是他的自然审美观。所谓澄怀是澄清胸怀中的一切世俗杂念,做到虚静、坐忘。而宗炳所说的"贤者澄怀味像"所说的贤者是指品德高尚的人,贤者通过游览观赏山水,应达到心灵被净化后的愉悦。所以,这儿所指的"澄怀"是审美应达到的目的;味像是指人们在欣赏山水时,要通过想象、联想和思维等,超越山水形体的局限,去品味包含在山水中的内在情趣。这里特别强调品味,强调游人自身的主体意识的参与,强调把握山水的意象美。这也告诉我们,游人在欣赏自然山水时应注重精神上的愉悦、情趣和精神状态。

郭熙是北宋时期的一位有影响的山水画家,他的《早春图》《关山春雪图》,代表了当时北宋画院的水平。他通过了对不同季节气候景色的描绘,表现了山水林泉的优美,将北派山水提升到一个新的高度。他在其论著《林泉高致·山水训》中,对如何欣赏自然山水、构筑山水都提出了自己的看法。他认为:山水风景总是有主有从、主从之间互相陪衬、互相呼应,形成一个有机的整体。他说:"山以水为血脉,以草木为毛发,以烟云为神采。故山得水而活,得草木而华,得烟云而秀媚。水以山为面,以亭榭为眉目,以渔钓为精神。故水得山而媚,得亭榭而明快,得渔钓而旷落""山无烟云,如春无花草。山无云则不秀,无水则不媚,无道路则不活,无林木则不生,无远近则浅,无平远则近,无高远则下。"在这里,郭熙把自然山水拟人化,指出构成自然山水的诸要素中主要是山、水、树木,又指出了山、水、树之间的相互依存关系就如同人的骨架、血脉和毛发之间的关系。它们之间相互依存、有主有次,共同构成了一个有序的协调的整体。这些观点对后世影响很大,尤其在人工建造园林中成为要遵循的一条重要原则。

第六节 山水景观的审美过程

山水能成为山水风景,成为重要的山水旅游资源,最重要的一点是:它不仅有吸引游人的自然美特征,还有着深厚的文化内涵,而这些文化内涵又是附着在人文景观的载体上。这些人文景观包括各种建筑、题记、石刻、碑铭,以及很多民间神话故事、传说和典故等等。它们与自然山水融合一体、渗透其中。人文景观渗透于山水景观中的过程,叫作山水景观的"人化"过程。这一过程对于提高山水风景的旅游价值,增强山水风景的审美价值,是极其重要的。

一、自然崇拜

名山胜水的诞生始于人们对山神的自然崇拜。远古时代,在神州大地上已出现了原始人类。据考古史料记载,元谋人、蓝田人、丁村人、北京猿人和山顶洞人都居住在黄河流域的低山丘陵的山麓河谷地带。当时他们都以渔猎、采摘为主要生活来源,因而依山傍水的地理环境最为理想。随着生产力的不断发展,人们逐渐进入以耕作为主的农业社会,于是渐向平原地带迁移,但人们对大山又有一种眷恋和畏惧。由于生产力低下,人们的生活受着强大的自然力的支配,对于风云雨雪、雷鸣电闪等自然现象也没法进行科学解释,从而使人们对高山大川感到神秘莫测,以为这些现象都是冲灵所为,故而产生了对山神、水神、土地神的崇拜。在《礼记》中曾有"山林川谷丘陵,能出云,为风雨,见怪物,皆曰神"的记载。在《山海经》中有"昆仑之丘,是实惟帝之下都"的记述。人们把昆仑山看作是最高的山,是天帝在地上的都城。《山海经》中还把昆仑作为黄河的源头。其位置在西海之南,流沙之滨,赤水之后,黑水之前。因此,这个昆仑山可能指我国西部的高山,不一定就是现在的昆仑山。据《山海经》,昆仑山除天帝外,还有西王母的住处。西王母样子像人,但长着豹子的尾巴、老虎的牙齿,头上戴着鸟的羽冠。它掌管着瘟疫和刑罚,奉天帝之命,用疾病和灾害去消灭恶人。到春秋战国时期,这个传说中的西王母已成为天帝之女、西土的首领。据《穆天子传》所记,周穆王游西域,见到了西王母,受到了西王母的招待和祝福。由此,昆仑山和天上一样,成为人们向往的地方。

人们为了求得大自然恩赐,求得风调雨顺,避免自然灾害,因而产生了祭祀山神、水神的想法和活动。在春秋战国时期,这种对山神、水神的崇拜已遍及神州大地,并已形成一套祭祀的标准和规范。秦汉时期,祭祀地上的名山大川已成为非常重要的大事。据《汉书·郊祀志》说:"自是五岳、四渎皆有常礼。"即是说,五岳祭祀就已成为国家祭祀中的单独一项,处于重要地位,并有了固定的礼仪。东岳泰山,在秦汉时期被人们认为是最高的山。那时,人们崇拜的最高神灵是天帝。泰山高,离天最近,就被认为是最理想的祭天场所。因而,泰山首先以此闻名于天下。由于统治阶级积极参与了祭祀活动,到泰山祭天,便称作封禅活动。封是祭天,禅是祭地。高峻的五岳成为天的五个方位的代表,有了五方神灵,成为封建帝王封禅活动的理想场所。前219年,秦始皇亲自登泰山岱顶,封泰山(在泰山上设坛祭天),下山禅梁父(在泰山下的梁父山上扫地祭地),这是有文字记载的第一个到泰山封禅的君主。第二位登泰山封禅的是汉武帝,他打败匈奴,开拓疆土,确立了独尊儒术的思想,巩固了皇家政权,于是到泰山向天帝报告成功。其后,东汉刘秀、唐高宗、唐玄宗、宋真宗等先后到泰山举行封禅活动。由于这些活动的不断进行,因而大大推动了名山胜水的建设。以泰山为首的五岳名山就成为历代名山建设的重点。以泰山为例,由于帝王要上山祭祀,就要修筑道路;建造一大批祠庙宫室;禁止樵采,保护风景;为纪念帝王的功德,留下了大量的碑刻、摩崖石刻,还命名了一些如五大夫松、五松亭、对松山等景点。因而,泰山作为一个风景名胜区的开发早已开始,而且打上了中华文化的烙印,有了丰富的文化内涵。

二、山水文化与山水景观审美

文人名士的品评、鉴赏,山水诗画的蓬勃兴起,使山水风景更加壮丽、品位提高。从魏晋南北朝开始,人们对名山大川的认识已由自然崇拜逐渐转变为游览观赏的审美活动。一些文人学士因仕途失意而消极厌世,转而寄情山水。游览名山的活动已蔚然成风。他们触景生情,借题发挥,赋诗作词,促使山水诗词、山水画、山水游记等山水文化蓬勃发展,对山水风景区的建设和发展起了推动作用。

以山水诗词为例,唐宋时期的一些文人名士,如李白、王维、柳宗元、张继、欧阳修、苏轼、王安石等所写的山水诗词有着重大的影响。李白,唐代浪漫主义诗人的代表,以"一生好入名山游"而自豪。他的诗由于以祖国壮丽河山为素材,而显得气势磅礴;祖国的大好河山也因其诗的描述,焕发出新的风采。如他对庐山瀑布的描写,诗曰:"日照香炉生紫烟,遥看瀑布挂前川。飞流直下三千尺,疑是银河落九天。"他对瀑布的细微观察也令人十分心动,诗曰:"西登香炉峰,南见瀑布水。挂流三百丈,喷壑数十里。欻如飞电来,隐若白虹起。初惊河汉落,半洒云天里。仰观势转雄,壮哉造化功。""飞珠散轻霞,流沫沸穹石。而我乐名山,对之心益闲。无论漱琼液,还得洗尘颜。且谐宿所好,永愿辞人间。"在诗中,李白不仅把瀑布写得淋漓尽致,还写出了自己强烈的审美感觉。看这首诗,会把人带进这样一个瀑布奇景,让人的思绪得到净化,进入情景交融的境界。今天,当人们游览庐山的香炉峰瀑布、三叠泉瀑布时,会很自然地想起李白的千古名句;又如,他对长江三峡的壮丽风光的描写也令人激动不已。三峡是瞿塘峡、巫峡和西陵峡的总称。三峡景观,绝壁对峙,深谷急流,江山雄险,惊心动魄。景观之美在于在雄伟、险峻。诗人李白的"早发白帝城",是对乘小舟游览三峡的动态美感的描绘。它使三峡实景之自然美与诗境之意境美交融,使人得到美的享受。

柳宗元是唐宋八大家之一,是中唐时期著名的诗人。他的艺术风格与李白不同,他善于在静静的山水中寻找自然之美,并在静观中陶冶心情。柳宗元在《始得西山宴游记》一文中,先指出西山风景之胜,"其高下之势,岈然洼然,若垤若穴,尺寸千里,攒蹙累积,莫得遁隐。萦青缭白,外与天际,四望如一。然后知是山之特立,不与培塿为类。悠悠乎与颢气俱,而莫得其涯"。后指作者面对群山奔涌、云蒸霞蔚的壮观,顿觉心胸开阔,排遣了胸中的郁愤不安之情,达到了"心凝形释"的忘我的境界,实现了精神的愉悦和升华。"洋洋乎与造物者游,而不知其所穷。引觞满酌,颓然就醉,不知日之入。苍然暮色,自远而至,至无所见,而犹不欲归。心凝形释,与万化冥合。"表达了作者达到了人与自然的完美融合的境界和宽松解脱的心态。他的《永州八记》对后世山水审美观念有很大影响。

与山水诗词出现的同时,古代的山水画到隋唐时期也逐渐成熟,宋代达到了高峰。山水画家通过自己对名山胜水的细致观察,把山、水、草木的优美形态用画表现出来,让其再现于世。例如,五代画家荆浩、宋初画家范宽、宋代山水画家郭熙、明清时代的山水画家文徵明、董其昌、唐寅、原济(石涛)、髡残等,他们的很多山水画,如文徵明的《万壑争流图》、唐寅的《落霞孤鹜图》、董其昌的《青山白云红树图》、弘仁的《黄山图》、髡残的《仿大痴山水图》、原济的《细雨虬松图》等为山水名胜留下了精彩传神的艺术写照。同时,他们也是山水风景的鉴赏家、理论家,提出了很多山水的审美思想。这些思想也影响着山水风景区的开发建设。例如,清初著名画家石涛,一生游遍名山胜水,不仅领略了山川的自然美,也将山川人化,感受到山川之灵和神。"故山川万物之荐灵于人,因人操此蒙养生活之权。苟非其然,马能使笔墨之下,有胎有骨,有开有合,有体有肉,有形有势,有拱有立……尽其灵而足其神!""天有仪能变山川之精灵,地有衡能运山川之气脉,我有是一画能贯山川之形"。他指出观赏山水,亦要观其形而悟其神,这样才能真正领悟到山水之美。

历代文人名士通过山水诗词、山水画、游记文学等文学艺术手段,不仅指出了这些山水景观的审美价值,而且也大大增加了它们的审美价值;这些山水名胜的品位,在山水诗词、山水画的渲染下,名声大振,身价百倍。例如,庐山的香炉峰瀑布与我国的一些著名瀑布相比,并不出众,却由于李白的一首《望庐山瀑布》而成为一个著名瀑布景观,吸引着众多游人去观赏。

三、宗教文化与山水人文景观

佛教和道教的发展在我国古代自然山水的人化过程中贡献甚大。宗教的传入和发展,尤其是佛教的传入和发展,在我国已有几千余年。我国土生土长的宗教——道教,也从东汉开始,至今已二千多年。唐代是我国宗教发展的最盛时期,尤其是佛教在我国广泛传播,建造了大量的寺庙,遍及国内大小名山。很多寺庙位处于山川形胜之地,寺庙周围树木茂密,显得非常幽静。寺庙本身建筑优美,佛塔、石窟等建筑艺术代表了中外建筑艺术的杰作,成为当时人们的朝拜和游览胜地。例如,我国的四大佛教名山,如普陀山成了观音菩萨的道场,每年有成千上万的民众朝山进香,边朝圣边游览。这样的朝拜游览活动,也可以说是我国较大规模群众性旅游活动的开始。这种活动不仅培养了人们对名山胜水的审美观念,也增强了人们保护建设山水名胜的自觉性,客观上起到了保护山水名胜的自然景观和人文景观的作用。

我国的道教在名山胜水的建设中也起了重要的作用。我国的一些道教名山,如青城山、武当山、龙虎山、三清山、崂山等,也各有各的道场。武当山从五代起就被尊称为"太岳"(其主峰比五岳之首的泰山还高出七八十米)。主峰周围七十二峰绕,形成一幅壮丽的"七十二峰朝大顶"的天然美景。山上有三十六岩、二十四涧、十一洞、三潭、九泉、十池等诸多胜景。加上该地降水充沛,云雾众多。每天山上云雾缭绕,宛如人间仙境。由于武当山的自然景色,峰奇谷险,因而被道教推崇,在北宋时期作为真武大帝的本山,香火日渐旺盛,修建了紫霄宫、五龙观、玉仙观、佑圣观等一批道观。明代永乐年间,朱棣大崇玄武神,在武当山大兴土木,建成宫观33处,或称八宫、三十六庵堂、七十二岩庙、三十九桥、十二亭的庞大的道教建筑群,可以说是除北京故宫外最大的一处明代建筑群。武当山宫观的设计,发挥道家追求物我一体的思想,注重园林环境的塑造,使之成为融南北建筑风格于一体的艺术珍品。武当山除了上述优美的自然风光和宏伟的道教古建筑群以外,还形成了其独特的武术流派、道教音乐和道教民俗。近千年来,武当山就以其自然奇景、名胜古迹、道教文化,吸引着无数的文人学子、名流羽士来此游览观赏,留下了不少赞美之词。这也为武当山增添了文化意蕴,提高了旅游价值。

佛、道二教在许多名山胜水的大量发展,使自然景观和人文景观相互融合,加强了自然的"人化"。在这个过程中,僧侣、道众等为这些名山胜水的建设保护作出了很大的贡献。他们的选址、建立寺庙道观,均建在山水自然美集中的地区,极具特色。有的寺观建造在山麓谷地岗峦的茂密的树林之中,以深山藏古寺来营造佛道仙境的幽邃意境;有的寺观建在山顶或者悬崖峭壁之上,寺观居高临下,显露出一种超尘出世、俯临凡界的仙界气氛;他们在山水名胜景区修筑道路、组织景点、设计景区,成了我国许多名山胜水的最早的开发者和建设者;他们在名山建立寺庙后,采取各种措施保护寺观的神圣和宁静,保护名山的生态环境,使这些名山胜水的自然和人文景观得以保存至今天;他们将名山胜水的自然和人文景观相互融合、高度协调,使之成为有机的整体,体现了古代"天人合一"的审美思想,这是他们的一大贡献。

四、科学家与山水景观中的神话传说

科学家对山水的调查研究和人民创造的神话传说赋予自然景观新的内容。古代科学家对山水的调查研究和历代人民所创造的有关山水风景的神话传说,也给自然景观的"人化"赋予了新的内容。

我国古代不仅在名山胜水的观赏、建设理论和实践方面达到很高的水平,而且在研究山水风景的成因、探索其科学价值方面出现了许多人才。其中代表人物是宋代的沈括、明代的徐霞客。他们对山水的考察和研究远远走在世界同行科学家的前面。他们的理论和实践为名山胜水赋予了新的内容。

北宋沈括是一位在地理、地貌、气象、水文、工程技术等方面都有卓越成就的科学家,也是足迹踏遍南北的旅行家。他的著作《梦溪笔谈》,被誉为"中国科技史上的里程碑"。在此书中他记录了考察过的地貌、水文现象。他游览过雁荡山,对雁荡的奇峰异石做过仔细观察,提出雁荡诸峰成因:"其原理,当是谷中为大水冲激,沙土尽去,惟巨石岿然挺立耳。"这一学说成为地质上最早提出流水侵蚀使流纹岩山体露出地表的理论。地质考查证明,雁荡山是由火山喷出岩流纹岩形成的,岩体内断层节理十分明显,当流水将岩体表面的疏松土层冲走后,再沿断层、节理面不断地侵蚀扩大,最终形成如同大小龙湫、水帘洞、初月谷等瀑布奇洞景观。在现存雁荡山龙鼻洞摩崖石刻中,就有当时沈括的楷书题名"沈括"二字于龙鼻洞左壁上。

明代徐霞客是伟大的地理学家、旅行家。他在三十多年的地理考察旅行中,足迹遍及华北、华东、华南及西南各省,写出巨著《徐霞客游记》。在书中,他刻画了所经各种名山的特征,如武夷山由红色沙砾形成的"丹霞地貌"、雁荡山由流纹岩体垂直节理发育所形成的奇峰异洞地貌形态、庐山三叠泉的形成、金华三洞的形成等等;详细考察了我国西南地区的石灰岩地貌形态,不仅记录了沿途所见的各种石灰岩地貌形态的特征,而且科学地分析了这些石灰岩地貌的成因,如溶洞、石钟乳、岩溶漏斗洼地等的成因。他的这些研究走在当时世界的前列,至少比欧洲对喀斯特地貌的研究早五百多年,具有重大的科学价值。

继徐霞客之后,我国还有不少考察祖国山河的地理学家和旅行家,为探索名山胜水付出了大量的劳动。其中,清末的思想家、文学家魏源也是一位大旅行家,他对五岳名山作了生动的描绘,如"恒山如行,岱山如坐、华山如立,嵩山如卧,唯有南岳独如飞";还对山岳形态美的诸标志的变化,以及人与山水形态之间的感应关系做了辩证的科学分析。他说:"奇从险极生,快自艰余获";"好奇好险信幽癖,此中况趣谁知之。不深不幽不奥旷,苦极斯乐险斯夷。"他提到的这些游山玩水的基本思想,对后人有很大的启迪。

从沈括、徐霞客到魏源,在对名山胜水的考察研究中,从科学成因上做了分析,给山水风景赋予了新的内容。他们的这些论述不仅提升了山水景观的品位,使游人进一步认识山水的审美价值,也使游人对我国古代的科技成就有进一步的了解。

从古至今,我国历代人们所创造的有关山水风景的神话传说,也是中国山水景观"人化"的一个重要内容。这些神话传说与山水风景融为一体,从而使山水景观积淀丰富了民族文化的内容,文化意蕴进一步加深。

复习思考题

1. 何谓山水文化?其内涵有哪些?
2. 山水文化景观的审美形态有几种?举例说明之。
3. 何谓山水的动态美?主要表现在哪些方面?
4. 举例说明山水景观与人文景观的融合。
5. 题记、楹联和石刻在山水景观中起着什么样的作用?举例说明之。
6. 古代中国的山水审美意识有哪些?它们各自的观点是什么?
7. 何谓山水景观的审美过程?历代文人名士的品评、鉴赏对山水景观的人化起着什么作用?
8. 佛教和道教的发展在我国自然山水的审美过程中起何作用?
9. 古代科学家对山水的调查研究对自然景观的审美起何作用?

第十章

旅游文学

学习目标
1. 文学与旅游的最初结合；
2. 文人雅士竞相歌咏山水名胜；
3. 旅游文学的类别；
4. 旅游文学的特点。

案例导入

  我国古代历来重视诗词文赋，西方一直将诗文与绘画、书法、建筑、雕塑等艺术门类等同，我国古代却已形成特定的思维：诗文最高，绘画、书法次之，建筑、雕塑更次之，至于戏剧、工艺则是认为戏子、匠人所为。这种对诗文的特别青睐，无疑使古往今来的文人雅士乐于游记诗文，涉猎游记的专业和业务作者之多，篇目之繁，内容之无所不包，风格之百花齐放都是其他文学样式所难以企及的。这自然是因为我国江山多娇，无论是谁面对这造化天工总要抒发独特情感，也因钟灵毓秀之地常常孕育出雄姿英才，这种山水和人物之间互动式的影响感染就使游记体裁的诗词文赋源远流长，风格万千，而文人雅士竞相歌咏山水名胜提高了景观的文化品位，促进了旅游活动的繁荣。

  我国不仅有诸多园林，而且还产生过造园专著，其中最著名的是明代计成的《园冶》，被世界上尊称为"造园学最古名著"。

  对联匾额是风景名胜中装点景观和景观文学中不可或缺的形式。明清时进入极盛，不仅百姓、文人雅士喜好，帝王大臣也纷纷参与，一显才华，它是名胜古迹的最好表现方式之一。好的对联不仅准确地描述出景物的妙处，能由景抒发情感，并能使人进行深邃的思考。

  山水名胜的传说逸闻非常丰富，尽管流布广，随意性强，错乱年代、张冠李戴、移花接木的情况屡见不鲜，但它是笔记小说和广大群众口头创作的结合，是历史真实和艺术真实的结合，褒扬着民族最可宝贵的精神。

  我国是诗文的大国，在古代艺术中，古代学者从未像西方那样将诗文、绘画、书法、建筑、雕塑等艺术门类等同，而是形成一种特定的思维：诗文最高，绘画、书法次之，建筑、雕刻更次之，至于戏剧、工艺更是认为戏子、工匠所为，这种对诗文的特别青睐，对诗文的发展无疑提供了最好的土壤，其中，诗文中的游记体裁一直占优势。古往今来，我国文学各个门类的风采成就各有其兴盛隆替，有些曾绝倒一时，有些则是昙花一现，唯有山水游记却是贯穿古今长盛不衰，而且还呈方兴未艾之势，其涉猎游记文学的专业和业余作者之众，篇目之多，内容之无所不包，风格之百花齐放都是其他文学样式所难以企及的，这自然是因为我国的江山多娇，无论谁面对这造化天工总要发抒独特情感，也因钟灵毓秀之地常常孕育雄姿英才，这种山水和人物之间互动式的影响感染就使游记体裁的诗词文赋源远流长，风格万千，也使我国的旅游文学具有永久的魅力，并不断得以丰富和发展。藏族的《格萨尔》史诗、新疆《玛纳斯》已列入《世界非物质文化遗产名录》。

第一节
文学与旅游的最初结合

一、旅游文学的产生和旅游活动同步

古代旅游虽然局限于少数人,天子巡游、商贸往来、宗教祭祀、狩猎征讨……尽管未以"旅游"二字界定,但其活动分明属于专项旅游,相关记载也就是旅游文学。春秋战国时,苏秦的游说、孔子的周游等活动或由史家记述或由自己及门人记录都是游记文学。我国最早的诗歌总集《诗经》中歌咏山水之作,虽然不是专章特指,但也有了对山水花木的描摹,屈原等人的《楚辞》不仅描写山水、风俗,而且能在广袤大地上纵横驰骋,更能升腾远逝于九天之上。秦汉时司马迁"二十而南游江淮,上会稽,探禹穴,窥九嶷,浮于沅湘。北涉汶泗,讲业齐鲁之都,观孔子之遗风,乡射邹峄、厄困鄱薛彭城,过梁楚以归"。他是一个伟大的旅行家,汉代的山川地理、习俗民情那样详尽、真实、广泛地流诸他的笔端,他的《史记》中不少篇章实在是旷古未有的旅游文学。汉代众多辞赋家以其特有的善于铺张的赋记载景点奇观,枚乘《七发》中的音乐、饮食、车马、宫苑、田猎、观涛,奇观满目,音声盈耳,使读者精神震荡,心驰神往。司马相如的《子虚》《上林》铺陈汉天子上林苑的壮丽,天子射猎的盛举,分明写出了固体旅游资源和动态旅游资源的无穷魅力。乐府民歌中那《江南》式的优美民歌"江南可采莲,莲叶何田田,鱼戏莲叶间",如诗如画。三国时曹操的《观沧海》:"秋风萧瑟,洪波涌起。日月之行,若出其中。星汉灿烂,若出其里。"那辽阔雄壮的沧海景色被誉为是我国诗史上的一首比较完整的写景诗。以上我们仅撷取南北朝以前文学海边的几粒珠贝,用以说明游记文学早已产生,它们有意无意地对国土辽阔、物产丰盛、宫苑壮丽、都市繁华进行描摹勾勒,其间表现出的对中华山水风俗的高度自信,对物质文明和精神文明的高度肯定,表现了不同层次的人们都对中华山川民物的无限深情。

二、山水文学的兴起是时代的必然

"山水借文章以显,文章亦凭山水以传",这句话道出了名山大川与文章的辩证关系。"山川景物,因文章而传"的这一重文传统在中国古人心目中根深蒂固,影响着旅

游文化的诸多方面。

　　山水诗的兴盛当始于南朝,由于社会情况比较安定,经济发展,农业手工业发达,商业和交通运输活跃,出现了许多经济繁荣的城市。富裕的物质生活必然成为滋生帝王和士族日益荒淫腐朽的温床,建造园囿互相攀比,佛寺建造更是渐成风气,"南朝四百八十寺,多少楼台烟雨中"。丰富的自然人文旅游资源为文学作品创作提供了取之不尽的创作源泉。此时旅游文学成就最大的为山水诗,因登临山水很早就成为士族阶级悠闲享乐生活的一部分,而政治上的失意,往往"肆意游遨",将怀才不遇的怅惘凝聚于诗歌之中,佳山秀水往往使其忘却烦恼,而精心描摹山水之美,山水诗成为诗歌中支柱性的题材,谢灵运、鲍照、谢朓,都是开创山水诗派的诗人。谢灵运的名章迥句,"野旷沙岸净,天高秋月明";"池塘生春草,园柳变鸣禽";"明月照积雪,朔风劲且哀";"白云抱幽石,绿筱媚清涟",自然贴切,极貌写物,具有很高的艺术技巧。可以说是天地精灵之气的化身,正是由于他们开创山水诗派,因而为唐代山水诗奠定了基础,使之迅速成熟并登峰造极。

　　与诗歌几乎同步的游记散文创作别开生面,北朝的郦道元《水经注》、杨衒之的《洛阳伽蓝记》一写自然,一写人文,都是很有学术价值的游记散文。郦道元看似为《水经》作注,其实将自己亲历的山川风土、历史掌故融会其中,其中《江水注》中的"三峡"一节,千古传诵,脍炙人口:

　　自三峡七百里中,两岸连山,略无阙处。重岩叠嶂,隐天蔽日,自非亭午夜分,不见曦月。至于夏水襄陵,沿溯阻绝。或王命急宣,有时朝发白帝,暮到江陵,其间千二百里,虽乘奔御风,不以疾也。春冬之时,则素湍绿潭,回清倒影。绝巘多生怪柏,悬泉瀑布,飞漱其间,清荣峻茂,良多趣味。每至晴初霜旦,林寒涧肃,常有高猿长啸,属引凄异。空谷传响,哀转久绝。故渔者歌曰:"巴东三峡巫峡长,猿鸣三声泪沾裳!"

　　东晋末的陶渊明,则另辟蹊径,他不肯降志辱身,为五斗米折腰,于是爱慕自然,企羡隐逸,"诗书敦夙好,园林无世情""静念园林好,人间良可辞"。他的田园诗充满了对纯洁田园的热爱。而他写的《桃花源记》不像郦道元忠实记叙景观之美,而是构思出"桃花源"的理想境界,宁静安逸、淳朴自然:

　　土地平旷,屋舍俨然,有良田美池桑竹之属,阡陌交通,鸡犬相闻。其中往来种作,男女衣着,悉如外人。黄发垂髫,并怡然自乐。

　　可见山水游记诗和文学,一开始就达到了相当高的成就,郦道元重纪实,陶渊明重理想,为山水文学开创了现实主义和浪漫主义的源头,为古典诗文开辟了一个新的境界,不仅影响漫长的封建社会,而且对近现代旅游文学产生了深广的影响。

第二节
文人雅士竞相歌咏山水名胜

中国古代文学,到隋唐五代时期,发展到了一个全面繁荣的阶段,旅游文学也形成了前所未有的百花齐放、万紫千红的局面,诗歌、辞赋、散文、小说、戏曲名家辈出。他们都注目于山水人文景观,他们的歌咏提高了景观的文化品位,促进了旅游活动的繁荣。

一、登临览胜,其乐无穷

诗人热衷于歌颂祖国的名山大川,尽管唐时诗赋是科举考试的重要内容,但是文人写诗作赋渐成风气并不单单为了科举,游览往往是文人的重要活动,他们的足迹遍布长江、黄河、珠江、漓江、松花江、富春江、运河、泰山、华山、衡山、恒山、嵩山等。从古到今,多少名人在此感叹,真正是"江山如此多娇,引无数英雄竞折腰"。这些山水自然奇观千差万别,或雄伟壮观,或巍峨险峻,或幽秀奇丽,即使一山一水,春夏秋冬山光异色,阴晴雨露水波多姿,为文人雅士状物抒怀提供了永远的新奇的题材。比如三峡,雄、幽、险、秀,即使再大的手笔,诗中所记也只是万不及一,李白笔下:"朝辞白帝彩云间,千里江陵一日还。两岸猿声啼不住,轻舟已过万重山。"(《早发白帝城》)那是悠扬轻快,峰棱挺拔。杜甫笔下:"白帝城中云出门,白帝城下雨翻盆。高江急峡雷霆斗,古木苍藤日月昏。"(《白帝》)那是气骨劲健,景象奇险。白居易《夜入瞿塘峡》:"岸似双屏合,天如匹练开。逆风惊浪起,拔稔暗船来。"又是平易晓畅,比喻新巧。刘禹锡的《竹枝词》:"瞿塘嘈嘈十二滩,此中道路古来难。长恨人心不如水,等闲平地起波澜。"命意精警,善譬巧喻。可以说中国的诸多名山大川无景不诗,无诗不妙,都可谓为人间美景。

登临览胜,其乐无穷。登山临水咏诗行,刘勰在《文心雕龙》中说"登山则情满于山,观海则意溢于海",意有壮志豪情。曹操观沧海:"秋风萧瑟,洪波涌起。日月之行,若出其中。星汉灿烂,若出其里。"那是"歌以咏志",建功立业的豪情壮志。苏轼观大江:"大江东去,浪淘尽、千古风流人物",那是壮志难酬的慷慨。王安石看春水:"柳叶鸣蜩绿暗,红花落日红酣。三十六陂春水,白头想见江南",那是饱含情韵,意境清新的恬淡。

宴游雅集山水佳处,山水旁翰挥毫书,王羲之兰亭"修禊",与朋友集会山水处,清流急湍,映带左右,流觞赋诗,一篇《兰亭集序》成就其书圣之名;山水畅饮,陶渊明辞官归隐,春天与几个乡邻出游庐山东南斜川,"临长流,望曾城","气和天惟澄,班坐依远流",在湖水浩荡、鱼翔鸥鸣的自然之中,好不开怀;山水旁歌唱,宋词人姜夔与朋友同游湘水,"或弹琴、或浩歌、或自酌、或援笔搜句",作《湘月》,即《念奴娇》,"倦网都收,归禽时度,月上汀洲冷。中流容与,画桡不点清镜"。当场作词,作曲,演奏,其乐何极?山水旁绘画,元著名画家王蒙与朋友游山水,远山高耸,古松盘曲,草堂数间,泉水从岩间涌出汇成一池,于是欣然命笔,作成《林泉清集图》,从此水边雅集成为绘画艺术中传统题材。可见水边雅集,看山水美景,饮芬芳美酒,进行诗文书画创作交流,那风雅的生活方式,充满了高雅的生活情调。

二、以诗寄情,抒怀壮志

中国的文人、士大夫都喜欢极山水之乐,而他们当年的无游不诗、无诗不妙,当时以及过后人们依据其诗文创设的山水景观至今几乎都是旅游热点,而将他们的足迹连接,又形成了一个个中国文人、士大夫艰难跋涉,而又充满着奋斗的历程。

辞亲别友之情,分手时的山高水长,旅途中的山程水驿都引动离人的情感。这是友情:

城阙辅三秦,风烟望五津。
与君离别意,同是宦游人。
海内存知己,天涯若比邻。
无为在歧路,儿女共沾巾。

(唐·王勃《送杜少府之任蜀州》)

这是亲情,明代文学家杨慎因刚正不阿遭谪戍云南,爱妻伴送出家,溯长江而上,杨慎担心她受不了风尘颠簸,劝她回乡,与妻子生离死别:

楚塞巴山横渡口,行人莫上江楼。征骖去棹两悠悠。相看临远水,独自上孤舟。

(明·杨慎《临江仙·江陵别内》)

这是怀乡思亲之情,山高水长,山重水复,天涯羁旅,怀乡思亲。山川景色中的离别情怀,使中国山川美景中闪耀着至真至美的人性光辉:

枯藤老树昏鸦,小桥流水人家,古道西风瘦马,夕阳西下,断肠人在天涯。

(元·马致远《天净沙·秋思》)

当然思乡之情也不全是哀切,也有亲切恬淡的,尤其像王湾,他是考中进士之后在江南漫游的,自然心情开朗:

客路青山下,行舟绿水前。
潮平两岸阔,风正一帆悬。
海日生残夜,江春入旧年。

乡书何处达,归雁洛阳边。

(唐·王湾《次北固山下》)

这是思乡忧国之情,如果到处漂泊,无家可归,比如杜甫,安史之乱使之"漂泊西南天地间",孤苦伶仃,无所依凭,思乡忧国的折磨一齐向他袭来。这是代表着流离失所百姓的乡关之思,自然十分悲壮:

细草微风岸,危樯独夜舟。
星垂平野阔,月涌大江流。
名岂文章著,官应老病休。
飘飘何所似,天地一沙鸥。

(唐·杜甫《旅夜书怀》)

这是忧谗畏讥之情,古代仁人志士常常无罪遭贬,无端遭受打击,从屈原、贾谊、韩愈、柳宗元、刘禹锡,到范仲淹、苏轼、辛弃疾,直到林则徐、邓廷桢,成为远离故乡、朝廷的迁客骚人,只有在水边才可以把愁苦哀怨抛洒。"巴山楚水凄凉地,二十三年弃置身",这是刘禹锡55岁时遇见老朋友白居易时吐的苦水。"一封朝奏九重天,夕贬潮阳路八千",这是韩愈因直言书谏而被贬潮州满腔愤恨而又无可奈何的哀叹。

柳宗元很会"黄连树下弹琵琶",他被谪迁到荒僻之地永州,在戏水中表露寂寞苦闷:

千山鸟飞绝,万径人踪灭。
孤舟蓑笠翁,独钓寒江雪。

(唐·柳宗元《江雪》)

忧国忧民之情,对山河破碎的伤感化为浩歌慷慨壮山河:

船离洪泽岸头沙,人到淮河意不佳。
何必桑乾方是远,中流以北即天涯。

(宋·杨万里《初入淮河》)

北望燕云不尽头,大江东去水悠悠。
夕阳一片寒鸦外,目断东南四百州。

(宋·汪元量《湖州歌》)

对统治者苟且偷安、不顾民生的痛斥。

收拾旧山河,挺身而出,英勇奋斗。岳飞"待从头、收拾旧山河,朝天阙";陆游"楼船夜雪瓜洲渡,铁马秋风大散关",戚继光"春雨下危墙,烟波正渺茫。好山当幕府,壮上挽天潢。鸟立林边石,人归海上航。驱驰还我辈,不惜鬓毛苍"。近代爱国志士文廷式乘船过洞庭,面对大好山河,慷慨吟诵:"借取重湖八万里,肄吾十万水犀军。"

三、跋山涉水，求索真知

北魏地理学家和文学家郦道元到中国北部今山西、陕西、河北、河南、山东、内蒙古、皖北考察，"访渎搜渠"，撰成地理学专著《水经注》。《水经》是汉末时期的地理书，记述黄河、长江、渭水、沔水、济水、漯水、汝水、淮水等137条河流，可惜太简，时变地迁，与实际难相吻合，郦道元据实地考察并博引地理文献著成《水经注》，不仅在篇幅上超过原书20倍，还将原书中137条河流扩展为1252条，更可贵者对每一河道的源头、流向、河道变迁、名称改易，还因水及地，因地及事，模山范水之外有将与水关联的郡县、城邑、关津、亭障、名胜、物产、农田、水利，以及史事、人物、故事、神话、歌谣、谚语、方言等内容，使《水经注》成为极具科学价值和文学价值的水文化的百科全书。

宋代沈括是宋代博物学家，足迹遍布南北的旅行家，"凡所至之处，莫不询究"。他对山川景色的考察能深入到内在本质，比如他对雁荡奇石的描写："予观雁荡诸峰，皆峭拔险怪，上耸千尺，穿崖巨谷，不类他山，皆包在诸谷中，自岭外望之，都无所见，至谷中则森然干霄。"他立即由表及里推断："当是为谷中大水冲激，沙土尽去，唯有巨石岿然挺立耳。如大小龙湫、小帘、初月谷之类，皆是水凿之穴。"这就是现代科学的"侵蚀学说"的具体化，这一理论直到1780年英国地质学家赫顿才提出，比沈括晚了600多年。

明代徐霞客考察名山大川更为深入，他不仅像郦道元侧重山水的外在形貌，也注意考察内在本质，将山川的审美游览与科学研究有机结合。他从1607年的22岁开始到55岁，离他去世前三年一直进行考察，遍游名山大川，"其行不从官道，但有名胜，辄迂回屈曲以寻之；先审视山脉如何来去，水脉如何分合；既得大势，然后一丘一壑，支搜节讨。登不必有径，荒榛密菁，无不穿也；涉不必有津，冲湍恶泷，无不绝也。峰极危者，必跃而踞其颠；洞极邃者，必猿挂蛇行，穷其旁出之窦"。正是他"以身许诸山水"，因而对我国文化贡献极大，他探明了金沙江比岷江约长1000里，认为"江源者，必当以金沙江为首"，推翻了2000多年中认为岷江是长江正源的误说；他辨析了盘江、左右江、龙川江、麓川江、大盈江、澜沧江、潞江、元江、枯柯江等河流的源流，纠正很多典籍中的舛误。

四、名人题咏，提高品位

可以说有些景观原本平常，但往往因名人题咏而成为著名景观，其中大量的人文景观多因此而形成。比如黄冈赤壁，与三国赤壁之战本属风马牛不相及，分明是个讹传的产物，李白、杜甫虽在此写过赤壁诗，影响并不大，苏轼被贬往黄州团练副使，他不过是借题发挥，一句"人道是三国周郎赤壁"便点明讹传，但他偏偏赤壁泛舟，写出了

《赤壁怀古》词和前、后《赤壁赋》，于是一个闪耀着极大艺术趣味的讹传产生了，而由此派生出一个比真正赤壁还有名的"东坡赤壁"，声名远播，光彩照人，而《赤壁赋》竟然妇孺成颂："壬戌之秋，七月既望，苏子与客泛舟游于赤壁之下。清风徐来，水波不兴。举酒属客，诵明月之诗，歌窈窕之章。少焉，月出于东山之上，徘徊于斗牛之间。白露横江，水光接天。纵一苇之所如，凌万顷之茫然。浩浩乎如冯虚御风，而不知其所止；飘飘乎如遗世独立，羽化而登仙。"如今这里已是著名景观，楼阁亭台耸立，历代碑刻纷呈，大江横流，石壁陡峭，多少人慕名追怀，发思古之幽情。游客到此常常戏说，苏轼游的是假赤壁，写的却是好文章。

五、名人遗存，歌其精神

古往今来，志士仁人舍生取义，杀身成仁；清官循吏关心民瘼，解民倒悬；文人雅士拈毫挥翰，抒发胸怀。他们都受到人民的爱戴、景仰，其故居、奋斗过的场所、纪念他们的祠庙都成为人们泼墨吟咏场所，留下大量歌颂名人业绩的华章。如岳墓，岳家军抗击女真贵族的英勇业绩，震撼历史的千古奇冤，使岳庙成为自宋以来雄姿英才凭吊歌咏的场所，匾额、联对、诗歌、词典、小说、戏剧，一切可以表现的文学体裁同时赞颂精忠报国的民族英雄。"心昭天日"（叶剑英）、"尽忠报国"（明·洪珠）、"民族英雄"（冯玉祥）、"精忠贯日""伟列纯忠""气壮山河"等几十方匾额；数百副对联，如"誓复中原，浩气弥纶吞北房；重新神宇，忠灵赫濯奠西湖""南人归南，北人归北，小朝廷岂求活耶？孝子死孝，忠臣死忠，大丈夫当如是矣""民族主义，历元清鼎革，始达完全，如神有知，稍解生前遗恨；圣湖风景，得祠墓点缀，差不寂寞，兹地之胜，允宜庙貌重新。"（蔡元培撰）"观瞻气象耀民魂，喜今朝祠宇重开，老柏千寻抬望眼；收拾山河酬壮志，看此日神州奋起，新程万里驾长车。"（赵朴初撰）歌颂岳飞的诗文以陵墓碑刻的特有形式在岳飞墓园的南北二厢中陈列，其中有岳飞的诗，他手书的诸葛亮的《前出师表》和《后出师表》，他的捷报胜利的《奏札》《谢媾和赦表》，历代名贤凭吊岳飞的诗词，尤其是岳飞手书的《满江红》：

怒发冲冠，凭栏处、潇潇雨歇。抬望眼、仰天长啸，壮怀激烈。三十功名尘与土，八千里路云和月。莫等闲，白了少年头，空悲切。

靖康耻，犹未雪。臣子恨，何时灭！驾长车，踏破贺兰山缺。壮志饥餐胡虏肉，笑谈渴饮匈奴血。待从头、收拾旧山河，朝天阙。

这些都以文学的多种样式，立体地讴歌岳飞的爱国主义精神。

依名人小说诗文创设景点，形象化地再现小说的人物、情节、思想。旧有的如黄鹤楼、岳阳楼、滕王阁、太白楼、醉翁亭、陶然亭、兰亭，近年来仿古园林如水浒城、三国城、镜花缘城、西游记幻宫，最多的为《红楼梦》的大观园，其中尤以上海青浦区淀山湖畔的大观园著名。20世纪50年代,人们曾按图索骥,希图寻找大观园原型,有过"京华何处大观园"的论题,近年来则从寻找到建造,依《红楼梦》中所述复原艺术大观园。北京南菜园公园改建的大观园最为出色。全园面积12.5公顷,景点40余处,建筑面积8000平方米,复原了大观楼、潇湘馆、怡红院、沁芳桥、庐雪庵,等等。这些景观特点是,依据小说记载,恰当安排厅堂位置,进行花木栽培,并按书中所写,或人物的喜好,充分发挥想象,同时又依据清代满汉殊俗进行内部陈设,虽然是"假作真时真亦假",但毕竟使抽象的文字成为形象的实体,当是有魅力的。

第三节
旅游文学的类别

由于旅行游览活动作为一种社会现象,早在古代就出现,随着时代的发展,已逐渐由少数人的活动扩展为人民大众的社会生活,参与人的不同层次使大家都使用自己喜闻乐见的文学样式表达自己旅游过程中的所见所闻,所思所感。文人雅士自然使用诗词歌赋等高雅形式,达官显贵则以勒山刻石形式对人事进行臧否,对联匾额言简意赅因而成为厅堂馆所必不可少的装饰形式,逸闻传说则是流传在普通百姓口心之中,趣味盎然。民歌、戏曲则是体现地域文化或民族文化的特有样式。这样文学诸种形式都参与了旅游,而旅游文学也就成为我国文学百花园中的一簇绚丽之花。

一、诗词

诗词中的山水诗、花鸟诗、怀古诗、风物诗几乎都和旅游有关。盛唐时山水田园诗盛行,社会稳定、经济繁荣,佳山秀水得到了开发,住宅园林如雨后春笋,既为诗人提供了创作题材,也使他们在其中安闲适宜,于是他们拈毫挥翰,写就歌颂壮丽秀美河山的华章。孟浩然和王维堪称山水田园诗的代表作家。孟浩然曾漫游秦中、吴越,如《宿建德江》《宿桐庐江寄广陵旧游》《晚泊浔阳望庐山》等,他是很善于描摹山水美景的,而且在写景中融进自己的感情。如《江上思归》:"木落雁南渡,北风江上寒。我家襄水曲,遥隔楚云端。乡泪客中尽,孤帆天际看。迷津欲有问,平海夕漫漫。"

王维善于写山水,那是清幽的景,悠闲的景,如《鹿柴》:"空山不见人,但闻人语响。返景入深林,复照青苔上。"但他写景的边塞诗却是雄浑壮阔,如《使至塞上》:"单车欲问边,属国过居延。征蓬出汉塞,归雁入胡天。大漠孤烟直,长河落日圆。萧关逢候骑,都护在燕然。"

李白是个大家,他的山水诗很多,尤其是七古和七绝已成为景点绝唱:

>峨眉山月半轮秋,影入平羌江水流。
>夜发清溪向三峡,思君不见下渝州。
>
>（唐·李白《峨眉山月歌》）
>
>故人西辞黄鹤楼,烟花三月下扬州。
>孤帆远影碧空尽,唯见长江天际流。
>
>（唐·李白《送孟浩然之广陵》）

李白能以独特的视角,大胆的夸张,惊人的想象,写出奇情壮美的山水诗,如《蜀道难》:"噫吁嚱,危乎高哉!蜀道之难,难于上青天。蚕丛及鱼凫,开国何茫然。尔来四万八千岁,不与秦塞通人烟。西当太白有鸟道,可以横绝峨眉巅。地崩山摧壮士死,然后天梯石栈相钩连。上有六龙回日之高标,下有冲波逆折之回川。黄鹤之飞尚不得过,猿猱欲度愁攀缘。青泥何盘盘,百步九折萦岩峦。扪参历井仰胁息,以手抚膺坐长叹!问君西游何时还?畏途巉岩不可攀。但见悲鸟号古木,雄飞雌从绕林间。又闻子规啼夜月,愁空山。蜀道之难,难于上青天!使人听此凋朱颜。……"他的诗对后来的山水诗词影响久远,而他为景点写的诗,为景点增色添彩,光耀古今,誉播遐迩。

杜甫亦是写景大家,他的山水诗名句已成妇孺皆知的诗篇,"白帝高为三峡镇,瞿塘险过百牢关"。(《夔州歌十绝句》)"窗含西岭千秋雪,门泊东吴万里船。"(《绝句》)尤其是《望岳三首》:

>岱宗夫如何?齐鲁青未了。
>造化钟神秀,阴阳割昏晓。
>荡胸生层云,决眥入归鸟。
>会当凌绝顶,一览众山小。

作者写出了东岳泰山、南岳衡山、西岳华山巍峨高大,神奇秀丽,有勇登绝顶,俯视一切的心胸气魄,成为泰山的标志。

唐代善写山水者实在不胜枚举,刘禹锡的《石头城》《望洞庭》,白居易的《大林寺桃花》《钱塘湖春行》,杜牧的《泊秦淮》《寄扬州韩绰判官》,李商隐的《乐游原》,张继的《枫桥夜泊》等,诗人当时以血泪凝结的诗章已为这些景点奠定了高品位的基调,成为美景的文化内涵和历史积淀。

宋代词进入繁盛阶段,北宋前期的百年承平,城市繁华养成了统治者娱宾遣兴,歌舞升平作风。南宋时尽管山河残破,但统治者奢靡之风不减,其间既有文人雅士以高度艺术技巧,清新明丽的词句描写山水,也有胸怀政治抱负的文人借辞章描写山川的阔大雄浑,以寄托自己的报国之志。

范仲淹的《渔家傲》描绘了自然景观边塞景象:"塞下秋来风景异,衡阳雁去无留意。四面边声连角起,千嶂里,长烟落日孤城闭。浊酒一杯家万里,燕然未勒归无计。羌管悠悠霜满地,人不寐,将军白发征夫泪。"

欧阳修的《朝中措》描绘的则是都市园林平山堂:"平山栏槛倚晴空,山色有无中。手种堂前垂柳,别来几度春风。文章太守,挥毫万字,一饮千盅。行乐直须年少,尊前看取衰翁。"

柳永的《望海潮》精细描摹钱塘佳丽景色,浮华民风:"东南形胜,三吴都会,钱塘自古繁华。烟柳画桥,风帘翠幕,参差十万人家。云树绕堤沙,怒涛卷霜雪,天堑无涯。市列珠玑,户盈罗绮,竞豪奢。重湖叠巘清嘉。有三秋桂子,十里荷花。羌管弄晴,菱歌泛夜,嬉嬉钓叟莲娃。千骑拥高牙。乘醉听箫鼓,吟赏烟霞。异日图将好景,归去凤池夸。"

苏轼是豪放派词宗,他的诗、词、文、赋无一不佳,其中不少都是歌颂山水的华章。他是追寻江山风月,探索人生哲理,抒发报国情怀的。《南歌子》写的是杭州山水,他惊叹,"余杭自是山水窟",在他的笔下杭州不仅是游赏地、栖身所,而且是摆脱烦恼的精神逋薮:"山与歌眉敛,波同醉眼流。游人都上十三楼。不羡竹西歌吹、古扬州。菰黍连昌歇,琼彝倒玉舟。谁家水调唱歌头。声绕碧山飞去、晚云留。"

他的弟子秦观则是婉约派词宗,比起老师他善写凄迷景色,表达感伤情怀,如《踏莎行》写的郴州景:"雾失楼台,月迷津渡,桃源望断无寻处。可堪孤馆闭春寒,杜鹃声里斜阳暮。驿寄梅花,鱼传尺素,砌成此恨无重数。郴江幸自绕郴山,为谁流下潇湘去?"

南宋词人辛弃疾把国破之痛和报国无门而痛苦的感情熔铸于对祖国雄伟江山的歌颂和对历史人物的追怀,意境雄奇阔大。如《水龙吟·登建康赏心亭》:

楚天千里清秋,水随天去秋无际。遥岑远目,献愁供恨,玉簪螺髻。落日楼头,断鸿声里,江南游子。把吴钩看了,栏杆拍遍,无人会、登临意。

休说鲈鱼堪脍,尽西风、季鹰归未?求田问舍,怕应羞见、刘郎才气。可惜流年,忧愁风雨,树犹如此。倩何人,唤取红巾翠袖,揾英雄泪?

姜夔是善于记游的,可惜他的笔下记录的并非佳山秀水,而是金人几度南侵在江淮间留下的残败景象,如《扬州慢》:"淮左名都,竹西佳处,解鞍少驻初程。过春风十里,尽荠麦青青。自胡马窥江去后,废池乔木,犹厌言兵。渐黄昏、清角吹寒,都在空城。　杜郎俊赏,算而今重到须惊。纵豆蔻词工,青楼梦好,难赋深情。二十四桥仍在,波心荡、冷月无声。念桥边红药,年年知为谁生?"

二、文赋

散文辞赋中关于山水、宫苑的游记名篇甚多,艺术性极高。

西汉200年是辞赋的黄金时代,汉赋在状物叙事上带有铺陈夸张的特点,比如枚乘的《七发》,其中"曲江观涛"十分精彩:

客曰:"将以八月之望,与诸侯远方交游兄弟,并往观涛乎广陵之曲江。……"

太子曰:"善,然则涛何气哉?"

客曰:"不记也。然闻于师曰,似神而非者三:疾雷闻百里;江水逆流,海水上潮;山出内云,日夜不止。衍溢漂疾,波涌而涛起。其始起也,洪淋淋焉,若白鹭之下翔。其少进也,浩浩溰溰,如素车白马帷盖之张。其波涌而云乱,扰扰焉如三军之腾装。其旁作而奔起也,飘飘焉如轻车之勒兵。"

作者用各种比喻描写涛景及其变化,绘声象形,淋漓尽致,奇观满目,音声盈耳。读时就像横无际涯的大海怒涛向眼前猛袭而来,确是令人神往。

司马相如的《上林赋》中描绘天子纵猎和观乐的场面,意境雄浑,异彩纷呈:"鼓严簿,纵猎者,河江为阹,泰山为橹,车骑雷起,殷天动地,先后陆离,离散别追。淫淫裔裔,缘陵流泽,云布雨施。……于是乎游戏懈怠,置酒乎颢天之台,张乐乎轇輵之宇;撞千石之钟,立万石之虡,建翠华之旗,树灵鼍之鼓。奏陶唐氏之舞,听葛天氏之歌;千人唱,万人和;山陵为之震动,川谷为之荡波。"这是对"上林"——天子园囿中山水草木,飞禽走兽,宫馆园林固态资源的瑰丽进行描绘,而且对动态资源,即天子与群臣纵猎宴乐的阔大与奢靡进行了具体细致的描摹。

唐代文赋大家辈出,有关旅游题材的文赋艺术价值极高,初唐四杰之一王勃的《滕王阁序》叙写江西南昌滕王阁的景观:"时维九月,序属三秋。潦水尽而寒潭清,烟光凝而暮山紫。俨骖騑非于上路,访风景于崇阿;临帝子之长洲,得天人之旧馆。层台耸翠,上出重霄;飞阁翔丹,下临无地。鹤汀凫渚,穷岛屿之萦回;桂殿兰宫,即冈峦之体势。披绣闼,俯雕甍,山原旷其盈视,川泽纡其骇瞩。闾阎扑地,钟鸣鼎食之家;舸舰迷津,青雀黄龙之舳。云销雨霁,彩彻区明。落霞与孤鹜齐飞,秋水共长天一色。渔舟唱晚,响穷彭蠡之滨;雁阵惊寒,声断衡阳之浦。"作者不仅写该楼襟江带湖,控荆引越的形势,而且写出危楼高耸,下临赣江,远览山川,俯瞰城府的壮阔,还写出山川的旷远,市井的繁华,舟楫的众多,渔歌、雁声的情趣。

柳宗元极善写佳山秀水,他的《永州八记》历来有"山水屏条"之称,如《钴鉧潭西小丘记》:"得西山后八日,寻山口西北道二百步,又得钴鉧潭。潭西二十五步,当湍而浚者为鱼梁。梁之上有丘焉,生竹树。其石之突怒偃蹇,负土而出,争为奇状者,殆不可数。其嵚然相累而下者,若牛马之饮于溪;其冲然角列而上者,若熊罴之登于山。"作者写出了石数之多,石态之奇,且化静为动,写出了石头的情感,石头的灵性。

晚唐杜牧的《阿房宫赋》为散文式的赋,文姿飞扬,风采潇洒:"六王毕,四海一。蜀山兀,阿房出。覆压三百余里,隔离天日。骊山北构而西折,直走咸阳。二川溶溶,流入宫墙。五步一楼,十步一阁;廊腰缦回,檐牙高啄;各抱地势,钩心斗角。盘盘焉,囷囷焉,蜂房水涡,矗不知其几千万落。长桥卧波,未云何龙?复道行空,不霁何虹?高低冥迷,不知西东。歌台暖响,春光融融;舞殿冷袖,风雨凄凄。一日之内,一宫之间,而气候不齐。"

宋代的游记散文成就很大,这首先是赖于欧阳修等人提倡诗文革新,倡导"文章所宗,必以理实为要"。于是一批状物写景的游记散文写得摇曳多姿。

范仲淹的《岳阳楼记》,写出了在洞庭湖边岳阳楼上观看洞庭湖的乐趣:"至若春和景明,波澜不惊。上下天光,一碧万顷;沙鸥翔集,锦鳞游泳;岸芷汀兰,郁郁青青。而或长烟一空,皓月千里,浮光耀金,静影沉璧,渔歌互答,此乐何极。登斯楼也,则有心旷神怡,宠辱皆忘,把酒临风,其喜洋洋者矣。"该文墨蕴彩色,恣肆淋漓,由事入景,由景生情,由情化理,历来脍炙人口。

欧阳修的《醉翁亭记》,写安徽滁州琅琊山的醉翁亭,亭本平常,但一经巨匠渲染,意境迥然不同:"若夫日出而林霏开,云归而岩穴暝,晦明变化者,山间之朝暮也。野芳发而幽香,佳木秀而繁阴,风霜高洁,水落而石出者,山间之四时也。朝而往,暮而归。四时之景不同,而乐亦无穷也。"该文写出醉翁亭山水相映之美,朝暮变化之美,四季变换之美,动静对比之美,清新秀美,刚健婉转。

王安石的《游褒禅山记》,以全新角度写探险之游和哲理之思:"其下平旷,有泉侧出,而记游者甚众,所谓'前洞'也。由山以上五六里,有穴窈然,入之甚寒,问其深,则其好游者不能穷也,谓之'后洞'。予与四人,拥火以入;入之愈深,其进愈难,而其见愈奇。有怠而欲出者,曰:'不出,火且尽。'遂与之俱出。盖予所至,比好游者尚不能十一,然视其左右,来而记之者已少。盖其又深,则其至又加少矣。方是时,予之力尚足以入,火尚足以明也。既其出,则或咎其欲出者,而予亦悔其随之,而不得极乎游之乐也。"作者不是纯客观地描绘山水,而是写游山探奇的感受,提出了"世之奇伟、瑰怪、非常之观,常在于险远"。而要达到这个境界,就必须有志、力、物三个条件。这两点见解至今还指导着旅游者不畏艰难险阻,勇攀奇伟境界。

苏轼的游记散文自成风格,他的可贵总是对景观进行直接的观察和体验,这种务实求真的作风使他的散文艺术性极高。《石钟山记》是其游记代表作之一,他和儿子苏迈乘舟月夜游石钟山:"至其夜,月明,独与迈乘小舟至绝壁下。大石侧立千尺,如猛兽奇鬼,森然欲搏人;而山上栖鹘,闻人声亦惊起,磔磔云霄间。又有若老人欬且笑于山谷中者,或曰:'此鹳鹤也。'余方心动欲还,而大声发于水上,噌吰如钟鼓不绝,舟人大恐。徐而察之,则山下皆石穴罅,不知其浅深,微波入焉,涵澹澎湃而为此也。"有景有情,有声有色,有缓有急,波澜起伏,笔法的灵活多变,正是东坡文人兼画家才能以写意画的笔法入文,具有摄人心魄的感染力。

值得注意的古代散文中有一支是科学小品文,郦道元的《水经注》、北宋沈括的《梦溪笔谈》、徐霞客的《徐霞客游记》,不仅具有传统游记所具有的人文意趣,而且还具有传统游记少见的科学精神。其中有关山水风物的记叙着重在地质地貌的观察分析,具有精确性和严肃性,可贵者又非平板、枯燥说教,而是以诗的语言精细形象描述,增添了文章奇丽迷蒙的色彩。

国人注重天人合一,重视自然对人事的影响,不太留意客观规律的发现,因此在旅游中倾向于捕捉人心对自然的感受,但随着时代的推移,中国人也日益重视旅游对科学技术考察的作用和价值。比如我国不仅有诸多的园林,而且还产生过造园专著,其中最著名的是明代计成的《园冶》。计成是吴江造园专家。明末,仪征巨富汪士衡恭请为其设计建造寤园。园如同一幅山水画,四方八面的名士无不夸奖,很多人建议他将造园之法记述,传诸后世。计成于崇祯辛未年(1631),在寤园扈冶堂写下了世界上最早的一部造园专著《园冶》,全面总结了造园的经验,系统论述造园艺术。其中不少插图,实例取之于寤园。《园冶》21世纪初传入日本、西欧各国,计成被国外专家学者尊为造园鼻祖。如《园冶》说:"凡结林园,无分村郭,地偏为胜,开林择剪蓬蒿;景到随机,在涧共修兰芷。径缘三益,业拟千秋,围墙隐约于萝间,架屋蜿蜒于木末。山楼凭远,纵目皆然;竹坞寻幽,醉心即是。轩楹高爽,窗户虚邻;纳千顷之汪洋,收四时之烂漫。梧阴匝地,槐荫当庭;插柳沿堤,栽梅绕屋;结茅竹里,浚一派之长源;障锦山屏,列千寻之耸翠,虽由人作,宛自天开。刹宇隐环窗,仿佛片图小李;岩峦堆劈石,参差半壁大痴。萧寺可以卜邻,梵音到耳;远峰偏宜借景,秀色堪餐。紫气青霞,鹤声送来枕上;白苹红蓼,鸥盟同结矶边。看山上个篮舆,问水拖条杩杖;斜飞堞雉,横跨长虹,不羡摩诘辋川,何数季伦金谷。一湾仅于消夏,百亩岂为藏春;养鹿堪游,种鱼可捕。凉亭浮白,冰调竹树风生;暖阁偎红,雪煮炉铛涛沸。渴吻消尽,烦顿开除。夜雨芭蕉,似杂鲛人之泣泪;晓风杨柳,若翻蛮女之纤腰。移竹当窗,分梨为院;溶溶月色,瑟瑟风声;静扰一榻琴书,动涵半轮秋水。清气觉来几席,凡尘顿远襟怀。"此处既涉及中国造园艺术哲学:"情中之景,景中之情。"又从人的审美的空间意识,借景、造景、联景等方面写出了建造园林必须照顾人们的传统欣赏习惯和个性审美差异。文字也极其富丽优美。

三、对联

对联是我国文学园地的一枝奇葩,是广为流传的独特文学样式,也是风景名胜中装点景观,表现景观文学韵味不可缺少的形式。

对联开始并非单独的文学样式,是从诗文中出现的整齐的对偶句中逐渐分离出来的,到唐代时才脱胎出来,走向独立。最初是贴在门旁,作为春节时春联,北宋以后对联应用范围逐渐广阔,有挽联、寿联、书斋联、灯联。明代对联发展到黄金时期,清代则进入极盛,不仅百姓、文人雅士喜好,皇帝王公大臣也纷纷参与,一显才华,于是名胜古迹联成为达官雅士驰骋才智、展现抱负的最好方式之一。尤其是厅堂、庙宇、宫廷、楼台,技艺一般,名声不大的人无法跻身其中,此俗沿袭至今。

　　风景对联从内容分,有述事、状景、抒情、晓理、评论;从长短分有长联、短联;在写作方式上有自拟联、集句联。其基本要求是出句与对句字数相等,内容相关,语法结构一致,平仄相谐。其艺术手法多种多样,如"嵌字",周恩来故居有联:"千秋青史,不忍离去;寸草春晖,难报恩来。"下联嵌入总理英名。"列品",瓜洲曾有联:"楼船夜雪瓜洲渡,铁马秋风大散关。"上下联皆用三组名词并列而成,这种连续列举三种以上事物,中间不用别的词语隔开,即列品。"集句",集录现成的语句,按照对联句式、格调配合成联。扬州瘦西湖有联:"碧瓦朱甍照城郭,浅黄轻绿映楼台。"上联为杜甫诗句,下联为刘禹锡诗句。"用数",将枯燥无味的数字,嵌入诗联,别有情趣。长城山海关有联:"两京锁钥无双地,万里长城第一关。""拆合",作联时运用拆字或合字法,承德避暑山庄万壑松风联:"八十君王,处处十八公,道旁介寿;九重天子,年年重九节,塞上称觞。""八十君王",指乾隆活了89岁,"十八公"即"松"的拆字,与"万壑松风"的景物松相应。"对比"即对联句将人事物对比,表明爱憎,如杭州岳王庙岳飞墓联:"青山有幸埋忠骨,白铁无辜铸佞臣。""用典",即对联中用诗文典故、历史典故等,如南昌滕王阁联:"兴废总关情,看落霞孤鹜,秋水长天,幸此地湖山无恙;古今才一瞬,问江上才人,阁中帝子,比当年风景如何?"其中"江上才人",即写《滕王阁序》的王勃,"阁中帝子"即营建者李元婴,"落霞孤鹜,秋水长天"即王序中名句。"设问",即以设问方式,上联发问,下联回答,如成都杜甫堂联:"异代不同时,问如此江山,龙蟠虎卧几诗客?先生亦流寓,有长留天地,月白风清一草堂。"利用异字同音或异音同字构成联语,如温州江心寺联:"云朝朝朝朝朝朝朝朝朝散;潮长长长长长长长长长消。"上联二、四、五、七、九读 zhāo,意为"早晨",第三、六、八读 cháo,意为"涌潮",下联二、四、五、七、九读 cháng,意为"经常",第三、六、八读 zhǎng,意为"增长",通过巧妙利用朝、长的多音多义的特点,构成云聚云散,潮涨潮落,描绘出江心岛的风云变幻。

　　好的对联就是要准确地描述出景物的妙处,能由景抒发情感,并能使人进行深邃的思考。如成都武侯祠联:"能攻心,则反侧自消,从古知兵非好战;不审势,即宽严皆误,后来治蜀要深思。"这是清赵藩所撰,他是光绪时举人,是清末西南边疆著名文人。他是结合自己为官实际重新审视诸葛亮治蜀经验,对诸葛亮的文韬武略,从宽严、和战的辩证关系说明要审时度势,借古喻今,发人深省。

　　清代时出现了一批特长联,如孙髯的昆明大观楼联,竟达180字,而贵阳甲秀楼对联也有174字。由于字数多,就可表现比较深广的内容。如大观楼联:

　　五百里滇池,奔来眼底,披襟岸帻,喜茫茫空阔无边。看:东骧神骏,西翥灵仪,北走蜿蜒,南翔缟素。高人韵士,何妨选胜登临。趁蟹屿螺洲,梳裹就风鬟雾鬓;更苹天苇地,点缀些翠羽丹霞。莫辜负:四围香稻,万顷晴沙,九夏芙蓉,三春杨柳。

数千年往事,注到心头,把酒凌虚,叹滚滚英雄谁在?想:汉习楼船,唐标铁柱,宋挥玉斧,元跨革囊。伟烈丰功,费尽移山心力。尽珠帘画栋,卷不及暮雨朝云;便断碣残碑,都付与苍烟落照。只赢得:几杵疏钟,半江渔火,两行秋雁,一枕清霜。

上联写滇池风光,从横的方面写出东西南北,山的高峻蜿蜒,岛的秀丽多姿,萍草芦苇的丰茂,翠羽飞翔的自由。下联则从纵处落笔,历数汉唐宋元对云南的武功,兴盛隆替,既有追思怀远,也有扼腕慨叹。该联有景有情,有叙有议,有"古今第一长联""四海长联第一佳者"之誉。

四、传说逸闻

我国历史悠久,名人辈出,群星灿烂。这些名人大都品德高洁,成就卓著,为发展中华民族的文化作出杰出贡献。他们的事迹很多都与山水名胜相关,所以我国的山水名胜中传说逸闻是非常丰富的。

首先,笔记小说和广大群众口头创作的结合。自汉魏以来,历代笔记、小说中都有山水传说,如《世说新语》《集异记》《云溪友议》《后山谈丛》《容斋随笔》《西湖佳话》《雨窗消意录》等,在长期流传过程中,又经过广大群众反复加工和不断充实,成为散文体的口头创作。这些山水传说又与民间传说结合,不断丰富,或一山、或一水、或一物、或一人,有些慷慨悲壮,扣人心弦;有些质朴晓畅,情意感人;有些机智幽默,诙谐成趣。比如绍兴王羲之的故事很多,其中鹅池的故事就有很多,流传最广的是王羲之为道士写《黄庭经》,道士送给他一笼白鹅,这就是书经换白鹅的故事。绍兴城内确有戒珠寺内的鹅池和城外兰亭的鹅池,并有鹅池碑,相传为王羲之手书,正是因为遗迹中的蛛丝马迹,才使人们对此故事深信不疑。

其次,这些山水传说大多是历史真实和艺术真实的结合。即大的方面,即历史背景、社会生活环境、人物的主要经历和基本性格特征方面具有一定的真实性和可靠性,而具体的故事情节,以及与中心人物相关的一些人物等则带有很大的虚构成分。比如合肥包公祠,其中流传了包公的诸多故事,贯穿着包公为官清廉,执法严明,傲视权门,同情黎庶,这与包公的性格事迹是一致的,至于断案的具体过程,分明有人们按意愿、理想加工的痕迹。

再次,山水传说总是褒扬着民族精神。山水传说中无论是历史上的名人,还是普通百姓都注重刻画人物的精神面貌,注重突出人物的高尚品质。例如,山东曲阜孔府、孔庙中孔子诲人不倦、虚怀若谷、善思己过的哲人风采;湖北楚地屈原忧国忧民、不计个人荣辱的崇高境界;安徽亳县曹操抑制豪强、求贤若渴的政治家的气度;浙江绍兴王羲之潜心钻研书法、如醉如痴的情状;西湖边苏东坡兴利除害、为民造福的认真态度和旷达风趣的性格;镇江北固山上辛弃疾疾恶如仇、奋起抗金的爱国主义精神;绍兴青藤书屋徐渭捉弄权贵、惩治富豪的过人智慧和幽默感。历代人民口传心授,不断加工丰满,使山水故事具体而形象地弘扬民族最可宝贵的精神。

最后,山水传说由于流布广,故事随意性强,因此错乱朝代、张冠李戴、移花接木的情况屡见不鲜,同一故事可以说是苏东坡,又可以说是郑板桥。比如,某名人拜访某寺院,因方丈有眼无珠,前倨后恭,于是名人嘲弄,对旧时人情世态给予无情的嘲讽,不同地域就有苏东坡、纪晓岚、郑板桥的种种说法。但正是因为传说,可能不受历史事实的拘泥,表现手法上也可以在事实之外加上点儿幻想和虚构。为了增加趣味性,又常将吟诗、题字、作对联、行酒令的趣事穿插其中,这样的写实和幻想的结合,就使传说有历史的影子,因为百姓以此表现自己的爱憎和希冀,有意无意地在事实中渗进自己的感情而改写,所以我们不可以史传的要求苛责。

第四节　旅游文学的特点

一、作家的群体性和风格多样性

这是从作者群方面看的,因为旅游文学总有山水名胜为依托,作家慕其名而来,又为其名增色,于是凡有名的景观必然是一个朝代接一个朝代吸引着名人,人因景至,景因人名,于是滚雪球一般,使景点的文化内涵愈益厚重,写诗、作赋、撰文、题联,由最初的歌咏风景,扩展为对景点诗文、作者的评述,历代名人都是乐此不疲的。比如四川白帝城,名人为此撰写的诗文难以计数,勒石流传的就有碑刻80余方,隋、唐、宋、元、明、清各个朝代,帝王、重臣、官宦、文人雅士无不吟诗作赋。李白的"朝发白帝彩云间,千里江陵一日还",大手笔,轻松愉快之情跃然诗间。杜甫的"无边落木萧萧下,不尽长江滚滚来"千古名句,一泻千里,仅他在夔州作诗就达437首,瞿塘峡的山水草木,白帝城的往事追怀,无不熠熠生辉于诗圣笔下。其他如白居易、刘禹锡、苏轼、范成大、陆游,面对大好河山,谁能按捺得住诗情,谁能不诗兴勃发,翰墨淋漓?

风格多样化。以诗歌而论,唐代的盛唐和中唐,王维、孟浩然、李白、杜甫、白居易、刘禹锡、韩愈、柳宗元都写过不少歌咏山水的杰出诗篇,但每人都能自出机杼,独具慧眼。比如王维和孟浩然山水诗总体看以清新秀丽语言描绘了幽美的山水景色和宁静的田园生活。他们都能从尘嚣纷繁的人事中超然而出,而将心灵沉浸在美丽自然的怀抱之中,现实生活中的争名于朝、争利于世的杂念滤去了,静穆空灵的境界形成了。比如王维的《山居秋暝》:"空山新雨后,天气晚来秋。明月松间照,清泉石上流。竹喧归浣女,莲动下渔舟。随意春芳歇,王孙自可留。"该诗模山范水时自然有细致感人的刻画,"新雨""秋晚""明月""清泉""竹喧""浣女""莲动""渔舟",或动或静,有光有影,有形有色。透过这些描写,都是芳物、洁物,分明以物比心,借物明志,表露的是高尚情操,追求的是理想境界。既如一幅清新秀丽的山水画,又似一支恬静优美的抒情乐曲。王维以山水诗寄托他的自得其乐的闲适情趣,分明是禅宗的舍伪(抛弃现实世界)、归真(追求超现实的真如世界)、无自(否认个人存在的真实性)、无他(否认他人以至整个客观世界存在的真实性)形象化和美化,这和他个人亦官亦隐、吃斋奉佛的经历是吻合的。

孟浩然则不然,他一生没有入过仕途,而且一直生活在承平年代,生活中缺少波澜,所以他的诗歌就没有发展到幽冷孤独的程度。如《晚泊浔阳望庐山》:"挂席几千里,名山都未逢。泊舟浔阳郭,始见香炉峰。尝读远公传,永怀尘外踪。东林精舍近,日暮空闻钟。"此诗是他山水诗代表作,色彩素淡,浑成无迹,有"天籁"之称。作者如画淡淡的水墨画,所见是秀美的香炉峰,所听是东林寺的钟声,所思是东晋高僧慧远,这似乎是向往逸人高士的生活,但他虽是离"精舍近",却不累步登临,虽"空闻"钟却不去击,分明有钦羡隐逸的流露,但绝不孜孜以求,仅是表达欣然怡悦之情而已。

这种风格的多样性甚至影响到一个个朝代,形成时代的山水诗的基本风格。如唐诗和宋诗,缪钺先生概括两个朝代诗的风格说:"唐诗以韵胜,故浑雅,而贵蕴藉空灵;宋诗以意胜,故精能,而贵深析透辟。唐诗之美在情辞,故丰腴;宋诗之美在气骨,故瘦劲。唐诗如芍药海棠,秾华繁采;宋诗如寒梅秋菊,幽韵冷香。唐诗如啖荔枝,一颗入口,则甘芳盈颊;宋诗如食橄榄,初觉生涩,而回味隽永。"比较其山水诗,风格特别明显。同是歌颂庐山,李白《望庐山五老峰》:"庐山东南五老峰,青山削出金芙蓉。九江秀色可揽结,吾将此地巢云松。"作者善譬巧喻,庐山五彩斑斓。苏轼《题西林壁》:"横看成岭侧成峰,远近高低各不同。不识庐山真面目,只缘身在此山中。"写景之余却深富哲理,巧妙说明"当局者迷"的哲理,自然而不露痕迹。

二、关注现实和寄托理想

在诸多歌颂人文景观的诗文中,这样的结合尤为突出,切中时弊,见解深刻。以运河题材为例,隋炀帝开凿了南北大运河,这是中华水利史上的奇观,但是毕竟耗用民力太大,天怒人怨,隋代以后,多少诗人在运河边慨叹,当然重在开凿运河对当时人民的危害,"汴水通淮利最多,生人为害亦相和。东南四十三州地,取尽脂膏是此河"。(李敬方)"入郭登桥出郭船,红楼日日柳年年。君王忍把平陈业,只换雷塘数亩田。"(罗隐)这些诗章不胜枚举,对炀帝开河和巡幸之过确有李密在宣布他十大罪状时所说"罄南山之竹,书罪无穷;决东海之波,流恶难尽"之意。但是隋运河在经济上的作用却是不可低估的,而且随着时间的推移,它对后世南北物资交流的促进作用日益明显。所以,唐代诗人皮日休曾写《汴河铭》,称赞运河:"北通涿郡之渔商,南运江都之转输,其为利也博哉!"他还在《汴河怀古》诗中说:

尽道隋亡为此河,至今千里赖通波。

若无水殿龙舟事,共禹论功不较多。

明人于慎行《谷山笔麈》评述颇为公允,说炀帝"为后世开万世之利,可谓不仁而有功矣"。清初爱国历史学家谈迁在《北游录》中谈到邗沟时也说:"吴隋虽轻用民力,今漕河赖之。西门豹曰:'今父老子弟患苦我,百岁后期令子孙思我。'谅哉!"

我国山水文学的另一重要特点是关注现实的同时又寄托理想,诗人都以满腔热情去拥抱生活,关心民生疾苦,国家兴衰,可贵者对黑暗现实的憎恶又反衬着对美好生活的向往。范仲淹的《岳阳楼记》表达了"先天下之忧而忧,后天下之乐而乐"的高尚理想,激励了多少后代仁人志士。刘禹锡的《陋室铭》,全文仅81字:"山不在高,有仙则名;水不在深,有龙则灵。斯是陋室,唯吾德馨。苔痕上阶绿,草色入帘青。谈笑有鸿儒,往来无白丁。可以调素琴,阅金经;无丝竹之乱耳,无案牍之劳形。南阳诸葛庐,西蜀子云亭。孔子云:'何陋之有?'"作者借陋室表现理想,他求的是陋室门前内里的别致幽雅的美景;知交相聚的纯洁相知相慰的人情交往;不劳形案牍,有调琴阅经逸豫乐趣。他不羡慕荣华富贵,不同流合污于腐朽权贵,实在是至尊至洁的理想。

三、纪实和写意

山水诗文如同中国水墨画,泼墨晕染、工笔细描有机结合,既表现山水景观,形美质美,外表景象和内在风骨,还通过议论、抒情手段,表现诗人的独特的审美情趣。总是注重主观"意"和客观"境"的有机融合,创造出饱和诗人主观感情的理想景观。如白居易的《忆江南》:"江南好,风景旧曾谙。日出江花红胜火,春来江水绿如蓝,能不忆江南。"不过只用了最具特色的"江花""江水",受着红日普照,春风轻拂,于是天工造化,这画面色彩"花红似火""水绿如蓝",这互为背景、又互为主景的江南景准确、形象、鲜明地表露出来。如果不是有高度纪实写意的技巧,谁能仅用14字就能表达这色彩绚丽,耀人眼目的阔大图景?

杨万里《晓出净慈寺送林子芳》:"毕竟西湖六月中,风光不与四时同。接天莲叶无穷碧,映日荷花别样红。"特定的地点——西湖,特定的时间——六月中,自然造成不同他处、不同四时的独特景观,那是阔大无比的景,莲叶接天,荷花也接天,荷花映日,莲叶也映日,荷花是因天日的抚慰才如此娇美动人,还是天日艳羡荷花的美丽,才主动为其增色生辉,把充满阴柔之气的秀媚的荷花和境界阔大的充满阳刚之气的壮美的天日,自然、形象地结合在一起,非大手笔而无此诗。

朱熹《春日》:"胜日寻芳泗水滨,无边光景一时新。等闲识得东风面,万紫千红总是春。"这是一首游春诗,可贵的是作者不是进行具体形象的纪实,而是高屋建瓴,抓住春日之魂,浓缩概括,只以"万紫千红"四字,便写出了春天的百花争艳,更写出蓬勃生机,无限春光,其"寻芳"暗含求圣人之道,"万紫千红"暗含其"道"的生机盎然。这种情感宣泄的适度和表现方法的简约,使山水文学具有含蓄深沉、意味隽永的艺术特征。

复习思考题

1. 旅游文学的产生和旅游活动是如何同步的?
2. 为什么说山水文学的兴起是时代的必然?
3. 为什么诗人热衷于歌颂祖国的名山大川?
4. 为什么名人题咏提高景点品位?
5. 举例说明人们如何依据名人小说诗文创设景点。
6. 旅游文学的类别及其特点。

附录

附录 A　中国历史文化名城

第一批历史文化名城（24座）（1982年公布）

城市名	所属行政区	历史意义	主要胜迹
北京	北京市	金、元、明、清都城	明清故宫、颐和园、八达岭长城、明十三陵
大同	山西	北魏都城，辽、金陪都，明清重镇	云冈石窟、华严寺、善化寺
承德	河北	清王朝第二个政治活动中心	避暑山庄、外八庙
南京	江苏	吴、东晋、宋、齐、梁、陈、南唐及明初都城，太平天国建天京，孙中山领导的临时政府所在地	南朝陵墓石刻、南唐二陵、中山陵、雨花台
苏州	江苏	春秋战国时期吴国都城，著名的园林城市	沧浪亭、狮子林、拙政园、寒山寺
扬州	江苏	五代十国时吴越国都城	瘦西湖、何园、个园、唐城遗址
杭州	浙江	吴越国都城、南宋都城	西湖风景区、灵隐寺、六和塔、岳王庙
绍兴	浙江	古越国都城	禹陵、禹庙、兰亭、鉴湖、秋瑾故居、沈园
泉州	福建	南宋对外大港口，宋、元造船中心	天后宫、开元寺、海外交通史博物馆、老君岩
延安	陕西	抗日战争时党中央所在地	王家坪革命旧址、杨家岭、枣园革命旧址、延安宝塔、黄帝陵、黄河壶口瀑布
景德镇	江西	中外著名瓷都	瓷器博物馆、湖田古瓷遗址
曲阜	山东	春秋战国时期鲁国都城	孔庙、孔府、孔林
洛阳	河南	东周、东汉等九朝古都	龙门石窟、白马寺、古墓博物馆、关林

城市名	所属行政区	历史意义	主要胜迹
开封	河南	魏、北宋等七朝古都	龙亭、铁塔、相国寺、延庆观、宋都御街
江陵	湖北	春秋楚国国都	荆州古城、三国胜迹、开元观、楚纪南故城
长沙	湖南	春秋战国时楚国南方重镇,秦设长沙郡	岳麓书院、马王堆、开福寺、天心阁、湖南省立第一师范学校
广州	广东	汉唐以来"海上丝绸之路"始发港,近代和现代革命策源地	七星岗古海岸遗址、黄花岗烈士陵园、中山堂、怀仁寺、广州农民运动讲习所旧址
桂林	广西	夏、商、周时期百越地,秦始皇时期设桂林郡	明代靖江王王城、唐宋以来摩崖石刻造像、灵渠、岩溶山水风光
成都	四川	三国时蜀汉,五代前蜀、后蜀都城	杜甫草堂、武侯祠、都江堰、宝光寺、王建墓、明蜀王陵
遵义	贵州	1935年遵义会议所在地	遵义会议会址、护国寺、湘山寺、娄山关战斗遗址
西安	陕西	建都朝代最多、历时最久的城市,汉、隋、唐等十朝古都	秦始皇陵兵马俑、明城墙、大雁塔、小雁塔、钟楼
昆明	云南	汉时益州郡	滇池、龙门、西山、三清阁、圆通寺
大理	云南	南诏、大理国都城	崇圣寺三塔、蝴蝶泉、太和城遗址、南诏德化碑
拉萨	西藏	公元7世纪松赞干布统一西藏后的首府	布达拉宫、大昭寺、哲蚌寺、色拉寺

第二批历史文化名城(38座)(1986年公布)

城市名	所属行政区	历史意义	主要胜迹
上海	上海市	春秋战国时楚国宰相春申君封地,中国共产党诞生地	豫园、玉佛寺、中共一大会议遗址

城市名	所属行政区	历史意义	主要胜迹
天津	天津市	元朝以来的京畿门户	天后宫、独乐寺
沈阳	辽宁	清建国初期的都城,入关后陪都	沈阳故宫、福陵、昭陵
武汉	湖北	春秋战国时楚国所在地,辛亥革命起义中心	黄鹤楼、晴川阁、古琴台、宝通寺、归元寺、辛亥革命起义门、湖北军政府旧址
南昌	江西	汉建城,革命英雄城市	滕王阁、八一起义纪念馆、新四军军部旧址、八大山人纪念馆、西山万寿宫
重庆	重庆市	古代巴国都城,抗日时国民党政府陪都	大足石刻、红岩革命纪念馆、中美合作所旧址展览馆
保定	河北	1300年历史的冀中古城	满城汉墓、直隶总督府、冉庄地道战、古莲花池
平遥	山西	明代古城	双林寺、古城墙、镇国寺、文庙
呼和浩特	内蒙古	400多年建城历史,具有鲜明民族特点和众多名胜古迹的塞外名城	昭君墓、大召、五塔寺、白塔、哈素海、清公主府、席力图召、清真大寺、乌素图召、大窑文化
镇江	江苏	吴文化发祥地之一	金山、焦山、北固山、甘露寺
常熟	江苏	江南文化古城	彩衣堂、虞山、言子墓
徐州	江苏	尧时建大彭氏国,有2500多年建城史,是江苏境内最早出现的城邑	云龙山、兴化寺、淮海战役烈士纪念塔和纪念馆、华佗墓
淮安	江苏	江淮流域古文化的发祥地之一,周恩来总理故乡	周恩来故居、文通塔、青莲岗遗址、镇淮楼
宁波	浙江	我国最早的藏书中心之一,主要对外贸易口岸	天一阁、天童寺、河姆渡遗址、保国寺
歙县	安徽	始建于秦,皖南古代重镇	许国石坊、绿绕亭、新安碑园
寿县	安徽	楚文化的故乡、豆腐的发源地、淝水之战的古战场	报恩寺、古城墙、安丰塘

城市名	所属行政区	历史意义	主要胜迹
亳州	安徽	曹操、华佗故里,曾为魏的"陪都"	花戏楼、薛阁塔、华祖庵、曹操宗族墓群
福州	福建	古老的外贸港口,秦代设闽中郡,后一直为福建的政治中心	西禅寺、华林寺大殿、林则徐纪念馆、马江海战纪念馆、严复墓
漳州	福建	闽南古城	南山寺、万松关、文庙碑刻
济南	山东	"龙山文化"发现地,春秋齐国军事要地	城子崖遗址、大明湖、四门塔、灵岩寺、趵突泉
安阳	河南	中华文化重要发祥地	殷墟、妇好墓、修定寺塔、天宁寺塔
南阳	河南	四五十万年前,"南召猿人"生活地,中华文化重要发祥地之一	医圣祠、内乡清代县衙、医圣祠
商丘	河南	先商民族的发祥地和活动中心,为商汤时商朝、西周时宋国、西汉时梁国的国都	东周宋国城址、西汉梁国王陵墓群、白云寺、圣寿寺塔
襄樊	湖北	襄阳汉初建县,三国时,曹魏设襄阳郡。历代州、郡、道、府、路治所	雕龙碑遗址、古隆中、米公祠
潮州	广东	隋开皇十一年设州,历代州、郡、道、府、治所	广济桥、开元寺、笔架山宋窑遗址、韩祠
阆中	四川	秦置县,历代为郡、州、府、道、治所	汉桓侯祠墓、华光楼、大佛寺、兰家坝遗址
宜宾	四川	西南边陲重镇,有"长江第一城"之誉	翠坪山、忠山、旧州塔、赵一曼纪念馆、流杯池
自贡	四川	中国盐都,恐龙之乡	恐龙博物馆、西秦会馆、刘光第墓
镇远	贵州	黔东古城,20世纪50年代初,为镇远专署和黔东南苗族侗族自治州首府	青龙洞、万寿宫、大佛堂、玉泉殿、藏经殿
丽江	云南	连接滇藏的茶巴古道	玉龙雪山、五凤楼、丽江壁画、丽江古城
日喀则	西藏	历代班禅所在地	扎什伦布寺、夏鲁寺、那当寺

城市名	所属行政区	历史意义	主要胜迹
韩城	陕西	司马迁故里	司马迁祠墓、龙门、文庙、魏长城遗址
榆林	陕西	陕西重镇	红石峡、榆林城墙、新明楼、镇北台
武威	甘肃	汉唐时我国西北地区仅次于长安的最大古城,凉州和武威郡的首府	文庙、成雷台、白塔寺、天梯山石窟、西夏博物馆
张掖	甘肃	西汉时建郡,自古为军事战略要地,"丝绸之路"咽喉,中西文化交流通道	大佛寺、木塔寺、黑水国汉墓群
敦煌	甘肃	佛教东传第一站,为丝绸之路东、中段各线交汇的枢纽	莫高窟石窟、玉门关、西千佛洞、鸣沙山和月牙泉
银川	宁夏	西夏都城	贺兰山贺兰口岩画、水洞沟遗址、西夏陵、海宝塔
喀什	新疆	中国最西端的城市,维吾尔文化的发祥地	艾提尕尔清真寺、阿帕克霍加墓(香妃墓)、穆罕默德·喀什噶里墓、玉素甫·哈斯·哈吉甫陵墓、叶尔羌汗朝古迹

第三批历史文化名城(37座)(1994年公布)

城市名	所属行政区	历史意义	主要胜迹
正定	河北	春秋时期为鲜虞国,战国时期为中山国,自晋代至清末一直是郡、州、路、府治所	隆兴寺、文惠寺多宝塔、天宁寺凌霄塔、临济寺澄灵塔、开元寺钟楼
邯郸	河北	赵国都城	赵邯郸故城遗址、梳妆楼、照眉台遗址、赵王陵墓群、邺城及三台遗址
新绛	山西	隋至清为州、府治所	白胎寺、钟鼓楼、乐楼、居园池遗址、稷益庙

城市名	所属行政区	历史意义	主要胜迹
代县	山西	晋北咽喉,三晋门户,战略要冲	连靖楼、雁门关、阿育王塔、文庙、关帝庙
祁县	山西	晋商的发源地	乔家大院、文庙、财神庙
哈尔滨	黑龙江	金、清两代王朝的发祥地	极乐寺、东正教堂、天主教堂、文庙
吉林	吉林	满族发祥地之一	乌拉部都城、北山寺庙群、文庙、阿什哈达摩崖碑、东团山遗址
集安	吉林	汉魏高句丽故都	丸都山城、好太王碑、人面石刻、洞沟古墓群、冉牟墓
衢州	浙江	东汉县治,唐至清为州、路、府治所	孔氏南宗家庙、烂柯山、江郎山
临海	浙江	西汉置县,自晋代来为台州郡、府治所在地	桃渚古城、戚继光表功碑、巾子山
长汀	福建	西晋县治,唐至清为州、郡、府、路治所	文庙、朱子祠、新石器时代遗址、苏维埃政府遗址
赣州	江西	西汉县治,历代郡、州、府治所	古城墙、通天岩石窟、文庙、舍利塔
青岛	山东	明浮山防御千户所,鸦片战争后总镇衙门	齐长城、田横岛、琅琊台、珠山石窟
聊城	山东	齐国城邑,明、清为东昌府治所	光岳楼、山陕会馆、临清运河钞关、景阳冈、龙山文化遗址、曹植墓
邹城	山东	孟子故乡	铁山摩崖刻经、岗山摩崖刻经、孟庙、孟府、明鲁王朱檀墓
临淄	山东	春秋战国齐国都城	齐国故城、田齐王陵、临淄墓群、桐林田旺遗址
郑州	河南	商代中期都城,隋设郑州府治所	裴里岗遗址、马良沟遗址
浚县	河南	西汉以来县治所	千佛寺、千佛寺石窟、天宁寺、大石佛、恩荣坊
随州	湖北	传为炎帝故里,秦、唐郡、州治所	曾侯乙墓、古文化遗址、明代砖城遗址

城市名	所属行政区	历史意义	主要胜迹
钟祥	湖北	战国后期楚国都城,西晋起为历代郡、州、府治所	文风塔、阳春台、白雪楼、显陵
岳阳	湖南	自晋置巴陵郡后一直作为郡治之所	岳阳楼、君山岛、南湖屈子祠、杜甫墓
肇庆	广东	岭南土著文化的发祥地之一,汉、隋、宋为州府	宋城墙、包公祠、梅庵、北伐先锋叶挺独立团团部旧址(阅江楼)、德庆学宫、龙母祖庙、鼎湖山
佛山	广东	宋置佛山镇,中国四大名镇之一	梁园、佛山祖庙、康有为故居、大岗山石窟
梅州	广东	闽粤赣边区经济、政治、军事重镇,是我国东南边陲的兵家必争之地	八角亭、人境庐、孔子庙、千佛塔、状元桥
海康	广东	始建于战国,西汉时为县、郡、州、道、府治所	雷祖祠、三元塔、真武堂、新石器时代遗址
柳州	广西	汉设县,唐以来为州、府治所	柳侯祠、东门城楼、清真寺
琼山	海南	秦设县,唐以来为琼州府治所	五公祠、文庙大成殿、琼台书院、冯白驹故居
乐山	四川	春秋战国时期蜀王开明的故都	乐山大佛、麻浩崖墓、灵宝塔、离堆、乌尤寺
都江堰	四川	长江流域和古蜀文明的发祥地之一	都江堰、青城山、二王庙、安澜索桥、千佛塔
泸州	四川	西汉置县,南朝后梁为州、府治所	泸顺起义总指挥部旧址、忠山、滴乳岩、报恩塔、龙透关、泸州大曲老窖
建水	云南	元代以来就是滇南政治、文化、交通中心	文庙、指林寺、朝阳楼、云龙山寺、崇正书院、天缘桥、双龙桥
巍山	云南	汉代设县,唐以后县治,南诏的发祥地	文庙、文昌宫、文化书院藏书楼、北社先师阁、圆觉寺、玄龙寺

城市名	所属行政区	历史意义	主要胜迹
江孜	西藏	西藏历史上三大重镇之一	江孜宗城堡、宗山抗英遗址、白居寺
咸阳	陕西	秦国都城,周、汉、唐等十一个朝代曾作为都城或京畿之地	唐太宗昭陵、唐高宗乾陵、汉茂陵
汉中	陕西	秦国设置汉中郡	古汉台、拜将台、石门、张骞墓、蔡伦墓、褒斜古栈道、张良墓、汉魏摩崖石刻
天水	甘肃	春秋设县治所	麦积山、仙人崖、南郭寺、伏羲庙、玉泉观、明代四合院
同仁	青海	秦汉以前被称为"羌戎之地",唐时为金成公主的汤沐邑,境内散布着许多远古时代以来人类活动遗址	隆务寺、二郎庙、清真寺

第四批历史文化名城(2001 年公布)

城市名	所属行政区	历史意义	主要胜迹
秦皇岛山海关区	河北	我国军事重镇	孟姜女庙、角山、长寿山、悬阳洞

第五批历史文化名城(2002 年公布)

城市名	所属行政区	历史意义	主要胜迹
凤凰县	湖南	湘西政治、军事、经济、文化中心,沈从文故乡	沈从文故居、南长城、朝阳宫、黄丝桥、回龙阁吊脚楼

第六批历史文化名城(2004 年公布)

城市名	所属行政区	历史意义	主要胜迹
濮阳	河南	颛顼曾以此为都,有"帝都"之誉	西水坡遗址、卫都高城遗址、春秋戚遗址、五代澶州城遗址、仓颉陵、子路墓祠

第七批历史文化名城(2005 年公布)

城市名	所属行政区	历史意义	主要胜迹
安庆	安徽	安徽之源、禅宗之地、京剧之祖、黄梅戏之乡	天柱山、振风塔、张四墩新石器时代遗址

增补的历史文化名城(2007—2018 年)

城市名	所属行政区	历史意义	主要胜迹
泰安	山东	"大汶口文化"的发祥地	泰山,摩崖石刻,水浒影视城,岱庙
海口	海南	南渡江入海口处的一块浦滩之地	火山口公园、海口骑楼老街、假日海滩
金华	浙江	文化礼仪之邦	双龙洞、永康方岩、百丈潭、诸葛八卦村
绩溪	安徽	徽州文化的发源地之一	龙川景区、徽杭古道、千年仁里景区、鄣山大峡谷、绩溪博物馆
吐鲁番	新疆	古丝绸之路上的重镇	高昌故城、交河故城、火焰山、葡萄沟
特克斯	新疆	它是世界上唯一规模最大、保存最完整的"八卦城"	八卦城、阿克库勒湖、喀拉峻草原、恰甫其海、乌孙夏都
无锡	江苏	江南文明的发源地之一	鼋头渚、灵山胜境、无锡长广溪国家湿地公园
南通	江苏	中国近代第一城	狼山,濠河,水绘园,余西古镇,渡海亭,圆陀角
北海	广西	古代"海上丝绸之路"的重要始发港	北海银滩、涠洲岛、北海老街、星岛湖、山口红树林自然保护区
宜兴	江苏	陶的古都	善卷洞、龙背山森林公园、竹海、东坡书院、张公洞、玉女潭
嘉兴	浙江	新石器时代马家浜文化的发祥地、"鱼米之乡""丝绸之府"	南湖、乌镇、西塘、盐官(钱江潮)、南北湖、月河历史街区

城市名	所属行政区	历史意义	主要胜迹
太原	山西	新石器时期仰韶文化晚期的发祥地	晋祠、天龙山石窟、永祚寺、崇善寺、窦大夫祠、蒙山大佛、太山
中山	广东	中国的近代文化重要发祥地之一	孙中山故里、孙文西路步行街、岐江公园、中山城
蓬莱	山东	新石器时代即有人类聚居	蓬莱阁、戚继光祠堂、田横山文化公园
会理	四川	诸葛亮南征的首战之地	会理古城、龙肘山、仙人湖、金江书院
库车	新疆	西域"城郭诸国"的大国之一	库车王府、克孜尔石窟、大小龙池、天山神秘大峡谷
伊宁	新疆	西陲一大都会	伊犁将军府、陕西大寺、拜都拉大寺、火龙洞
泰州	江苏	承南启北的水陆要津,为苏中门户	溱湖风景区、凤城河风景区、梅兰芳公园、光孝寺
会泽	云南	彝族起源和发展的中心区域	大海草山、会泽会馆、黑颈鹤自然保护区
烟台	山东	中国古代早期文化发祥地之一	南山景区、烟台山、养马岛、金沙滩海滨公园、蓬莱阁、长山列岛
青州	山东	古"九州"之一	云驼风景区、仰天山、黄花溪、范公亭公园、青州古城、井塘古村
湖州	浙江	近代湖商的发源地	南浔古镇、莫干山、莲花庄、飞英塔、太湖
齐齐哈尔	黑龙江	流人边塞文化发源地	扎龙自然保护区、龙沙公园、明月岛、昂昂溪遗址
常州	江苏	吴文化的发源地之一,南朝齐梁故里	陈渡草堂、天宁寺、舣舟亭、西太湖
瑞金	江西	著名的红色故都、共和国摇篮、中央苏区时期党中央驻地、中华苏维埃共和国临时中央政府诞生地	中央革命根据地历史博物馆、红井、叶坪革命旧址群、罗汉岩

城市名	所属行政区	历史意义	主要胜迹
惠州	广东	岭南名郡、粤东门户、客家侨都	西湖、罗浮山、平海古城、南昆山、叶挺故居
温州	浙江	中国青瓷的发源地之一	楠溪江、雁荡山、百丈漈、飞云湖
高邮	江苏	帝尧故里、尧文化发祥地	盂城驿、高邮战役纪念馆
永州	湖南	泉陵侯国	永州八景、柳子庙、浯溪碑林
长春	吉林	扶余国都	伪满皇宫,净月潭,长影世纪城
龙泉	浙江	青瓷之都、宝剑之邦	牛门岗遗址、源口青瓷古窑址
蔚县	河北	"燕云十六州"之一	古城、古堡、南安寺塔

附录 B 中国之最

1. 世界最大的广场——天安门广场

北京的天安门广场,面积 4 万平方米,是世界上最大的广场。广场中央的人民英雄纪念碑是中华人民共和国第一座大型纪念性建筑物。正面镌刻着毛泽东的亲笔题词"人民英雄永垂不朽",背面有周恩来书写的碑文。广场西边的人民大会堂是世界上最大的会堂,内有中国最大的万人会场和最多能容纳 5000 人的宴会厅。中国历史博物馆和中国革命博物馆位于天安门广场东侧,把中华悠久的历史浓缩展现于此。广场南面,依次是毛主席纪念堂、正阳门和中国最大的箭楼——前门箭楼。著名的长安街自东向西穿过广场,最宽处达百米以上,是中国最宽的大街。天安门广场以其恢宏的气势和深刻和内涵为世人所瞩目。

2. 中华民族的"母亲河"——黄河

黄河是仅次于长江的中国第二大河。它发源于青海巴颜喀拉山北麓的约古宗列盆地,流经青海、四川、甘肃、宁夏、内蒙古、山西、陕西、河南、山东 9 个省、自治区,在山东省东营市垦利区注入渤海,全长 5464 千米。它沿途汇集了 40 多条主要支流和无数细流,形成了 7.52 万多平方千米的流域。这里有着三亿多亩耕地,居住着一亿一千万中国各族人民。黄河流域是中华文明的发源地,黄河是中华民族的"母亲河"。"蓝田猿人"化石证明,约 80 万年前这里已有原始人的足迹。从殷商到北宋,这里一直是中国政治、经济、文化的中心。这里有广阔的肥原沃土和水草丰美的天然牧场,物产富饶,地下蕴藏十分丰富,对中国历史发展和经济繁荣有着极其重要的贡献。

3. 中国第一大河——长江

长江是中国第一大河,长度为 6380 千米,仅次于亚马孙河和尼罗河,居世界第三位。它发源于唐古拉山山脉主峰各拉丹冬雪山西南侧,流经青海、西藏、四川、云南、重庆、湖北、湖南、江西、安徽、江苏、上海 11 个省、市、自治区,沿途接纳 700 多支流,最后注入东海,形成了 180 万平方千米的流域,占中国 1/5 的陆地面积。元谋人和其他考古新发现证明,长江和黄河一样,同是中华文明的摇篮,是中华民族的"父母之河"。

4. 世界最早最长的运河——京杭大运河

京杭大运河北起北京,南到杭州,流经北京、河北、天津、山东、江苏和浙江六省市,全长1794千米,比苏伊士运河长10倍,比巴拿马运河长20倍,是世界开凿最早、最长的人工河。2400年前的春秋时期吴国在扬州开凿的"邗沟",是运河最早的一段,它实现了中国历史上长江与淮河水系的首次沟通。这是中国唯一南北走向的长河。京杭大运河的开凿沟通了钱塘江、长江、淮河、黄河、海河五大水系,对中国南北经济、文化交流起了重大作用。和长城一样,它也是中华文明的象征。

5. 中国最早的越岭运河——灵渠

古运河灵渠,位于广西兴安县,全长3.4万米,开凿于公元前219年,距今已有2200多年的历史,是中国最早的越岭运河。公元前219年,秦始皇为了适应进军岭南的需要,命令一位叫史禄的官员主持开凿了兴安运河,使中原的军城粮草能由长江,入洞庭、溯湘江、过灵渠,进入岭南珠江流域。灵渠的开凿,沟通了长江和珠江两大水系,不仅帮助秦始皇实现了统一中国的政治理想,同时也加速了岭南地区的开发。兴安运河之所以称为"灵渠",是由于建造和设计上的科学与灵巧。

6. 中国最长的内陆河——塔里木河

塔里木盆地北部蜿蜒着塔里木河,干流长约1000千米,如果把上源支流的叶尔羌河也加上,全长达2.137千米,是中国最长的内陆河。塔里木河两岸,地下水位较高,又有山洪补给,适宜植物生长,形成了稠密的植被,有利于开垦。从20世纪50年代开始,这里相继建立了几十个大型国有农场,形成新疆南部新型的糖、棉、蚕桑和瓜果基地。

7. 中国最长的地下河——坎儿井

坎儿井是新疆吐鲁番的人们采掘地下水的一种井。这种井分明渠、暗渠、直井,其中以挖掘暗渠工程最为艰巨。坎儿井短的几千米,长的几十千米。如今吐鲁番有由千余条坎儿井组成的地下长河,总长度超过3000千米,被称之为中国最长的地下"河"。

8. 世界海拔最高的大河——雅鲁藏布江

雅鲁藏布江源于喜马拉雅山脉中段北麓冰山雪岭之中的杰马宗冲川,全长2900千米(中国境内长2057千米),流域面积93万平方千米。河床海拔平均在3000米以上,是世界上海拔最高的大河。

9. 中国佛教名山之首——五台山

山西的五台山寺庙,创建早、规模大、佛事盛,是佛祖释迦牟尼之下地位最高的文殊菩萨的演教场所,因此,五台山被公认为中国的四大佛教名山之首。五台山的寺庙,始建于1900多年前的中国东汉永平年间。鼎盛时期,寺庙达数百处,僧侣万余人。五台山还是中国唯一兼有汉地佛教和藏传佛教的圣地。

10. 中国第一大潮——钱江潮

钱塘江自西向东流入东海,在河口向东呈喇叭形,与浩瀚的东海水天相连。每逢中国农历初一和十五,海潮滚滚入杭州湾,在钱塘江口形成气势壮观的涌潮,成为中国第一大潮——钱江潮。钱江潮自古被称为天下奇观,最大潮差达8~9米。秦朝以前,人们已开始在钱江观潮,经过2000多年,至今还是那样激动人心。传说农历八月十八日是潮神生日,因此这一天就成了传统的观潮节。每年中秋节前后,常有10多万人前来观潮,形成人潮海潮齐涌的场面。

11. 中国最大的瀑布——黄果树瀑布

黄果树瀑布位于贵州省镇宁县白水河上,顶宽84米,平常总体宽度20余米,高67米,如果把它顶端天潭上5米的落差和瀑布下17.7米的深潭算在内,总高近90米,是中国最大的瀑布。瀑布从高高的悬崖上直泻犀牛潭中,水花飞溅,气势磅礴。远眺,水雾弥漫,气象万千,细雨蒙蒙,凉爽宜人。夏季的黄果树瀑布更为壮观,几千米以外便可听到它的咆哮。在黄果树瀑布后面,隐匿着一条百余米长的崖廊洞穴,有"水帘洞"之称。循着曲折的石径,游人可经过"水帘洞"钻到瀑布的后面,又能领略到瀑布的另一番惊心动魄的气势。瀑布跌落处的犀牛潭,碧绿幽深,给人以神秘的美感。

12. 中国最大的咸水湖——青海湖

位于中国青海省内的青海湖,是中国最大的咸水湖,周长为36万千米,面积为4635平方千米,海拔为3690米,最深处为32米。湖水主要含钠、钾、镁、钙等,并盛产裸鱼(湟鱼)。青海湖中的鸟岛,面积虽不足1平方千米,但每年五六月份,有10多万只各类候鸟从中国南方及东南亚地区成群结队来岛上筑巢栖息、繁衍后代。

13. 中国最大的淡水湖——鄱阳湖

位于中国江西省的北部,与长江相接,面积3583平方千米,雨季面积达5000平方千米,蓄水250亿立方米,是中国最大的淡水湖。鄱阳湖烟波浩渺,景色迷人。湖中盛产银鱼、鳜鱼、鲥鱼等100多种鱼。鄱阳湖冬季温暖,吸引了大批鸟类前来越冬,其中有世界最大的白鹤群。

14. 中国最大的盐湖——察尔汗盐湖

中国最大的天然内陆盐湖察尔汗盐湖,在青海省柴达木盆地的大漠深处。总面积为5800多平方千米。湖面盐层厚度达几米至几十米,仅食盐储量就有420多亿吨。盐盖所能耐的力不亚于花岗岩,可用来铺路、砌墙、盖房子,青藏铁路有一段就铺在盐盖上。察尔汗盐湖氯化钾储量占全国的97%,氯化镁、氯化锂的储量也为全国第一。

15. 中国最大的内陆淡水湖——博斯腾湖

博斯腾湖位于天山南麓的焉耆盆地之中,面积988平方千米,海拔1048米,容积为80亿立方米,是中国最大的内陆淡水湖。博斯腾地区干燥少雨,湖水来源于天山的冰川雪峰。开都河、青水河、黄水河带着融化了的雪水,穿越戈壁荒原,注入博斯腾湖,使湖水量保持稳定。湖区盛产芦苇、莲藕、鱼、麝鼠、水貂等野生动植物。

16. 世界海拔最高的咸水湖——纳木错湖

纳木错湖位于西藏拉萨西北200千米处,海拔4700多米,面积为1940平方千米,是世界上海拔最高的咸水湖。纳木错湖渔业资源丰富,年捕捞量可达70多万千克。湖泊周围水草丰美,是优良的天然牧场。

17. 中国海拔最高的天然冰场——天山天池

海拔1980米的天山天池位于新疆天山东段博格达峰的半山腰。它是一个高山湖泊,湖面呈半月形,长3400米,最宽处为1500米,面积4.9平方千米,水最深处达105米。夏季,天池那湛蓝碧绿的湖水,犹如镶嵌在群山翠柏中的一面镜子。冬季,天池披银挂素,和四周的群山融为一体,是优美的天然溜冰场。

18. 中国最大的荷花塘——微山湖

微山湖位于山东南部,由微山、昭阳、独山、南阳四湖组成,又称南四湖。四湖完全连成一片,其中微山湖最大,现称微山湖。该湖呈东南西北走向,长126千米,最宽处25千米,最窄处5千米,总面积为1209.3平方千米,是华北最大的淡水湖。微山湖里生长着6667万平方米荷花,是中国最大的荷花塘。微山湖荷花系野生,有红白两色,红的嫣然如霞,白的清丽典雅。荷花历来被誉为"六月花神","出淤泥而不染,濯清涟而不妖"便是对荷花高洁品格的赞颂。盛夏季节,千万朵荷花争奇斗艳,若泛舟湖上,穿行于荷丛,如置身花海绢波之中。

19. 亚洲最长的游览索道——黄山索道

黄山在安徽省黄山市,是中国最著名的风景区之一,也是世界知名的游览胜地。黄山风景变幻多姿,奇松、怪石、云海、温泉为"四绝",素有"天下第一奇山"之誉。泰山的雅伟、华山的峻峭、峨眉的清凉、衡山的烟云、庐山的飞瀑,雁荡的巧石,黄山都兼而有之。徐霞客曾赞称"五岳归来不看山,黄山归来不看岳""登黄山而天下无山"。为了方便游客领略黄山美景而修建的载人索道,长2808米,是亚洲最长的游览索道。

20. 世界第一高峰——珠穆朗玛峰

沿着连绵起伏的喜马拉雅山脉向南遥望,只见茫茫草原的尽头,一座座晶莹的山峰高高隆起,其中有一座金字塔形的山峰傲然挺立在群山之首,这就是举世闻名的世界最高峰——珠穆朗玛。该峰位于喜马拉雅山中段中国和尼泊尔的边界上,海拔8848.13米,是世界第一高峰。珠穆朗玛峰的景致是迷人的,一年四季,瞬息万变,壮丽多姿,无时不给人一种神奇伟大的印象。

21. 中国最深的大峡谷——虎跳峡

长江上游的虎跳峡位于云南省丽江市境内,两侧矗立着玉龙雪山和哈巴雪山,相对高差3000多米,是中国最深的大峡谷。

22. 中国海拔最低的高山冰川——海螺沟

在中国贡嘎山主峰的东坡,有一条神奇的冰蚀河谷——海螺沟。这里有海拔2850米的高山冰川,是中国海拔最低的高山冰川。在长30700米,总面积200平方千米的海螺沟里,既能看到雪峰、冰川、冷泉,又能看到热泉、温泉、湖泊、森林和草原。寒带、温带、亚热带的植物,同时在此一展风采。这里还有中国最大的冰川瀑布,它高1080米,宽1100米,终日冰崩声震耳,蔚为壮观。海螺沟还集聚了5000多种野生动物资源,其中50余种属珍稀动物。"一日四时景,十里不同天"的海螺沟,正吸引着越来越多的游客。

23. 世界最大的高原——青藏高原

被誉为"世界屋脊"的青藏高原,是世界上海拔最高、面积最大的高原,它囊括了喜马拉雅山、昆仑山、祁连山及横断山脉,包含西藏自治区和青海省的全部,以及四川省西部、甘肃省西南部,总面积约230万平方千米,平均海拔4000米以上。

24. 中国最大的草原——内蒙古大草原

内蒙古有各种类型的草原88万平方千米,占全国草原面积的1/4,是中国最大的草原。内蒙古大草原不仅有雄浑壮阔的草原美景、质朴多姿的民族风情和富饶的地上物产,还有丰富的地下资源。这里已经成为中国重要的畜产品生产、出口基地。

25. 中国最大的盆地——塔里木盆地

新疆境内的塔里木盆地底部面积约为53万平方千米,相当于15个台湾地区,是中国最大的盆地。盆地中的塔克拉玛干大沙漠是中国最大、世界第二大沙漠。塔里木盆地气候极端干燥,盆地东南部有的地区终年无雨,而盆地周围的倾斜平原的中下部则水源充沛、土地肥沃,呈现出一派沙漠绿洲和田园风光。

26. 中国海拔最低的盆地——吐鲁番盆地

新疆东部天山脚下的吐鲁番盆地面积约为5万平方千米,其中低于海平面的陆地和水面就有4050平方千米,位于"盆底"的艾丁湖,湖面低于海平面154米,是中国海拔最低的盆地,也是仅次于约旦死海的世界第二洼地。由于盆地四周环以千米以上的高山,使盆地中心变成了一个大火炉,因此,这里也是中国气温最高的地方,著名的"火焰山"就在盆地中部。热量丰富、日照充足、空气干燥等特殊的自然环境,给葡萄、棉花的生长创造了优越的条件。每到酷暑盛夏,闻名遐迩的葡萄沟便飘香流翠,串串葡萄伸手可及。这里的长绒棉质量堪称世界一流。

27. 中国最年轻的火山岛——涠洲岛

涠洲岛位于广西北海市以南的北部湾中,是由约4000年前的海底火山喷发和以后的地壳升降运动造成的,成岛时间只有两三千年,是中国最年轻的火山岛,同时也是中国海蚀地貌保存最完好的岛屿。岛上的南湾港,曾是一个巨大的岩浆奔突的火山口,今天已成为风景优美的港湾。涠洲岛既具有绚丽的热带风光,又具有独特的火山地貌、海蚀地貌,被誉为"天然地质博物馆",令地质爱好者和旅游者神往。

28. 中国最大的"火山博物馆"——五大连池

位于黑龙江省五大连池市境内的五大连池火山群,是由5个串状排列的湖泊和14座拔地而起的孤山组成的,东西最长处36千米,南北最宽处25千米,面积约为600平方千米,被称为"火山博物馆"。这里保持着典型的熔岩景观和各种形状的火山口、熔岩流、熔岩洞穴,不仅风景奇特,而且是当今世界上研究火山最丰富、最典型、最完整、最生动的宝库,俨然是大自然写就的一篇深奥无比的科学论文。

29. 中国最大的石林群——云南路南石林

云南路南石林总面积达 300 平方千米,是中国最大的石林群。这里是一个石头的世界、一个石头的森林。千姿百态的石头,像人物、动物、民间传说、历史故事,惟妙惟肖。神奇的石林犹如一座精巧别致的艺术迷宫。游客来到这里,可以自由地、尽情地发挥想象力,从不同的角度抒发对石林的感受。

30. 世界最大的竹林——蜀南竹海

蜀南竹海位于中国四川南部的长宁、江南两县境内,面积达 40 平方千米,是世界最大的竹林,也是中国大型国家级自然景区。蜀南竹海被人们称为"天府绿宝石",其中花竹、宝塔竹、人面竹等都是十分罕见的竹种。竹海风光,美在其奇,美在其壮,美在其秀,它正以其独特的韵味吸引着来自世界各地的游客。

31. 中国第一座国家森林公园——武陵源

20 世纪 80 年代新开辟的旅游胜地武陵源,是集山、水、洞于一体的自然景观群。它位于中国湖南省西北部的武陵山脉中,由张家界、索溪峪、天子山三大自然风景区组成,以"险、奇、秀、幽、野"令游人倾倒,总面积 369 平方千米,是中国第一座国家森林公园。

32. 中国第一座沙漠公园——武威沙漠公园

坐落在甘肃省武威市东北面的腾格里沙漠边缘的武威沙漠公园,是中国第一座沙漠公园。这里是沙的世界、独特的游乐场,把大漠风光、草原风情、亭台楼阁融为一体,吸引着许多游人来领略沙漠的风采。

33. 中国第一座亚高山植物园——庐山植物园

建于 1934 年 8 月的庐山植物园,是中国最早的亚高山植物园。70 多年来,它与世界 60 多个国家科研机构建立了联系,从国外引种了 3400 多种植物,收集植物标本 10 万多种,在这里可以观赏到许多珍贵花木。该园在国际上享有一定的声誉。

34. 中国第一座沙漠植物园——民勤沙生植物园

建立在巴丹吉林大沙漠东南缘的甘肃民勤沙生植物园,占地面积为 4 平方千米,是中国第一座沙漠植物园。民勤沙生植物园以沙生、旱生植物的引种驯化为中心,主要从事发掘沙区野生植物资源、选育良科、繁殖推广等工作。同时开展荒漠植物的生理学、生态学的观察、测定及探索其经济利用途径等试验研究,是改造和利用沙漠的科研基地。

35. 中国最大的椰子产地——海南岛

海南岛素有"椰岛"之称,这里种植椰树已有2000多年历史。据统计,目前全岛椰子种植面积近200平方千米,年产椰子6000多万个,种植面积和产量均居全国第一。椰子属棕榈科,是多年生常绿乔木,5~8年结果,树龄长达几十年,有的达百余年。每年的5月、10月是椰子的收获季节。盛产期的椰树是一般每棵可产椰子百余个。椰子的用途有近400种,因此椰树素有"宝树"和"生命树"之誉。

36. 中国人均接待海外游客最多的城市——桂林

"桂林山水甲天下"。桂林的奇山秀水吸引着海内外游人,按城市人口计算,桂林是中国人均接待海外游客最多的城市。桂林之所以游人如云,除了得天独厚的自然景观,还有许多为人称道的人文景观。近年来兴建的现代旅游设施与桂林山水相得益彰,交通业的发展也促进了旅游业的兴旺。

37. 中国产茶最多的县——歙县

安徽省歙县产茶,早在唐代茶圣陆羽的书中已有记载。歙县年产茶叶20万担,居中国产茶县之首。著名的黄山毛峰、毛竹大方、歙县银钩等享誉海内外的绿茶,都产在歙县。

38. 世界泉水最多的城市——济南

素有"泉城"之称的济南市,自古就以泉水众多著称于世,是中国也是世界泉水最多的城市。"泉城"位于山东中部,南倚泰山、北临黄河,市区坐落在丘陵、平原交接带,地层多石灰岩溶洞和裂隙,储水丰富,地下水因地势自南向北流动,遇火成岩而回流,便从地下裂隙出露成泉。这些泉水,主要分为趵突泉、黑虎泉、珍珠泉和五龙潭四大泉群。趵突泉为七十二名泉之首,三窟并发,浪花四溅,势如鼎沸。济南泉水汇成大明湖,出小清河流入渤海。

39. 中国第一座卫生城——威海

威海位于山东半岛东端、黄海岸边。市区三面环海,背依群山,风光旖旎,空气清新。威海市的城市建设独具匠心,城市管理井然有序,城市环境清洁异常。1990年6

月 17 日,中国爱卫会正式命名威海市为"卫生城"。这是中国第一座由国家正式命名的卫生城。

40. 中国最大的山城——重庆

重庆是中国最大的山城,也是中国人口最多的城市,1990 年统计为 1447 万多人。重庆位于长江与嘉陵江的汇合处,东西宽 28 千米,南北长 220 千米,面积 2－3 万多平方千米。市区相对高度达 1800 多米。有长江、嘉陵江、涪江、渠江等众多江河流过。复杂独特的地形地貌,造就了重庆山水幽美秀丽、建筑鳞次栉比、道路盘旋层叠的奇特壮丽景象。

41. 中国私家园林最多的城市——苏州

中国长江以南多私家园林。"江南园林甲天下,苏州园林甲江南",说的是苏州的私家园林在中国最多、最有名气。据史书记载,苏州园林有数百处,分布在苏州的大街小巷。这些有园林大多与住宅相连,占地少,造型设计巧妙,变化多端。其中最有特色的要算宋代的"沧浪亭"、元代的"狮子林"、明代的"拙政园"和"留园"。

42. 世界离海洋最远的城市——乌鲁木齐

新疆维吾尔自治区首府乌鲁木齐,与距它最近的海洋还有 1700 千米,是世界上离海洋最远的城市。乌鲁木齐市区面积 40 多平方千米,人口 120 多万,十几个民族中以维吾尔族和汉族人口最多。乌鲁木齐拥有以冶金、机械、煤炭、电力、石油化工、建筑材料、纺织、食品、皮革等现代化企业为主的较完整的工业体系,铁路、航空四通八达,是一个新兴的内陆城市。

43. 中国最南端的城市——三亚

三亚市位于海南岛南部,是中国最南端的城市。面积 1919.21 平方千米,人口 52.4 万。三亚市以旖旎的热带风光,独特的人文景观和丰富的海产资源吸引着中外游客。闻名遐迩的天涯海角距市中心约 20 千米,冬泳胜地——大东海距市区只有 2 千米。新开发的处女海湾——亚龙湾,沙白如雪,柔软如絮,海水湛蓝碧透,轻拍缓推,给人以无限惬意。如今的三亚市已是一个充满青春魅力的国际旅游城市。

44. 中国最北端的村庄——漠河

黑龙江省漠河县的漠河是中国最北面的一个村庄,俗称"中国北极村"。全村近 400 户人家,多以打鱼种地为生。恬静怡人的自然风光、悠然自得的生活节奏,木克楞式的整洁房舍,使这里像一首优美的田园诗。每年中国历法夏至那一天(6月21日或22日),是北极村最热闹的一天。24小时中只有两三小时的黑夜,神奇的极昼现象,吸引了各地游人前来欣赏北极风光。

45. 中国最东边的小镇——乌苏镇

位于乌苏里江和黑龙江交界的三角地带,是中国版图上最端的小镇。这个小镇,平时只居住着一家三口人和一个班的战士,户主就是镇长。这里还是中国居住人口最少的镇。乌苏里江盛产大马哈鱼,每年九月,人们云集这里捕鱼,小镇显得特别热闹。鱼汛过后,小镇又平静如常。

46. 中国茶花品种最多的省——云南

云南山茶花,又称南山茶花、滇山茶花和大山茶花。古籍记载,早在公元8世纪,茶花就成为庭园花卉。据统计,全世界的山茶属植物约80多种,其中云南占35种。目前,云南山茶花的自然交种和芽变栽培种共100多种,是中国茶花品种最多的省。

47. 中国第一古地层自然保护区——中上元古界

地处天津市燕山脚下的蓟州区,绵延20千米。保护区内岩层齐全清晰,古生物种类丰富,完整地记录了距今约18.5亿到8亿年间的地质演变历程和重大地质事件,为科学家研究古气候、古生物、古地质等提供了珍贵的资料。

48. 中国最大的水禽保护区——扎龙自然保护区

黑龙江省扎龙自然保护区是中国最大的水禽保护区,总面积2100平方千米,栖居着236种鸟类,以鹤类最为著名,因而又是中国开发较早的最大的鹤类自然保护区。全世界现有鹤类15种,扎龙就有14种,其中丹顶鹤可谓鹤中之明星。

参考文献

[1] 孙燕京. 服饰史话. 北京:社会科学文献出版社,2000.

[2] 盛义. 中国婚俗文化. 上海:上海文艺出版社,1994.

[3] 王明煊,胡定鹏. 中国旅游文化. 杭州:浙江大学出版社,2003.

[4] 管维良. 中国历史与文化. 重庆:重庆大学出版社,2000.

[5] 潘宝明. 中国旅游文化. 北京:中国旅游出版社,2005.

[7] 关立勋. 中国文化杂说. 北京:北京燕山出版社,1997.

[8] 宋德胤. 丧葬仪观. 北京:中国青年出版社,1991.

[9] 戴钦祥. 中国古代服饰. 北京:商务印书馆,1998.

[10] 罗开玉. 丧葬与中国文化. 海南:三环出版社,1990.

[11] 林正秋. 中国旅游与民俗文化. 杭州:浙江人民出版社,2000.

[12] 吴忠军. 中外民俗. 大连:东北财经大学出版社,2001.

[13] 钟敬文. 民俗学概论. 上海:上海文艺出版社,1998.

[14] 索文清. 中国少数民族民俗大观. 福州:福建人民出版社,1998.

[15] 袁杰英. 中国历代服饰史. 北京:高等教育出版社,1994.

[16] 郭豫斌. 宗教之旅. 北京:北京出版社,2005.

[17] 何云. 佛教文化百问. 北京:今日中国出版社,1992.

[18] 乐峰,文庸. 基督教文化百问. 北京:今日中国出版社,1992.

[19] 孙大章,喻维国. 宗教建筑. 北京:中国建筑工业出版社,2004.

[20] 王卡. 中国道教基础知识. 北京:宗教文化出版社,1999.

[21] 杨曾文. 中国佛教基础知识. 北京:宗教文化出版社,1999.

[22] 秦惠彬. 中国伊斯兰教基础知识. 北京:宗教文化出版社,1999.

[23] 卓新平. 中国基督教基础知识. 北京:宗教文化出版社,1999.

[24] 任延黎. 中国天主教基础知识. 北京:宗教文化出版社,1999.

[25] 曹琦,彭耀. 世界三大宗教在中国. 北京:中国社会科学出版社,1991.

[26] 周干峙. 中国建筑艺术全集(园林建筑,清代陵墓建筑). 北京:中国建筑工业出版社,2003.

[27] 唐鸣镝,黄震宇,潘晓岚等. 中国古代建筑与园林. 北京:旅游教育出版社,2004.

[28] 浙江省旅游局. 全国导游人员资格考试系列教材. 导游基础知识. 北京:旅游

教育出版社,2000.

[29] 马波. 现代旅游文化学. 青岛:青岛出版社,第2版,2001.
[30] 曹文彬. 中国旅游文学. 北京:中国商业出版社,2003.
[31] 郁贤皓等. 中国古代文学作品选. 北京:人民文学出版社,2002.
[32] 唐圭璋等. 唐宋词鉴赏辞典. 南京:江苏古籍出版社,1986.
[33] 陈锋. 元明散曲选读. 哈尔滨:黑龙江人民出版社,1983.
[34] 任继愈. 汉唐佛教思想论集. 北京:人民出版社,1973.
[35] 张月中,许秀京. 古代戏曲名著选读. 石家庄:河北人民出版社,1980.
[36] 杨滕西. 中国当代游记选. 北京:中国旅游出版社,1982.
[37] 杭磊. 中国名园. 重庆:重庆出版社,1999.
[38] 居阅时. 弦外之音:中国建筑园林文化象征. 成都:四川人民出版社,2005.
[39] 曹林娣. 中国园林文化. 北京:中国建筑工业出版社,2000.
[40] 宁稼雨. 中国文学通识. 郑州:河南人民出版社,2003.
[41] 王庆云等. 中国古代文学. 北京:华语教学出版社,2005.
[42] 黄天骥等. 元明清散曲精选. 南京:江苏古籍出版社,2002.
[43] 李炳海. 中国文学课堂. 长春:吉林人民出版社,2000.
[44] 华国梁. 中国旅游文化. 北京:中国商业出版社,2003.
[45] 李鼎新,艾艳丰. 旅游资源学. 北京:科学出版社,2004.
[46] 长三角精华旅游景点导读. 北京:中国旅游出版社,2004.
[47] 喻学才. 旅游文化. 北京:地图出版社,1999.
[48] 韩建中. 中国世界自然与文化遗产旅游——自然文化双遗产. 2002.
[49] 周文. 中国风景名胜. 哈尔滨:哈尔滨地图出版社,2003.
[50] 历象. 自游天下. 北京:气象出版社,2004.
[51] 林凡军. 畅游中国——世界自然与文化遗产. 济南:山东友谊出版社,2005.
[52] 尹华光. 旅游文化. 北京:高等教育出版社,2003.
[53] 赵荣光,夏太生. 中国旅游文化. 大连:东北财经大学出版社,2003.
[54] 沈祖祥. 旅游与中国文化. 北京:旅游教育出版社,2002.
[55] 艾艳丰. 旅游食品学. 北京:科学出版社,2004.
[56] 赵荣光. 中国饮食文化概论. 北京:高等教育出版社,2003.
[57] 崔进. 旅游文化纵览. 北京:中国旅游出版社,2000.
[58] 胡幸福. 中华饮食文化. 银川:宁夏人民出版社,2010.
[59] 张建. 中国传统文化. 北京:高等教育出版社,2007.